财经版会计系列教材

管理会计

胡玉明 主编

中国财政经济出版社

图书在版编目（CIP）数据

管理会计/胡玉明主编．—北京：中国财政经济出版社，2009.8
（财经版会计系列教材）
ISBN 978－7－5095－1651－5

Ⅰ.管… Ⅱ.胡… Ⅲ.管理会计－高等学校－教材 Ⅳ.F234.3

中国版本图书馆 CIP 数据核字(2009)第 095659 号

责任编辑：李　磊　　　　责任校对：杨瑞琦
封面设计：郁　佳　　　　版式设计：汤广才

中国财政经济出版社出版
URL：http：//ckfz.cfeph.cn
E－mail：ckfz@cfeph.cn
（版权所有　翻印必究）
社址：北京市海淀区阜成路甲 28 号　邮政编码：100142
发行处电话：88190406　财经书店电话：64033436
北京财经印刷厂印刷　各地新华书店经销
787×1092 毫米　16 开　18.75 印张　412 000 字
2009 年 8 月第 1 版　2009 年 8 月北京第 1 次印刷
印数：1—3 060　定价：43.00 元
ISBN 978－7－5095－1651－5/F·1425
（图书出现印装问题，本社负责调换）
本社质量投诉电话：010－88190744

财经版会计系列教材编审委员会

主任委员：葛家澍　郭道扬

委　　员（按姓氏笔画排序）：

刘　峰　曲晓辉　陈汉文　杜兴强　张　鸣

张先治　胡玉明　郭道扬　贾　杰　徐　洁

葛家澍　温彦君　樊清玉

总 序

zong xu

21世纪是知识经济初现端倪的时代，知识经济不仅表现为人们追求高科技产品而不断推进科学技术进步，而且表现为人们追求高报酬而日益推出高风险的金融产品和投资手段。于是，竞争、技术、创新和高风险便开始成为经济全球化的主导力量。这个时代在经济上是危机四伏的时代，又是激发人们不断创造、具有很多机遇的时代。知识经济推动经济全球化，全球经济的活跃与变化莫测，又促使IASB、FASB以及世界各国会计准则制定机构，甚至政府更加关注如何强化作为经济信息系统的会计和作为重要经济鉴证系统的审计的作用，如何使它们在经济活动中发挥如实反映和有效监督与控制的职能。

我国财政部于2006年2月同时出台整套与国际财务报告趋同的企业会计准则（一个基本准则，38个具体准则）和中国注册会计师执业准则（即审计准则，共48项），并于2007年1月1日施行。2008年6月28日，财政部会同证监会、审计署、银监会、保监会联合发布了《企业内部控制基本规范》，决定自2009年7月1日起在上市公司范围内施行。这将进一步完善中国的管理会计，也将促进上市公司理财的发展。

随着我国社会主义市场经济的不断发展和日益紧迫的全球化、市场化、信息化趋势，会计工作越来越融入到经济社会的每一个角落，广大会计人员日益成为改革开放和经济建设的重要参与者。对会计和财务管理人才的需求，不论从数量规模上，还是从知识结构及素质上，都有了更新、更高的要求。培养顺应时代要求的高素质会计人才已成为当务之急。

在培养人才的过程中，教材建设是关键。但当今教材市场不可回避的问题是：各种统编教材很多，重复出版的也很多，内容和形式上真正有新意、再版率高、读者满意率高的却很少，形成规模和品牌效应的更不多，基本上是藩镇割据，各自为政。

为此，中国财政经济出版社会计分社的编辑策划了一套“财经版会计系列教材”，力图将其打造成一套会计教材的精品，提供给会计界的广大读者。

本系列教材包括：《会计学基础》、《中级财务会计》、《高级财务会计》、《公司理财》、《管理会计》、《成本会计》、《审计学》共七本，编写者大都是国内著名院校的知名学者，很多还是在各领域研究处于领先地位、多年处在教学第一线的知名专家，在作者阵容的组合上打破了以往的院校、地区界限，做到了强强联合。本系列教材具有以下特点：

（1）立足中国，放眼世界。财务会计和审计学教材均以我国新出台的"两则"为重点；管理会计反映了上市公司和我国大中型企业内部控制等方面的先进经验；公司理财以阐述我国公司投资、融资和资金管理的理念、方法和技术为主，并适当反映了IASB和美国的最新成果。

（2）立足当前，展望未来。本系列教材在讲述当前已有东西的同时，也考虑了未来的发展，体现了一定的先进性。

（3）理论与实务并重。每本教材除具有一定的理论高度外，还兼顾操作性，体现了较强的实用性。

"财经版会计系列教材"将从2009年起陆续出版发行，但我们知道，教材的建设决不是一朝一夕的事，也不可能做到一劳永逸。对本套教材中存在的错漏和不足之处，敬请读者批评指正，以便再版时修订。

2009年7月

前言

qian yan

管理会计是现代管理与会计学相融合的一门综合性学科。它主要侧重于为企业组织内部经营管理服务，对企业组织的结构或体制以及企业组织所面临的市场环境具有依附性。管理会计未来的发展途径将围绕企业组织核心能力的培植与提升，对内深化，对外扩展，以战略为导向，以价值链为基础，纵横交错，构成一个有机的整体。

鉴于此，本书编写的指导思想是以"战略为经、价值链为纬"来构造本书的篇章结构，全面阐述现代管理会计的基本原理与方法。由此本书包括五篇（导论、从成本会计到管理会计、经营管理决策、管理控制系统、战略导向的管理会计），共十六章。

值得指出的是，本书作为财经版会计系列教材之一，理应考虑各教材之间的协调问题，但是，考虑到本教材的使用者未必使用整套教材，甚至可能只使用其中的一本教材，而且各院校的课程设置与教学大纲也不尽相同。如果教材缺乏相对完整性，将给使用者带来诸多不便。基于这样的考虑，本书试图保持教材的相对完整性，以体现管理会计的基本框架。这样就不可避免地出现与财经版会计系列教材的《成本会计》和《公司理财》重复的章节。

本书是编著者在参阅国内外近年来出版的管理会计教材基础上，结合多年的教学实践经验编写而成的。作为一本教材，本书力图体现以下三个目的：(1) 强调基本原理、基本方法与基本技能即强调"三基"的培养；(2) 体现"继承与发展"观念，既阐述管理会计基本原理与方法，又阐述管理会计的某些重要发展；(3) 树立"环境——战略——行为——过程——结果"一体化理念，强调"国际视野、战略思维和市场意识"。

本书是暨南大学会计学系胡玉明教授、江伟副教授和苏月中副教授共同合作的产物。全书由胡玉明教授负责设计总体框架和编写大纲。各章编写工作的具体分工是：胡玉明教授负责编写第一章、第二章、第八章、第九章、第十章、第十一章、第十二章、第十三章、第十五章和第十六章；江伟副教授负责编写第三章、第六章、第七章和第十四章；苏月中副教授负责编写第四章和第五章。胡玉明教授负责全书的定稿工作。

学习管理会计自然离不开必要的练习，必要的练习将体现在与本书配套的《管理会计学习指导书》之中。

特别感谢中国财政经济出版社会计分社樊清玉女士的信任与大力支持。

尽管我们努力了，但由于水平与时间所限，书中难免存在不妥之处。敬请各位读者批评指正。

胡玉明

2009 年 7 月

目 录

第一篇 导 论

第二篇 从成本会计到管理会计

第三篇　经营管理决策

第四篇　管理控制系统

第五篇　战略导向的管理会计

第一篇　导　论

管理会计是现代管理与会计学相融合的一门综合性学科。它主要侧重于为企业组织内部经营管理服务，对企业组织的结构或体制以及企业组织所面临的市场环境具有依附性。本篇立足企业组织及其管理行为，阐述管理会计的基本理念及其多维成本观念，为后续章节的讨论奠定基础。

企业组织与管理会计

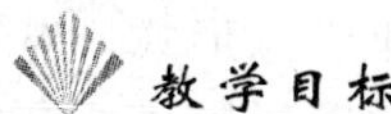

教学目标

◇基本目标

立足企业组织及其经营环境，理解现代会计的两个相对独立领域，把握管理会计的演进，了解管理会计职业化及其道德行为。

◇具体目标

(1) 了解企业组织经营环境的变化；(2) 理解管理会计与财务会计的"同源分流"；(3) 把握管理会计的历史演进；(4) 了解管理会计职业化及其道德规范。

本章提要

管理会计是现代管理与会计学相融合的一门综合性学科。现代会计以企业会计为主体。财务会计（Financial Accounting）与管理会计（Management or Managerial Accounting）是企业组织会计的两个重要领域。本章立足企业组织及其经营环境变化，阐述财务会计与管理会计的"同源分流"以及管理会计的演进，并以此为基础讨论管理会计职业化及其道德行为问题。

第一节　企业组织及其经营环境

企业组织①通常可以理解为各个个体按照共同的目标而构造的有机体。企业组织实现其目标主要是通过适当的手段或方式获取并运用一定的经济资源而完成的。这个过程

① 本章用"企业组织"这个词，还隐含另一层意思：尽管本书受篇幅的限制，侧重于讨论营利组织的管理会计，但是，本书所讨论的管理会计基本原理与方法大部分适用于非营利组织。

就是人们熟知的资源合理配置过程。任何企业组织都面临“生产什么与生产多少”、“如何生产”和“为谁生产”等三个基本问题。如何解决这三个基本问题，通常涉及到资源条件、技术条件、市场条件和制度安排。而制度安排则涉及到企业组织设计及其管理问题。所有这一切，又都与企业组织经营环境密切相关。

一、企业组织及其管理行为

企业组织形式不同，其管理行为也有所不同。

（一）企业组织的形式

通常认为，企业组织形式主要包括独资企业（Sole Proprietorship）、合伙企业（Partnership）和公司（Corporation）三种形式。

1. 独资企业

独资企业是指一个人出资经营，出资者对企业债务承担无限责任的一种企业组织形式。在这里，作为出资人的业主是自然人，而不是法人。作为一种企业组织形式，对“独资”一词的理解不能停留在字面上的“望文生义”。例如，人们经常提到的“国有独资公司”，如果只是从字面上理解，它应该是独资企业，但是，“国有独资公司”的出资者不是自然人，而是代表全国人民的国家。因此，“国有独资公司”不是独资企业。同样地，“外商独资企业”也不是独资企业。实际上，“外商独资企业”出现在中国，只能说是“没有中方参与股权的外资企业”，至于其组织形式如何，完全视其母公司的性质或在中国的注册情况而定。

一般认为，独资企业具有如下基本特征：

（1）独资企业创建成本比较低。独资企业的设立不必像筹建公司那样需要具备较多的条件和办理复杂的手续。因此，成立独资企业相当容易而且成本较低。

（2）独资企业需要的资本数额较少。由于独资企业的业主对企业的债务承担无限的责任，法律对独资企业的设立限制比较少。业主不需要拥有太多的资本，就可以向有关机构申请登记开业。

（3）独资企业不是纳税主体。根据国际惯例，在许多国家，独资企业不是纳税主体，不必缴纳企业所得税，而是将独资企业的经营所得并入业主个人的收入，与业主的其他收入一起缴纳个人所得税①。

（4）独资企业难以筹集到大量的资本。由于个人的财力和信用有限，独资企业在筹集资本方面受到较大的限制。这使得独资企业即使遇到有利可图的投资机会，也会因为不能筹集到足额的资本而坐失良机。

（5）独资企业的业主对企业债务承担无限责任。当独资企业遭受清算时，如果独资企业的资产不足以偿还其全部债务，业主必须动用其个人财产偿还独资企业所负的债务。

（6）独资企业有限的生命力。独资企业会随着业主的死亡而宣告结束。

① 有关这点，中国与国际通行惯例不一致。

2. 合伙企业

合伙企业是指由两个或两个以上的业主（自然人）共同投资经营，共负盈亏，共担风险的企业组织①。在国外，合伙企业大多数是以个人服务为主的行业，如会计师事务所、律师事务所、医师诊所等。在中国，合伙企业仅限于私营企业。根据中国注册会计师法规定，会计师事务所也可以采用合伙企业组织形式。

一般认为，合伙企业具有如下基本特征：

（1）合伙企业不是独立的法律主体。尽管在会计上，合伙企业是一个会计主体，但是法律没有赋予合伙企业法人的资格。合伙企业的对外事务都应以合伙人个人的名义进行。合伙企业依附于合伙人而存在。

（2）各合伙人互为代理。除非契约另有规定，在合伙业务范围内，对任何合伙人所执行的业务，其他合伙人都应负责。每个合伙人都是其他合伙人的代理人。这就是各合伙人互为代理关系。互为代理在合伙企业意味着任何一个合伙人都有权在企业常规经营范围内代表企业签订合同。因此，所有与合伙之事有关的任何合伙人的行动，都对该合伙企业存在约束力。

（3）合伙人负无限责任。作为一般合伙人，不管其投资的金额多少，每个人都对合伙企业的债务负全部清偿责任即无限连带责任。当合伙企业不能以企业资产清偿全部债务时，合伙人必须用其个人财产还清负债。合伙人的无限责任与合伙人互为代理是密不可分的。一个不诚实或判断能力比较差的合伙人可能会签订使合伙企业陷于困境的合同。因此，合伙企业在选择合伙人的时候，必须谨慎从事，新合伙人入伙必须经过全体合伙人的同意。当然，合伙人可以通过建立有限合伙企业来避免对企业债务承担无限个人责任。这时，一般合伙人对企业的债务承担无限责任，而有限合伙人只以其投资额为限承担债务。有限合伙人拥有类似于公司股东的有限责任。一个合伙企业至少要有一个一般合伙人，以便负债清偿无法由合伙企业资产来偿还的那些债务。目前国际上（包括中国）一些规模较大的会计师事务所就是以有限合伙企业的形式进行组织的。

（4）合伙企业生命的有限性。合伙企业是建立在契约基础上的人的组合。合伙人变动，不论是新合伙人的入伙，还是原合伙人退伙或死亡，都使原来的契约终止。这时，无论形式上企业存在与否，实质上，原来合伙企业已经不复存在。现在存在的合伙企业已经是一个新的合伙企业。合伙企业的存续期以全部合伙人持续拥有合伙企业的时间长度为限。

（5）合伙人共有财产。各合伙人可以用现金或其他财产向合伙企业投资入伙。但是，一旦入伙，各合伙人投入合伙企业的任何财产都成为全体合伙人的共同财产。合伙人不能对特定的财产项目提出要求权。嗣后，这些财产变卖的损益也属于合伙企业损益。因此，合伙企业的资产是各合伙人共同拥有的资产，负债也是各合伙人共同的负

① 中国的《民法通则》除了在第二章第五节对个人合伙作了规定之外，还在第三章第四节联营中规定了法人之间的合伙型联营。这实际上就是认可法人可以成为合伙人，突破了传统民法认为合伙人只能是自然人（个人）的界限。

债。

(6) 合伙企业不是纳税主体。一般来说，合伙企业不是纳税主体，合伙企业的经营净收益按一定方法分配之后，成为各个合伙人的所得，与其他来源所得合并申报个人所得税。

(7) 合伙企业损益分配具有伸缩性。合伙企业的损益可以按合伙人一致同意的方法在合伙人之间进行分配，具有相当程度的伸缩性。

3. 公司

无论是独资企业还是合伙企业，随着市场的拓宽和需求的日益增大，企业的生产规模将继续扩大。这时，即使业主或合伙人每年自己拿出一部分利润用于再投资，扩大生产规模，企业仍然感到资本紧张。企业发现自己处于一个“两难困境”：企业越成功，发展越快，就越感到资本短缺。如何解决企业发展过程的资本问题便成为独资或合伙企业发展面临的重要问题。经历多年的发展与探索，企业找到了通过使更多的人分享企业的利润或分担企业的亏损的方式来获得更多的资本（股本）这个理想的主意。由此，公司这种企业组织形式便应运而生。

公司与前述的独资企业或合伙企业完全不同，它是由政府主管部门创造的法人组成，具有所有权与经营权分离的重要特性。正是由于这个特性，公司具有以下三个基本特征：

(1) 公司具有无限的生命力。公司的股份可以转让，公司不会因为所有者或经营者的死亡而宣告结束，除非破产清算，公司具有无限的生命力。

(2) 公司股份的转让相当方便。公司的注册资本划分为若干等额的股份，谁持有股份谁就是公司的所有者。在发达的金融市场上，股份的转让相当方便。

(3) 公司的所有者即股东只负有限的偿债责任。公司的股东只以其出资额对公司的债务负责。

正是因为上述基本特征，公司筹集资本的能力相当强。但是，要成立一家公司，手续相当麻烦，需要披露众多信息，其创建成本和营运成本也比较高。不过，由于公司的股东只负有限责任、筹集资本能力较强和股权容易转让等因素，除了那些规模很小的企业之外，公司的优势还是相当明显的。也正因为如此，在美国，就数量而言，大约有80%的企业属于独资企业，而属于合伙与公司的企业则各占10%。但就销售额来说，大约有80%的销售额来自公司，约有7%的销售额来自合伙企业，至于独资企业的销售额则占销售额的13%左右。可见，在现代经济生活中，公司占主导地位。

尽管各种不同的企业组织形式都需要运用管理会计辅助管理决策[①]，但是，企业组织形式不同，对管理会计的内在需求也不同，其运用管理会计的深度与广度自然也不同。

（二）基于不同视角的企业组织

企业组织可以从多种视角予以描述。基于本书整体框架，这里仅从战略视角、价值

---

① 有鉴于此，本书后面提及的“企业组织”或“企业”不再明确区分各种不同的企业组织形式。

链视角和社会责任视角等多种视角考察企业组织。

1. 基于战略视角的企业组织

如前所述，任何企业组织都面临“生产什么与生产多少”、“如何生产”和“为谁生产”等三个基本问题。其中，“生产什么与生产多少”就涉及到企业组织在特定管理情况（Management Context）下的战略定位问题。

企业组织可以视为一种人造的有机整体。协同（Synergy）是企业组织设计的重要目标。通常企业组织由不同经营单位组成。这些不同的经营单位都有各自的战略。由此，企业组织的战略可以分为企业组织层面整体战略和经营单位层面战略两个层次。为了使企业组织的整体绩效高于各经营单位绩效之和，充分发挥“1+1>2”的效应，各个不同经营单位层面战略必须协调与整合，不能各自为政，违背企业组织的整体战略。传统的企业组织依据职能分工而设计，每个职能部门（经营单位）都有其自己的专业领域、语言和文化。由此，许多企业组织产生了职能部门（经营单位）之间沟通与协调的障碍，从而衍生出各职能部门（经营单位）各自为政，自建“藩篱”的现象，从而成为有效实施战略的重要障碍。因此，企业组织应该将战略转化为统一的执行语言，化战略为统一行动，实现企业组织战略的协同效应。

过去，人们习以为常地将战略视为企业组织高层领导的“专利”。其实，战略的有效实施仅靠企业组织的首席执行官（Chief Executive Officer，CEO）等少数人的努力难以奏效。相反，战略的有效实施必须依赖企业组织每个员工的参与并作出相应的贡献。只有使企业组织董事会圆桌上的战略深入到每个员工的“心田”并成为其日常工作和行动的指南，才能使所有员工理解战略并以有利于战略实施的行为方式从事其日常工作。这就不能采取传统的“上令下行”的命令方式，而必须采取“由上而下，自下而上”的层层战略沟通。更重要的还在于不能只停留在让员工理解战略的层面上，要通过绩效评价与激励机制相结合使每个员工清楚并感受到其日常工作与战略休戚相关，激发员工对战略的兴趣与投入。如果企业组织的每个员工都理解战略并得到相应的激励，从而驱使其有效实施战略，企业组织也就自然而然地使战略成为每个员工的日常工作了。

然而，企业组织的战略必须与企业组织内外部环境相适应。即便是优秀的领航员，希望顺利地带领一艘远航的船到达目的地，也需要根据风向和水流的变化，随时调整船的航线，难道企业组织就不需要根据环境的变化“与时俱进”地调整或修正战略？企业组织应该建立战略反馈与检讨机制。这是一个持续不断的循环机制。企业组织的战略只有成为一个连续的过程，才能保证企业组织这艘巨轮始终航行在正确的航道上，从而保证企业组织的可持续发展。

因此，基于战略的视野，企业组织就是一个“战略制定——战略实施——战略修订——战略实施”无限循环的主体。完全可以说，不存在没有战略的企业组织，也不存在没有企业组织的战略。这就是当今“事事强调战略定位，时时强调战略定位”这种管理情况的生动写照。

2. 基于价值链视角的企业组织

在企业组织面临的三个基本问题中，“如何生产”就涉及到企业组织的价值链

（Value Chain）问题。价值链是指一系列企业组织职能，企业组织通过这些职能逐步使其产品或服务具备“有用性”这个重要特征。这些职能主要包括：

（1）研究与开发（Research and Development）。研究与开发是指与新产品、新服务、新的流程有关的创意或实验。

（2）设计（Design）。设计是指产品、服务或流程的详细规划和执行。

（3）生产（Production）。生产是指企业组织为了生产产品或提供服务而进行资源配置与组合的过程。

（4）营销（Marketing）。营销是指企业组织让个人或群体了解、评价产品或服务属性，并引导其购买或接受该产品或服务的各种活动。

（5）分销（Distribution）。分销是指企业组织将产品或服务传递到顾客的过程。

（6）顾客服务（Customer Service）。顾客服务是指企业组织向顾客提供服务的活动。

上述这些职能构成企业组织价值链的基本价值活动。企业组织的价值链除了上述基本价值活动外，还包括诸如企业组织基础设施、人力资源管理、技术开发、采购等辅助价值活动。这些价值活动之所以称为辅助价值活动是因为这些价值活动并不直接表现为产品的生产和营销过程。它们对企业组织取得竞争优势具有长期的影响，并为企业组织取得竞争优势奠定物资、技术和人力基础。

企业组织的价值活动是构筑企业组织竞争优势的基石。但是，企业组织价值链的基本观念并不意味着企业组织应该按照价值链的顺序进行管理，更不意味着企业组织应该占据价值链的全部环节。对价值链的分析，不仅要分析价值链的各个构成要素，更为重要的是要从价值链的相互关系中分析其对企业竞争优势的影响。

任何企业组织要生存和发展就必须为企业组织的投资者和其他利益相关者如顾客、员工、供应商、所在地区和相关行业创造价值。如果把企业组织这个“黑箱”打开，就可以把企业组织创造价值的过程分解成一系列互不相同但又相互关联的经济活动，或称之为增值活动，其总和便构成企业的价值链。每一项经营管理活动就是这个价值链的一个环节。

根据产品实体在价值链的各个环节的流转程序，企业组织的价值活动可以分为上游环节和下游环节两大类。企业组织的基本活动中，材料供应、产品研究与开发、设计、生产可以称为价值链的上游环节，产品的营销、分销和顾客服务可以称为价值链下游环节。上游环节价值活动的中心就是产品，与产品的技术特性紧密相关；下游环节经济活动的中心是顾客，其成败在于顾客特点和服务。

在企业组织众多的价值活动中，并不是每一个环节都创造价值。企业组织所创造的价值实际上来自于企业组织价值链的某个特定的价值活动。企业组织的竞争优势，尤其是能够长期保持的优势，归根到底就是企业组织在价值链的某些特定环节的优势。企业组织抓住这些关键环节，也就抓住了整个价值链。这些特定环节就是企业组织的战略价值链环节。这些战略价值链环节可以是产品的研究与开发、产品或工艺设计，也可以是市场营销、信息技术甚至是人事管理、财务管理等等，因行业而异。

价值链观念可以揭示，哪些价值活动应该控制在企业组织内部，哪些价值活动可以借助外部市场，以外购方式从企业组织外部获得。从更为广阔的国际视野来观察，企业组织还必须确定在企业组织应该内部控制的那些价值链战略链环节中，究竟又有哪些应该安排在国内，哪些应该安排在国外，哪些应该分散，哪些应该集中。

因此，基于价值链的视野，企业组织就是一个战略价值链环节的组合。有效设计的企业组织应该是一系列价值创造活动的集合体即价值链。企业组织的竞争优势取决于其战略价值链环节的竞争优势。

3. 基于社会责任视角的企业组织

同样地，从更广阔的视野考察，任何企业组织都面临的三个基本问题中，“为谁生产”涉及到企业组织的社会责任（Social Responsibility）问题。

传统的经济理论认为，企业组织唯一的目标是利润最大化。企业组织应尽可能高效率地运用资源以提供社会需要的产品或服务，并以消费者愿意支付的价格销售给他们，企业组织不需要承担社会责任。如果企业组织承担社会责任，那也仅仅是经济责任。在西方国家，19 世纪之前的企业组织都不承担除经济责任以外的社会责任。20 世纪 60 年代以后，由于企业组织的活动对社会产生的影响越来越大，尤其是现代工业组织对社会的负面影响如废气排放、噪音、工业污水、致癌物等日益明显，企业组织必须承担社会责任的观念得到了社会各界的广泛支持。

企业组织社会责任观的这种转变，与企业组织理论的转变密不可分。20 世纪 70 年代以前，主流的企业组织理论认为，企业组织不仅属于股东所有，企业组织是独立于其股东的“法人实体”。这就要求企业组织的经理人不能仅仅站在股东的角度，把股东利益最大化作为企业组织的唯一目标。与当时日益突出的、由工业化带来的环境和社会问题相联系，作为独立的“法人实体”，企业组织必须站在自身独立的立场，以自身的生存和发展为目标。而企业组织要谋求自身的生存和发展，就必须寻求良好的生存和发展环境，妥善处理企业组织与社会的关系。要妥善处理企业组织与社会的关系，履行社会责任就是自然而然的事情。20 世纪 70 年代以后，主流的企业组织理论认为，企业组织是一系列契约的连接点，企业组织可理解为不同个体之间一组复杂的显性契约和隐性契约交汇所构成的一种法律实体。在这种法律实体中，交汇的契约既有经理人与所有者之间的契约、经理人与员工之间的契约，也有企业组织与债权人、债务人之间的契约、企业组织与供应商、消费者之间的契约、企业组织与政府之间的契约等①。企业组织是社会系统不可分割的一个组成部分，它是利益相关者显性契约和隐性契约的载体。企业组织的行为实际上就是一组复杂契约系统的均衡行为。这种复杂的契约系统的主体就是一系列目标不同且可能相互冲突的利益相关者。在这种情况下，企业组织就不能仅仅考虑某些利益相关者的契约而忽视另一些利益相关者的契约，企业组织履行社会责任，就是要全面考虑综合性社会契约中各种利益相关者的利益。

因此，如果说企业组织是一系列契约的连接点，那么，基于社会责任的视野，企业

① 美国管理学家多纳德逊和邓非将其总称为“综合性社会契约”。

组织就是一系列社会责任（综合性社会契约）的载体。

（三）企业组织的管理过程及其行为

如前所述，企业组织通过管理实现其目标。管理就是企业组织借助于一定的行政权力分配所形成的科层结构，引导并激励企业组织成员的行为，不断适应企业组织内外部环境的变化，从而达到企业组织的既定目标。管理的主要职能包括计划、组织、协调、指挥与控制。这些管理职能的有效实施就构成企业组织的管理过程。

然而，应该看到，企业组织是一个由人构成的有机体。更严格地说，企业组织的目标并不是与“企业组织”相联系，而是与“人”相联系。当一个企业组织通过科层结构实施管理决策时，其对象实际上是企业组织“人”的行为。

现代经济学的一个基本假设就是“人是理性的”。也就是说，企业组织的个人为了自身利益都会采取使其自身效用最大化的行为。从企业组织的所有者到经理人，再到普通员工，都是理性人。这些人由于其自身的偏好各异，通常会表现出各种各样的需求，但是，由于资源的有限性或稀缺性，他们无法任意满足自身所有需求。因此，每个理性的人在追求自身效用最大化过程中，都会就其所面临的各种机会进行评估，从而作出自己的选择。当然，由于人的认知能力、计算能力等方面通常都是有限的，人的理性也只能是“有限理性”。基于人的有限理性，人们只能选择“满意”的结果，而不是“最优化”或“最大化”的“理性”结果。

如前所述，企业组织是一系列契约的连接点。任何契约都是人订立的，人们正是通过订立契约而获得并保证其自身的利益。由于契约的不完备性，就产生了所谓“搭便车”或“代理问题”。因此，企业组织管理过程的实质就是调节、引导人的行为过程。也正因为人的有限理性，企业组织才能通过各种制度（如激励机制）的设计，引导甚至改变人的行为，使“有限理性”的人的行为有助于实现企业组织的战略目标。

二、企业组织经营环境

社会经济环境的变化必然导致企业组织结构或体制以及企业所面临的市场环境的变化。这些变化又会引起管理会计理论与实践的变化。

（一）21 世纪企业组织面临的宏观环境

第二次世界大战之后，科学技术的发展和广泛运用，使生产的社会化超越国界并迅速扩展，资本以国际领域作为自己的活动舞台。生产和资本国际化趋势日益增强。同时，科学技术的发展，改变了人类生产和生活的空间与方式，人类进入了一个崭新的知识经济时代。21 世纪将是一个“知识化”了的国际化、金融化时代。

1. 国际化

第二次世界大战之后，世界政治经济格局发生重大变化。当代高新技术的蓬勃发展促进了社会经济的重大变革，并使整个世界经济日益朝着国际一体化的方向发展。这种新的国际经济环境，使各国经济再也不可能孤立地发展，而是越来越多地依赖国际间的经济联系和合作。在这种背景下，各国都在促进本国企业的国际化，跨国公司由此应运而生。特别是第二次世界大战以后，跨国公司的发展十分迅速，规模越来越大，范围也越来越广。当前，世界各国全球性的跨国公司群体已经主宰着当今世界各国的经济命脉，在很大程度上左右着世界经济的发展。全球性跨国公司群体使现代市场经济跨越了国家和民族的界限，突破不同的政治与经济制度的限制，使各国的经济活动紧密地联系在一起。21 世纪正迎来一个跨国公司时代，跨国公司的发展使世界经济进入了国际化时代。

2. 金融化

跨国公司的国际化经营促进了国际资本流动。第二次世界大战之后，国际资本市场的发展和成熟，不仅为跨国公司在全球范围内的投资和筹资活动提供了广阔空间，而且为跨国公司实现内部资金的国际转移创造条件。跨国公司的这些活动促进了资本国际化，使资本在国际间流动日益频繁，从而促进了金融的国际化进程。在生产与资本日益国际化的条件下，跨国公司的国际化经营活动通过金融市场完成，由此，人类社会进入了金融社会，世界经济进入了金融化时代。

3. 知识化

科学技术从未像现在这样，以巨大的威力和人们难以想象的速度，广泛而深刻地影响着人类经济和社会的发展。当今的世界已经悄悄地从工业经济时代向知识经济时代转变，知识经济将成为 21 世纪世界经济发展的主流。21 世纪将是知识经济的世纪。知识经济是“以知识为基础的经济”，“知识经济是建立在知识和信息的生产、分配和使用之上的经济”，“知识”成为最核心的生产要素。知识经济是在充分知识化的社会中发展的经济。知识经济最基本的特征就在于经济知识化。

综上所述，21 世纪呈现在企业组织面前的是一个以国际化、金融化和知识化为其基本特征的现代市场经济。这就是 21 世纪世界经济的基本特征。这也是认识企业组织所面临的国际大环境的基础，当然也是理解管理会计发展趋势的基本立足点。

（二）21 世纪企业组织面临的微观环境

21 世纪人类逐步从工业社会转入信息社会。在这个转化过程中，企业组织面临的经营环境发生了巨大变化。企业组织经营环境的基本特征是顾客化（Customers）、竞争化（Competition）和变化（Change）即所谓“3C”。

1. 顾客化

20 世纪初期，由于劳动生产力相对低下，企业组织所能提供的供给严重不足，整个市场整体上呈现出卖方市场的典型特征。企业组织只要注重内部管理，通过大批量生产，提高劳动生产率，降低成本，生产出更多的产品就能获得迅速发展。此时，顾客的需求处于被忽视的境地，企业组织生产出来的产品不愁没有销路。到 20 世纪 70 年代，由于企业组织生产效率得到极大地提高，市场上商品丰富，生产量的增长超过了需求量的增长，市场逐渐趋于饱和状态。同时，由于科学技术的发展，产品质量不断提高，产品种类日益繁多，顾客的选择范围不断扩大。顾客不仅注重需求“量”的满足，而且开始注重需求“质”的满足。顾客更加关注产品的质量和性能，较低的价格已经不是吸引顾客的主要因素。市场的主导权开始由生产者向顾客转移，市场逐步演化为买方市场。企业组织面对顾客需求层次不断提高和竞争日益激烈的环境，开始着手改变其固有的生产经营方式，力图通过提高产品质量，不断提供新优产品来吸引顾客需求，取得竞争优势。但是，企业组织关注产品质量与品种并不表明企业组织将充分满足顾客需求放在经营的重要位置。进入20世纪80年代和90年代以后，顾客需求向多样化、个性化发展，产品更新换代更加迅速，企业组织之间的竞争更加激烈，市场环境更加难以把握。由此，企业组织的经营思想发生了巨大变化，以满足顾客需求为导向，求得自身生存发展的经营理念成为企业组织一切经营战略的核心思想。“顾客至上”、“顾客是朋友”的理念全面渗透到企业组织的经营管理实践之中。在这种环境下，企业组织不能一味地停留在满足顾客需求的层面上，企业组织必须转变观念，在满足顾客需求的同时引导顾客的消费倾向，使得顾客的消费倾向与企业组织未来发展方向或核心能力一致。唯有如此，企业组织才能拥有永久的顾客。

2. 竞争化

在市场经济环境下，竞争是一种不可避免的经济现象，而且随着经济的发展、新技术革命的推动以及市场从卖方市场向买方市场转变，企业组织之间竞争更加激烈。以往凭借物美价廉就能在竞争中获胜的简单模式，已经被多层面的竞争所取代，企业组织竞相投入大量资金更新技术、更新设备、更新产品、引进人才以及改变经营方式和改革内部组织结构。竞争的加剧，使企业组织的经营活动的不稳定性因素越来越多，风险越来越大。只有优秀的企业组织才能主导竞争的潮流。同时，企业组织经营活动的国际化趋势不断发展，世界范围内的经济一体化已成为必然趋势，更为重要的是竞争已经超越了国界，从国内市场的竞争转向国际市场的竞争。企业组织面临着更为严峻的挑战，“没有创新就等于死亡”。竞争的压力迫使企业组织对其内部组织结构、生产经营方式与业务流程进行创新再造，对顾客化导向的现代市场经济环境的变化作出迅速、灵活的反应，从而在激烈的竞争中获得优势。

3. 变化

顾客和竞争在变化，更重要的是，变化本身的性质也在变化。变化不仅无所不在，而且还持续不断。变化已经成为常态。在变化的环境中，永恒的事物只有一件，那就是变化本身。现代企业组织的经营环境充满了倍速变化的威力。以新技术开发周期为例，一种比较精密的产品从技术原理发明、设计构思到产品投放市场的周期在18世纪需要100年如蒸汽机；19世纪需要50多年如发电机；在20世纪40年代需要30多年如内燃机；在20世纪60年代需要20多年如喷气机，在20世纪70年代需要10多年如核电站，最快的只要5年，到了20世纪80年代以后，则只需要2～3年时间如个人电子计算机。在如此快速剧变的环境中，企业组织要生存与发展，就必须不断求变，且要变得快、变得巧妙。只有这样，企业组织才能在变化的环境中取得竞争优势。

也许，人们讨厌变化，但是，唯一的事实是变化带来了社会和企业组织的进步。因此，在这种变化的环境下，持中国传统的“以不变应万变”观念的企业组织将会成为抗拒变化的落伍者而终究被市场淘汰；持有“以变化应对变化”观念的企业组织，也只不过是被动地应对变化的追随者。只有能够“以变化带动变化”的企业组织，才是主动应对变化的市场领导者，才具有持久的竞争优势。不管人们对变化持有什么态度，一个不争的事实却是变化正改变甚至摧毁“未来是历史的必然延伸”的逻辑基础。

第二节 现代会计的“同源分流”

现代金融市场与现代公司制度的产生与发展，导致企业组织的所有权与经营权相分离。正是基于企业组织的所有权与经营权的“两权分离”，适应企业组织的所有者与经营者的不同信息需求，现代会计产生了“同源分流”，逐步形成了财务会计与管理会计两个相对独立的领域。

一、现代会计的“同源分流”

现代会计的两个相对独立领域中，财务会计主要是立足企业组织，面向市场，通过定期地提供财务报表和其他财务报告，为企业组织的利益相关者服务。现代金融市场与现代公司制度的产生和发展，使得会计信息使用者多元化。财务会计正是从这些不同信息使用者的利益和要求出发，集中研究有关的会计问题，并着重通过定期提供各种财务报表和其他财务报告满足上述各相关利益者的不同需要。由此产生了以财务报表为中心的“会计观”，从而形成“财务会计”这个概念。而管理会计则不同，它主要为企业组织内部经营管理服务，即为企业组织的管理决策和有效经营提供相关信息。如果说财务会计是以财务报表为中心的“会计观”，那么，管理会计就是以经营管理为中心的“会计观”。如果说财务会计是社会化的会计，那么，管理会计就是个性化的会计。管理会计只为特定的信息使用者提供相关信息，即所谓“相关信息适时地提供给相关的人”(Right information is provided to the right people at the right time)。尽管财务会计与管理会计侧重点有所不同，但是，它们属于现代会计的“同源分流”。

（一）现代会计的“同源”

之所以说财务会计与管理会计是现代会计的“同源”，是因为它们之间存在密切的联系。这主要表现在：

1. 财务会计与管理会计都是现代会计的重要组成部分

财务会计与管理会计都是企业组织经营管理的基本组成部分。在实践中，完全没有必要同时存在财务会计与管理会计这两个相对独立的系统。实际上，在会计核算部分，财务会计与管理会计具有共同的基础：原始资料相同。以此为基础，财务会计与管理会计基于不同信息使用者信息需求的侧重点不同，各自对原始资料进行加工、整理和扩展。同时，财务会计与管理会计的服务对象也有交叉，尽管财务会计侧重于为企业组织的外部利益相关者服务，但是，它也为企业组织的内部经营管理服务；同样地，管理会计虽然侧重于为企业组织的内部经营管理服务，它也同时为企业组织的外部利益相关者服务。

2. 财务会计与管理会计都依存于“受托责任”

这里所说的“受托责任”（Accountability）是过去简单的经管责任（Stewardship）的发展。当今的社会可以说“受托责任”无处不在。只要存在委托代理关系，就存在“受托责任”。如果说当今的社会是构建在一个巨大的“受托责任”网络之上，丝毫不过分。然而，在现代金融市场与现代公司制度下，企业组织是一系列契约的连接点，发达的金融市场把许多“契约关系”连接在企业组织这个“连接点”上。现代金融市场与现代公司制度的发展，使得企业组织的外部“受托责任”变得模糊起来，而企业组织的内部“受托责任”则变得复杂化和层次化。财务会计侧重于企业组织的外部“受托责任”，管理会计侧重于企业组织的内部“受托责任”。从本质上说，财务会计与管理会计都是一种“受托责任”会计。

（二）现代会计的“分流”

之所以说财务会计与管理会计是现代会计的“分流”，是因为它们在提供信息的侧重点方面不同。由此，财务会计与管理会计又存在明显的差异。这主要表现在：

（1）财务会计侧重于为企业组织的外部利益相关者提供有助于决策的信息，而管理会计则侧重于为企业组织的内部经营管理提供相关信息。

（2）财务会计强调过去，而管理会计则强调现在与未来。

（3）财务会计受“公认会计原则”的制约，而管理会计则不受“公认会计原则”的制约。管理会计主要考虑经营管理决策的“成本效益”与管理行为问题。

（4）财务会计注重可证实性和货币性信息，而管理会计则较少强调可证实性，并强调货币（财务）性信息与非货币（财务）性信息并重以及数量计算与决策者的综合判断相结合。

（5）财务会计以会计主体为核心，而管理会计则强调多维的主体观念，它不仅仅把企业组织看成一个整体，它还强调企业组织的分部。管理会计根据需要可将一个部门或一条生产线作为主体，也可以将一个人作为主体，甚至可以将作业作为一个主体。

（6）财务会计是一种强制性会计，必须按照有关规定定期地提供财务报表，而管理会计则是非强制性会计，根据决策需要而提供相关信息。

（7）管理会计是一种综合性交叉学科。与财务会计相比，管理会计更多地涉及其他相关学科如管理学、决策科学、组织行为学、行为科学等。

通常，企业组织的经理人扮演着投资者（Investor）和经营者（Manager）的双重角色。财务会计侧重于服务经理人的投资者角色，管理会计则侧重于服务经理人的经营者角色。财务会计与管理会计的“同源分流”也就是企业组织的经理人作为投资者与经营者双重角色的体现。

二、管理会计在企业组织的角色

通常认为，管理会计是一个决策支持系统（Decision Support System，DSS）。管理会计的基本目标包括：（1）为企业组织的管理决策和经营控制提供相关信息；（2）参与企业组织的经营管理过程，通过提供相关信息，对企业组织成员进行激励与管理。

作为企业组织的决策支持系统，管理会计是企业组织结构的重要组成部分。从管理会计的基本职能来看，管理会计与企业组织的经营决策机制、组织设计机制紧密联系，难以人为地将其割裂开来。图 1－1 描绘了企业管理系统与管理会计的基本关系。

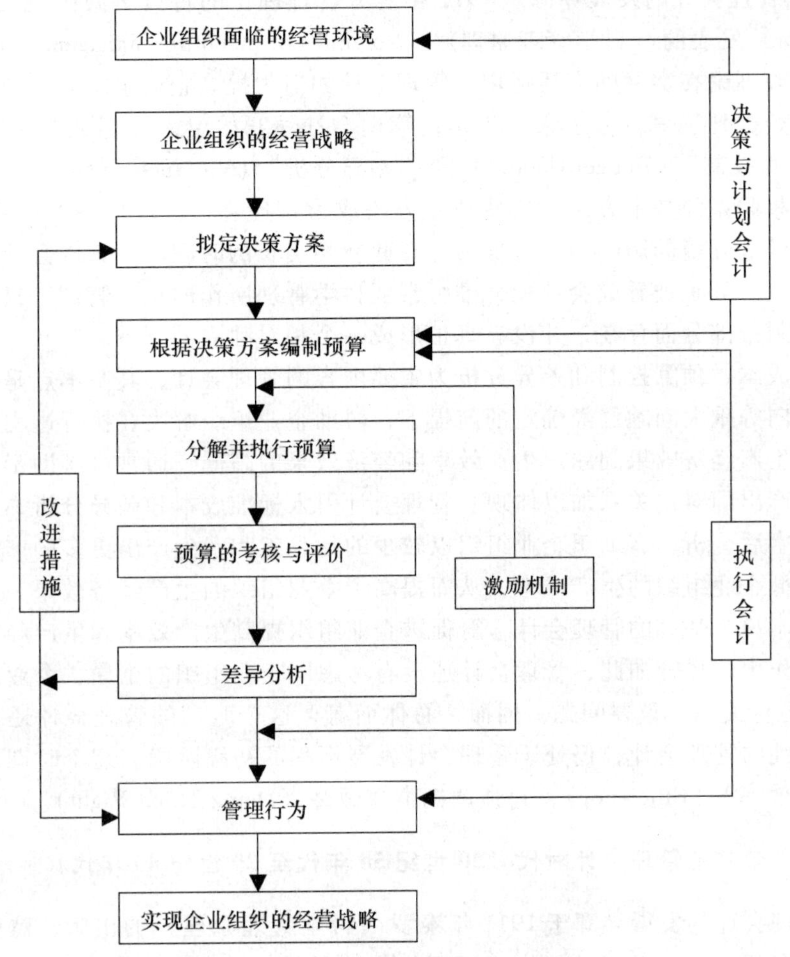

图 1－1　管理会计在企业组织的角色

从图 1－1 可以看出，基于“环境——战略——行为——过程——结果”一体化的逻辑框架，管理会计贯穿企业组织的经营管理过程之始终。

第三节　管理会计的发展

自从现代会计“同源分流”之后，管理会计随着企业组织面临的经营环境的变化而不断发展。20 世纪以来，管理会计的发展大致可以分为四个阶段。

一、追求效率的管理会计时代（20 世纪初到 20 世纪 50 年代）

20 世纪管理会计的发展导源于 1911 年西方管理理论的古典学派代表人物——泰罗（F. W. Taylor）发表的《科学管理原理》（Principles of Scientific Management）。伴随着泰罗的科学管理理论在实践的广泛运用，管理会计如何为提高企业组织的生产和工作效率服务，便开始提到议事日程上来。于是，管理会计便开始引入“标准成本”（Standard Cost）、“预算控制”（Budget Control）和“差异分析”（Variance Analysis）等与泰罗科学管理直接相联系的技术方法。这些技术方法成为管理会计方法体系的重要组成部分。但是，社会经济环境的影响力不可低估。在此后相当长的时间内，管理会计并没有得到应有的发展，它只是被看成会计配合推行泰罗科学管理所作的一些尝试，只是作为传统会计的一个附带部分而存在，并没有真正形成一个相对独立的领域。

以标准成本、预算控制和差异分析为主要内容的管理会计，其基本点是在企业组织的战略、方向等重大问题已经确定的前提下，协助企业组织解决在执行过程中如何提高生产效率和生产经济效果问题。生产效率和经济效果的高低，通常可借助于企业组织内部的投入与产出的对比关系加以体现。管理会计引入标准成本和差异分析，通过严密的事前计算与事后分析，有助于企业组织以较少的材、工和费生产出更多的产品。其综合表现就是降低企业组织的生产成本，从而提高了企业组织的生产经济效果。可见，以泰罗科学管理学说为基础的管理会计，对促进企业组织提高生产效率和生产经济效果具有积极的推动作用。尽管如此，管理会计还没有考虑同企业组织的全局、企业组织与外界（尤其是市场）关系等重要问题。因而，总体而言，这个时期的管理会计还只是一种局部性、执行性的管理会计，仍处于管理会计发展历程的初级阶段。这个时期的管理会计追求的是“效率”（Efficiency），它强调把事情做好（Doing Thing Right）。

二、追求效益的管理会计时代（20 世纪 50 年代至 20 世纪 80 年代）

尽管管理会计的发展导源于 1911 年泰罗《科学管理原理》的出版，然而，管理会计的真正发展却以 20 世纪 50 年代之后现代管理科学（Management Science）的发展作为永久性推动力。

从 20 世纪 50 年代开始，西方国家进入了所谓战后期。这时，西方国家经济发展出现了许多新特点。这主要表现在：一方面，现代科学技术突飞猛进发展并大规模运用于生产领域，从而使社会生产得以迅速发展；另一方面，西方国家的企业组织进一步集中，跨国公司大量涌现，企业组织的规模越来越大，生产经营活动日趋复杂，市场情况瞬息万变，市场竞争更加剧烈。这些新特点对企业组织的经营管理提出相应的新要求，即迫切要求实现企业组织管理现代化。面对突如其来的新形势，战前曾风靡一时的泰罗“科学管理学说”就显得非常被动，其重局部、轻整体的根本性缺陷暴露无遗，不能与之相适应。

泰罗科学管理学说着眼于对生产过程进行科学管理，把重点放在通过对生产过程的个别环节、个别方面的高度标准化，为尽可能提高生产和工作效率创造条件。但是，对企业组织全局、企业组织与外部的关系则很少考虑。这种理论在新的环境下就显得有些本末倒置。在新的环境下，大量实践表明，企业组织的盛衰、成败、生存和发展，首先取决于企业组织采取的战略、方针、决策是否正确，所定的目标是否与内外部经济环境相适应。如果战略、方针、决策错误，经营目标定错了，企业组织的个别环节效率再高也无济于事，甚至还会在剧烈的竞争中被淘汰。因此，提高企业组织各个环节、各个方面的生产、工作效率固然重要，但更重要的是，要把正确的经营战略和决策放在首位。所谓“管理的重心在经营，经营的重心在决策”，正是适应新的环境而提出新的管理思想。

正是由于泰罗科学管理学说的根本缺陷，不能适应战后西方经济发展的新形势，它为现代管理科学所取代，也就成为历史的必然。现代管理科学是一个十分庞大而复杂的知识体系。它由“管理科学派”和“行为科学派”两大理论学派组成。现代管理科学的形成和发展，对管理会计的发展，在理论上起着奠基和指导作用，在方法上赋予现代化的管理技术，使其面貌焕然一新。

这个时期的管理会计追求的是“效益”（Effective），它强调首先把事情做对（Doing Right Thing），然后再把事情做好（Doing Thing Right）。效率与效益是两个不同的概念。如前所述，效率一般体现于企业组织的内部投入与产出关系，效率的高低主要是执行过程的问题；而效益一般不能直接在企业组织的内部体现，而必须通过企业组织与外界的联系才能得到体现，其好坏主要取决于决策是否正确。在市场经济环境下，效率只有接受市场的检验才能转化为效益，否则，不仅不是效益，而且还是损失。企业组织要实现其战略目标，必须以市场为导向，同时兼顾效率与效益。至此，管理会计形成了以“决策与计划会计”和“执行会计”为主体的结构体系。其中，“决策会计”居首位。因为计划是以决策为基础的，它是决策所定目标的综合体现。

进入20世纪80年代，由于“信息经济学”（Information Economics）和“代理理论”（Agency Theory）的引进，管理会计又有新的发展。但是，面对世界范围内高新技术蓬勃发展并广泛运用于经济领域，管理会计又显得有些过时落伍。为此，西方国家致力于管理会计信息相关性的研究，由此迎来了一个以“作业”（Activity）为核心的“作业成本管理会计”（Activity－based Management Accounting）时代。与波特（Porter）提出的“价值链”观念相呼应，管理会计借助于“作业管理”（Activity－based Management，ABM），又致力于如何为企业组织“价值链”优化服务。20世纪80年代以来，管理会计取得的许多引人注目的新进展都是围绕着管理会计如何为企业组织“价值链”优化和价值增值提供相关信息而展开。

三、战略管理会计时代（20世纪90年代至20世纪末）

进入20世纪90年代，变化是当今世界经济环境的主要特征。基于环境的变化，管理会计信息搜集的任务从职业化的管理会计师转移到使用这些信息的使用者，保证了企业组织能以一种“实时”（Real Time）的方式搜集相关信息，并据此作出反应。管理会计突破了管理会计师提供信息，经理人使用信息的旧框框，而由每一个员工直接提供与使用各种信息。由此，管理会计信息提供者与使用者的界限将逐渐模糊。当然，管理会计也有助于促进企业组织适应环境的变化。例如，企业组织所面临的内外部环境变化导致“作业成本计算法”（Activity - Based Costing，ABC）与“作业管理”的产生，而“作业成本计算法”与“作业管理”的运用又有助于“企业再造工程”（Corporation Reengineering）的实施，从而推动了企业组织的变革，提高了企业组织的竞争能力。这时，管理会计的主题已经从单纯的价值增值转向企业组织对外部环境变化的适应性上来。20 世纪 90 年代是一个以战略管理为中心的新时代，强调“事事战略定位，时时战略定位”，由此，管理会计进入了所谓“战略管理会计”（Strategic Management Accounting，SMA）时代，并得到发展。这个时期，“适时制”（Just - in - time）、“全面质量管理”（Total Quality Control）、“价值链”、“战略管理”、“企业业务流程再造”（Business Process Reengineering，BPR）等管理思想渗透到管理会计，推动管理会计的发展。

纵观 20 世纪管理会计发展历程，管理会计沿着“效率→效益→价值链优化”的轨迹发展。这个发展轨迹基本上围绕“价值增值”（Value - added）这个主题而展开。

四、培植企业组织核心能力的管理会计时代（21 世纪以来）

如果说 20 世纪是“竞争的世纪”，那么，21 世纪将是“竞争力的世纪”。面对 21 世纪的宏微观环境，企业组织在其发展过程已经充分意识到，比价值增值（或者更通俗的利润）更重要的是市场份额，比市场份额更具有根本意义的是竞争优势，比竞争优势更具有深远影响的是企业组织“独一无二”的核心能力（Core Competence）。

那么，何为核心能力呢？通俗地说，核心能力就是企业组织拥有的与众不同、独一无二的、偷不去、买不来、拆不开、带不走、溜不掉的独特资源。企业组织的核心能力是企业组织的内在资源，竞争力则是企业组织的核心能力在市场上的外在表现。企业组织的核心能力转化为竞争力是市场对核心能力物化（也是外化）结果（核心产品或服务）的评价过程。企业组织的核心能力与设备或原材料等其他生产要素的结合生产出企业组织的核心产品或服务。企业组织的核心产品或服务在市场上的表现就是企业组织的竞争力。尽管企业组织之间的竞争通常表现为核心能力所衍生出来的核心产品、最终产品的市场之争，但其实质却是企业组织的核心能力之争。企业组织只有具备核心能力，才能具有持久的竞争优势。因此，企业组织的核心能力决定企业组织在市场竞争中的兴衰成败。如何培植和提升企业组织的核心能力至关重要。

客观地说，现代会计（尤其是财务会计）只注重企业组织的实物支持系统，较少关注企业组织独特的知识与技能、管理体制和员工价值观念对企业组织竞争力乃至核心能力培植和提升的影响。核心能力对企业组织及其人力资源具有高度的依赖性。企业组织的员工在相当大的程度上充当了核心能力的承担者。那么，侧重于为企业组织的内部经营管理服务的管理会计如何为企业组织培植和提升其核心能力提供相关信息自然成为 21 世纪管理会计发展的主题。

第四节　管理会计职业化及其道德规范

在西方国家，尤其是美国和英国，管理会计已经完全职业化。为了更好地理解管理会计，下面以美国和英国为例简要地阐述管理会计职业化以及与此相关的道德行为问题。

一、专业机构与职业资格考试

在美国和英国，专业机构和职业资格考试推动了管理会计的职业化。

（一）专业机构

1. 美国的专业机构

在美国，许多组织对管理会计的发展具有重要的影响力。其中，最具影响力的当属美国管理会计师协会（Institute of Management Accountants，IMA）。该协会拥有数万名会员，非常关注管理会计的发展及其职业化问题。美国管理会计师协会下设管理会计实务委员会（Management Accounting Practice Committee）和注册管理会计师协会（Institute of Certified Management Accountants，ICMA）。管理会计实务委员会发布管理会计实务公告即（Statement on Management Accounting Practice），同时，每月末出版“管理会计”（Management Accounting）杂志，探讨管理会计实务，成为管理会计师的重要读物。注册管理会计师协会则负责注册管理会计师（Certified Management Accountant，CMA）和注册财务管理师（Certified Financial Management，CFM）的考试与管理工作。

2. 英国的专业机构

在英国，同样有许多组织对管理会计的发展具有重要影响力。其中，最具影响力的当属特许管理会计师协会（The Chartered Institute of Management Accountants，CIMA）。该协会是全球最大的国际性管理会计师组织，也是国际会计师联合会（IFAC）的创始成员之一，目前拥有十几万名会员和学员。特许管理会计师协会负责特许管理会计师的职业资格（CIMA）认证。

（二）职业资格考试

1. 美国职业资格考试

在美国，管理会计师协会举办注册管理会计师考试的目的在于：（1）确定注册管理会计师的角色及其运用的技能，并认定其为一种职业；（2）在管理会计方面，培养具有较高教育水平的人才；（3）确定个人管理会计知识及技能的客观评价标准。

在美国，注册管理会计师的考试科目包括：（1）经济学、财务学与管理学（Economics，Finance and Management）；（2）财务会计与报告（Financial Accounting and Reporting）；（3）管理报告、分析与行为问题（Management Reporting，Analysis and Behavioral Issues）；（4）决策分析与信息系统（Decision Analysis and Information System）。

在美国，要取得注册管理会计师资格证书，必须具备：（1）满足最基本的会员资格（学士学位或通过注册会计师考试）；（2）在3年之内通过注册管理会计师的四门考试科目的考试；（3）在专业上具备两年的工作经验；（4）每3年至少需要90小时的职业性教育，以保证执业能力。

2. 英国职业资格考试

在英国，特许管理会计师的考试科目包括：（1）管理会计基础（Fundamental of Management Accounting）、财务会计基础（Fundamental of Financial Accounting）、商业数学基础（Fundamental of Business Mathematics）、商业经济基础（Fundamental of Business Economics）和道德、公司治理与商法基础（Fundamental of Ethics, Corporate Governance and Business Law）等五个基础级（Fundamental Level）科目。通过基础级科目考试者，可以获得CIMA商业会计证书（CIMA Certificate in Business Accounting）；（2）绩效评价（Performance Evaluation）、决策管理（Decision Management）、组织管理与信息系统（Organizational Management and Information Systems）、综合管理（Integrated Management）、财务会计与税务原理（Financial Accounting and Tax Principles）和财务分析（Financial Analysis）等六个管理级（Managerial Level）科目；（3）风险与控制战略（Risk and Control Strategy）、企业战略（Business Strategy）和财务战略（Financial Strategy）等三个战略级（Strategic Level）科目；（4）管理会计职业能力考试级（The Test of Professional Competence in Management Accounting Level, TOPCIMA Level）。这是一份案例研究，要求参与考试者在模拟的商业背景下运用战略管理会计方法作出决策。它涵盖了战略级三个科目的内容，不过，更侧重于战略、实务知识与现实商业环境的转化。

上述资格考试科目按顺序进行，只有通过基础级科目考试并拥有CIMA商业会计证书，才能进入管理级科目考试，而只有通过管理级科目考试，才能进入战略级科目考试。只有全部通过基础级、管理级和战略级科目的考试，才能进入管理会计职业能力考试级的考试。只有通过管理会计职业能力考试级并提交3年工作经验的相关证明文件，才能得到特许管理会计师协会的特许管理会计师职业资格（CIMA）认证并成为特许管理会计师。

在西方国家，尤其是美国和英国，正是通过注册（特许）管理会计师的职业资格考试与认证，才使得管理会计职业化。

二、管理会计师职业道德准则

以美国为例，管理会计师对其公众、专业团体、服务机构及其本身，都具有维护和遵守最崇高道德准则的义务。有鉴于此，美国管理会计师协会颁布了“管理会计与财务管理从业者道德行为准则”（Standards of Ethical Conduct for Practitioners of Management Accounting and Financial Management）。该道德行为准则包括以下四个方面的内容：

（一）技能（Competence）

管理会计与财务管理从业者有义务：（1）提高知识及技能，以保持适当的执业技术水平；（2）依据有关法律、规章及技术标准，履行其职业责任；（3）在恰当地分析相关及可靠性资料之后，提供完整而清晰的报告及建议。

（二）保密（Confidentiality）

管理会计与财务管理从业者有义务：（1）除法律规定外，非经由核准，不得将其工作中所获取的机密信息对外泄露；（2）告知下属要恰当地对待在工作中所获取有关资料的机密性，并监督其行为，以确保维护机密；（3）禁止将工作中所获取的机密资料，经由个人或第三者，用于非法或不道德的牟利行径。

（三）廉正（Integrity）

管理会计与财务管理从业者有义务：（1）避免介入实际或明显的利害冲突，并向任何可能的利害冲突方提出忠告；（2）不得从事道德上有害于其履行职责的活动；（3）拒绝接受影响或可能影响其行动的任何馈赠、好处或宴请；（4）不得主动或被动地破坏组织的传统及道德目标的实现；（5）对妨碍判断或成功执行任务的职业限制或其他约束，予以及时了解与沟通；（6）沟通不利与有利的信息以及职业判断或意见；（7）不得介入或支持任何有损于职业形象的活动。

（四）客观（Objectivity）

管理会计师与财务管理从业者有义务：（1）公平而客观地沟通信息；（2）充分披露可合理预见并会影响使用者理解的报告、评论和建议等相关信息。

在中国，尽管全国和各省、市都设置了总会计师协会，也有会计师系列的职称考试，但是，其主要目标是培养财务会计从业者。中国在管理会计方面，一直缺少组织和协调全国管理会计从业者，促进中国管理会计的发展与职业化的相应的组织管理机构。这不能不说是一种缺憾。

本章小结

企业组织通常可以理解为各个个体按照共同的目标而构造的有机体。企业组织的形式包括独资企业、合伙企业和公司。基于战略的视野，企业组织就是一个“战略制定——战略实施——战略修订——战略实施”无限循环的主体。基于价值链的视野，企业组织就是一个战略价值链环节的组合。基于社会责任的视野，企业组织就是一系列社会责任（综合性社会契约）的载体。

现代金融市场与现代公司制度的产生和发展，导致企业组织的所有权与经营权相分离。正是基于企业组织的所有权与经营权的“两权分离”，适应企业组织的所有者与经营者的不同信息需求，现代会计产生了“同源分流”，逐步形成了财务会计与管理会计两个相对独立的领域。财务会计侧重于为企业组织的外部利益相关者提供有助于决策的信息，而管理会计则侧重于为企业组织的内部经营管理提供相关信息。无论财务会计还是管理会计都依存于“受托责任”。

作为企业组织的决策支持系统，管理会计是企业组织结构的重要组成部分。从管理会计的基本职能来看，管理会计与企业组织的经营决策机制、组织设计机制紧密联系，难以人为地将其割裂开来。管理会计贯穿企业组织的经营管理过程之始终。

自从现代会计“同源分流”之后，管理会计随着企业组织面临的经营环境的变化而不断发展。20世纪以来，管理会计的发展大致可以分为四个阶段：追求效率的管理会计时代（20世纪初到20世纪50年代）、追求效益的管理会计时代（20世纪50年代至20世纪80年代）、战略管理会计时代（20世纪90年代至20世纪末）和培植企业组织核心能力的管理会计时代（21世纪以来）。

在西方国家，尤其是美国和英国，通过专业机构组织的注册（特许）管理会计师职业资格考试与认证，管理会计已经完全职业化。作为一种职业化，管理会计师必须遵循职业道德准则。以美国为例，管理会计师职业道德准则包括技能、保密、廉正和客观四个方面的内容。

本章主要参考文献

1. Jesse T. Barrfield, Cecily A. Raiborn, Michael R. Kinney. Costing Accounting: Traditions and Innovation. South - Western, 2003.

2. Anthony A. Atkinson, Rajiv D. Banker, Robert S. Kaplan, S. Mark Young. Management Accounting. Prentice Hall, Inc, 2003.

3. 查尔斯·亨格瑞，格里·森顿，威廉姆·斯特尔顿：《管理会计教程》，华夏出版社2006年版。

4. 查尔斯·T. 亨格瑞，斯坎特·M. 达塔，乔治·福特斯：《成本与管理会计》，中国人民大学出版社2004年版。

5. 韦恩·J. 莫尔斯，詹姆斯·R. 戴维斯，阿尔·L. 哈特格雷夫斯：《管理会计：侧重于战略管理》，上海财经大学出版社2005年版。

6. 宋献中，胡玉明主编：《管理会计：战略与价值链分析》，北京大学出版社2006年版。

7. 胡玉明，丁友刚，卢馨：《管理会计》，暨南大学出版社2006年版。

8. 贺颖奇，陈佳俊：《管理会计》，上海财经大学出版社2003年版。

9. 胡玉明：《高级管理会计》，厦门大学出版社2005年版。

多维成本观念

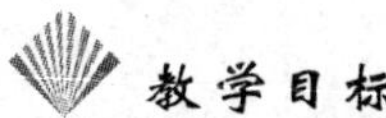

教学目标

◇基本目标

基于“不同目的，不同成本”（Different Costs for Different Purposes）的理念，理解管理会计的多维成本观念，掌握混合成本的分解方法，并在现实企业的经营管理决策过程中运用多维成本观念。

◇具体目标

（1）财务成本观念及其分类；（2）控制成本观念及其分类；（3）混合成本的分解方法；（4）决策成本观念及其分类；（5）在现实企业的经营管理决策过程中运用多维成本观念。

本章提要

在当今的信息社会，任何经营管理都离不开信息。成本信息是企业组织经理人极为关注的信息。在企业组织经营管理决策过程中，决策者强调的是成本信息的相关性。因此，决策者奉行“不同目的，不同成本”的信条。成本信息必须满足存货计价与收益确定（财务成本观念）、管理控制（控制成本观念）和管理决策（决策成本观念）三种目的。单一的成本信息难以满足上述三种目的。在管理会计学科中，根据管理决策需要，采用不同的成本观念。由此形成一个广义的、多维的成本观念。本章简要阐述管理会计的多维成本观念，以便为后续章节更为具体的讨论奠定基础。

第一节　财务成本观念

如前所述，财务成本观念主要满足企业组织存货计价与收益确定的信息需求。财务成本观念根据管理的需要，可以按不同标准分类。

一、成本按其管理职能分类

按管理职能，成本可以分为制造成本与非制造成本。

（一）制造成本

制造成本，又称生产成本，指产品在生产过程中所发生的成本，由三部分组成：

1. 直接材料

直接材料指在企业组织生产过程中构成产品主要成分，并且易于追溯到某特定产品的材料成本。有些材料项目虽然也构成产品的实体，但是，却难以追溯到该特定产品或需要花较多的精力才能追溯到该特定产品。根据成本效益原则，这种材料就不归集为直接材料，而称为间接材料，归入制造费用项目。尽管从理论上说，这种材料也构成产品的实体。值得指出的是，直接材料与间接材料的区分主要是根据成本效益原则和重要性原则而定。

2. 直接人工

直接人工指在企业组织生产过程中，直接参与产品的加工制造所耗用的，能追溯到某特定产品的人工成本。同样地，对于那些难以或要花较多的精力才能追溯到该特定产品的人工成本，也不归集为直接人工，而称为间接人工。它与前述的间接材料一并归入制造费用项目。

3. 制造费用

制造费用又称间接费用，指在企业组织生产过程中发生的不能归入直接材料、直接人工成本的所有其他费用。一般分为间接材料、间接人工和其他间接费用三部分。

（1）间接材料。间接材料指企业组织在生产过程中耗用，但无法归入某特定产品的材料成本，如修理设备用的材料等。

（2）间接人工。间接人工指为企业组织生产过程服务但不直接参与产品加工的人工成本，如维修人员的工资等。

（3）其他间接费用。其他间接费用指不属于间接人工、间接材料的其他各种间接费用，如厂房机器设备的折旧费、修理费、保险费、税金等。

值得注意的是，那些发生于产品生产制造过程之外的费用都不属于制造费用项目。

上述制造成本中，直接材料和直接人工一般合称主要成本，而直接人工和制造费用一般合称加工成本。

（二）非制造成本

非制造成本，又称非生产成本，指不属于生产领域，但为企业组织经营管理服务所发生的一些成本。它可进一步分为销售费用与管理费用两类。

1. 销售费用

销售费用指产品在销售过程中所发生的成本，如营销人员工资、差旅费以及广告费等。

2. 管理费用

管理费用指为组织、指导和控制企业组织的各项经济业务所发生的经营管理费用，如管理人员工资、办公费、邮电费、非经营性固定资产的保险费和折旧费等。

二、成本按其时间归属分类

企业组织在一定时期内发生的成本，按其时间归属可以分为产品成本与期间成本。

（一）产品成本

产品成本，又称可盘存成本，指与产品的生产制造有直接关系的成本。其承担成本的客体是产品，按产品来归集计算成本。其成本随着产品流动而流动，如果特定产品销售出去了，那么，其成本为产品销售成本而与产品销售收入相配比；如果特定产品尚未销售或未完全销售出去，那么，其成本将作为存货结转到下期。可盘存成本名称由此而来。前述的制造成本即属于可盘存成本。

（二）期间成本

期间成本，又称为不可盘存成本，指随着时间的推移而在某个特定期间内发生的成本，由当期的损益负担，不结转到下期。这类成本与特定产品无关，而与该期间的时间长短有密切的关系。不可盘存成本名称由此而来。前述的非制造成本即属于期间成本。

三、成本按其归属于产品的难易分类

企业组织的成本，有些与某特定产品或部门有直接的联系，很容易归属于特定成本计算对象；有些与某特定产品没有直接的联系，无法按照某个标志归属于特定产品或部门。企业组织的成本按其归属于产品的难易程度可以分为直接成本与间接成本。

（一）直接成本

直接成本，又称可追溯成本，指可以直接计入某特定产品的成本如直接材料成本、直接人工成本等。

（二）间接成本

间接成本，又称不可追溯成本，指不能直接计入某特定产品的成本如制造费用。由于间接成本不能直接归属于某特定产品，而是由许多产品或部门共同负担，因此，应该通过合理的方法在各种产品或部门之间进行分配和再分配，使其恰当地归属于各相关的产品或部门。

四、成本按其与企业组织经营活动的联系分类

现代企业组织的经营活动包括生产经营与资本经营。相应地，现代企业组织的成本包括生产经营成本与资本经营成本。企业组织的生产经营成本发生于企业组织生产经营过程，包括产品成本与期间费用。它主要与生产要素市场相联系。企业组织的资本经营成本发生于企业组织的资本经营过程，包括债务资本成本和权益资本成本。它主要与资本市场相联系。由此可见，生产要素市场与资本市场共同影响企业组织的成本。因此，企业组织在一定时期内发生的成本，按其与企业组织经营活动的联系可以分为生产经营成本与资本经营成本。

第二节 控制成本观念

如前所述，控制成本观念主要满足企业组织管理控制的信息需求。基于控制目的成本观念，与前述基于财务目的成本观念有所不同。

一、成本按其成本性态分类

成本性态（Cost Behavior），又称成本习性，指成本总额的变动与业务量之间的依存关系，也就是在一个特定的相关范围（Relevant Range）内，如果某项业务量发生变动，该项成本将如何变动。研究成本与业务量之间这种相互依存的特性，对于降低企业组织的成本和优化其决策，具有重要的现实意义。

按照成本性态，成本可以分为变动成本（Variable Cost）与固定成本（Fixed Cost）。

（一）变动成本

变动成本指在相关范围内，成本总额与业务量成正比例变动关系的成本项目如直接材料成本、直接人工成本等项目。这些成本项目的发生额都与业务量直接联系。业务量增加，变动成本总额也增加；业务量减少，变动成本总额也减少。但是，如果从单位业务量分摊的变动成本来看，则正好相反。单位业务量分摊的变动成本（UVC）在相关范围内固定不变即不随着业务量的变化而变化。

如果用 VC 代表变动成本总额，b 代表单位业务量分摊的变动成本，X 代表业务量，那么，变动成本的习性可用代数式表示如下：

VC = bX

变动成本的习性可用图 2－1 表示如下：

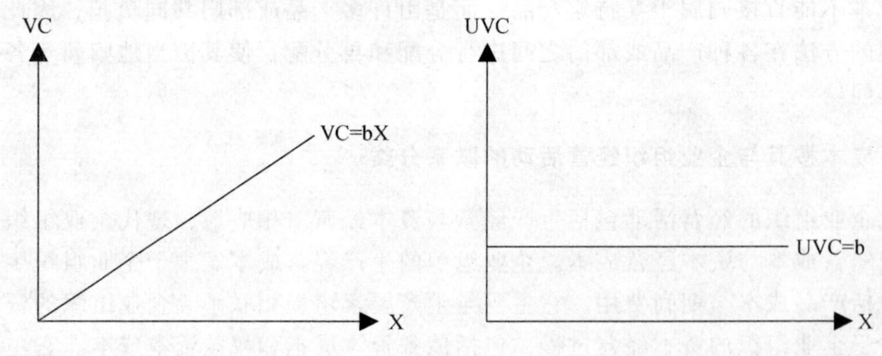

图 2－1 变动成本性态

（二）固定成本

固定成本指在相关范围内，成本总额不受业务量变动的影响而保持固定不变的成本项目，如厂房、设备按直线法计提的折旧费、保险费、管理人员的工资等成本项目。但是，如果从单位业务量分摊的固定成本来看，则恰好相反，单位业务量负担固定成本（UFC）与业务量的增减成反比例关系，即业务量越大，单位业务量负担的固定成本越小；业务量越小，单位业务量负担固定成本越高。

如果用 a 代表固定成本总额，固定成本性态可用代数式表示如下：

FC = a

固定成本的习性如图 2 - 2 所示：

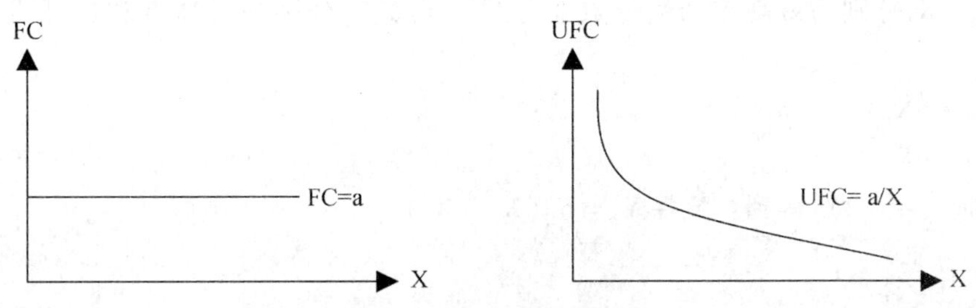

图 2 - 2　固定成本性态

固定成本通常还可以进一步细分为约束性固定成本（Committed Fixed Cost）与酌量性固定成本（Discretionary Fixed Cost）。约束性固定成本指不因企业组织经理人的经营决策而改变的固定成本，它是一种维持企业组织生产能力的成本如前述的生产设备折旧费，而酌量性固定成本则因企业组织经理人的经营决策而发生的成本如前述的广告费。不过，在经营环境较为严峻的情况下，企业组织经理人可能会在短期内削减某些或部分约束性固定成本。

上述对固定成本与变动成本的论述中，多次提到"相关范围"一词。在这里，"相关范围"有两层涵义：第一是指特定的期间；第二是指某一特定的业务量水平范围。上述成本性态只有在相关范围内才有效。因为企业组织的经营决策存在长短期决策之分，就长远观点而言，一切成本项目都是可变的。即使在短期内保持不变的成本项目，也只有就某一特定业务量范围而言，超出这个业务量水平，成本性态也会发生变化。对变动成本而言，也只有在相关范围内，成本总额与业务量成线性关系的假设才有效。因此，成本性态研究的焦点在于"相关范围"。

值得指出的是，在企业组织的经营管理实践中，并非所有的成本项目都可以一清二楚地分为固定成本与变动成本。有些成本可能同时包含固定成本与变动成本两个因素。这类成本项目，其成本发生总额虽然也受业务量变动的影响，但并不存在绝对或严格的比例关系。这类成本项目称为混合成本（Mixed Cost）或半变动成本（Semi - variable Cost）。但是，企业组织经理人可以运用一定的技术方法将其分解为固定成本与变动成本。从理论上说，一切成本按其成本性态都可以分解为固定成本与变动成本。正因为如此，混合成本没有必要单独列为一类成本项目。

（三）混合成本的分解

通常，混合成本分解的方法较多，主要包括历史成本分析法（高低点法、散布图法和回归分析法）、工程研究法、账户分类法和合同认定法。但是，较常用的是历史成本分析法。因此，下面讨论历史成本分析法。

1. 高低点法

高低点法（High - low Points Method）通过观察相关范围内成本总额与业务量的最高点和最低点之差进行混合成本的分解。

这种方法假设成本总额与业务量存在线性关系即成本表达式为：

$Y = a + bX$

设 X_1、X_2 分别为最高点和最低点业务量；Y_1、Y_2 分别为最高点和最低点的成本总额，那么：

$$Y_1 = a + bX_1 \tag{1}$$

$$Y_2 = a + bX_2 \tag{2}$$

由（1）－（2）得到：$Y_1 - Y_2 = b(X_1 - X_2)$

$$b = \frac{Y_1 - Y_2}{X_1 - X_2} \tag{3}$$

将（3）代入（1）得：$a = Y_1 - bX_1$

或者：

将（3）代入（2）得：$a = Y_2 - bX_2$

求出 a 与 b 的数值之后，成本表达式 $Y = a + bX$ 也就随之确定。这样既把混合成本分解成为固定成本与变动成本，又可用于预测在相关范围内某一业务量水平下的混合成本总额。

例 2－1：某公司 20×7 年度 1～12 月份的维修成本的历史数据如表 2－1 所示。

表 2－1　　某公司 20×7 年度 1～12 月份的维修成本的历史数据

项目 \ 月份	1	2	3	4	5	6	7	8	9	10	11	12
机器工作小时（X）	1200	1300	1150	1050	900	800	700	800	950	1100	1250	1400
维修成本（Y）	900	910	840	850	820	730	720	780	750	890	920	930

如果该公司 20×8 年度预计机器工作小时为 650 小时，则其维修成本将为多少？

首先，根据表 2－1 资料确定在相关范围（700～1400 小时）内的最高点与最低点：

	机器工作小时（X）	维修成本（Y）
最高点	1400	930
最低点	700	720
最高点与最低点差异	700	210

其次，运用高低点法分解维修成本：

$b = (930 - 720)/(1400 - 700) = 0.30$（元/小时）

$a = 930 - 0.30 \times 1400 = 510$ 元或 $a = 720 - 0.30 \times 700 = 510$（元）

最后，写出维修成本的表达式：

Y = 510 + 0.30X

该公司 20×8 年度预计机器工作小时为 650 小时，则其维修成本将为 705 元（510 + 0.30×650）。

值得指出的是，在企业组织的经营管理实践中，高低点的业务量与成本总额未必严格对应，也就是说业务量最高，但与之相对应的成本总额却未必最高，业务量最低，但与之相对应的成本总额却未必最低。这时，应该以业务量的最高点或最低点确定成本总额的最高点或最低点。因为业务量是成本总额发生的动因（Driver）。

高低点法计算简单，便于运用，但是，它只用最高点与最低点确定成本性态，如果最高点与最低点缺乏代表性，那么，其结果可能与实际相去甚远。

2. 散布图法

散布图法（Scatter Diagram Method）是将观察的历史成本数据，在直角坐标系上作图，描绘出各期成本点散布图，并根据目测，在各成本点之间画出一条反映成本变动趋势的直线，其与纵轴的交点就是固定成本（a），然后再据此计算单位变动成本（b）的一种方法。具体地说，散布图法的基本步骤如下：

（1）画一个平面直角坐标，以横轴代表业务量（X），以纵轴代表成本总额（Y）；

（2）将业务量与成本总额坐标点逐一描绘在直角坐标上，形成若干坐标点即散布点；

（3）以目测的方法模拟一条能大致代表上述各点的直线。其表达式为：Y = a + bX；

（4）上述直线与纵轴的交点就是固定成本（a）；

（5）在直线上任意取一点（X_1，Y_1）即可确定单位变动成本（b）即：$b = (Y_1 - a)/X_1$。

由此确定了 a 与 b，这样，成本表达式 Y = a + bX 便随之确定。

例 2-2：沿用例 2-1 资料，根据表 2-1 数据，绘制散布图如图 2-3 所示。

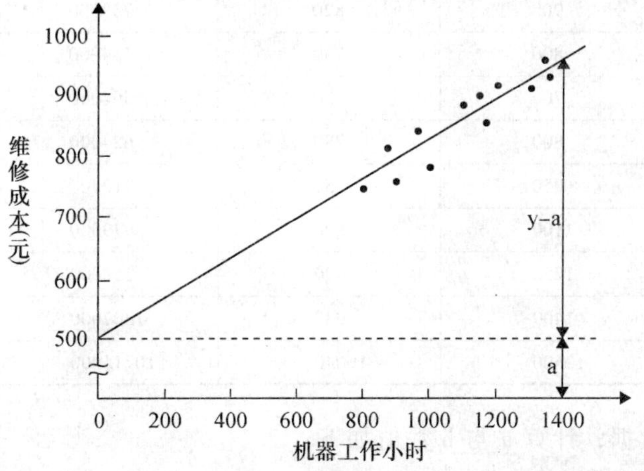

图 2-3　某公司维修成本散布图

在图 2－3 上，根据目测画出的成本趋势直线与纵轴的焦点为 500 即为固定成本总额 a＝500 元，成本趋势直线的斜率即为单位变动成本 b。在成本趋势直线上任意取一点如（1200，900），那么，b＝(900－500)/1200＝0.33。由此，维修成本表达式为：

$Y = 500 + 0.33X$

散布图法综合考虑了各观察点上成本总额与业务量的依存关系，而不是仅凭最高点与最低点来确定成本表达式。因而，相对于高低点法而言，其结果精确一些。但是，它只是目测的结果，可能对同一资料，不同的目测者可以描绘出各自不同的直线。

3. 回归分析法

回归分析法（Regression Analysis Method），也称最小二乘法（Least－Squares Method）。如前所述，对于同一资料，不同的目测者可以描绘出各自不同的直线。回归分析法就是要从这些众多的直线中寻找出一条最接近散布图上各点的直线。这条直线的表达式为 Y＝a＋bX。根据微积分原理，这条直线就是使各个观察点引起的总误差最小的那条直线。这可以借助高等数学极值原理推导出 a 与 b 的数值即：

$$a = \frac{\sum X_i^2 Y_i - \sum X_i \sum X_i Y_i}{n\sum X_i^2 - (\sum X_i)^2}, b = \frac{n\sum X_i Y_i - \sum X_i \sum Y_i}{n\sum X_i^2 - (\sum X_i)^2}$$

例 2－3：以表 2－1 资料为例，说明回归分析法的运用，如表 2－2 所示。

表 2－2　　回归分析数据表

项目 月份	X_i	Y_i	X_iY_i	X_i^2
1	1200	900	1080000	1440000
2	1300	910	1183000	1690000
3	1150	840	966000	1322500
4	1050	850	892500	1102500
5	900	820	738000	810000
6	800	730	584000	640000
7	700	720	504000	490000
8	800	780	624000	640000
9	950	750	712500	902500
10	1100	890	979000	1210000
11	1250	920	1150000	1562500
12	1400	930	1302000	1960000
Σ	12600	10040	10715000	13770000

根据表 2－2 数据，计算 a 与 b 数值如下：

$$a = \frac{13770000 \times 10040 - 12600 \times 10715000}{12 \times 13770000 - 12600^2} = 500.23$$

$$b=\frac{12\times10715000-12600\times10040}{12\times13770000-12600^2}=0.32$$

于是，得到维修成本表达式为：Y = 500.23 + 0.32X

回归分析法克服了高低点法和散布图法的局限性，运用高等数学方法求解成本表达式，具有严密性和科学性。如果手工计算，其计算过程比较复杂。当然，借助于计算机，其计算过程还是相当简单。

综上所述，各种混合成本分解的基本思路都是求出 a 与 b，从而列出成本表达式。

二、成本按其管理权限分类

根据某个部门对成本发生的控制程度或其职权范围，成本可以分为可控成本与不可控成本。

可控成本（Controllable cost）指某一部门能够计量、控制和调节其发生数额的成本。对于可控成本的可控性是指某一特定部门而言的。而不可控成本（Uncontrollable cost）则指某一部门无法计量、控制和调节的成本。

值得指出的是，可控成本与不可控成本的区分是相对的。从企业组织这个大系统而言，所有成本都是可以控制的成本。但就某一部门而言，则存在可控成本与不可控成本之分。有些成本项目在这个部门的可控的，而对另一个部门而言则变成不可控的。例如，在企业组织的加工车间，加工产品所需要耗用的材料是可控的，但是，由于材料质量存在问题而造成超定额消耗，则是无法控制的，属于不可控制的成本。然而，这对于供应部门来说，却又是可控制的，属于可控成本。

可控成本与不可控成本的区分，还有一个时间问题。一切成本从长期的角度看是可控的，而从短期的角度看却是不可控的。例如，广告费，一旦合同签订之后，其数额便无法控制或改变，而当合同期满时，重新签订合同时，其数额则是可控的。

一般而言，可控成本都是直接成本，但直接成本并不都是可控成本。例如，构成产品实体的某种主要材料，对加工车间而言是可控成本，也是直接成本；而加工用的某种零配件，如果是从其他厂家外购而来的，虽然是直接成本，但却不是可控成本。至于间接成本，由于是由若干部门或产品共同负担的成本，因此，对某个特定部门而言，多数是不可控成本。

此外，基于控制目的，成本还可以分为实际成本（Actual Cost）与标准成本（Standard Cost）。

第三节　决策成本观念

如前所述，决策成本观念主要满足企业组织管理决策的信息需求。决策成本观念同样可以根据不同标准分类。

一、决策成本按其差异性分类

决策成本按其差异性可以分为差别成本（Differential Cost）与边际成本（Marginal Cost，MC）。

（一）差别成本

差别成本，也称为差量成本，存在广义与狭义之分。广义的差别成本是指在进行方案的决策分析时，两个或两个以上备选方案之间预期成本的差异。狭义的差别成本是指两个或两个以上备选方案之间由于业务量增减变化而形成的预期成本差异。差量成本可分为增量成本（Incremental Cost）和减量成本（Decremental Cost）。例如，假设有 A、B 两个方案，其预期成本分别为 200000 元与 150000 元，那么，A 方案与 B 方案对比，A 方案所增加的成本 50000 元就是增量成本；反之，B 方案与 A 方案对比，B 方案所减少的成本 50000 元就是减量成本。增量成本和减量成本是差别成本同一个问题的两个侧面。企业组织在决策分析中，只要根据需要选择其中之一即可。

在企业组织经营决策中，差别成本是一个广泛运用的重要成本观念，诸如零部件外购或自制决策，是否应该接受特殊订货决策等等，都可以运用差别成本观念进行决策。

与差别成本相对应的是差别收入或差量收入，两者之间的差异就是差别利润或差量利润。

例 2－4：假设某公司正在考虑转变其营销方式即由原来的零售改为直销。表 2－3 列示了两种营销方式的预期成本。

表 2－3　　不同营销方式的差别利润计算表　　单位：元

项　目	零售营销方式	直销营销方式	差别成本或收入
销售收入	700000	800000	100000
销售成本	350000	400000	50000
广告费用	80000	45000	－35000
佣金	0	40000	40000
仓库折旧费用	50000	80000	30000
其他费用	60000	60000	0
合计	540000	625000	85000
利润	160000	175000	15000

根据表 2－3，两种营销方式的差别收入为 100000 元，差别成本为 85000 元，而差别利润为 15000 元。

（二）边际成本

从本质上说，边际成本是一个数学概念，因此，在讨论边际成本概念之前，首先要讨论成本的数学表达式，然后，在此基础上再讨论边际成本及其相关问题。

1. 成本函数表达式的基本形式

如前所述，成本可以视为业务量的函数，其发生额会随着业务量的增减而增减。但如何具体描述它们之间的关系呢？可行而又简易的方法是：先将依存于业务量变动而变动的成本数据在直角坐标纸上作图，看它们表现为何种形式。通常存在如图 2－4 所示的三种基本形式。

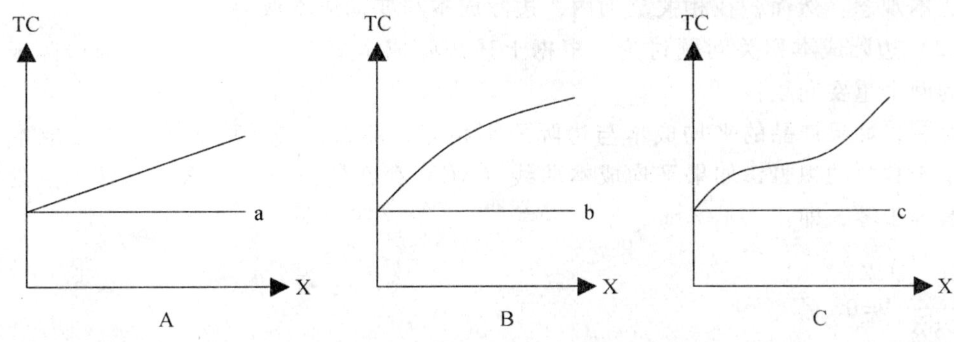

图 2－4 成本函数的基本形式

如果将有关成本数据在坐标纸上作图，出现近似于图 2－4（A）的情形，成本函数可用一次方程“$TC = a + bX$”描述。它表明成本总额由固定成本（a）与变动成本（bX）组成。这里，b 是一个常数，在图 2－4 上，变动成本线的斜率始终保持不变。因而，反映成本与业务量依存关系的成本总额可用一次方程表现。

如果将有关成本数据在坐标纸上作图，出现近似于图 2－4（B）的情形，成本函数可用二次方程“$TC = a + bX + cX^2$”描述。与图 2－4（A）不同，单位变动成本（b）不是一个常数，它会随着业务量的增加而相应地减少，在图 2－4（B）上，变动成本线的斜率随着业务量的增加而递减。与此相适应，反映成本与业务量依存关系的成本总额要用二次方程表现。

如果将有关成本数据在坐标纸上作图，出现近似于图 2－4（C）的情形，成本函数可用三次方程“$TC = a + bX + cX^2 + dX^3$”描述。与图 2－4（B）不同，单位变动成本（b）在业务量增长的初始阶段会随着业务量的增加而相应地减少，在业务量增长到一定程度之后，它又会随着业务量的增加而增加，在图 2－4（C）上，变动成本线的斜率在前一段随着业务量的增加而递减，在后一段则随着业务量的增加而递增。与此相适应，反映成本与业务量依存关系的成本总额要用三次方程表现。

上述各种成本表达式的系数，可以是正号，也可以是负号。它们可以通过对历史数据进行加工处理而确定。在企业组织的经营管理实践中，“$TC = a + bX$”是运用最广的基本形式。因为在企业组织的经营管理实践中关注的问题只局限于某个特定业务量范围即特定的相关范围，而在特定的相关范围内，上述任何成本函数总是可以表现为“$TC = a + bX$”。

2. 边际成本及其相关问题

（1）边际成本的概念。根据经济学一般理论，边际成本是指成本对业务量无限小变化的变动部分。在数学上，它可用成本函数的一阶导数来表现。在企业组织的经营管理实践中，业务量无限小变化，最小只能小到一个单位，业务量的变化小到一个单位以下如十分之一单位、百分之一单位，就没有什么实际意义了。因此，在企业组织的经营管理实践中，边际成本的计量，就是业务量增加或减少一个单位所引起的成本变动额。因而，可以将边际成本视为差别成本的一个特殊形式。但差别成本是一个更具有广泛意义的成本观念。然而，在相关范围内，边际成本与变动成本取得一致。

（2）边际成本相关问题讨论。根据上述边际成本概念，可以引申出与边际成本相联系的两个重要问题：

第一，如果产品的平均成本与边际成本相等，那么，其平均成本（单位成本）最低。基于数学的视野，如果平均成本曲线（AC）存在转折点，那么，其转折点处的一阶导数等于零，即：

$$\frac{d\left(\frac{TC}{X}\right)}{dX}=0$$

$$\frac{X\frac{dTC}{dX}-TC}{X^2}=0，\frac{dTC}{dX}=MC$$

$$X \cdot MC-TC=0，MC=TC/X=AC$$

这说明在平均成本曲线的转折点处，边际成本（MC）与平均成本（AC）相等即两者于平均成本曲线的转折点处相交。换一句话说，平均成本与边际成本相等时，平均成本最低。这种关系可以用于确定企业组织在何种产量水平下组织生产，其平均成本即单位产品成本最低，从而，对于企业组织控制成本，提高经济效益具有重要的指导意义。

例 2-5：假设 X 代表产品，某产品的成本函数 TC（X）为：

$TC(X)=200+12X+0.02X^2$

那么：

边际成本 $MC=12+0.04X$；平均成本 $AC=200/X+12+0.02X$

当 $MC=AC$ 时，$12+0.04X=200/X+12+0.02X$，$X=100$（件）

这时，平均成本 $AC=200/100+12+0.02\times100=16$（元）

可见，当产量为 100 件时，企业组织的平均成本即产品单位成本达到最低（16 元）。

第二，如果产品的边际收入与边际成本相等，那么，企业组织实现利润最大化。与边际成本相似，边际收入（Marginal Revenue，MR）就是每增加或减少单位业务量所引起的销售收入变化额。在数学上就是销售收入函数（TR = PX）的一阶导数，即：

$$MR=\frac{dTR}{dX}$$

与上述成本函数相联系，企业要使利润（πt）最大化，就是要使利润函数（$\pi t=TR-TC$）的一阶导数为零，即：

$$\frac{d\pi t}{dX}=\frac{dTR}{dX}-\frac{dTC}{dX}=0，MR-MC=0 \text{ 即 } MR=MC$$

这表明，如果边际收入（MR）等于边际成本（MC），那么，企业组织的利润达到最大化。企业组织在产品的定价决策可以运用这个原理，选择边际收入等于边际成本的销售量和销售价格作为“最满意”的销售量和销售价格。因此，它对于企业组织的定价决策具有一定的指导意义。

续例 2－5，假设销售收入函数为 TR＝18X，那么：

MC＝12＋0.04X，MR＝18，MC＝MR 即：

12＋0.04X＝18，X＝150（件）

即如果销售量为 150 件，那么，企业组织实现利润最大化。将“X＝150 件”代入利润函数可以得到，利润最大值为 250 元。

（三）差别成本、边际成本与变动成本之间的关系

在差别成本、边际成本与变动成本三个概念中，差别成本的含义最广，运用领域也最广泛。

如前所述，差别成本存在广义与狭义差别成本之分。在相关范围内，狭义的差别成本与边际成本、变动成本取得一致。下面举例说明之。

例 2－6：假设某公司生产的 A 产品产量在相关范围（1～10000 件）内，其成本函数为：

$$TC = a + bX, X \in [1,10000]$$

在相关范围内即 $X \in [1,10000]$，任何产量增减变化引起成本的变动额都是 $b \cdot \triangle X$ 即变动成本，而单位产量增减变动引起的成本变动都是 b 即单位变动成本。根据边际成本的定义，也就是边际成本为 b。从数学的角度，对成本函数“TC＝a＋bX”求一阶导数，也可以得出边际成本为 b。由此可见，在相关范围内，狭义差别成本、变动成本与边际成本取得一致。

但是，如果超越了相关范围，由于差别成本与边际成本的变动额可能包括固定成本与半变动成本的变动额，它不等于变动成本。因此，狭义的差别成本、变动成本与边际成本就不一致。下面举例说明之。

例 2－7：假设某公司有关成本资料如表 2－4 所示。

表 2－4　　某公司成本资料　　成本单位：元

项　目	正常的生产能力		
生产能力利用率	70%	85%	125%
产品产量（件）	7000	8500	12500
变动成本（@29 元/件）	203000	246500	362500
固定成本	85000	85000	100000
成本总额	288000	331500	462500

由表 2－4 可见，产量在 7000～8500 件范围内，固定成本与产量增减变动无关而始终保持不变。因此，狭义的差别成本 43500 元（331500 元－288000 元）就是变动成本 43500 元（246500 元－203000 元）。而产量每增减一件，其边际成本就是单位变动成本 29 元（43500 元÷1500 件）。但是，当产量突破 8500 件，增加了 4000 件，从而达到

12500 件时，狭义的差别成本 131000 元（462500 元 - 331500 元），不仅包括变动成本 116000 元（362500 元 - 246500 元），而且还包括了固定成本 15000 元（100000 元 - 85000 元）。这时，狭义的差别成本与变动成本不一致。

至于边际成本与变动成本的不一致性可以通过成本函数加以说明。如前所述，成本函数存在三种形式。边际成本是成本函数的一阶导数。显然，并没有要求成本函数必须限定在特定相关范围内。而变动成本则不然，正如前所述，它严格地限定于特定相关范围，超越了特定相关范围，变动成本的性态就不存在。尽管在特定的相关范围内，上述任何成本函数总是可以表现为“$TC = a + bX$”，但是，超越了特定相关范围，这个结论就不正确了。例如，如果成本函数为“$TC = a + bX + cX^2$”或“$TC = a + bX + cX^2 + dX^3$”，那么，根据边际成本的数学意义，对成本函数求一阶导数，边际成本为“$b + 2cX$”或“$b + 2cX + 3dX^2$”而不是单位变动成本 b。因此，这时的边际成本与变动成本也不一致。

总之，差别成本、边际成本与变动成本这三个概念既有联系又有区别，决策者在运用时，要根据具体情况加以区分，不可无条件地等同起来。

二、决策成本按其排他性分类

决策成本按其排他性可以分为机会成本（Opportunity Cost）与应负成本（Imputed Cost）。

（一）机会成本

通常，每项资源都存在多种用途，但是，由于资源的稀缺性，资源用于某个用途就不能同时用于另一个用途。这就是说，资源在某个用途之所得，正是由于放弃另一个用途机会之所失。在决策过程中，在若干个备选方案中，选取最满意方案而放弃另一个次满意方案所丧失的潜在利益，就构成实施最满意方案的机会成本。从会计事项关系而言，就是由于放弃某一个方案实现的机会而失去的收益。这部分收益应当由被选方案的收益来补偿，如果被选方案的收益不能补偿机会成本，便不能认为被选方案是最满意的方案。机会成本虽然不是实际支出，也不记入会计账册，有时甚至难以计量，但是，在进行决策时，要把它作为一个现实的重要因素加以考虑，否则，就可能作出错误的选择，不能取得应有的效果。

例 2-8： 假设某公司拥有一块土地的使用权。该土地存在两种用途：（1）建商品房，从事房地产经营；（2）直接将土地的使用权转让给其他房地产开发商。如果某公司将土地用于自己的房地产开发和经营活动预计可得利润 5000 万元，如果某公司将土地的使用权转让则可得 4500 万元。那么，某公司如果选择了自己从事经营房地产开发的方案，则土地使用权转让的潜在收益 4500 万元就构成了其机会成本。相反，如果某公司选择了土地使用权转让的方案，则公司从事房地产开发和经营活动的潜在收益 5000 万元，就构成了其机会成本。由此可见，考虑了机会成本之后，某公司应该选择自己从事房地产开发和经营活动的方案。

值得注意的是，不管该土地的使用权当时该公司是以 4150 万元还是以 4200 万元购买，都应该以现行市场价格 4500 万元作为其机会成本。

当然，如果某项资源只有一个用途，别无选择，那么，其机会成本就等于零。例如，某工人失业在家待业，某公司招聘了该工人，该工人对是否应聘的选择就不存在机会成本问题。

机会成本在决策中的意义在于它有助于决策者全面考虑可能采取的各种行动方案，以便为有限的资源寻求最为有利的使用途径。

（二）应负成本

应负成本，也称为假计成本，它是机会成本的一种表现形式。它既不是企业组织的实际支出，也不必记账，只是运用某种经济资源的代价。这种代价，在进行方案的选择时必须认真加以考虑。例如，企业组织的生产性资产投资，可以选择不同的方案，各个方案所需要的资金数量、资金来源和投入时点可能不同。为了保证各个方案评价的口径一致，正确地进行决策，企业组织为此所需要的资金不论其来源如何都必须以机会成本的形式计算利息。权益资本成本就是应负成本的一种形式。在这里，应负成本实际上是机会成本和货币时间价值观念在决策中的具体体现和运用。

三、决策成本按其影响的时效性分类

从决策的角度看，不同时期发生的成本对决策可能产生不同的影响。根据这种影响的时效性，决策成本可以分为沉落成本（Sunk costs）、重置成本（Replacement Costs）与付现成本（Out - of - pocket Costs）。

（一）沉落成本

沉落成本是过去的成本支出。广义地说，凡是过去已经发生，不是目前或将来决策所能改变的成本，都是沉落成本。狭义地说，沉落成本是指过去发生的在一定情况下无法补偿的成本，因而，也可称之为“一经花费就一去不复返的成本”。例如，某公司过去购置了一台设备，原始价值为 800000 元，累计折旧为 160000 元。由于技术的进步，现在这台设备已经完全过时了。在这种情况下，这台设备的账面价值 640000 元，就属于沉落成本。

沉落成本的特征决定了它不是差别成本，与决策不存在相关性，因而，当前的决策可以不必考虑这个因素。虽然在决策中，不必考虑沉落成本，但是，却要注意区分和判别沉落成本，否则，可能导致决策的失误，尤其在固定资产更新决策方面要注意沉落成本问题。

（二）重置成本

重置成本，也称为现行成本（Current Cost），它是指按照现行市场价格购买功能与目前拥有的某项资产相同或相似的资产所需要支付的成本。众所周知，目前的财务会计在总体上依然以历史成本作为计量基础（公允价值一旦入账，也就转化为历史成本），历史成本是资产入账的基础，但是，在通货膨胀的环境下，对于企业组织的管理决策而言，历史成本信息失去了相关性。与财务会计不同，管理会计立足现在，面向未来，强调信息的相关性。因此，在有关的决策如企业组织的定价决策中，侧重考虑的是重置成本信息，而不是历史成本信息。例如，某公司3个月前购进了 A 产品，当时的单位进价

为100元，假设当前A产品的市场价格由于通货膨胀因素，发生了较大变化，其单位进价变为120元。这时，A产品的现行市场价格120元就是其重置成本。该公司在定价时要认真地考虑重置成本这个因素。如果从历史成本信息出发，该公司以成本为基础进行定价，将价格定为110元，那么，每出售一件A产品就可以获得10元的利润。然而，仔细分析，可以看到这实际上只是一种假象。因为只要该公司想持续经营，将A产品出售之后，就必须重新购进A产品。这时，每一件要花120元。这样，按110元定价，该公司不仅不能盈利，反而亏了10元。这种错误的定价决策，将导致该公司现金流量不足，长此以往，该公司必将走向破产。因此，重置成本对于企业组织的定价决策具有重要的现实意义。

(三) 付现成本

付现成本是指哪些由于未来某项决策所引起的需要现在动用现金支付的成本。例如，某企业拥有一台旧设备，某租赁公司愿意以“以旧换新”的方式收购该旧设备。其条件是新设备的价格为150000元，旧设备按现行市场价格折价120000元，余款以现金支付。这时，虽然新设备的价款是150000元，但是，该企业只需要支付30000元(150000元－120000元)。因此，该企业的付现成本就是需要动用该企业现金支付的数额即30000元。

在企业组织的经营管理实践中，尤其遇到企业组织本身的现金流量严重不足，近期又没有应收账款可收回，而要向金融市场融资又有困难或资本成本太高这样的困境，企业组织的经理人在决策过程中，对付现成本的考虑重于对成本总额的考虑，并且通常会选择付现成本较低而成本总额相对较高的方案即在付现成本最低方案与成本总额最低方案之间选择付现成本最低方案取代成本总额最低方案。

例2－9：假设某公司因为生产需要急需购进A原材料100吨，如果不能及时购进该原材料，将影响公司的正常生产经营活动，缺货成本较高。但是，该公司目前现金流量严重不足，又恰逢金融市场的银根紧缩，资本成本较高。正当该公司处于进退两难，无计可施之时，某供应商为了维持良好的顾客关系，同意为该公司提供所需要的100吨A原材料，但提出了两个付款方案供该公司选择。

第一方案：每吨报价9000元，但货款总额900000元必须一次支付。

第二方案：每吨报价9500元，但货款总额950000元可以分10个月支付，每月支付95000元。

根据上述情况，该公司经理人为了避免停工待料，产生缺货成本，选择了第二方案。尽管第二方案所需支付的成本总额950000元比第一方案所需要支付的成本总额900000元高出50000元，但是，现在的付现成本只有95000元，远比第一方案的付现成本900000元低得多。这样，第二方案多支付的成本50000元可以从该公司及时投入生产，保持生产经营活动的连续性，消除缺货成本所取得的收益得到补偿。

因此，付现成本对于企业组织在特殊情况下，究竟是采用一次付款方式还是采用分期付款方式的决策具有一定的指导意义。

综上所述，企业组织不同时期发生的成本对决策可能产生不同的影响。沉落成本、重置成本和付现成本正是分别从过去、现在和未来三个不同的时间维度说明了企业组织成本发生的时期对决策的影响。

四、决策成本按其可避免性分类

决策成本按其可避免性可以分为可避免成本（Avoidable Cost）与不可避免成本（Unavoidable Cost）。

（一）可避免成本

可避免成本是指企业管理层的某项决策可以改变其发生数额的成本项目。也就是说，如果企业组织的经理人采用了某个特定的方案，与其相联系的某项成本必然发生，不可避免；反之，如果企业组织的经理人拒绝接受该项方案，则与此相联系的某项成本就不会发生。成本的发生及其数额与企业组织管理决策行为密切相关。这样的成本就属于可避免成本。前述的变动成本与酌量性固定成本就属于可避免成本。例如，某企业尚有剩余的生产能力，为了充分利用现有生产能力，计划接受某项特殊订货。这时，与该订货相关的变动成本就是可避免成本。如果该企业接受了该特殊订货，与此相关的变动成本必然发生；反之，如果该企业不接受该特殊订货，则变动成本就可以不发生。进一步假设该特殊订货，顾客有一项特殊要求。为了满足这个特殊要求，该企业需要购进一项专用设备，那么，该专用设备的价款也是可避免成本。因为该专用设备价款的支出最终是否发生，完全取决于该企业是否接受该特殊订货。如果该企业不接受该特殊订货，专用设备价款的支出自然不会发生。

（二）不可避免成本

与上述可避免成本相对应，不可避免成本是指企业组织的经理人的某项决策不能改变其发生数额的成本。也就是说，该项成本的发生与特定的决策方案无关，其发生与否并不取决于有关决策方案的取舍。前述的约束性固定成本就属于不可避免成本。在相关范围内，约束性固定成本主要为企业组织提供一定的生产经营条件而发生，这些生产经营条件一旦形成，不管其实际利用程度如何，有关费用照样发生。因此，企业组织的经理人的决策行为不能改变其发生数额。例如，在企业组织生产能力尚有剩余的情况下，如果特殊订货没有特殊要求，企业组织接受该特殊订货与否都不会改变其所发生的固定成本数额。

根据前述的差别成本概念，可以看到某个决策方案的取舍，主要考虑可避免成本。因为只有可避免成本才构成差别成本，不可避免成本并不是差别成本的组成部分。不可避免成本是企业组织当前客观存在的成本项目，无论企业组织的决策方案如何取舍，它都照样发生。因此，对于决策方案的取舍而言，不可避免成本并没有差别。

决策成本按其可避免性分为可避免成本与不可避免成本对于企业组织的亏损产品决策、特殊订货决策以及零部件是自制还是外购决策都具有重要的现实意义。

五、决策成本按其可延缓性分类

在企业组织的经营管理实践中，有些选定方案的成本可以递延到以后期间发生。决策成本按其可延缓性可以分为可延缓成本（Deferrable Cost）与不可延缓成本（Undeferrable Cost）。

（一）可延缓成本

在企业组织受到资源稀缺的约束条件下，对已经选定的某个方案如果推迟实施，不至于对企业组织的全局产生重要影响，那么，与该方案相关的成本，就称为可延缓成本。例如，某企业的办公条件较差，原来打算在某计划年度内在办公室安装空调，以改善办公条件。现在考虑到该计划年度资金比较紧张，经过讨论决定将安装空调，改善办公条件的方案推迟到下一个计划年度执行。那么，与安装空调相关的成本就属于可延缓成本。因为安装空调与否，对该企业的全局不会产生重要的影响。

（二）不可延缓成本

与上述可延缓成本相对应，即使企业组织受到资源稀缺的约束，对于已经选定的某个方案也必须立即实施，不得推迟，否则，将对企业组织的全局产生重要影响。那么，与该方案相关的成本，就称为不可延缓成本。例如，企业组织的某项关键设备出现严重故障，需要立即进行大修理，否则，将影响企业组织的正常生产经营活动，致使企业组织遭受重大损失。这时，即使企业组织资金再紧张，也必须想方设法，立即修复该项关键设备，尽快投入运行。因此，与关键设备大修理相关的成本就属于不可延缓成本。

在企业组织的经营管理实践过程中，如果企业组织受到资源稀缺的约束，对于已经选定的方案不能同时付诸实施，应该区分轻重缓急，确定哪些方案可延缓实施，哪些方案不可延缓实施，然后依次排队，逐步付诸实施，量力而行。只有这样，才能有效地运用企业组织现有的资源，提高企业组织资源的配置效益与运用效益。因此，决策成本按其可递延性分为可延缓成本与不可延缓成本对于企业组织受到资源稀缺的约束条件下方案实施的时间安排具有一定的指导意义。

六、决策成本按其与决策的相关性分类

企业组织所发生的成本有些与决策有关，有些与决策无关。决策成本根据其与决策的相关性可以分为相关成本（Relevant cost）与非相关成本（Irrelevant cost）。

（一）相关成本

相关成本是指与特定决策方案相关联的成本。其基本特征是：

1. 相关成本是一种未来成本

决策总是面向未来，与之相关联的成本也只能是未来将发生的成本，而不是也不可能是已经发生的历史成本。因此，前述的沉落成本不是相关成本。

2. 相关成本是一种有差别的未来成本

即使是未来成本，只有可供选择的不同方案之间预期成本额存在差别的成本，才是与决策有关的相关成本。换言之，没有差别的未来成本也不是相关成本。例如，某公司需要更新一台关键设备，A、B 两种类型的设备都能够满足公司的要求。如果 A、B 两种类型的设备价格都是 120000 元，那么，尽管它们都是未来成本，但是该公司无论选定 A 型设备还是选定 B 型设备，其预期成本都没有差别。因此，从成本这个层面看，

120000 元的未来成本不是相关成本。如果进一步假设，A 型设备是国产设备，其价格为 120000 元，而 B 型设备是进口设备其价格为 150000 元，则相关成本为 30000 元。因为不管该公司选定哪一个方案，其无差别成本 120000 元都要发生。就 A 型设备与 B 型设备的决策而言，相关成本就是这 30000 元值不值发生的问题。

相关成本是决策关注的焦点。前述的差别成本、边际成本、机会成本、应负成本、重置成本、付现成本、可避免成本和可延缓成本等就属于相关成本。

（二）非相关成本

与上述相关成本相对应，非相关成本是指与特定决策方案无关的成本。上述有关相关成本的阐述其实已经充分说明了非相关成本概念。前述的沉落成本、不可避免成本和不可延缓成本等就属于非相关成本。

决策成本根据其与决策的相关性分为相关成本与非相关成本，有助于掌握成本的相关性，提高成本信息的决策有用性。因此，这种分类对于企业组织有效地进行管理决策具有重要的指导意义。

本章小结

在企业组织管理决策过程中，决策者强调的是成本信息的相关性。因此，决策者奉行“不同目的，不同成本”的信条。成本信息必须满足存货计价与收益确定（财务成本观念）、管理控制（控制成本观念）和管理决策（决策成本观念）三种目的。单一的成本信息难以满足上述三种目的。

财务成本观念主要满足企业组织存货计价与收益确定的信息需求。财务成本观念根据管理的需要，可以按不同标准分类。按管理职能，成本可以分为制造成本与非制造成本；按其时间归属，成本可以分为产品成本与期间成本；按其归属于产品的难易程度，成本可以分为直接成本与间接成本；按其与企业组织经营活动的联系，成本可以分为生产经营成本与资本经营成本。

控制成本观念主要满足企业组织管理控制的信息需求。按其成本性态，成本可以分为变动成本与固定成本。在企业组织的经营管理实践中，还存在混合成本，但是，可以通过一定的方法将其分解为变动成本与固定成本。混合成本分解的方法主要包括历史成本分析法（高低点法、散布图法和回归分析法）、工程研究法、账户分类法和合同认定法。但较常用的是历史成本分析法。根据某个部门对成本发生的控制程度或其职权范围，成本可以分为可控成本与不可控成本。此外，基于控制目的，成本还可以分为实际成本与标准成本。

决策成本观念主要满足企业组织管理决策的信息需求。按其差异性，决策成本可以分为差别成本与边际成本；按其排他性，决策成本可以分为机会成本与应负成本；按其影响的时效性，决策成本可以分为沉落成本、重置成本与付现成本；按其可避免性，决策成本可以分为可避免成本与不可避免成本；按其可延缓性，决策成本可以分为可延缓成本与不可延缓成本；按其与决策的相关性，决策成本可以分为相关成本与非相关成本。

本章主要参考文献

1. Jesse T. Barrfield, Cecily A. Raiborn, Michael R. Kinney. Costing Accounting: Traditions and Innovation. South - Western, 2003.

2. Anthony A. Atkinson, Rajiv D. Banker, Robert S. Kaplan, S. Mark Young. Management Accounting. Prentice Hall, Inc, 2003.

3. 查尔斯·亨格瑞，格里·森顿，威廉姆·斯特尔顿：《管理会计教程》，华夏出版社 2006 年版。

4. 胡玉明，赖红宁，罗其安：《成本会计》，清华大学出版社 2005 年版。

5. 胡玉明，丁友刚，卢馨：《管理会计》，暨南大学出版社 2006 年版。

6. 贺颖奇，陈佳俊：《管理会计》，上海财经大学出版社 2003 年版。

第二篇　从成本会计到管理会计

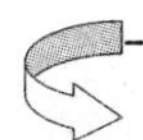

成本会计（Cost Accounting）既是管理会计的前身，也是连接财务会计与管理会计的桥梁。从标准成本法（Standard Costing）到变动成本计算法（Variable Costing）和本量利分析（Cost - Volume - Profit Analysis，CVP Analysis），体现了从成本会计到管理会计的发展历程。

第三章 标准成本法

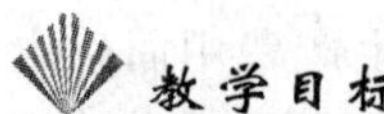

教学目标

◇ 基本目标

在了解企业组织的成本核算流程的基础上，理解标准成本的制定原理，掌握标准成本法的差异分析及其账务处理。

◇ 具体目标

(1) 了解企业组织的成本核算流程；(2) 掌握标准成本的性质与作用；(3) 掌握成本差异的计算及其分析；(4) 掌握成本差异的财务处理。

本章提要

企业组织产品的生产过程，既是价值的创造过程，也是生产费用的发生过程和成本的形成过程。理解企业组织的成本核算流程有助于更好地理解标准成本法。标准成本法是企业组织的一种成本控制工具，它是以预先制定的标准成本为基础，将实际发生的成本与标准成本进行比较，从而核算与分析成本差异的一种成本管理方法。标准成本法的核心是通过标准成本记录反映产品成本的形成过程及其结果，并借以实现成本控制。本章在阐述企业组织成本核算流程的基础上，重点讨论标准成本的制定、差异分析及其财务处理。

第一节　企业组织的成本核算流程

企业组织的产品生产过程，既是价值的创造过程，也是生产费用的发生过程和成本的形成过程。为了生产产品，企业组织必然会发生各种材料费用、人工费用、固定资产折旧费用、组织和管理产品生产的各种间接费用等等项目。企业组织在一定时期内为生产产品所发生的一切资金耗费，就是生产费用，而生产费用的对象化，就形成了产品成本。根据企业组织产品成本核算的方法和步骤，可以总结和归纳出各企业组织产品核算的基本程序。从总体上说，企业组织的成本核算流程包括：设置产品成本计算单、审核生产费用原始凭证并进行要素费用的分配、按照收益原则分配各种跨期摊提费用、在各成本计算对象之间分配当期发生的各种生产费用、计算本期完工产品的总成本和单位成本。

一、设置产品成本计算单

为了计算产品成本，首先必须确定成本计算期和成本计算对象，而后根据成本计算对象设置成本计算单。

成本计算期是指计算产品成本的间隔期，即每隔多长时间计算一次完工产品的总成本和单位成本。企业组织确定了成本计算期后，在同一成本计算期内核算的产品质量、收入和相关费用的起讫日期必须一致。成本计算对象是指为归集和分配生产费用而确定的成本归属对象，即生产费用的负担者。确定产品成本计算对象时，应该明确成本计算的实体和空间。成本计算的实体可分为产成品和半成品两种，而成本计算的空间可分为整个企业组织和各产品生产步骤两种。企业组织成本计算对象的确定，主要取决于其生产组织的特点、生产工艺流程的特点和管理需求。同时，它又决定了企业组织成本计算单格式的设置和成本计算方法的选择。成本计算单就是生产成本明细分类账簿，它是根据成本计算对象而设置的。

二、审核原始凭证并进行要素费用的分配

为了保证成本核算数据的真实性和合法合规性，成本会计人员收到有关生产费用的原始凭证时，应该严格地进行审核。在审核无误的基础上，对各项要素费用进行分配，编制有关生产费用分配表如“材料费用分配表”、“工资及福利费分配表”、“固定资产折旧费用计算分配表”、“外购动力费用分配表” 等等，并登记入账。

通过要素费用的合理分配，既可以划清企业组织的生产费用、期间费用与资本性支出、营业外支出的界限，也可以初步划清生产费用（应计入产品成本的费用）与期间费用的界限。

三、分配跨期摊提费用

由于企业组织各项费用的支付期与受益期并不完全一致，有些费用支付在前而受益在后（比如预付资产保险费等），有些费用则受益在前而支付在后（比如短期借款利息等）。因此，企业组织应根据权责发生制的要求，按照受益原则（即按是否受益、受益大小分配生产费用的原则）分配各种跨期摊提费用。对于支付在前、受益在后的费用，应该在支付当期作为待摊费用或长期待摊费用处理，然后按摊销计划分期摊入有关成本费用账簿；对于受益在前、支付在后的费用，则根据按预提计划预先分期从有关成本费用提取并作为负债处理，然后在实际支付时直接从预提费用列支。

通过跨期摊提费用的合理分配，可以划清各期成本费用的界限，并将应计入本期产品成本、期间费用的各项费用，全部分别记入“生产成本”（为了简化核算手续，将“生产成本”账户分解为“基本生产”与“辅助生产”两个账户）、“制造费用”、“废品损失”（或者“基本生产——废品损失”）、“停工损失”和有关期间费用账户。

四、在各成本计算对象之间分配当期发生的生产费用

生产费用在各成本计算对象之间分配，实际上就是划分各产品成本的界限。至此，在各成本计算单中，已按成本项目归集了各成本计算对象应负担的当期发生的全部生产费用。

五、计算本期完工产品的总成本和单位成本

如果企业组织既有本期完工产品，又有期末在产品，并且期末在产品数量多、金额大、各期变化也大，就应该在期末将各成本计算对象发生的费用与期初在产品成本之和，采用一定的分配方法在本期完工产品与期末在产品之间进行分配，从而计算出本期完工产品的总成本和单位成本。

第二节 标准成本法的含义和作用

如前所述，标准成本法源于1911年泰罗的“科学管理学说”。众多实践证明，标准成本法是一种成本控制的有效工具。本节讨论标准成本法的含义、性质以及作用，以便为本章后续的讨论奠定基础。

一、标准成本法的含义与性质

标准成本（Standard Cost）是指企业组织在正常情况下生产某种产品或提供某种服务应该发生的成本预算。其本质是单位产品或服务的生产成本预算。标准成本法是指通过事前制定标准成本，在实际执行过程中将实际成本与标准成本进行比较，从而找出成本差异及其产生的原因，并据以加强成本控制和绩效评价的成本控制方法。其具体内容包括标准成本的制定、成本差异的计算与分析、成本差异的财务处理三个组成部分。

标准成本法要求事前详细制定材料消耗、工时耗用、费用开支标准，实现对成本的事前控制。在生产过程中，企业组织所制定的成本标准能起到一种事中控制的作用。事后，将实际发生的成本与事前制定的标准成本进行比较，并分析其差异，起到对成本的事后控制与反馈作用。最初的标准成本只是一种备忘性记录，随时与账簿记录的实际成本进行比较。随着标准成本正式纳入复式簿记体系之后，就形成标准成本法。标准成本法具有两个方面的性质：

（一）标准成本法是以标准成本为基础的产品成本核算方法

标准成本法首先是一种成本核算方法。它采用将产品成本按照标准成本结转，实际成本与标准成本之间的差异直接计入当期损益或按比例分摊到各成本对象。由此，标准成本法可以大大简化成本核算工作。

（二）标准成本法是集事前、事中与事后控制为一体的成本控制方法

标准成本法通过事前标准成本的制定、事中标准成本的控制、事后成本差异的分析，对成本起到事前、事中和事后全过程的控制作用。

作为成本核算方法，标准成本法关注的是标准成本差异的确认、计量、记录工作。作为成本控制方法，标准成本法关心的是标准成本的制定、实际成本与标准成本之间的差异分析，以便通过差异分析发现问题，从而提高企业组织的经营管理效率。

二、标准成本法的作用

采用标准成本法，对于加强企业组织的成本管理，提高企业组织的经营管理效率具有重要的意义。标准成本法的主要作用包括以下几个方面：

（一）有利于成本控制

标准成本是衡量企业组织正常成本水平的尺度，它不仅可以揭示企业组织过去存在的成本浪费，而且有利于企业组织实行“例外管理”，使经理人能够把精力集中在更重要的工作方面，从而降低成本水平，提高经营管理效率。

“例外管理”原则考虑到人的精力和时间都有限，尤其是高级经理人，并不是每件事情都要给予关注和处理，而只需要关注例外事项，即重要事项。从标准成本控制的角度来看，标准成本法通过计算成本差异，使得高级经理人不用关注所有的成本差异，而只是关注发生重大差异的成本事项，从而及时地进行成本控制。

（二）有利于简化成本核算

根据标准成本法，原材料、在产品、产成品等存货和销售成本都直接按照标准成本计价，将成本差异单独记录，可以使得日常的成本核算不受实际成本的干扰，从而大大节约成本核算工作量，简化日常的财务处理和期末的财务报表编制工作。

（三）为企业组织的预算编制和经营决策提供依据

由于标准成本是事先经过仔细研究、计算而制定出来的，因此，标准成本资料可以直接作为编制预算的基础。采用标准成本法不仅可以为预算的编制提供便利，而且可以提高预算实现的可能性。此外，由于标准成本在制定过程中进行了多方面的分析，剔除了许多不合理的因素，体现了成本要素的合理配置。因此，标准成本法所提供的信息可以为企业组织的产品定价、接受特别订货等专门决策提供依据。

（四）便于考核和评价经营管理效率

标准成本是在事前经过详细分析确定的、在正常情况下应该发生的成本。它不仅是衡量企业组织成本水平的尺度，而且也是考核和评价企业组织经营管理效率的基础和依据。在企业组织实际生产过程中，通过将实际成本与标准成本进行比较，并对成本差异进行分析，可以确定经济责任，正确评价企业组织各部门的工作绩效，从而调动广大员工的工作积极性，激励员工关心和参与生产成本的控制与管理，挖掘降低成本的潜力。

第三节　标准成本的制定

标准成本的制定是实施标准成本法的起点，直接关系到日后成本控制的效果。为了确保标准成本的质量，相关部门和个人，比如行政管理部门、采购部门、技术部门、劳动工资部门、生产部门等都应该共同参与标准成本的制定。

一、标准成本的制定依据

合理地制定标准成本必须综合考虑多方面的因素。这些因素主要包括：

（一）历史数据

历史数据是企业组织过去经营的经验数据，它对企业组织未来的成本具有一定的预测作用。企业组织可以通过仔细分析生产产品的历史数据，制定标准成本。然而，根据历史数据制定的标准，只是反映企业组织过去的成本状况，没有反映企业组织当前内外部环境的变化可能产生的影响，因而存在过时性的缺陷。这样，在根据历史数据的同时，也需要采取一定的方法对业已制定的标准成本进行持续改进，以适当增加员工的执行压力。但是，由于这种压力强调的是员工更加努力工作，而不是建立在作业（Activity）是否合理的取舍分析上，因此，通常可能导致对员工的持续压力，容易引起员工的抵触情绪。

（二）作业分析

作业是一项有特定目的的工作或任务。企业组织的产品生产过程是由一系列作业组成的，而成本是作业活动的结果。作业分析的目的在于分析每一项作业的本质、产生的原因与可能的改进，据以确定这一系列作业活动应该发生的成本，并以此为依据制定标准成本。因为作业的设计与完成涉及到产品的设计、工艺的设计、产品的生产等过程。因此，作业分析需要管理会计师会同工业设计人员、产品技术人员以及生产工人共同完成。

（三）标杆

运用标杆（Benchmarking），就是以同行业具有可比性的最好的企业组织的成本作为标准。在内部研究与初步竞争分析的基础上，通过公开披露的数据、数据库以及合作方获得同行业标杆的实际成本数据作为企业组织的标准，或者以不同行业类似经营活动的实际成本数据作为企业组织的标准。利用标杆的好处在于企业组织以同行业或类似经营活动的标杆企业组织的成本为标准，有助于企业组织保持强有力的竞争能力。

（四）企业组织战略

标准成本的制定是一种管理的艺术。在实践中，企业组织应该根据自己的战略目标与所处的竞争环境，选择适合自己的标准成本。实施低成本战略的企业组织，标准成本的制定要尽量与同行业标杆的最佳成本标准看齐，甚至使自己成为行业的成本领先者，以保证企业组织战略的有效实施。实施差异化战略的企业组织，为了在激烈竞争环境下保持自己的优势，标准成本的制定必须围绕产品差异化而展开。

在标准成本制定过程无论采用哪种依据，其制定出来的标准成本都要定期检查或修正。这是因为，一方面技术条件的变化，使得标准成本也必须不断变化，另一方面激烈的竞争环境，要求企业组织在标准成本上也必须做到持续改进，才能获得竞争优势。

二、标准成本的类型

要制定标准成本，首先必须确定选择什么水平的成本目标作为现行标准成本。根据所要求达到的不同效率，所采取的标准包括理想标准成本、正常标准成本和现实标准成本。

（一）理想标准成本

理想标准成本是指在理想的工作环境下，以生产技术和经营管理水平处于最佳状态为基础所确定的标准成本。采用这种标准成本，意味着企业组织生产技术达到最高水平，生产经营管理实现最佳运转，整个产品的生产过程自始至终都处在最先进、最完善的状态中。也就是说，企业组织生产过程必须在最高效率的情况下进行，材料没有额外的损耗或损耗甚微，人工没有任何浪费或浪费极少，生产工具、机器设备等也都不会发生任何损坏现象。

由此可见，所谓理想标准成本实际上只是一种从理论上可能达到的最低限度的成本，在实践中很难达到。采用理想标准成本的好处在于可以激励员工的超常努力。但是，长期的超常努力可能导致员工的压力过大，增加员工的抵触情绪，由此影响企业组织的长期生产能力。因此，一般只有当企业组织面临激烈竞争或出现经营危机时，才主张采用理想标准成本。即便是处于上述状况的企业组织，在绩效评价与制定薪酬计划时，也不能完全采用理想标准成本。因为理想标准成本可能使员工因为难以达到理想标准成本而丧失积极性。

（二）正常标准成本

正常标准成本是指根据企业组织已经达到的生产技术水平，以有效经营管理条件为基础所制定的标准成本。它是指企业组织在正常情况下生产单位产品所应当发生的成本。采用这种标准成本，意味着企业组织的生产技术达到较高水平，生产经营管理实现有效运转，整个产品的生产过程始终处在正常的条件之下。也就是说，允许考虑正常的损耗、机器故障时间、人工所必需的停歇时间等因素。由此可见，所谓正常标准成本实际上是一种根据企业组织已经达到，或经过努力可以达到的生产技术和经营水平下，生产单位产品所应当发生的成本。它的实现既非轻而易举，但又不是高不可攀，而是经过努力可以达到。但是，正常标准成本包含对某些低效率因素的默认。在激烈竞争的经营环境下，任何低效率因素的存在都可能导致企业组织成本上升，竞争优势下降。

（三）现实标准成本

现实标准成本是指在现有的生产条件下企业组织应该达到的成本水平，它是根据现在所采用的价格水平、生产耗用量以及生产经营管理能力利用程度而制定的标准成本。

这种标准成本最接近实际成本，最切实可行。通常认为现实标准成本能激励员工努力达到所制定的标准，并为经理人提供衡量的标准。在经济形势多变的情况下，这种标准成本最为合适。现实标准成本与正常标准成本不同之处在于现实标准成本需要根据现实情况的变化不断修改，而正常标准成本反映了企业组织过去一段时期实际成本水平的平均值，可以在较长的时间内保持不变。

三、标准成本的制定程序

企业组织在制定标准成本过程中，存在两种制定程序模式：权威制定和参与制定。

（一）权威制定模式

权威制定模式是指标准成本全部或主要由企业组织的管理权威人士制定和下达。这种制定模式的优点在于：（1）管理权威对企业组织生产、技术、管理、人力资源等各方面因素考虑比较全面，因而制定的标准综合性强；（2）权威制定的标准成本能够反映企业组织的战略意图；（3）权威制定模式的效率比较高。这种制定模式的缺点在于权威制定的标准成本只是表达了管理权威的意愿，不一定能够得到员工的认同，从而导致标准成本不一定能够得到有效实施。

（二）参与制定模式

参与制定模式是指标准成本由与成本相关的所有员工参与共同制定，包括经理人、研究设计人员、工业工程师、管理会计师、生产监督人员、供应部门、人力资源部门等。这些部门与成本相关的员工在其相关的成本因素方面参与标准成本的制定。参与制定模式可能使各个相关岗位的员工更加乐意接受标准成本，提高员工对标准成本的认同感。但是，参与制定模式要合理地处理好标准成本制定过程的效率与平衡问题。

四、标准成本计算单

标准成本计算单是企业组织列示和计算单位产品标准成本的计算与形成过程的一种列表格。产品成本由直接材料、直接人工和制造费用组成。在标准成本计算单中，要分别列示直接材料标准成本、直接人工标准成本和制造费用标准成本的构成情况。各成本项目的标准成本通用计算公式为：

标准成本 = 标准用量 × 标准价格

标准用量包括单位产品材料消耗量、单位产品直接人工工时等，主要由生产技术部门主持制定，同时吸收执行标准成本的相关部门和员工参加。标准价格包括原材料单价、小时工资率、小时制造费用分配率等，由会计部门和其他相关部门共同研究确定。采购部门是材料价格的责任部门，人力资源管理或劳资部门和生产部门对小时工资率负有责任，各生产车间对小时制造费用率承担责任。企业组织在制定相关的价格标准时，要与这些部门的员工协商。无论是标准用量还是标准价格，都可以是理想状态的或正常状态的，据此得出理想的标准成本或正常的标准成本。

（一）直接材料标准成本

在直接材料标准成本计算中，用量标准是指企业组织在现有生产技术条件下，生产单位产品需要耗用的各种原料及主要材料的数量，通常包括生产产品必不可少的消耗以及各种难以避免的损失；价格标准是指预计下一年度实际需要支付的进料单位成本，包括发票价格、运费、检验和正常消耗等成本。其计算公式为：

单位产品直接材料标准成本 = 单位产品材料的标准用量 × 单位产品的标准价格

（二）直接人工标准成本

在直接人工标准成本计算中，用量标准是指单位产品的标准工时。标准工时是指企业组织在现有生产技术条件下，生产单位产品所需要的时间，包括直接加工操作必不可少的时间，以及必要的间歇和停工，比如工间休息、调整设备时间、不可避免的废品耗用工时等。价格标准即标准工资率，是指单位工时应该分配的工资标准。其计算公式为：

单位产品直接人工标准成本 = 单位产品的标准工时 × 单位工时的标准工资率

（三）变动性制造费用标准成本

在变动性制造费用标准成本计算中，用量标准通常采用单位产品直接人工工时标准，有的企业组织采用机器工时或其他用量标准。价格标准即变动性制造费用分配率标准，是指单位标准工时应该分配的变动制造费用。其计算公式为：

单位产品变动性制造费用标准成本 = 单位产品标准机器工时 × 标准分配率

（四）固定性制造费用标准成本

如果企业组织采用变动成本计算法，固定性制造费用不计入产品成本。这样，单位产品的标准成本不包括固定性制造费用的标准成本。在这种情况下，不需要制定固定性制造费用的标准成本，固定性制造费用的控制则通过预算管理予以实现。如果企业组织采用完全成本计算法，固定性制造费用便计入产品成本，还需要确定单位产品固定性制造费用标准。

在计算单位产品固定性制造费用标准时，要根据固定性制造费用预算总额与根据预计工时总额计算制造费用预计分配率。然后，根据单位产品标准工时与预计固定性制造费用分配率计算单位产品应该分摊的固定性制造费用。预计固定性制造费用分配率是基于事前预算所制定的单位机器每小时所承担的固定性制造费用预算标准。其计算公式为：

单位产品固定性制造费用标准 = 单位产品标准机器工时 × 预计固定性制造费用分配率

（五）单位产品标准的完全成本

在企业组织产品成本核算过程中，需要计算单位产品标准的完全成本，以便在对外公布的财务报表反映存货的完全成本价值。单位产品标准的完全成本计算公式为：

单位产品标准的完全成本 = 直接材料标准成本 + 直接人工标准成本
+ 变动性制造费用标准成本 + 固定性制造费用标准成本

例 3－1： 某家具公司生产一种简易家具。该公司预计的生产能力为 30000 件机器工时，与这该生产能力对应的每年固定性制造费用预算为 300000 元。对于该公司目前生产的这种简易家具，每件家具的标准机器工时为 2 小时。该家具标准成本计算单如表 3－1所示。

表 3－1 标准成本计算单

成本项目	标准用量	标准价格	单位标准成本
直接材料	单位产品材料标准用量	材料标准价格	单位产品直接材料标准成本
材料 A	100 平方英寸/件	0.10 元/平方英寸	10.00 元/件
零件 B	6 个/件	2.00 元/件	12.00 元/件
直接材料标准成本合计			22.00 元/件
直接人工	人工工时标准	工资率标准	单位产品直接人工标准成本
材料 A 加工	0.80 小时/件	10.00 元/小时	8.00 元/件
零件 B 安装	0.50 小时/件	9.00 元/小时	4.50 元/件
调试与包装	0.10 小时/件	6.00 元/小时	0.60 元/件
直接人工标准成本合计			13.10 元/件
变动性制造费用	单位产品机器工时标准	变动性制造费用分配率	单位产品变动性制造费用标准成本
动力、整理、检测等	2.00 机器工时/件	15.00 元/机器工时	30.00 元/件
固定性制造费用	单位产品机器工时	固定性制造费用分配率	单位产品固定性制造费用标准成本
折旧、管理人员工资等	2.00 机器工时/件	10.00 元/机器工时*	20 元/件
单位产品标准成本			85.10 元/件

* 预计固定性制造费用分配率＝固定性制造费用预算/预计的机器工时＝300000/30000＝10（元/机器工时），单位产品固定性制造费用标准＝2×10＝20（元/件）。

第四节 标准成本的差异分析

在企业组织生产经营过程中，由于各种原因，实际成本发生额可能高于或低于标准成本，两者之间的差额就是成本差异（Cost Variance）。如果实际成本低于标准成本，说明实际成本低于预期水平，其差异称为有利差异（Favorable Variance），通常用 F 表示；如果实际成本高于标准成本，则说明实际成本高于预期水平，其差异称为不利差异（Unfavorable Variance），通常用 U 表示。成本差异的出现，可能因成本的标准过高或过低而引起。在这种情况下，企业组织的经理人应该考虑调整或重新制定标准成本。如果成本的标准合理可行，企业组织的经理人就应该进行差异分析，针对其性质找出成本差异尤其是不利差异产生的原因，明确成本差异是否可以控制、由谁负责控制、如何控制，尽可能减少或消除不利差异，同时保持或扩大有利差异，以便有效地控制成本。

一、差异分析通用公式

如前所述，成本差异是指产品生产过程中发生的实际成本与标准成本之间的差额。差异分析的目的是对成本差异进行分解，从中找出差异形成的原因，实现对成本的控制，有效地降低成本。成本差异的通用计算公式为：

成本差异 = 实际成本 - 标准成本

= 实际用量 × 实际价格 - 标准用量 × 标准价格

上述公式表明，影响成本差异的因素是“价格”和“用量”。为了区分“价格”和“用量”对成本差异形成的具体影响，在上述公式中分别加减“实际用量 × 标准价格”，再进行合并分析得到：

成本差异 = 实际用量 × 实际价格 - 实际用量 × 标准价格 + 实际用量 × 标准价格 - 标准用量 × 标准价格

= 实际用量 ×（实际价格 - 标准价格）+（实际用量 - 标准用量）× 标准价格

= 价格差异 + 用量差异

其中：

价格差异 = 实际用量 ×（实际价格 - 标准价格）

用量差异 =（实际用量 - 标准用量）× 标准价格

通过上述分解，可以将实际成本偏离标准成本所形成的差异分解成价格差异和用量差异。分解的目的在于从价格和用量两方面来寻找差异形成的原因。需要注意的是，在成本差异的通用计算公式中，价格差异的共同因子为实际用量，而用量差异的共同因子为标准价格。价格差异是一种外部差异，因此，在计算价格差异时，应该采用实际用量，反映企业组织在实际数量水平下发生的全部价格差异。用量差异是一种内部差异，计算时采用标准价格，反映在排除价格因素干扰的情况下，企业组织在标准价格水平下所发生的用量差异。

不利差异与有利差异的管理方针取决于企业组织的经营战略与企业组织面临的制约因素：（1）处于激烈竞争行业的企业组织，强调质量的零缺陷和持续改进，对于这些企业组织来说，并不意味着一定要降低不利差异，提高有利差异；（2）约束理论（Theory of Constraints）认为企业组织生产效率往往受到某些瓶颈因素的限制。这样，对于瓶颈因素方面出现的不利差异，企业组织应该给予高度的重视。相反，在那些非瓶颈因素方面出现的不利差异可能相对并不那么重要。

二、直接材料成本差异分析

直接材料的成本差异是指直接材料的实际成本与标准成本之间的差额。直接材料差异可以分解为直接材料用量差异与直接材料价格差异。直接材料用量差异是指在产品生产过程中，直接材料实际使用数量偏离标准用量所形成的差异。直接材料价格差异是指在产品生产过程中，直接材料实际采购价格偏离标准价格所形成的差异。其计算公式为：

直接材料用量差异 = 直接材料标准价格 ×（直接材料实际用量 - 直接材料标准用量）

直接材料价格差异 = 直接材料实际用量 ×（直接材料实际价格 - 直接材料标准价格）

例 3-2：某企业 20×8 年 12 月生产甲产品 400 件，耗用 A 材料 5000 千克，材料单价为 0.55 元/千克，直接材料的单位产品标准成本为 6 元，即每件产品耗用 12 千克直接材料，每千克材料的标准价格为 0.5 元。那么，直接材料的成本差异计算如下：

直接材料成本差异 = 实际成本 − 标准成本

= 5000 × 0.55 − 400 × 12 × 0.5

= 350（元） (U)

其中：

直接材料用量差异 =（5000 − 400 × 12）× 0.5 = 100(元) (U)

直接材料价格差异 = 5000 ×（0.55 − 0.5）= 250(元) (U)

直接材料用量差异是在材料耗用过程中形成的，反映了生产部门的成本控制情况。影响材料用量差异的原因有很多，主要包括生产工人技术不熟练或不认真，造成废品废料；机器设备效率增减，使得材料耗用量发生变化等等。如果实际用量超过标准用量是由于生产工人不认真或者技术水平低等原因所造成的，应由生产部门负责；如果是由于购入材料质量低劣，不符合生产计划的要求所导致的，应由采购部门负责。因此，需要进行具体的分析和调查，才能明确最终原因和责任归属。

直接材料价格差异反映材料采购价格与标准价格之间的差异，一般应由采购部门负责。但是，影响采购价格的原因有很多，比如采购批量、供应商的选择、交货方式、材料质量以及运输工具等等。如果由于生产小批量紧急订货，致使采购部门不能享受价格折扣或采用加急的运输方式，由此而引起材料成本的不利差异，应由生产部门负责。

上述直接材料成本差异的分析是假设当期购入的材料数量与当期使用的材料数量相等。如果当期购入的材料与当期使用的材料在数量上不一致，则应该根据实际产出量和标准价格计算材料的用量差异，根据实际购入量计算材料的价格差异。

例 3－3：某公司为了生产某种产品，购入直接材料 120 万千克，该材料标准单价为 0.10 元/千克，实际购入单价为 0.08 元/千克。当期生产领用 102 万千克，生产产品 1 万件，该产品标准用量为 100 千克/件。那么，直接材料的成本差异计算如下：

直接材料用量差异 = 0.10 ×（1020000 − 10000 × 100）= 2000(元) (U)

直接材料价格差异 = 1200000 ×（0.08 − 0.10）= −24000(元) (F)

三、直接人工成本差异分析

直接人工的成本差异是指直接人工的实际成本与直接人工标准成本之间的差额。直接人工差异可以分解为直接人工工时差异与直接人工工资率差异。直接人工工时差异，又称为直接人工效率差异，它属于直接人工的“用量差异”，是指直接人工实际工时偏离直接人工标准工时所形成的差异。直接人工工资率差异属于直接人工的“价格差异”，是指直接人工实际工资率偏离标准工资率所形成的差异。直接人工的成本差异计算公式为：

直接人工成本差异 = 直接人工实际成本 − 直接人工标准成本

= 直接人工实际工时 × 直接人工实际工资率 − 直接人工标准工时 × 直接人工标准工资率

= 直接人工实际工时 ×（直接人工实际工资率 − 直接人工标准工资率）+ 直接人工标准工资率 ×（直接人工实际工时 − 直接

人工标准工时）

=工资率差异+效率差异

其中：

直接人工工资率差异=直接人工实际工时×（直接人工实际工资率-直接人工标准工资率）

直接人工效率差异=直接人工标准工资率×（直接人工实际工时-直接人工标准工时）

例3-4：某公司20×8年3月份在实际生产700件产品的水平上，实际使用直接人工7200小时，实际工资率为每小时3.8元。生产每件A产品的直接人工标准小时为10小时，标准工资率为每小时4元。直接人工的成本差异计算如下：

直接人工成本差异=7200×3.8-700×10×4=-640（元） （F）

其中：

直接人工效率差异=（7200-7000）×4=800（元） （U）

直接人工工资率差异=7200×（3.8-4）=-1440（元） （F）

导致直接人工效率差异的原因是多方面的。例如，工人对新产品的加工过程不熟悉、生产监督不力、生产工人出现怠工现象等等。上述问题应由生产部门负责，也有可能是材料供应部门、设备供应部门、产品设计部门、人力资源部门等部门的责任。比如，材料供应部门选择低质量材料导致生产不能连续进行；设备采购部门购置的设备性能差导致设备不能正常运转；设计部门设计的产品过于复杂，超出事先的预期；人力资源部门对新来员工培训不够。

导致直接人工工资率差异的原因也是多方面的。例如，直接生产工人升级或降级使用、奖励制度未产生实效、工资率调整、加班或使用临时工、出勤率变化等等。如果人力资源部门决定生产过程中员工的等级类型、技能水平的配置以及他们的工资率标准，由此造成的工资率差异应由人力资源部门负责；如果工资率差异是由生产车间选用的生产工人工资水平过高或过低造成的，则主要由生产部门负责。

四、变动性制造费用差异分析

如前所述，根据成本性态，制造费用可以分为变动性制造费用与固定性制造费用。变动性制造费用差异是指变动性制造费用实际数偏离标准数所形成的差异。从成本性态上，变动性制造费用与直接材料和直接人工等变动成本相同。变动性制造费用的大小主要由工时（用量）与分配率（价格）决定。因此，变动性制造费用差异可以分解为变动性制造费用效率差异（用量差异）与变动性制造费用分配率差异（价格差异）。变动性制造费用效率差异反映了实际工时偏离标准工时所形成的差异。变动性制造费用分配率差异又称为耗费差异，它反映了变动性制造费用实际分配率偏离标准分配率而形成的差异。变动性制造费用分配率反映了单位机器工时或人工工时变动性制造费用的耗费水平。变动性制造费用差异的计算公式为：

变动性制造费用差异=变动性制造费用实际发生额-变动性制造费用标准成本

=实际工时×实际分配率-标准工时×标准分配率

=实际工时×(实际分配率－标准分配率)+(实际工时－标准工时)×标准分配率

=耗费差异+效率差异

其中:

耗费差异=实际工时×(实际分配率－标准分配率)

效率差异=标准分配率×(实际工时－标准工时)

实际分配率=变动性制造费用实际发生额/实际工时

例3－5:某公司20×8年12月生产甲产品400件,实际耗用人工8000小时,实际发生变动性制造费用20000元,变动性制造费用实际分配率为每直接人工工时2.5元。假设变动性制造费用标准分配率为3元,标准耗用人工6000小时。变动性制造费用的差异计算如下:

变动性制造费用差异=20000－3×6000=2000(元) (U)

其中:

变动性制造费用耗费差异=(2.5－3)×8000=－4000(元) (F)

变动性制造费用效率差异=3×(8000－6000)=6000(元) (U)

变动性制造费用耗费差异反映单位工时所消耗的间接材料、间接人工偏离标准所形成的差异。导致这种差异的原因很多,比如间接材料价格的变化、间接人工工资的调整、间接材料质量低劣等等。这些问题可能涉及多个部门的责任。

变动性制造费用效率差异反映企业组织由于实际工时偏离标准工时所形成的差异,其产生的主要原因在于机器或人工的工作效率。因此,其责任归属与直接人工效率差异相同。

五、固定性制造费用差异分析

固定性制造费用包括生产管理人员工资、折旧费和保险费等等。固定性制造费用通常是与员工规模、设备规模等生产能力相联系的成本。与前述直接材料、直接人工和变动性制造费用不同,固定性制造费用在相关范围内,不随业务量的变化而变化。对固定性制造费用的控制采用总额预算控制,即主要考察实际发生的固定性制造费用与事先预计的固定性制造费用之间是否相同,据以评价企业组织固定性制造费用支出是否超过了预算水平,企业组织设备规模是否适当,设备和生产能力是否得到有效利用。因此,固定性制造费用差异是指固定性制造费用实际发生额与已分配的固定性制造费用之间的差额。固定性制造费用差异分析,不再从用量和价格方面着手,而是以固定性制造费用预算为参照。其具体的计算通常分为两差异法和三差异法等两种方法。

(一)两差异法

两差异法是指将固定性制造费用差异分解为支出差异和产量差异。支出差异又称为耗费差异,是指固定性制造费用的实际发生额偏离预算支出所形成的差异。产量差异又称为生产能力利用差异,是指固定性制造费用预算与固定性制造费用标准成本之间的差额。固定性制造费用差异的计算公式为:

固定性制造费用差异 = 固定性制造费用实际发生额 - 已分配的固定性制造费用
= (固定性制造费用实际发生额 - 固定性制造费用预算)
+ (固定性制造费用预算 - 已分配的固定性制造费用)
= 支出差异 + 产量差异

其中:

支出差异 = 固定性制造费用实际发生额 - 固定性制造费用预算

产量差异 = 固定性制造费用预算 - 已分配的固定性制造费用

已分配的固定性制造费用 = 实际产量 × 单位产量标准工时 × 标准分配率

标准分配率 = 固定性制造费用预算/(预计的产量 × 单位产量标准工时)

例 3-6: 某公司 20×8 年 12 月实际产量 400 件，发生固定性制造费用 1424 元，实际工时为 890 小时，公司生产能量为 500 件即 1000 小时。每件产品固定性制造费用标准成本为 3 元/件，即每件产品标准工时为 2 小时，标准分配率为 1.5 元/小时。固定性制造费用差异计算如下:

固定性制造费用差异 = 1424 - 400 × 3 = 224 (元) (U)

其中:

支出差异 = 1424 - 1000 × 1.5 = -76 (元) (F)

产量差异 = 1000 × 1.5 - 400 × 2 × 1.5 = 300 (元) (U)

造成固定性制造费用支出差异的原因可能是: (1) 固定性制造费用预算错误。比如企业组织在编制固定性制造费用预算时，错误地将变动性制造费用计入固定性制造费用预算，或者在编制预算时没有考虑固定性制造费用的增加，比如购买新设备等。对于由此而导致的不利支出差异，可以通过提高固定性制造费用的预算水平来解决。(2) 缺乏有效控制，导致固定性制造费用增加。比如没有准备的设备更新、计划外工作要求新增加管理者等等，导致当期固定性制造费用增加。在这种情况下，降低不利的固定性制造费用支出差异的主要措施就是对之进行有效控制。

在企业组织生产过程中，由于实际产量与预计产量之间可能存在偏差，导致生产能力的利用程度会低于或超过正常的生产能力利用程度。无论是生产能力利用不足，还是生产能力利用过度，都应该加以分析。固定性制造费用产量差异正是对这种差异的一种反映。当实际产量小于预计产量时，生产能力利用不足，预算的固定性制造费用大于平常按标准分配率结转至生产成本的固定性制造费用；当实际产量超过预计产量时，生产能力利用过度，已分配的固定性制造费用超过预算的固定性制造费用。固定性制造费用预算与已分配的固定性制造费用之间的差额，反映了生产能力利用程度的差异。解决固定性制造费用产量差异的主要措施是充分合理地运用现有生产能力。

(二) 三差异法

三差异法将固定性制造费用差异分为支出差异、效率差异和闲置能量差异三个部分。支出差异的计算与两差异法相同，但是，根据三差异法，产量差异进一步分解为闲置能量差异和效率差异两个部分。闲置能量差异是指实际工时未达到生产能量而形成的差异，效率差异是指实际工时偏离标准工时所形成的差异。固定性制造费用差异的计算公式为：

产量差异 = 固定性制造费用预算 - 已分配的固定性制造费用

= (固定性制造费用预算 - 实际工时 × 标准分配率)

+ (实际工时 × 标准分配率 - 实际产量 × 单位产量标准工时 × 标准分配率)

= 闲置能量差异 + 效率差异

例 3-7：根据例 3-6 的资料，固定性制造费用的闲置能量差异和效率差异差异计算如下：

固定性制造费用闲置能量差异 = 1000 × 1.5 - 890 × 1.5 = 165（元） (U)

固定性制造费用效率差异 = 890 × 1.5 - 400 × 2 × 1.5 = 135（元） (U)

第五节 标准成本差异的账务处理

成本差异的处理是标准成本法的主要内容之一。企业组织日常计算出来的各类成本差异除了可以用来编报相关的差异分析报告单之外，还应该分别归集登记有关成本差异明细分类账或登记表，使成本差异能在账户体系得以记录，以便期末汇总每类差异的合计数并统一进行处理。采用标准成本法进行财务处理时，对产品的标准成本与成本差异应该分别进行核算。

一、账户设置

根据标准成本法，为了能够同时提供标准成本、实际成本和成本差异三项成本资料，可以把实际发生的各项成本划分为标准成本和成本差异两个部分，并对两者分别进行归集，期末时再分别调整有关的各项成本差异，使其能够反映实际成本的有关资料。因此，需要设置反映各项标准成本的账户和反映各项成本差异的账户。各项成本差异账户的借方核算发生的不利差异，贷方核算发生的有利差异。

（一）反映各项标准成本的账户

反映各项标准成本的账户是成本计算账户，主要包括“原材料”、“生产成本”、“库存商品”和“主营业务成本”等账户。这些账户都应该按照标准成本进行核算，即记入这些账户的借方金额或贷方金额都应当是以实际产量计算的标准成本数额。这些账户如果有余额，通常在借方。

（二）反映各项成本差异的账户

对于实际成本脱离标准成本而形成的各项成本差异，既可以按大的成本项目设置账户，也可以按具体成本差异的内容设置账户。根据完全成本计算法，按大的成本项目设置的各项成本差异账户包括“直接材料成本差异”、“直接人工成本差异”、“变动性制造费用成本差异”和“固定性制造费用成本差异”。在每个账户下再按差异形成的原因分设明细账户。根据变动成本计算法，可以不设置“固定性制造费用成本差异”账户。

按具体差异设置的账户主要包括“直接材料用量差异”、“直接材料价格差异”、“直接人工效率差异”、“直接人工工资率差异”、“变动性制造费用耗费差异”、“变动性制造费用效率差异”、“固定性制造费用支出差异”和“固定性制造费用产量差异”。

二、成本差异的归集

根据标准成本法，由于成本差异的计算、分析工作要到期末实际发生后才能进行，因此，对于平时领用的原材料、发生的直接人工费用和各种变动固定性制造费用应先在“直接材料”、“直接人工”和“制造费用”账户进行归集。期末计算、分析成本差异之后，再将实际费用的标准成本部分从“直接材料”、“直接人工”和“制造费用”账户转入“制造成本”账户；将完工产品的标准成本从“制造成本”账户转入“产成品”账户。随着产品的销售，再将已售产品的标准成本从“产成品”账户转入“主营业务成本”账户。对于各种成本差异，应将其从“直接材料”、“直接人工”和“制造费用”账户转入各个相应的成本差异账户。

下面结合本章的举例说明期末成本差异的财务处理。

根据例 3－2 资料，期末分析计算成本差异之后，编制直接材料的会计分录如下：

借：生产成本	2400	
直接材料用量差异	100	
直接材料价格差异	250	
贷：原材料		2750

根据例 3－4 的资料，期末分析计算成本差异之后，编制直接人工成本的会计分录如下：

借：生产成本	28000	
直接人工效率差异	800	
贷：应付工资		27360
直接人工工资率差异		1440

根据例 3－5 的资料，期末分析计算成本差异之后，编制变动性制造费用的会计分录如下：

借：生产成本	18000	
变动性制造费用效率差异	6000	
贷：变动性制造费用		20000
变动性制造费用耗费差异		4000

根据例 3－6 的资料，期末分析计算成本差异之后，编制固定性制造费用的会计分录如下：

借：生产成本	1200	
固定性制造费用产量差异	300	
贷：固定性制造费用		1424
固定性制造费用支出差异		76

三、期末成本差异的账务处理

随着产品的出售以及产品成本的结转，期末对所发生的成本差异也应该结转和处理。成本差异的账务处理主要包括直接处理法和递延法两种方法。

（一）直接处理法

直接处理法是指将本期发生的各种成本差异全部转入“主营业务成本”账户，或者转入“本年利润”账户。也就是说，本期发生的成本差异由本期销售的成本负担，并全部从本期主营业务收入扣减，不再分配给期末在产品和期末库存商品。这种方法的依据是承认标准成本是一种正常成本，产品差异由不正常的低效率和浪费造成，应当通过利润表的利润来体现本期的经营绩效。这种处理方法的账务处理相对比较简便。但是，如果成本差异的数额较大或制定的标准成本不符合实际的正常水平，则不仅使存货成本严重脱离实际成本，而且还会歪曲本期的实际经营成果，不利于绩效评价。因此，这种方法比较适用于成本计算业务量较多、成本差异数额不大、具有比较准确的标准成本资料的企业组织。

下面结合本章的举例说明期末成本差异的财务处理。

根据例 3－2 的资料，编制期末直接材料的会计分录如下：

借：主营业务成本	350	
贷：直接材料用量差异		100
直接材料价格差异		250

根据例 3－4 的资料，编制期末直接人工成本的会计分录如下：

借：直接人工工资率差异	1440	
贷：主营业务成本		640
直接人工效率差异		800

根据例 3－5 的资料，编制期末变动性制造费用的会计分录如下：

借：主营业务成本	2000	
变动性制造费用耗费差异	4000	
贷：变动性制造费用效率差异		6000

根据例 3－6 的资料，编制期末固定性制造费用的会计分录如下：

借：主营业务成本	224	
固定性制造费用支出差异	76	
贷：固定性制造费用产量差异		300

（二）递延法

递延法是指在期末将本期的各种成本差异，按标准成本比例分配给期末在产品、期末库存商品和本期已经销售的商品。分配之后，期末的在产品和库存商品反映的都是实际成本，主营业务成本反映的也是本期已销商品的实际成本。本期发生的成本差异应由存货或销售成本共同负担。但是，这种方法期末分配成本差异较为复杂，不便于产品成本计算的简化。而且根据这种方法，各种存货的计价都是实际成本，这就不便于本期成本差异的分析和控制。此外，有些费用计入存货成本不一定合理，例如闲置能力是一种损失，但并不能换取收益，将其作为资产计入存货成本显然不合理，不如将其作为期间费用处理。

需要强调的是，虽然成本差异的处理方法可以针对企业组织的具体情况自行选择，但是，要保持一贯性，以便成本数据具有可比性，这样不仅有利于成本分析和预测，而且可以避免信息使用者的误解。

本章小结

企业组织的产品生产过程，既是价值的创造过程，也是生产费用的发生过程和成本的形成过程。为了生产产品，企业组织必然会发生各种材料费用、人工费用、固定资产折旧费用、组织和管理产品生产的各种间接费用等等项目。从总体上说，企业组织的成本核算流程包括：设置产品成本计算单、审核生产费用原始凭证并进行要素费用的分配、按照收益原则分配各种跨期摊提费用、在各成本计算对象之间分配当期发生的各种生产费用、计算本期完工产品的总成本和单位成本。

标准成本法是一种成本计算与成本管理相结合的方法，它是指通过制定标准成本，将标准成本与实际成本进行比较，计算出成本差异，并对产生成本差异的原因进行分析，由此来加强成本控制的一种会计信息系统和成本控制系统。

标准成本法包括标准成本的制定、差异分析和成本差异的账务处理等三个方面的内容。

标准成本的制定需要综合考虑历史数据、标杆、作业分析和企业组织战略等因素。标准成本包括理想标准成本、正常标准成本和现实标准成本三种形式。标准成本的制定程序包括权威制定模式和参与制定模式。标准成本计算单是企业组织列示和计算单位产品标准成本的计算与形成过程的一种表格。标准成本是标准用量与标准价格相乘之结果。

如果实际成本发生额可能高于或低于标准成本，两者之间的差额就是成本差异。如果实际成本低于标准成本，说明实际成本低于预期水平，其差异称为有利差异；如果实际成本高于标准成本，则说明实际成本高于预期水平，其差异称为不利差异。成本差异通常可以归结为价格差异与用两差异。成本差异的出现，可能因成本的标准过高或过低而引起。这时，企业组织的经理人应该考虑调整或重新制定标准成本。如果成本的标准合理可行，企业组织的经理人就应该进行差异分析，针对其性质找出成本差异尤其是不利差异产生的原因，明确成本差异是否可以控制、由谁负责控制、如何控制，尽可能减少或消除不利差异，同时保持或扩大有利差异，以便有效地控制成本。

根据标准成本法，企业组织日常计算出来的各类成本差异除了用于编报相关的差异分析报告单之外，还应该分别归集登记有关成本差异明细分类账或登记表，使成本差异体现于账户体系，以便期末汇总每类差异的合计数并统一进行处理。随着产品的出售以及产品成本的结转，期末对所发生的成本差异也应该结转和处理。成本差异的账务处理主要包括直接处理法和递延法两种方法。

本章主要参考文献

1. Jesse T. Barrfield, Cecily A. Raiborn, Michael R. Kinney. Costing Accounting: Traditions and Innovation. South - Western, 2003.

2. Anthony A. Atkinson, Rajiv D. Banker, Robert S. Kaplan, S. Mark Young. Management Accounting. Prentice Hall, 2003.

3. 查尔斯·亨格瑞，格里·森顿，威廉姆·斯特尔顿：《管理会计教程》，华夏出版社 2006 年版。

4. 查尔斯·T. 亨格瑞，斯坎特·M. 达塔，乔治·福特斯：《成本与管理会计》，中国人民大学出版社 2004 年版。

5. 韦恩·J. 莫尔斯，詹姆斯·R. 戴维斯，阿尔·L. 哈特格雷夫斯：《管理会计：侧重于战略管理》，上海财经大学出版社 2005 年版。

6. 胡玉明，丁友刚，卢馨：《管理会计》，暨南大学出版社 2006 年版。

7. 胡玉明，潘敏虹：《成本会计》，厦门大学出版社 2006 年版。

8. 谢灵：《成本会计学》，中国人民大学出版社 2004 年版。

9. 孙茂竹，文光伟，杨万贵：《管理会计学》，中国人民大学出版社 2006 年版。

变动成本计算法

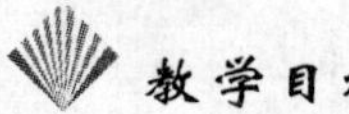

教学目标

◇基本目标

在理解成本性态的基础上，掌握变动成本计算法的主要特点，理解完全成本计算法与变动成本计算法的区别，掌握两种成本计算方法产生利润差额的根本原因，以及两种成本计算方法的结合运用。

◇具体目标

(1) 掌握变动成本计算法的主要特点；(2) 掌握变动成本计算法与完全成本计算法的区别；(3) 掌握如何根据变动成本计算法与完全成本计算法编制利润表；(4) 解释变动成本计算法与完全成本计算法产生利润差异的根本原因；(5) 掌握变动成本计算法与完全成本计算法如何结合运用。

本章提要

基于“存货计价与收益确定”目的的成本计算方法称之为完全成本计算法（Full Costing），它主要满足财务会计对外编制财务报告的需要。变动成本计算法是与完全成本计算法相对应的一种成本计算方法。本章以成本性态为基础，阐述变动成本计算法的主要特点及其与完全成本计算法的主要区别，以此为基础讨论变动成本计算法与完全成本计算法的结合运用问题，以实现“不同目的，不同成本”之功效。

第一节 变动成本计算法的主要特点

变动成本计算法是与完全成本计算法相对应的一种成本计算方法。理解变动成本计算法的主要特点是理解变动成本计算法及其与完全成本计算法结合运用的前提。

一、变动成本计算法概述

如前所述，变动成本计算法是与完全成本计算法相对应的一种成本计算方法。完全成本计算法也称“吸收成本计算法”（Absorption Costing）。通常人们所说的成本计算方法就是完全成本计算法，其主要特点是：产品成本包括直接材料、直接人工和制造费用，而制造费用根据其成本性态又可以进一步分为变动性制造费用与固定性制造费用。也就是说，根据完全成本计算法，每生产一单位产品，其成本不仅包括产品生产过程直接消耗的直接材料、直接人工和变动性制造费用，而且还包括一定份额的固定性制造费用。这样，固定性制造费用也与直接材料、直接人工和变动性制造费用一样，汇集于产品，随着产品流动而流动，从而，使当期已经销售产品与存货具有完全相同的成本构成。

变动成本计算法，又称直接成本计算法（Direct Costing）。根据变动成本计算法，产品成本只包括直接材料、直接人工和变动性制造费用，而不包括固定性制造费用。其理论依据是：固定性制造费用主要是为企业组织提供一定的生产经营条件而发生的。这些经营条件一经形成，不管其实际利用程度如何，有关费用照样发生，与产品的实际生产没有直接的联系，并不随业务量的增减而增减，因而，不应把它计入产品成本，而应作为期间费用处理。也就是说，这一部分费用是按期间发生的，它是一种与企业组织生产经营活动持续期间的长短相联系的费用，随着时间的推移而发生，随着时间的消逝而消失，其效益不应递延到下一个会计期间，而应在其发生的当期，全额列入利润表，作为该期间销售收入的一个抵减项目，期末资产负债表上的在产品、产成品的计价，自然也应排除这一部分费用。

二、变动成本计算法的主要特点

由于变动成本计算法与完全成本计算法对于产品成本构成的认识和处理方法不同，因而产生了一系列差异。这些差异构成变动成本计算法的主要特点。具体地说，变动成本计算法的主要特点包括：

（1）变动成本计算法以成本性态为基础，即以把全部成本划分为变动成本与固定成本两类为基础。

（2）产品成本和存货成本只包含变动性生产成本，不包含固定性制造费用。根据成本性态，变动成本计算法，只把与产品生产过程直接联系的变动性生产成本作为产品成本与存货成本，而把当期发生的固定性制造费用全部计入当期损益。

（3）利润由贡献毛益总额减去固定成本来确定。贡献毛益总额为销售收入总额与变动成本总额之间的差额。因此，在其他条件相同的情况下，销售量相同的两个时期的利润相等。

（4）变动成本计算法主要用于企业组织内部的经营管理，而不是对外财务报告。

第二节 变动成本计算法与完全成本计算法的结合运用

如前所述，单一的成本信息难以满足多种目的。财务会计与管理会计只是会计学科的“同源分流”。难道企业组织需要同时存在两套独立的成本计算方法？显然，没有这种必要。这就涉及到变动成本计算法与完全成本计算法如何结合运用的问题。

一、变动成本计算法与完全成本计算法的主要区别

如前所述，由于变动成本计算法与完全成本计算法对固定性制造费用的处理方法不同，从而导致两者在产品成本内容、成本流动过程与存货计价、利润计算等方面存在差异。

（一）产品成本的构成内容不同

根据变动成本计算法，产品成本项目包括直接材料、直接人工和变动性制造费用。而根据完全成本计算法，产品成本项目包括直接材料、直接人工、变动性制造费用和固定性制造费用。两者的区别如图 4－1 所示。

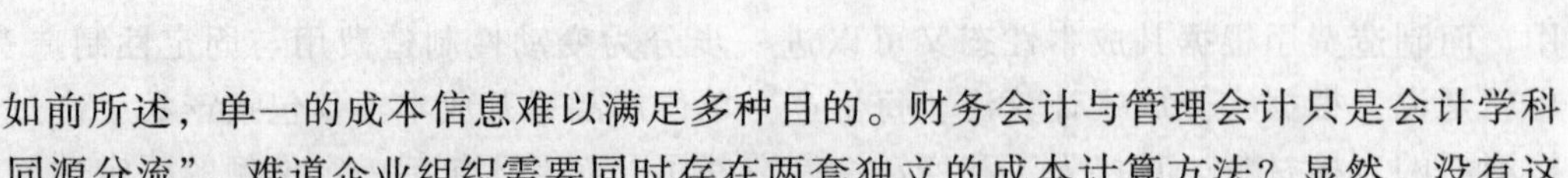

图 4－1 变动成本计算法与完全成本计算法的产品成本构成内容

例 4－1： 某企业 20×8 年度只生产一种产品，年产量为 20000 件，单位产品耗用直接材料、直接人工和变动性制造费用分别为 10 元、5 元和 3 元。年固定性制造费用为 100000 元。

根据变动成本计算法与完全成本计算法，该企业的单位产品成本如表 4－1 所示。

表 4－1 单位产品成本计算表 单位：元

成本项目	变动成本计算法	完全成本计算法
直接材料	10	10
直接人工	5	5
变动性制造费用	3	3
固定性制造费用	—	100000 ÷ 20000 = 5
单位产品成本	18	23

（二）成本流动过程与存货计价不同

根据变动成本计算法，产品成本和期末存货成本只包括与业务量成正比变化的变动

性生产成本，不包括固定性制造费用。固定性制造费用作为期间费用，全部计入当期的利润表。

而根据完全成本计算法，全部成本按管理职能分为生产成本与非生产成本，将所有的生产成本（包括直接材料、直接人工、变动性制造费用和固定性制造费用）全部计入产品成本，把非生产成本作为期间费用。在当期生产的这些产品中，有一部分产品会在当期销售，有一部分产品在当期尚未销售。当期销售的产品成本作为当期销售成本计入当期的利润表，而尚未销售的产品成本作为期末存货计入当期资产负债表。这样一来，当期发生的固定性制造费用中，就有一部分固定性制造费用作为产品成本的一部分，随着当期产品销售成本计入当期的利润表，另一部分固定性制造费用则作为产品成本的一部分，作为当期期末存货成本计入资产负债表，并随存货递延到下一个会计期间。

例 4-2：乙企业 20×8 年 1 月份只生产一种产品。乙企业 20×8 年 1 月份没有期初存货，当月投产 200 件产品全部完工，销售 120 件。1 月份发生的直接材料成本、直接人工成本和变动性制造费用分别为 9000 元、9000 元和 9000 元，管理费用为 2000 元，销售费用为 1500 元，财务费用为 500 元。当乙企业每月产量在 1～200 件之间时，每月固定性制造费用为 8000 元。

根据上述资料，完全成本计算法与变动成本法的成本流程图如图 4-2 和图 4-3 所示。

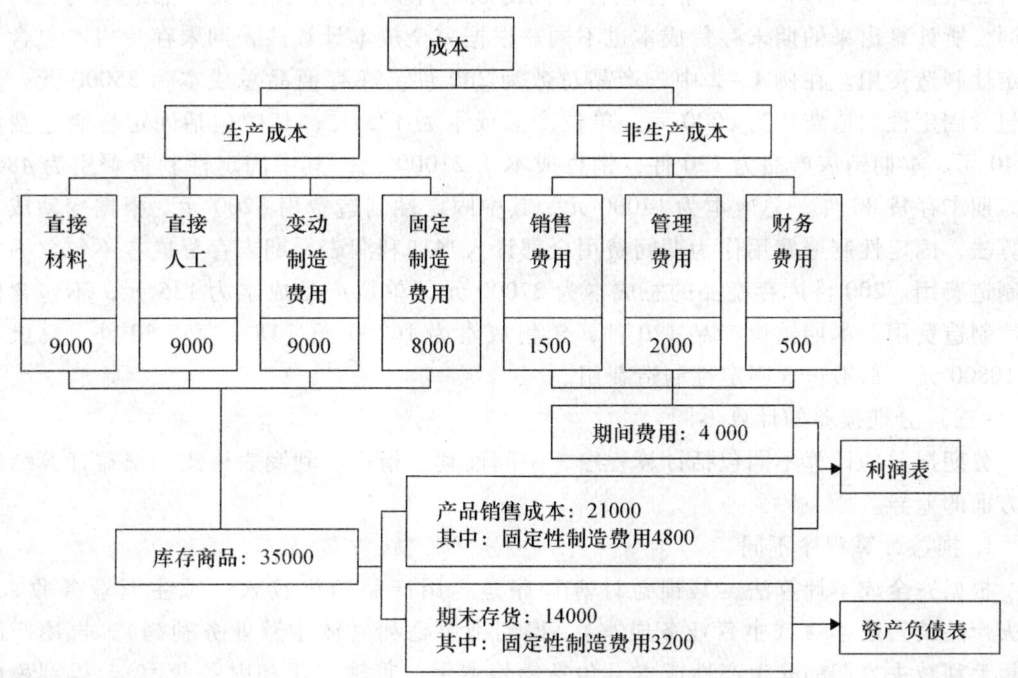

图 4-2 完全成本计算法的成本流程图

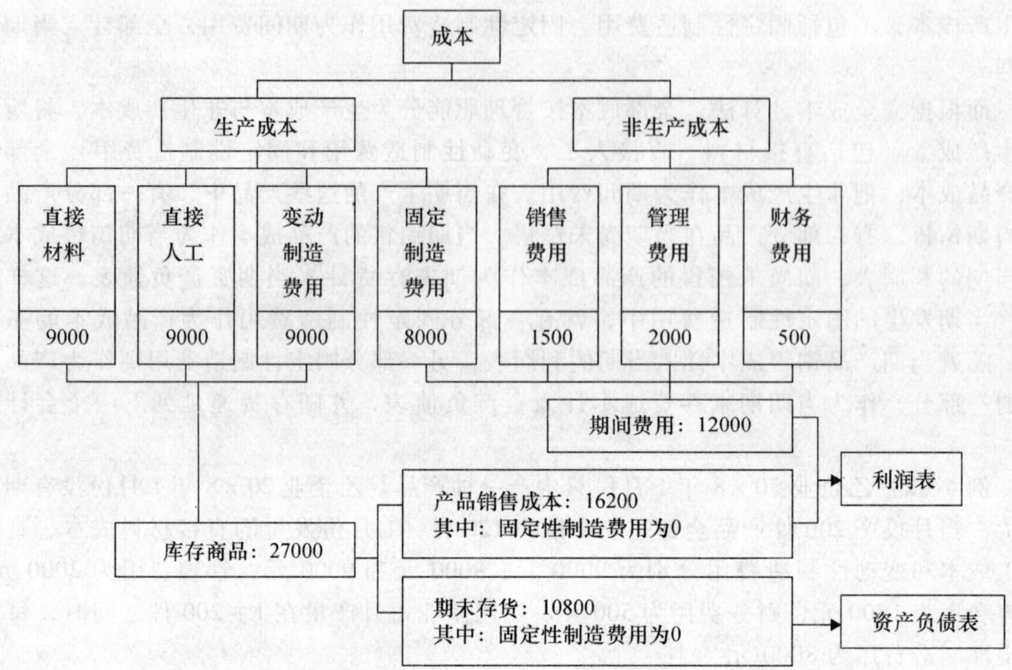

图 4-3　变动成本计算法的成本流程图

比较图 4-2 和图 4-3，根据两种不同的成本计算方法，由于其产品成本构成内容不同，所计算出来的期末存货成本也不同。根据完全成本计算法，期末存货成本包含了固定性制造费用。在例 4-2 中，产品总数为 200 件，库存商品总成本为 35000 元，其中包含固定性制造费用为 8000 元，单位产品成本为 175 元，其中包括固定性制造费用为 40 元。本期销售产品为 120 件，销售成本为 21000 元，其中固定性制造费用为 4800 元。期末存货 80 件，总成本为 14000 元，其中固定性制造费用 3200 元。根据变动成本计算法，固定性制造费用作为期间费用全部计入当期利润表，期末存货成本不包含固定性制造费用。200 件库存商品的总成本为 27000 元，单位产品成本为 135 元，不包含固定性制造费用。本期销售产品 120 件，销售成本为 16200 元，期末存货 80 件，总成本为 10800 元，都不包含固定性制造费用。

（三）分期损益的计算不同

分期损益的计算不同包括计算程序、中间性利润指标、利润表格式和损益计算结果等方面的差异。

1. 损益计算程序不同

根据完全成本计算法，其损益计算程序是：用产品销售收入（或主营业务收入）减去产品销售成本（或主营业务成本），得到销售毛利（或主营业务利润）；再用产品销售毛利减去当期的非生产性成本（包括销售费用、管理费用和财务费用），得到税前利润。

根据变动成本计算法，其损益计算程序是：用产品销售收入减去变动成本（包括变动性生产成本和变动性非生产成本），得到贡献毛益；然后再用贡献毛益减去固定成本（包括固定性制造费用和固定性非生产成本），得到税前利润。

2. 中间性利润指标不同

对于投资者和债权人等外部报表使用者来说，不仅关心企业组织最终利润，而且还要关心企业组织的主营业务活动所创造的利润，据此评价企业组织未来的盈利持续性。从完全成本计算法的损益计算程序可以看到，中间性利润指标是销售毛利。它反映企业组织生产销售职能或主营业务活动的盈利能力。

对于企业组织内部经理人（经营者）来说，短期内关心的是企业组织在既定的生产规模下，产品生产和销售活动的盈利能力，以便于进行短期的预测、决策、计划、控制、评价工作。从变动成本计算法的损益计算程序可以看到，中间性利润指标是贡献毛益。它反映企业组织产品盈利能力以及企业组织经营管理活动的短期盈利能力。

3. 利润表格式不同

上述损益计算程序的不同反映到利润表就具体表现为利润表的格式不同。根据完全成本计算法，利润表将所有成本按生产、非生产成本等职能分类、排列。这是一种以管理职能为基础的利润表格式。根据变动成本计算法，利润表将所有成本以成本性态为基础分类、排列。这是一种以成本性态为基础的利润表格式。根据完全成本计算法和变动成本计算法编制的利润表如表 4 - 2 所示。

表 4 - 2　　完全成本计算法与变动成本计算法的利润表格式比较

以管理职能为基础的利润表（完全成本计算法）

项目	
销售收入	
减：销售成本	
期初存货成本	
加：本期生产成本	
可供销售产品成本	
减：期末存货成本	
销售成本合计	
销售毛利	
减：期间费用	
销售费用	
管理费用	
财务费用	
期间费用合计	
税前利润	

以成本性态为基础的利润表（变动成本计算法）

项目	
销售收入	
减：变动成本	
变动性生产成本	
变动性销售费用	
变动性管理费用	
变动性财务费用	
变动成本合计	
贡献毛益	
减：固定成本	
固定性制造费用	
固定性销售费用	
固定性管理费用	
固定性财务费用	
固定成本合计	
税前利润	

4. 损益计算结果不尽相同

完全成本计算法与变动成本计算法的损益计算程序、中间性利润指标、利润表格式不同，其损益计算结果自然也不尽相同。导致损益计算结果不同的主要原因不在于管理费用、销售费用和财务费用等期间费用。因为根据完全成本计算法，本期发生的销售费用、管理费用、财务费用全部列在利润表的期间费用项下，从销售毛利中扣除；根据变动成本计算法，销售费用、管理费用、财务费用则按成本性态分别处理。其中，变动部分在计算贡献毛益时从销售收入中扣除，固定部分则在计算税前利润时从贡献毛益中扣除。尽管它们在利润表的位置不同，但最终都作为期间费用全额计入当期损益。

导致完全成本计算法与变动成本计算法损益计算结果不尽相同的原因主要在于固定性制造费用。根据完全成本计算法，固定性制造费用通过存货的“盘存”计入存货成本，进而分别计入期末存货成本和本期销售成本，而本期期末存货成本则是以后期间的销售成本。由于各期产销量不平衡，就可能使各期末存货发生增减变化，进而各期销售成本承担的固定性制造费用不相同。

根据完全成本计算法，计入当期损益的固定性制造费用的计算公式如下：

完全成本计算法下计入当期损益的固定性制造费用

=期初存货包含的固定性制造费用+本期发生的固定性制造费用-期末存货包含的固定性制造费用

根据变动成本计算法，固定性制造费用全部作为期间费用从当期损益扣除。其计入当期损益的固定性制造费用的计算公式如下：

变动成本计算法下计入当期损益的固定性制造费用 = 本期发生的固定性制造费用

这样一来，根据完全成本计算法与变动成本计算法，各期损益承担的固定性制造费用可能不相同，税前利润也就会出现差异。在其他因素相同的情况下，完全成本计算法计算的税前利润与变动成本计算法计算的税前利润之间的差异额计算公式如下：

两种成本计算法税前利润的差异额=完全成本计算法下期末存货包含的固定性制造费用-完全成本计算法下期初存货包含的固定性制造费用

如果单位期初存货包含的固定性制造费用与单位期末存货包含的固定性制造费用相等，则上式可以表述为：

两种成本计算法税前利润的差异额

=完全成本计算法下单位期末存货包含的固定性制造费用×期末存货量-完全成本计算法下单位期初存货包含的固定性制造费用×期初存货量

=完全成本计算法下单位存货包含的固定性制造费用×(期末存货量-期初存货量)

例4-3：某公司20×8年度生产和销售一种产品，每个月都没有期末在产品，在存货流转上采用先进先出法。当每个月产量在1~200件之间时，该公司每月固定性制造费用为10000元。该公司8月、9月、10月、11月、12月这5个月的产量、销量、成本、费用等资料如表4-3、表4-4和表4-5所示。

表 4-3 **5 个月的生产量和销售量情况表** 单位：件

月份	期初存货	本期生产	本期销售	期末存货
8 月	0	100	100	0
9 月	0	200	100	100
10 月	100	100	80	120
11 月	120	100	100	120
12 月	120	50	170	0

表 4-4 **5 个月的单位产品变动生产成本情况表**

成本项目	单位成本（元）
单位产品直接材料	100
单位产品直接人工	100
单位产品变动性制造费用	100

表 4-5 **5 个月的非生产成本情况表**

费用项目	固定性费用（元）	单位变动性费用（元/件）
销售费用	2000	20
管理费用	2000	10
财务费用	1000	0

单位变动性费用指每销售 1 件产品的费用。单位产品售价为 500 元。

根据上述资料，分别按照完全成本计算法与变动成本计算法计算单位产品成本，并分别编制以管理职能为基础的利润表和以成本性态为基础的利润表。

根据完全成本计算法与变动成本计算法，其单位产品成本如表 4-6 所示。

表 4-6 **单位产品成本计算表** 单位：元/件

成本项目	8 月	9 月	10 月	11 月	12 月
单位产品直接材料	100	100	100	100	100
单位产品直接人工	100	100	100	100	100
单位产品变动性制造费用	100	100	100	100	100
单位产品变动成本	300	300	300	300	300
单位产品固定性制造费用	100	50	100	100	200
单位产品完全成本	400	350	400	400	500

单位产品固定性制造费用 = 本月固定性制造费用/生产数量

以管理职能为基础的利润表如表4－7所示。

表4－7 以管理职能为基础的利润表（完全成本计算法） 单位：元

项目	8月	9月	10月	11月	12月	合计
销售收入	50000	50000	40000	50000	85000	275000
减：销售成本						
期初存货成本	0	0	35000	47000	48000	0
加：本期生产成本	40000	70000	40000	40000	25000	215000
可供销售产品成本	40000	70000	75000	87000	73000	215000
减：期末存货成本	0	35000	47000	48000	0	0
销售成本合计	40000	35000	28000	39000	73000	215000
销售毛利	10000	15000	12000	11000	12000	60000
减：期间费用						
销售费用	4000	4000	3600	4000	5400	21000
管理费用	3000	3000	2800	3000	3700	15500
财务费用	1000	1000	1000	1000	1000	5000
期间费用合计	8000	8000	7400	8000	10100	41500
税前利润	2000	7000	4600	3000	1900	18500

9月份期末存货成本＝100×350＝35000（元）

10月份期末存货成本＝20×350＋100×400＝47000（元）

11月份期末存货成本＝120×400＝48000（元）

各月期初存货和期末存货包含的固定性制造费用情况如表4－8所示。

表4－8 各月期初存货和期末存货包含的固定性制造费用情况表 单位：元

项目	8月	9月	10月	11月	12月
期初存货包含的固定性制造费用	0	0	5000	11000	12000
期末存货包含的固定性制造费用	0	5000	11000	12000	0
两种成本计算法税前利润的差异额	0	5000	6000	1000	(12000)

以成本性态为基础的利润表如表4－9所示。

表4－9 以成本性态为基础的利润表（变动成本计算法） 单位：元

项目	8月	9月	10月	11月	12月	合计
销售收入	50000	50000	40000	50000	85000	275000
减：变动成本						
变动性生产成本	30000	30000	24000	30000	51000	165000
变动性销售费用	2000	2000	1600	2000	3400	11000
变动性管理费用	1000	1000	800	1000	1700	5500
变动性财务费用	0	0	0	0	0	0
变动成本合计	33000	33000	26400	33000	56100	181500

续表

项　目	8月	9月	10月	11月	12月	合计
贡献毛益	17000	17000	13600	17000	28900	93500
减：固定成本						
固定性制造费用	10000	10000	10000	10000	10000	50000
固定性销售费用	2000	2000	2000	2000	2000	10000
固定性管理费用	2000	2000	2000	2000	2000	10000
固定性财务费用	1000	1000	1000	1000	1000	5000
固定成本合计	15000	15000	15000	15000	15000	75000
税前利润	2000	2000	(1400)	2000	13900	18500

从例4-3可以得到如下结论：

(1) 如果期末存货包含的固定性制造费用等于期初存货包含的固定性制造费用，两种成本计算法所得到的税前利润相等。比如，在8月份两种成本计算法所得到的税前利润都为2000元。在这种情况下，期初、期末存货数量均为零。这意味着，采用完全成本计算法，本期既没有承担上期期末存货盘存下来的固定性制造费用，也没有将本期所发生的固定性制造费用盘存到下一个会计期间。本期发生的固定性制造费用全部计入当期销售成本并在当期扣除。采用变动成本计算法，本期发生的固定性制造费用全部作为期间费用，计入当期损益。虽然根据两种成本计算方法，固定性制造费用计入当期损益的方式不同，但最终全部在当期扣除。因此，最终的税前利润相等。如果期初存货数量和期末存货数量不为零，该结论同样成立。因为采用完全成本计算法，虽然本期要承担上期期末存货盘存下来的固定性制造费用，但须将本期发生的同样金额的固定性制造费用盘存到下一个会计期间。这表明计入当期损益的固定性制造费用等于本期发生的固定性制造费用。

(2) 如果期末存货包含的固定性制造费用超过期初存货包含的固定性制造费用，完全成本计算法得到的税前利润大于变动成本计算法得到的税前利润。比如，9月、10月和11月的情况。在这种情况下，采用完全成本计算法，虽然本期要承担上期期末存货盘存下来的固定性制造费用，但本期发生的固定性制造费用，一部分随着期末存货而盘存到下一个会计期间，且盘存到下一个会计期间的固定性制造费用大于上期期末存货盘存到本期的固定性制造费用。这意味着计入当期损益的固定性制造费用低于本期发生的固定性制造费用。采用变动成本计算法，本期发生的固定性制造费用全部计入当期损益。因此，在这种情况下，变动成本计算法所得到的税前利润必然低于完全成本计算法所计算的税前利润。比如，10月份，根据完全成本计算法，计入当期损益的固定性制造费用为4000元，根据变动成本计算法，计入当期损益的固定性制造费用为10000元。因此，完全成本计算法得到的税前利润比变动成本计算法得到的税前利润高6000元。

(3) 如果期末存货包含的固定性制造费用低于期初存货包含的固定性制造费用，完全成本计算法得到的税前利润低于变动成本计算法得到的税前利润。比如，12月份的情况。在这种情况下，采用完全成本计算法，本期要承担上期期末存货盘存下来的固定性制造费用，本期发生的固定性制造费用的一部分随着期末存货盘存到下一个会计期间（12 月份情况比较特殊，由于期末存货为零，随期末存货盘存到下一个会计期间的固定性制造费用为零），但盘存到下一个会计期间的固定性制造费用大于上期期末存货盘存到本期的固定性制造费用。这意味着计入当期损益的固定性制造费用大于本期发生的固定性制造费用。采用变动成本计算法，只有当期发生的固定性制造费用计入当期损益，不包括前期发生的固定性制造费用。因此，完全成本计算法计算的税前利润必然低于变动成本计算法计算的税前利润。在 12 月份，根据完全成本计算法，计入当期损益的固定性制造费用为 22000 元，根据变动成本计算法，计入当期损益的固定性制造费用为 10000 元。因此，完全成本计算法得到的税前利润比变动成本计算法得到的税前利润低 12000 元。

（4）从短期看，如果产销量不平衡，完全成本计算法与变动成本计算法所得到的税前利润存在差异。但从长期看，产销趋于平衡，完全成本计算法与变动成本计算法所得到的税前利润趋于相等。比如，8 月份至 12 月份这 5 个月的生产量和销售量都为 550 件，这 5 个月根据完全成本计算法与变动成本计算法所得到的税前利润之和都是 18500 元。

不过，得出上述前三个结论并未考虑完全成本计算法下单位期初存货包含的固定性制造费用与单位期末存货包含的固定性制造费用是否相等这个问题。如果两者相等，上述这三个结论可以转化为由期初存货量与期末存货量之间或者生产量与销售量之间的大小关系来表述的如下三个结论：

①如果生产量等于销售量（即期末存货量等于期初存货量），两种成本计算法所得到的税前利润相等。

②如果生产量超过销售量（即期末存货量超过期初存货量），完全成本计算法所得到的税前利润高于变动成本计算法所得到的税前利润。

③如果生产量低于销售量（即期末存货量低于期初存货量），完全成本计算法所得到的税前利润低于变动成本计算法得到的税前利润。

二、变动成本计算法的评价

（一）变动成本计算法的优点

变动成本计算法具有如下优点：

1. 计算简便

变动成本计算法将固定性制造费用作为期间费用，不需要把固定性制造费用分摊到产品成本，简化了成本计算工作，也便于经理人根据成本性态掌握成本与业务量之间的关系。

2. 可以避免企业组织通过盲目生产，操纵利润

在相关范围内，固定性制造费用的总额保持不变。根据完全成本计算法，产量越高，单位产品分摊的固定性制造费用越低，从而单位产品完全成本越低。企业组织的销售毛利等于销售收入与销售成本之差。销售收入取决于销售数量与销售价格，销售成本又取决于销售数量与单位产品完全成本。因此，在产品价格、单位产品变动成本和销售数量既定的情况下，企业组织的销售毛利随产量的增加而增加。完全成本计算法的这个特点，使企业组织可以通过提高产量来“创造”利润，追求短期绩效。但企业组织在销售量规模没有扩大的情况下，盲目扩大生产量，可能导致产品积压和贬值，企业组织

的最终利润必将受到损害。

根据变动成本计算法，固定性制造费用全部作为期间费用，排除了产量高低对单位产品成本的影响。企业组织的盈利只受销售量影响，不受生产量影响。这有助于防止企业组织通过盲目生产，操纵经营利润。

3. 为经理人提供有用的成本信息，便于经理人进行合理的预测、决策、规划、控制和绩效评价

变动成本计算法把成本按成本性态分类，便于分清企业组织各部门的经济责任，从而有利于企业组织的成本控制与绩效评价。一般来说，变动性生产成本是生产部门的可控成本，其成本高低反映了生产和供应部门的工作绩效。有关直接材料、直接人工和变动性制造费用的超支或节约，都会从产品的变动性生产成本反映出来，从而确定生产部门的责任，以便采取措施，加以控制；固定性生产成本是各职能部门的可控成本，其发生额的多少通常应由管理部门负责，通过制订费用预算进行控制。

另外，用产品销售收入减去变动成本而计算出来的产品贡献毛益，反映了既定生产能力的产品盈利能力，便于经理人分析企业组织产品盈利能力和短期经营决策，如接受追加订货、亏损产品应否停产、产品最优售价、最优生产批量等决策分析。

变动成本计算法的利润计算过程及其所反映的成本、业务量、利润关系也以成本性态为基础，这也有利于企业组织进行利润规划和编制弹性预算。

从理论上说，完全成本计算法与变动成本计算法都可以为企业组织的经理人提供有用的信息，但完全成本计算法所计算出来的产品成本和利润在管理上存在缺陷，不利于经理人进行成本预测、决策、规划、控制与绩效评价。

根据完全成本计算法，产品成本包括直接材料、直接人工和制造费用。从成本性态的角度看，直接材料和直接人工属于变动成本，制造费用既包括变动成本，也包括固定成本，属于混合成本。这种混合成本与业务量之间的关系既不呈正比例变化，也并非固定不变。这样，其所计算出来的产品成本不便于本量利分析，成本、销量、利润之间的关系变得非常复杂，难以理解，因而，也就不便于管理上的预测、规划、控制和绩效评价。如表4－6所示，8月、10月、11月三个月份的单位产品完全成本都是400元，而9月份和12月份的单位产品完全成本分别为350元和500元。同一种产品的生产成本很不稳定。如表4－7所示，8月份、9月份和11月份的销量相同，但是税前利润存在较大差异。10月份的销量最低，税前利润反而比8月份、11月份和12月份还要高；12月份的销量最高，但是税前利润反而最低。

（二）变动成本计算法的缺点

当然，任何成本计算法都是“利弊互见”。变动成本计算法具有如下缺点：

1. 计算的产品成本不符合传统的成本观念

传统的成本观念认为，产品成本是产品在企业组织生产过程的一切耗费，应该包括固定性制造费用。而根据变动成本计算法，产品成本不包括固定性制造费用，不能反映产品生产的全部耗费，显然不符合传统的成本观念，而且，在制定产品价格时也难以作为参考。

2. 根据变动成本计算法编制财务报表，由于资产负债表低估了存货，容易引起股

东、债权人的误解，同时，其所确定的成本数据亦不符合财务会计的公认会计原则。

3. 提供的资料不能满足长期决策的需要

变动成本计算法以相关范围内固定成本和单位变动成本保持不变为前提条件。这在短期内可以成立。然而，基于长期的视野，划分成本性态的相关范围假设也未必成立。在长期决策中，通常需要利用全部成本资料来确定各备选方案是否能以其全部收入弥补其全部支出。这必将突破相关范围的限制。因此，变动成本计算法无法满足长期决策的需要。

三、变动成本计算法与完全成本计算法的结合运用

由此可见，变动成本计算法与完全成本计算法“利弊互见”。一般而言，变动成本计算法比较适合企业组织内部经营管理的要求，但不符合对外报告和纳税申报要求；而完全成本计算法比较适合于对外报告和纳税申报要求，但不符合企业组织内部经营管理的要求。鉴于经理人具有投资者与经营者的双重身份。会计系统存在对外（存货计价与收益确定）与对内（经营控制与管理决策）两个方面的功能。这就产生了如何使完全成本计算法与变动成本计算法相互补充、结合运用的问题。

当然，这里所说的相互补充、结合运用，并不是指重复地同时搞两套平行的成本计算系统，而是指以一种成本计算系统为基础，同时对其进行适当地调整和“变通”，使之能同时兼顾企业组织内外部（经理人的经营者与投资者双重角色）两方面的信息需求。那么，所谓以一种成本计算系统为基础，又应该以哪一种成本计算系统为基础呢？显然，企业组织内部的信息需求是经常性的、大量的，而对外编制报表却只在期末进行（定期性的），因而，比较合理的做法是以变动成本计算法为基础，同时，对其进行适当调整和“变通”，以适应对外编制报表的需要。也就是说，企业组织把日常成本计算系统建立在变动成本计算法基础上，“在产品”、“库存商品”账户按变动成本反映，同时另设置“存货中的固定性制造费用”账户，把所发生的固定性制造费用先记入这个账户，期末再将它在已经销售产品、在产品和库存商品之间进行分配。对其中应该由已经销售产品负担的部分转入销售成本，由当期损益负担，而对其中应该由在产品、库存商品负担的部分仍留在该账户的借方，在资产负债表上作为相应存货项目的附加，使存货和销售成本仍按完全成本列示。这就符合对外编制报表和纳税申报要求。如此一来，既可以避免平行地重复搞两套成本计算系统，又可以同时兼顾企业组织内外部两个方面的信息需求。

具体地说，完全成本计算法与变动成本计算法结合运用的途径包括：

（1）将“制造费用”账户分设为“变动性制造费用”和“固定性制造费用”两个账户。同时设立“存货中的固定性制造费用”账户。

（2）日常的产品成本核算采用变动成本计算法，将产品生产过程发生的直接材料、直接人工和变动性制造费用计入“生产成本”账户；将本期发生的固定性制造费用汇集至“固定性制造费用”账户。

（3）期末，将完工产品成本从“生产成本”账户结转至“库存商品”账户，将本期发生的固定性制造费用从“固定性制造费用”账户结转至“存货中的固定性制造费用”账户。

（4）期末，将“存货中固定性制造费用”账户属于本期已销售产品负担的部分转入“产品销售成本”或“主营业务成本”账户，最终列入当期利润表。“存货中固定性制造费用”账户的期末余额属于本期在产品与库存商品承担的部分，在编制“资产负债表”时，将其列入存货项目。

通过上述途径，使得利润表的“产品销售成本”或“主营业务成本”项目，以及资产负债表的存货项目的成本都按完全成本列示，符合公认会计原则的要求。同时，在企业组织的“生产成本”和“库存商品”账户，产品成本又是按照变动成本列示，企业组织的经理人可以直接从中获得变动成本信息。

采用上述途径之后，企业组织的会计系统就既能够提供企业组织内部管理需要的成本数据，又能够做到按照公认会计原则对外提供财务报表。财务会计与管理会计的需求得到了有机地统一。

例4-4： 以例4-3资料的9月份生产情况为例。该公司9月份的产量、销量、成本等资料如表4-10所示。

表4-10　　9月份的产量、销量情况表

月份	期初存货	本期生产	本期销售	期末存货
9月份	0	200件	100件	100件

本期投产的200件全部在本期完工。有关9月份的生产成本情况如表4-11所示。

表4-11　　9月份的生产成本情况表

成本项目	单位成本（元）
单位产品直接材料	100
单位产品直接人工	100
单位产品变动性制造费用	100
单位产品变动成本合计	300

该公司生产车间每月固定性制造费用为10000元。这些成本在每个月产量为1～200件之间保持不变。有关9月份的非生产成本情况如表4-12所示。

表4-12　　9月份的非制造成本情况表

项　目	固定费用（元）	单位变动费用（元/件）
销售费用	2 000	20
管理费用	2 000	10
财务费用	1 000	0

单位变动费用是指单位产品的费用。单位产品售价为500元。

根据上述资料，本期产品生产和销售过程发生的经济业务可以概括如下：

（1）本期生产产品200件，领用材料20000元；

（2）本期生产工人工资为20000元；

（3）本期发生变动性制造费用为20000元；

（4）本期发生固定性制造费用为10000元；
（5）本期生产的产品全部完工，结转本期完工产品成本；
（6）结转本期已售产品100件的生产成本；
（7）结转本期已售产品应负担的固定性制造费用；

固定性制造费用分配率＝(期初存货中的固定性制造费用＋本期发生的固定性制造费用)/(本期已售产品数量＋期末库存商品数量＋期末在产品约当产量)

$=(0+10\ 000)/(100+100+0)$

$=50$(元/件)

本期已售产品应分摊的固定性制造费用＝100×50＝5000（元）

（8）将本期产品销售成本结转至“本年利润”账户。

上述基本流程可用图4－4表示。

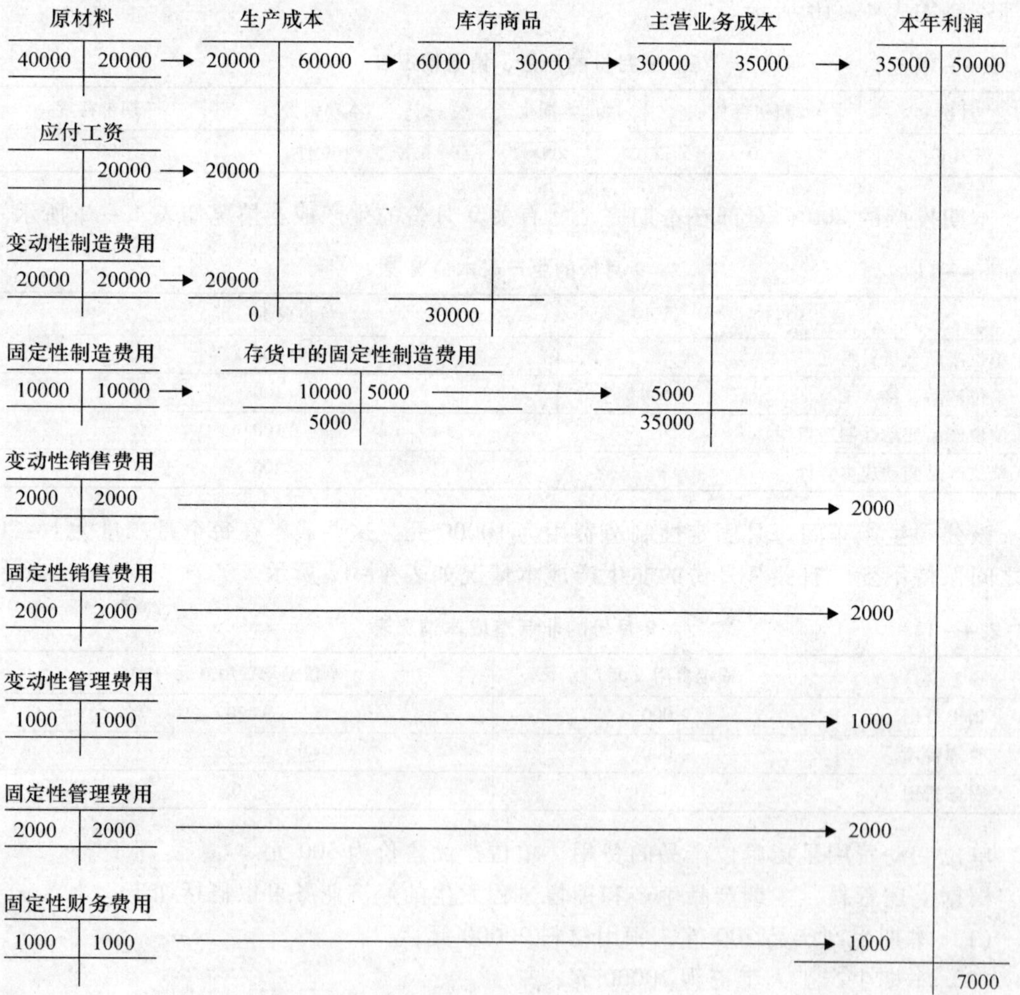

图4－4　成本分配流程图

由此可见，完全成本计算法与变动成本计算法的结合运用，既同时满足了财务会计与管理会计的信息需求，又体现了财务会计与管理会计的“同源分流”和“不同目的，不同成本”的“多维成本观念”。

本章小结

变动成本计算法是与完全成本计算法相对应的一种成本计算方法。完全成本计算法也称吸收成本计算法。通常人们所说的成本计算方法就是完全成本计算法，其主要特点是：产品成本包括直接材料、直接人工和制造费用，而制造费用根据其成本性态又可以进一步分为变动性制造费用与固定性制造费用。变动成本计算法，又称直接成本计算法。根据变动成本计算法，产品成本只包括直接材料、直接人工和变动性制造费用，而不包括固定性制造费用。固定性制造费用作为期间费用处理。

变动成本计算法的主要特点包括：（1）变动成本计算法以成本性态为基础；（2）产品成本和存货成本只包含变动性生产成本，不包含固定性制造费用；（3）利润由贡献毛益总额减去固定成本来确定。在其他条件相同的情况下，销售量相同的两个时期的利润相等；（4）变动成本计算法主要用于企业组织内部的经营管理，而不是对外财务报告。

变动成本计算法与完全成本计算法的主要区别包括：（1）产品成本的构成内容不同；（2）成本流动过程与存货计价不同；（3）损益计算程序、中间性利润指标、利润表格式和损益计算结果不同。

任何成本计算法都是“利弊互见”。变动成本计算法的优点主要包括：（1）计算简便；（2）可以避免企业组织通过盲目生产，操纵利润；（3）为企业组织经理人提供有用的成本信息，便于经理人进行科学的预测、决策、规划、控制和绩效评价。变动成本计算法的缺点主要包括：（1）计算的产品成本不符合传统的成本观念；（2）按变动成本计算法编制财务报表，资产负债表低估了存货，容易引起股东、债权人的误解，同时，其所确定的成本数据也不符合财务会计的公认会计原则；（3）提供的资料不能满足长期决策的需要。

一般而言，变动成本计算法比较适合企业组织内部经营管理的要求，但不符合对外报告和纳税申报要求；而完全成本计算法比较适合于对外报告和纳税申报要求，但不符合企业组织内部经营管理的要求。鉴于经理人具有投资者与经营者的双重身份。会计系统存在对外（存货计价与收益确定）与对内（经营控制与管理决策）两个方面的功能。这就产生了如何使完全成本计算法与变动成本计算法相互补充、结合运用的问题。

比较合理的做法是以变动成本计算法为基础，同时，对其进行适当调整和“变通”，以适应对外编制报表的需要。企业组织把日常成本计算系统建立在变动成本计算法基础上，“在产品”、“库存商品”账户按变动成本反映，同时另设置“存货中的固定性制造费用”账户，把所发生的固定性制造费用先记入这个账户，期末再将它在已经销售产品、在产品和库存商品之间进行分配。对其中应该由已经销售产品负担的部分转入销售成本，由当期损益负担，而对其中应该由在产品、库存商品负担的部分仍留在该账户的借方，在资产负债表上作为相应存货项目的附加，使存货和销售成本仍按完全成本列示。这就符合对外编制报表和纳税申报要求。如此一来，既可以避免平行地重复搞两套成本计算系统，又可以同时兼顾企业组织内外部两个方面的信息需求。

由此可见，完全成本计算法与变动成本计算法的结合运用，既同时满足了财务会计与管理会计的信息需求，又体现了财务会计与管理会计的“同源分流”和“不同目的不同成本”的“多维成本观念”。

本章主要参考文献

1. Jesse T. Barrfield, Cecily A. Raiborn, Michael R. Kinney. Costing Accounting: Traditions and Innovation. South - Western, 2003.

2. Anthony A. Atkinson, Rajiv D. Banker, Robert S. Kaplan, S. Mark Young. Management Accounting. Prentice Hall, Inc, 2003.

3. 查尔斯·亨格瑞，格里·森顿，威廉姆·斯特尔顿：《管理会计教程》，华夏出版社 2006 年版。

4. 查尔斯·T. 亨格瑞，斯坎特·M. 达塔，乔治·福特斯：《成本与管理会计》，中国人民大学出版社 2004 年版。

5. 韦恩·J. 莫尔斯，詹姆斯·R. 戴维斯，阿尔·L. 哈特格雷夫斯：《管理会计：侧重于战略管理》，上海财经大学出版社 2005 年版。

6. 胡玉明，丁友刚，卢馨：《管理会计》，暨南大学出版社 2006 年版。

7. 吴大军，牛彦秀，王满：《管理会计》，东北财经大学出版社 2004 年版。

8. 余绪缨，谢灵，郭丹霞：《管理会计理论·实务·案例·习题》，首都经济贸易大学出版社 2004 年版。

9. 张一贞：《管理会计》，上海财经大学出版社 2006 年版。

本量利分析

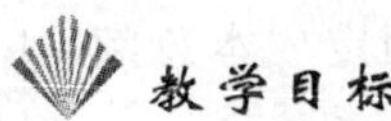

教学目标

◇基本目标

以成本性态为基础，在掌握成本、业务量与利润三者之间关系的基础上，掌握如何分析短期内销售量、销售价格、固定成本和单位变动成本的变动对利润的影响，从而为企业组织的预测、决策提供相关信息。

◇具体目标

(1) 掌握本量利分析的基本假定与基本公式；(2) 计算和解释贡献毛益、盈亏临界点、盈亏临界点作业率、保利点和安全边际；(3) 掌握盈亏临界图的种类及作用；(4) 掌握如何分析销售价格变动、单位变动成本变动和固定成本变动对盈亏临界点和保利点的影响；(5) 掌握盈亏临界值的确定；(6) 掌握敏感系数的计算及其含义。

本章提要

本量利分析，顾名思义，就是指在成本性态的基础上，对成本、业务量与利润之间依存关系所进行的分析。其原理在企业组织的决策、计划和控制中具有广泛用途。本章以成本性态为基础，阐述本量利之间的相互关系、盈亏临界点分析、各因素变动分析和敏感性分析等四个方面的内容。

第一节　本量利之间相互关系的分析

如前所述，本量利分析，就是指在成本性态的基础上，对成本、业务量与利润之间依存关系所进行的分析。其原理在企业组织的决策、计划和控制中具有广泛用途。促使人们研究本量利之间数量关系的动因是传统的成本分类难以满足企业组织的决策、规划和控制的信息需求。

一、本量利分析基本假定

在企业组织的经营管理实践中，成本、价格、业务量与利润之间的关系非常复杂。为了简化分析起见，在这里必须对本量利关系做一些基本的假定：

（1）假定所有的成本都可以按其性态分解为固定成本与变动成本。

（2）假定在一定时间内，业务量总是保持在单价、单位变动成本和固定成本不变所允许的范围内。在业务量相关范围内，收入与业务量之间呈线性关系，成本总额与业务量之间呈线性关系。根据这个假定，收入与业务量之间、成本总额与业务量之间的关系可以分别表述为：

$TR = pX$

$TC = a + bX$

其中：TR 为收入；TC 为成本总额；p 为单价；X 为业务量；a 为固定成本总额；b 为单位变动成本。

尽管实际的收入和成本性态可能呈现出非线性的关系，但是，在限定的业务量相关范围内，收入和成本的关系大致是线性关系。

二、本量利分析基本公式

本量利分析基本公式就是关于成本、价格、业务量与利润各因素之间相互关系的基本表达式。根据上述基本假定，本量利分析基本公式可以表述为：

利润(P/L) = 单价 × 销售量 - 单位变动成本 × 销售量 - 固定成本总额

或：

$P/L = pX - bX - a$

需要说明的是，由于所得税是一种综合税种，它既不是变动成本，也不是固定成本（除非那些实行定额征税的企业组织）。因此，这里的利润是税前利润。

本量利分析基本公式反映了本量利之间的相互关系。它是本量利分析的基本出发点，也是企业组织经理人进行各种各样的预测、决策和计划工作的基本出发点。

三、贡献毛益

贡献毛益包括贡献毛益总额、单位贡献毛益和贡献毛益率等三个衡量企业组织产品或服务盈利能力的指标。

（一）贡献毛益总额

本量利分析基本公式中的“pX - bX”表示产品销售收入总额与变动成本总额之间的差额，称为贡献毛益总额（Total Contribution Margin，TCM），又称创利额。其计算公式为：

贡献毛益总额 = 销售收入总额 - 变动成本总额

或：

$TCM = pX - bX = (p - b)X$

上述贡献毛益总额公式反映了单价、单位变动成本、业务量与贡献毛益总额之间的相互关系，反映了企业组织全部销售收入为企业组织利润所贡献的全部毛益。如果单价与单位变动成本不变，那么，业务量越大，贡献毛益总额越大；如果单价与业务量不变，单位变动成本越大，贡献毛益总额越小。

贡献毛益总额扣除固定成本总额之后就是企业组织的利润。其计算公式为：

利润 = 贡献毛益总额 - 固定成本总额

或：

$P = TCM - a$

也可以表述为：

贡献毛益总额 = 固定成本 + 利润

或：

$TCM = a + P/L$

（二）单位贡献毛益

单位贡献毛益（Unit Contribution Margin，UCM）是指产品单价与单位变动成本之间的差额。其计算公式为：

单位贡献毛益 = 单价 - 单位变动成本

或：

$UCM = p - b$

单位贡献毛益反映企业组织单位产品所创造的贡献毛益。

（三）贡献毛益率

贡献毛益率（Contribution Margin Rate，CMR）指贡献毛益总额占销售收入总额的百分比。其计算公式为：

贡献毛益率 = 贡献毛益总额/销售收入总额 × 100%

或：

$CMR = TCM/TR \times 100\%$

如果企业组织生产并销售单一产品，那么，贡献毛益率就是单位贡献毛益占单价的百分比。其计算公式为：

贡献毛益率 = 单位贡献毛益/单价 × 100%

或：

$CMR = UCM/p \times 100\% = [(p - b)/p] \times 100\%$

贡献毛益率反映每百元销售收入所创造的贡献毛益，或每一元销售收入所创造的贡献毛益。

与贡献毛益率密切相关的另一个指标是变动成本率（Variable Cost Rate，VCR）。变动成本率指变动成本总额（Total Variable Cost，TVC）占销售收入的百分比。其计算公式为：

变动成本率 = 变动成本总额/销售收入总额 × 100%

或：

VCR = TVC /TR × 100%

如果企业组织生产并销售单一产品，那么，变动成本率指单位变动成本占单价的百分比。其计算公式为：

变动成本率 = 单位变动成本/单价 × 100%

或：

VCR = b/p × 100%

变动成本率，又称补偿率，反映每百元销售收入需要弥补的变动成本。比如，某企业组织的变动成本率为40%，意味着该企业组织每销售100元，需要补偿的变动成本为40元，或者说该企业组织每销售1元，其需要补偿的变动成本为0.4元。贡献毛益率，又称创利率，反映每百元销售收入在弥补自身变动成本之后所创造的毛益。贡献毛益率与变动成本率之间的关系为：

贡献毛益率 + 变动成本率 = 100%

产品的变动成本率越高，贡献毛益率就越低，盈利能力就越小；反之，盈利能力越大。如果企业组织的变动成本率（补偿率）为40%，则其贡献毛益率（创利率）就为60%。相反，如果企业组织的变动成本率为60%，则其贡献毛益率就为40%。显然，前者的盈利能力比后者强。

例5-1：某商业银行在一新建小区开设了一家储蓄机构，吸纳该小区居民储蓄存款。20×8年4月份总共吸收居民存款1000万元，平均月存款利率为2.5‰。该部分资金上缴总行，对外贷款。贷款的月平均利率为5‰。那么，该储蓄机构的单位贡献毛益、贡献毛益总额、贡献毛益率和变动成本率计算如下：

单位贡献毛益 = 单价 - 单位变动成本 = 0.005 - 0.0025 = 0.0025（元）

贡献毛益总额 = 销售收入总额 - 变动成本总额

= 10000000 × 0.005 - 10000000 × 0.0025 = 25000（元）

贡献毛益率 = 贡献毛益总额/销售收入总额 × 100%

= 25000/（10000000 × 0.005） × 100% = 50%

变动成本率 = 变动成本总额/销售收入总额 × 100%

=（10000000 × 0.0025）/（10000000 × 0.005） × 100% = 50%

上述计算表明，该储蓄机构20×8年4月份每吸纳1元储蓄存款获得的贡献毛益为0.0025元；创造的贡献毛益总额为25000元；每1元利息收入包含0.5元的贡献毛益和0.5元的变动成本。

第二节　盈亏临界点分析

盈亏临界点分析（Break-even Analysis）是本量利分析的一项重要内容，亦称损益平衡分析。许多人把它与本量利分析等同起来。其实，准确地说，它只是后者的一个组成部分或者说是后者的特例而已。

一、盈亏临界点的计算

盈亏临界点（Breakeven Point，BEP），又称保本点，指企业组织的销售收入恰好抵补全部成本（固定成本与变动成本），企业组织的利润等于零的销售量（额）。如果企业组织的业务量正好等于其盈亏临界点，企业组织的利润为零；如果企业组织的业务量超过盈亏临界点，企业组织的利润大于零；如果企业组织的业务量低于盈亏临界点，企业组织的利润小于零。盈亏临界点有两种表现形式：（1）以实物量为单位，即盈亏临界点销售量；（2）以货币为单位，即盈亏临界点销售额。

（一）盈亏临界点销售量

如果企业组织只生产和销售单一产品，在本量利分析的基本公式中，令利润等于零，即：

单价×销售量-单位变动成本×销售量-固定成本总额=0

或：

$pX - bX - a = 0$

便可得：

盈亏临界点销售量=固定成本总额/单位贡献毛益

或：

$X_0 = a/(p-b)$

（二）盈亏临界点销售额

只生产和销售单一产品的企业组织在现代经济中只占少数，大部分企业组织生产和销售多种产品。这时，就应该运用销售额来表示盈亏临界点。

对于只生产和销售单一产品的企业组织而言，盈亏临界点销售额计算公式为：

盈亏临界点销售额=盈亏临界点销售量 × 单价

或：

$TR_0 = pX_0$

如果企业组织生产和销售多种产品，则其盈亏临界点销售额计算公式为：

盈亏临界点销售额= 固定成本总额/贡献毛益率

或：

$TR_0 = a/CMR$

例5-2：A公司只生产和销售一种产品，每件产品的销售价格为8元。产量在1~10 000件之间时，固定性制造费用不变。已知产量为6000件时，总成本（包括固定成本和变动成本）为44700元；产量为8000件时，总成本为57700元。

首先，根据高低点法分解A公司的单位变动成本和固定成本：

单位变动成本=(57700-44700)/(8000-6000)=6.5(元/件)

固定成本=44700 - 6.5×6000=5700(元)

然后，计算A公司的盈亏临界点销售量和盈亏临界点销售额：

盈亏临界点销售量 = 5700/(8 - 6.5) = 3800(件)

盈亏临界点销售额 = 3800 × 8 = 30400(元)

二、与盈亏临界点相关的指标

与盈亏临界点相关的指标包括盈亏临界点作业率、安全边际和创利点。

（一）盈亏临界点作业率

盈亏临界点作业率，又称保本点作业率，指盈亏临界点销售量（额）占现有或预计销售量（额）的百分比。其计算公式为：

盈亏临界点作业率 = 盈亏临界点销售量(额)/现有或预计销售量(额) × 100%

这个指标反映企业组织需要用来保本的销售量（额）占现有或预计的销售量（额）的比例。这个指标越低，表明用于保本的销售量（额）越低，则用于盈利的销售量（额）就越大。

（二）安全边际

安全边际（Margin of Safety，MS）是指企业组织现有（或预计）销售量（额）与盈亏临界点销售量（额）之间的差额。衡量企业组织安全边际的指标包括安全边际量（额）和安全边际率。

1. 安全边际量（额）

安全边际量（额）是指现有或预计销售量（额）与盈亏临界点销售量（额）之间的差额。其计算公式为：

安全边际量(额) = 现有或预计销售量(额) - 盈亏临界点销售量(额)

2. 安全边际率

安全边际率是指安全边际量（额）占现有或预计的销售量（额）的百分比。其计算公式为：

安全边际率 = 安全边际量/现有或预计销售量 × 100%

安全边际率 = 安全边际额/现有或预计销售额 × 100%

安全边际率与盈亏临界点作业率之间的关系为：

安全边际率 + 盈亏临界点作业率 = 100%

盈亏临界点作业率越高，说明现有或预计销售量（额）需要用来保本的销售量（额）所占的比例越高，安全边际率就越低。盈亏临界点作业率越低，说明现有或预计销售量（额）需要用来保本的销售量（额）所占的比例越低，安全边际率就越高。

安全边际这个指标的作用主要包括：第一，安全边际反映企业组织经营的安全程度。安全边际愈大，说明企业组织现有或预计的销售量越远离保本点，企业组织发生亏损的可能性就越小，发生盈利的可能性就越大，企业组织的经营就越安全。第二，安全边际反映企业组织的获利水平。盈亏临界点销售额在弥补自身变动成本之后，形成的贡献毛益正好能够弥补固定成本。超过盈亏临界点销售额所创造的贡献毛益在弥补自身变动成本之后，不需要弥补固定成本，直接形成企业组织的税前利润。因此，安全边际愈大，企业组织获利愈多。以安全边际表述的利润计算公式为：

利润 = 销售量 × 单价 - 销售量 × 单位变动成本 - 固定成本总额

= （安全边际量 + 盈亏临界点销售量） × 单位贡献毛益 - 固定成本总额

= 安全边际量 × 单位贡献毛益

或：

利润 = 安全边际额 × 贡献毛益率

如果在等式“利润 = 安全边际额 × 贡献毛益率”两边同时除以销售额，可得：

销售利润率 = (安全边际额 × 贡献毛益率)/销售额 = 安全边际率 × 贡献毛益率

例 5-3：某大学的一位会计学教授准备在该大学出版社出版一本专著。出版社编辑给出的稿费为该书定价的 5%。该会计学教授认为稿酬太低，并要求编辑对这个稿酬作出解释。该编辑提供了如下出版预算：该专著定价 30 元，对外发行按 7 折销售，纸张和印刷成本每本约 10 元。出版一本书需要一个书号，每个书号需要向出版社交纳使用费 15000 元。该出版社属于自收自支单位，没有财政拨款。出版社根据过去的费用情况，要求每个书号要承担出版社的工资、水电、保险等管理费用 10000 元。另外，每个书号承担盈利任务为 10000 元。据此，该编辑认为如果稿费按照专著定价的 5% 计算，那么，其盈亏临界点为：

盈亏临界点销售量 = (15000 + 10000 + 10000)/(30 × 70% - 10 - 30 × 5%)

= 3684(册)

盈亏临界点销售额 = 3684 × 30 × 70% = 77364(元)

该编辑据此认为，该专著销量必须达到 3684 册，才能保本。而根据以往的经验，专著预期销量为 3000 册，一次印刷量通常也是 3000 册。该编辑据此声称 5% 的稿酬已经很高了。

然而，该会计学教授指出了该编辑计算过程存在的两个问题：

第一，盈亏临界点的任务主要是弥补出版社的固定成本与变动成本。因此，盈亏临界点计算不应该包括书号承担的盈利任务。正确的盈亏临界点销售量计算如下：

盈亏临界点销售量 = (15000 + 10000)/(30 × 70% - 10 - 30 × 5%) = 2632(册)

盈亏临界点销售额 = 2632 × 30 × 70% = 55272(元)

按照预计的 3000 册销售量，该出版社盈亏临界点作业率和安全边际分别计算如下：

盈亏临界点作业率 = 2632/3000 = 87.73%

安全边际量 = 现有或预计销售量 - 盈亏临界点销售量

= 3000 - 2632 = 368 （册）

安全边际额 = 现有或预计销售额 - 盈亏临界点销售额

= 3000 × 30 × 70% - 2632 × 30 × 70% = 7728 （元）

安全边际率 = 安全边际量/现有或预计销售量 × 100%

= 368/3000 × 100% = 12.27%

第二，该会计学教授有信心保证，该书的销售量可以达到 5000 册，并承诺按照书本价格的 7 折，包销 2000 册，但是，希望出版社将稿酬提高到 10%。希望该编辑重新考虑。

该编辑则认为：

第一，该会计学教授所说的盈亏临界点计算方法是正确的。

第二，如果该会计学教授自己包销2000册，可能会冲击出版社原有预计的3000册销量。因此，将出版社预计销量调整为2500册，加上作者包销的2000册，预计总体发行4500册。

按照该会计学教授要求的10%的稿酬，该编辑重新计算了该专著的盈亏临界点：

单位贡献毛益 = 30 × 70% − 10 − 30 × 10% = 8(元)

盈亏临界点销售量 = (15000 + 10000)/8 = 3125(册)

盈亏临界点销售额 = 3125 × 30 × 70% = 65625(元)

按照预计的4500册销售量，该出版社盈亏临界点作业率和安全边际分别计算如下：

盈亏临界点作业率 = 3125/4500 = 69.44%

安全边际量 = 4500 − 3125 = 1375（册）

安全边际额 = 4500 × 30 × 70% − 3125 × 30 × 70% = 28875（元）

安全边际率 = 1375/4500 × 100% = 30.56%

该出版社的盈亏临界点作业率已经大大下降，安全边际大大增加，该编辑表示可以考虑这个问题。

该出版社编辑进一步计算了出版该书的利润和销售利润率如下：

贡献毛益率 = 8/(30 × 70%) × 100% = 38.10%

利润 = 安全边际量 × 单位贡献毛益 = 1375 × 8 = 11000(元)

销售利润率 = 安全边际率 × 贡献毛益率 = 30.56% × 38.10% = 11.64%

三、保利点

保利点是指企业组织为确保目标利润的实现而应达到的销售量（额）。与盈亏临界点一样，保利点可以按实物量计算（称保利量），也可按金额计算（称保利额）。目标利润是指企业组织在未来一段时期内，经过努力应该达到的最大利润目标。

（一）保利量

如果企业组织只生产和销售单一产品，根据上述定义和本量利分析基本公式：

目标利润 = 单价 × 保利量 − 单位变动成本 × 保利量 − 固定成本

可得：

保利量 = (固定成本 + 目标利润)/单位贡献毛益

因为企业组织的所得税成本没有包括在上述变动成本和固定成本当中，因此，公式的目标利润指税前利润。如果企业组织所制订的目标利润是税后利润，则必须要将其转化成税前利润，才可以利用上述计算公式。因为：

税前目标利润 = 税后目标利润/(1 − 所得税税率)

相应的保利量计算公式为：

保利量 = [固定成本 + 税后目标利润/(1 − 所得税税率)]/单位贡献毛益

（二）保利额

同样地，如果企业组织生产和销售多种产品，那么，就应该计算其保利额。其计算公式为：

保利额 =（固定成本 + 目标利润）/贡献毛益率

如果企业组织所制订的目标利润是税后利润，则保利额的计算公式为：

保利额 =[固定成本 + 税后目标利润/(1 - 所得税税率)]/贡献毛益率

例 5-4：某企业 20×8 年度只生产和销售一种产品，生产一件产品的直接材料成本为 10 元，直接人工成本为 8 元，变动性制造费用为 6 元，每件产品的销售价格为 30 元。该企业每年的固定成本总额为 68000 元。要使每年的税前目标利润达到 16000 元，该企业的销售量和销售额分别应为多少？

根据上述资料，计算如下：

该企业的单位贡献毛益 = 30 - 10 - 8 - 6 = 6（元）

保利量 =（68000 + 16000）/6 = 14000（件）

保利额 = 14000 × 30 = 420000（元）

例 5-5：某企业 20×8 年度只生产和销售一种产品，单位变动成本为 20 元，固定成本总额为 4000 元，产品单位售价为 40 元，要使销售利润率达到 40%（假如不考虑所得税），该企业的销售量应为多少？

根据上述资料，假设该企业销售利润率达到 40% 的销售量为 X，则根据保利点计算公式可以得到：

X =（4000 + 40 × X × 40%）/（40 - 20）

X = 1000（件）

因此，要使销售利润率达到 40%，则该企业销售量应为 1000 件。

四、盈亏临界图

将成本、业务量与利润之间的关系以及盈亏临界点反映在直角坐标系就形成盈亏临界图（Break - even Chart）。盈亏临界图主要包括本量利式（CVP Chart）、贡献毛益式（Contribution Chart）和利量式（Profit - Volume Chart）三种形式。

（一）本量利式盈亏临界图

本量利式，又称传统式或基本式，是以本量利分析基本公式为基础绘制的盈亏临界图。其绘制方法如下：

（1）在直角坐标系中，以横轴代表销售量 X，纵轴代表销售收入 TR 或成本总额 TC；

（2）从原点开始，以单价 p 为斜率，画一条销售收入线，对应的函数为 TR = pX；

（3）从纵轴上取固定成本值 a 为起点，画一条与横轴平行的直线，该直线为固定成本线；

（4）从纵轴上取固定成本值 a 为起点，以单位变动成本 b 为斜率，画一条斜线，此斜线即为总成本线，对应的函数为 TC = a + bX。

销售收入线与总成本线的相交点，即为盈亏临界点（X_0）。该点所对应的销售量就是盈亏临界点销售量，该点所对应的销售额就是盈亏临界点销售额。盈亏临界点右上方销售收入线与总成本线之间的区域为盈利区，盈亏临界点左下方销售收入线与总成本线之间的区域为亏损区。总成本线与固定成本线之间的垂直距离为变动成本总额。

承例5－3资料，某大学出版社编辑针对上述会计学教授提出的方案，做出如下盈亏临界图：

以横轴代表销售量X，纵轴代表销售收入TR或成本TC。

其中：

收入函数：$TR = 30 \times 70\% \times X = 21X$

成本函数：$TC = (10000 + 15000) + (10 + 30 \times 10\%) \times X = 25000 + 13X$

根据有关数据，可绘制本量利式盈亏临界图如图5－1所示。

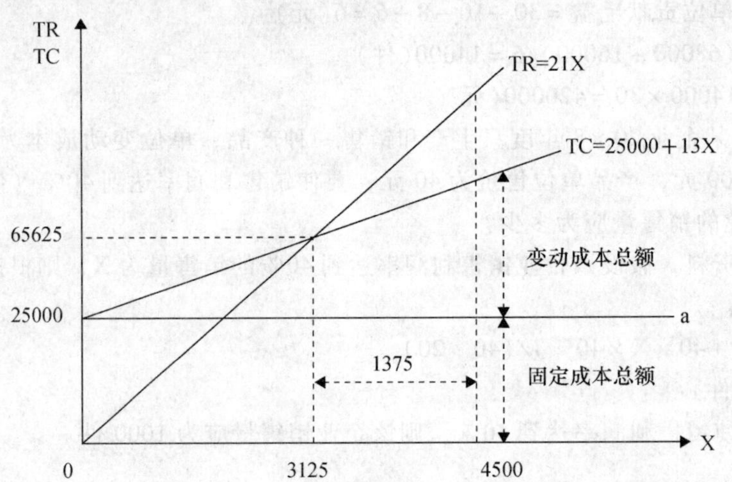

图5－1 本量利式盈亏临界图

从图5－1可知，如果专著的发行量达到3125册，发行总收入等于总成本，该专著达到盈亏临界点；如果预计销量为4500册，安全边际量为1375册。

（二）贡献毛益式盈亏临界图

贡献毛益式盈亏临界图可以非常清楚地显示不同销售量水平产生的贡献毛益。其绘制方法如下：

（1）在直角坐标系中，以横轴代表销售量X，纵轴代表销售收入TR或成本总额TC；

（2）从原点开始，以单价p为斜率，画一条销售收入线，对应的函数为$TR = pX$；

（3）从原点开始，以单位变动成本为斜率，画一条变动成本线；

（4）从纵轴上取固定成本值a为起点，以单位变动成本b为斜率，画一条斜线，此斜线即为总成本线，对应的函数为$TC = a + bX$。

销售收入线与总成本线的相交点，即为盈亏临界点（X_0）。总成本线与变动成本线之间的垂直距离为固定成本总额。销售收入线与变动成本线之间的距离为贡献毛益。

承例 5－3 资料，可绘制贡献毛益式盈亏临界图如图 5－2 所示。

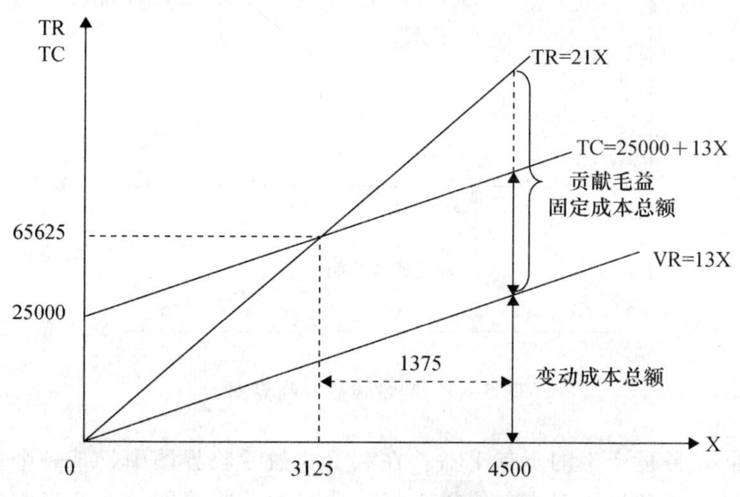

图 5－2 贡献毛益式盈亏临界图

从图 5－2 可知，如果该专著预计销售量为 4500 册，其贡献毛益为 36000 元。

（三）利量式盈亏临界图

本量利分析基本公式可以写成利量式的形式，即：

$P/L=(p-b)X-a$

上述方程式反映了利润与销售量之间的相互关系。根据此方程式，以销售量为横轴，利润为纵轴，绘制的盈亏临界图，就是利量式盈亏临界图。其绘制方法如下：

（1）以纵轴代表利润或亏损 P/L，横轴代表销售量 X；

（2）从纵轴上（0，0）点起向下取固定成本值 a 为起点，以单位贡献毛益（p－b）为斜率，画一条直线即为利润线。利润线与横轴的交点，即为盈亏临界点（X_0），交点的横坐标为盈亏临界点销售量。

盈亏临界点右上方利润线与横轴之间的区域为盈利区，盈亏临界点左下方利润线与横轴之间的区域为亏损区。利量式盈亏临界图的横轴也可以是销售额，这时利润线与横轴的交点的横坐标为盈亏临界点销售额，利润线的斜率为贡献毛益率。

承例 5－3 资料，P/L＝8X－25000。据此，可绘制利量式盈亏临界图如 5－3 所示。

从图 5－3 可知，如果该专著印刷和发行数为 3125 册，创利总额为 25000 元（3125×8），恰好抵补固定成本总额，盈亏临界点刚好是利润线与横轴相交之处。

上述各种盈亏临界图都直观地描述了企业组织的成本、业务量与利润之间的关系。它具有如下作用：

（1）利用盈亏临界图，可以直接观察任何一个业务量水平的盈亏数额，简化计算工作。在本量利式盈亏临界图和贡献毛益式盈亏临界图中，某一个业务量水平下盈亏的大小就是该业务量所对应的收入线与总成本线之间的距离。贡献毛益式盈亏临界图还可

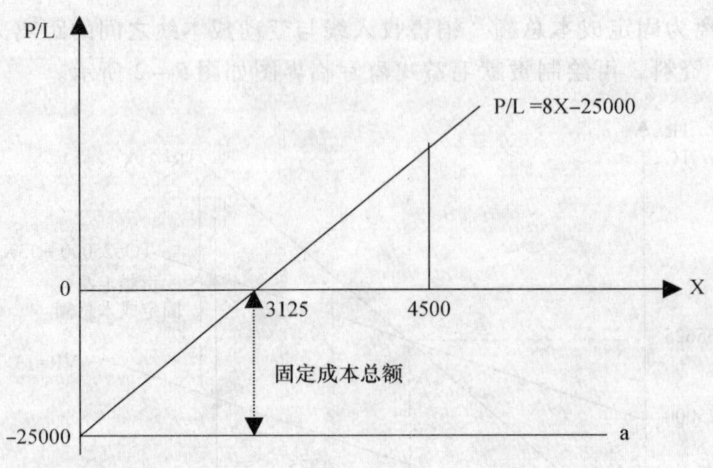

图 5-3 利量式盈亏临界图

清楚地表明不同业务量产生的贡献毛益。在利量式盈亏临界图中，某一个业务量水平下盈亏的大小就是该业务量所对应的纵轴坐标。通过盈亏临界图，企业组织的经理人可以随时了解不同业务量水平下的盈亏状况，而不必逐一分别计算。

（2）利用盈亏临界图，可以进行盈亏临界点动态分析，直观地了解单价、单位变动成本、固定成本总额等因素变化对企业组织利润的影响。以本量利式盈亏临界图为例：第一，如果单价上升，收入线由于斜率增加向左旋，盈亏临界点下降。如果单价下降，收入线由于斜率降低向右旋，盈亏临界点上升。第二，如果单位变动成本上升，总成本线由于斜率增加向左旋，盈亏临界点上升。如果单位变动成本下降，总成本线由于斜率降低向右旋，盈亏临界点下降。第三，如果固定成本上升，总成本线向上平移，盈亏临界点上升。如果固定成本下降，总成本线向下平移，盈亏临界点下降。

第三节 因素变动分析

如前所述，曾经假定在业务量相关范围内销售价格、固定成本和单位变动成本保持不变。但实际上，这些因素经常变动，从而引起盈亏临界点和保利点的变动。因此，企业组织的经理人必须了解这些因素变动对盈亏临界点和保利点的影响，以便尽可能避免亏损，实现目标利润。

一、销售价格变动对盈亏临界点和保利点的影响

如前所述，盈亏临界点销售量计算公式为：

盈亏临界点销售量＝固定成本总额/（单价－单位变动成本）

由此可见，在固定成本和单位变动成本不变的条件下，单价的变动将引起盈亏临界

点销售量发生反方向变动。如果单价提高，盈亏临界点销售量降低；如果单价下降，盈亏临界点销售量提高。这对盈亏临界点销售额和保利量（额）同样适用。

例5－6：假设某企业20×8年度只生产和销售一种产品，该产品的单价为10元，单位变动成本为5元，固定成本总额为12000元。税前目标利润为45000元。

根据上述资料，如果该产品的单价增加10%，分别计算其盈亏临界点销售量（额）和保利量（额）如下：

如果单价没有发生变动：

盈亏临界点销售量＝12000/(10－5)＝2400(件)

盈亏临界点销售额＝2400×10＝24000(元)

保利量＝(12000＋45000)/(10－5)＝11400(件)

保利额＝11400×10＝114000(元)

如果单价提高10%即单价变为11元：

盈亏临界点销售量＝12000/(11－5)＝2000(件)

盈亏临界点销售额＝2000×11＝22000(元)

保利量＝(12000＋45000)/(11－5)＝9500(件)

保利额＝9500×11＝104500(元)

上述计算表明，如果单价增加，盈亏临界点销售量（额）和保利量（额）都下降，即盈亏临界点和保利点与单价呈反方向变动。

二、单位变动成本变动对盈亏临界点和保利点的影响

根据盈亏临界点销售量（额）和保利量（额）的计算公式可知，如果其他因素不变，单位变动成本的变动将引起盈亏临界点销售量（额）和保利量（额）发生同方向变动。如果单位变动成本下降，盈亏临界点销售量（额）和保利量（额）将降低；如果单位变动成本上升，盈亏临界点销售量（额）和保利量（额）将提高。

例5－7：承例5－6，如果单价和固定成本不变，单位变动成本增加10%，盈亏临界点销售量（额）和保利量（额）将如何变化？

如果单位变动成本增加10%即单位变动成本变为5.5元：

盈亏临界点销售量＝12000/(10－5.5)＝2667(件)

盈亏临界点销售额＝2667×10＝26670(元)

保利量＝(12000＋45000)/(10－5.5)＝12667(件)

保利额＝12667×10＝126670(元)

上述计算表明，如果单位变动成本增加，盈亏临界点销售量（额）和保利量（额）都增加，即盈亏临界点和保利点与单位变动成本的变动方向相同。

三、固定成本总额变动对盈亏临界点和保利点的影响

根据盈亏临界点销售量（额）和保利量（额）的计算公式可知，如果其他因素不变，固定成本总额的变动将引起盈亏临界点销售量（额）和保利量（额）同方向的变

化。如果固定成本总额提高，盈亏临界点销售量（额）和保利量（额）将提高；如果固定成本总额下降，盈亏临界点销售量（额）和保利量（额）将下降。

例 5-8：承例 5-6，如果单价和单位变动成本不变，固定成本总额增加 10%，盈亏临界点销售量（额）和保利量（额）会如何变化？

如果固定成本总额增加 10% 即固定成本总额变为 13200 元：

盈亏临界点销售量 = 13200 /(10 - 5) = 2640(件)

盈亏临界点销售额 = 2640 × 10 = 26400(元)

保利量 = (13200 + 45000)/(10 - 5) = 11640(件)

保利额 = 11640 × 10 = 116400(元)

上述计算表明，如果固定成本总额增加，盈亏临界点销售量（额）和保利量（额）都增加，即盈亏临界点和保利点与固定成本的变动方向相同。

四、多因素变动对盈亏临界点和保利点的综合影响

上述分析都假定其他因素不变，分析单一因素对盈亏临界点和保利点的影响。在企业组织的实践中，上述因素可能同时变动，相互影响。因此，在分析相关因素变动对盈亏临界点和保利点的影响时，不能仅仅考虑单一因素变动的影响，还应考虑多种因素同时变动的影响。

例 5-9：某企业 20×8 年度只生产和销售一种产品，单价为 20 元，单位变动成本为 10 元，固定成本总额为 38000 元，税前目标利润为 60000 元。为了扩大销售量抢占市场份额，该企业计划将产品的价格降低 5%。同时为了扩大产能，企业更新了设备，该措施使企业固定成本总额增加 10000 元，并使单位变动成本下降为 8 元。

根据上述资料，分别计算其新的盈亏临界点销售量（额）和保利量（额）如下：

原有条件下的盈亏临界点销售量 = 38000/(20 - 10) = 3800(件)

原有条件下的盈亏临界点销售额 = 3800 × 20 = 76000(元)

原有条件下的保利量 = (38000 + 60000)/(20 - 10) = 9800(件)

原有条件下的保利额 = 9800 × 20 = 196000(元)

如果单位销售价格降低 5% 即单价变为 19 元：

新的盈亏临界点销售量 = (38000 + 10000)/(19 - 8) = 4364(件)

新的盈亏临界点销售额 = 4364 × 19 = 82916(元)

新的保利量 = (38000 + 10000 + 60000)/(19 - 8) = 9819(件)

新的保利额 = 9819 × 19 = 186561(元)

上述计算表明，由于单价、单位变动成本和固定成本的变化，使得盈亏临界点销售量由原来的 3800 件变为 4364 件，盈亏临界点销售额由原来的 76000 元变为 82916 元，保利量由原来的 9800 件变为 9819 件，保利额则由原来的 196000 元变为 186561 元。

第四节 敏感性分析

敏感性分析主要用于分析如果其他因素不变，某个因素的变动可能引起目标值发生多大的变动。在本量利分析中，敏感性分析的主要内容包括：（1）研究企业组织由盈利转变为亏损时各因素变化的临界值，即确定各因素盈亏临界值；（2）利润对各因素变化的敏感程度，即各因素的敏感系数分析。敏感性分析有利于企业组织的经理人增强经营管理的预见性，及早采取相应措施避免亏损，尽可能增加利润。

一、各因素盈亏临界值的确定

根据本量利分析基本公式，影响利润的因素主要包括单价、单位变动成本、销售量和固定成本总额。利润随着单价和销售量的降低而降低，随着单位变动成本和固定成本总额的增加而降低。如果其他因素不变，单一因素达到某一临界值时，企业组织就由盈利转变为亏损。此临界值就称为盈亏临界值。为了使企业组织避免亏损，便于企业组织更好地做出生产经营决策，有必要确定影响利润的各因素的临界值，即确定单价的最小允许值、销售量的最小允许值（即盈亏临界点销售量）、单位变动成本的最大允许值和固定成本总额的最大允许值。

假设利润等于0，本量利分析基本公式变为：

单价×销售量－单位变动成本×销售量－固定成本总额＝0

由此可推导出四个因素的盈亏临界值公式：

单价的最小允许值＝固定成本总额/销售量＋单位变动成本

销售量的最小允许值＝固定成本总额/(单价－单位变动成本)

单位变动成本的最大允许值＝单价－固定成本总额/销售量

固定成本总额的最大允许值＝销售量×(单价－单位变动成本)

例5－10：假设某公司20×8年度只生产和销售一种产品，单价为150元，单位变动成本100元，全年固定成本总额预计为6000000元，预计销售量为160000件。那么，全年利润为：

P/L＝(150－100)×160000－6000000＝2000000(元)

将有关数据代入上述四个因素的盈亏临界值公式，即可求得：

（1）单价的最小允许值＝6000000/160000＋100＝137.5（元）

计算表明，如果单位产品价格由150元降到137.5元，该公司的利润也就由2000000元下降到0元；如果价格进一步下跌，则该公司将出现亏损。因此，如果其他因素不变，单价不能低于137.5元这个最小允许值，也就是单价的下降幅度不能高于8.33%（1－137.5/150）。

（2）销售量的最小允许值＝6000000/(150－100)＝120000（件）

计算表明，如果该公司的产销量由160000件降为120000件，该公司的利润也就由2000000元下降到0元；如果产销量少于120000件，该公司就由盈利转变为亏损。因此，如果其他因素不变，产销量不能低于120000件这个最小允许值，即销售量的下降幅度不能超过25%（1-120000/160000）。

（3）单位变动成本的最大允许值=150-6000000/160000=112.5（元）

计算表明，如果单位变动成本由100元增加到112.5元，该公司的利润也就由2000000元下降到0元；如果单位变动成本进一步增加，该公司将出现亏损。因此，如果其他因素不变，单位变动成本不能高于112.5元这个最大允许值，即单位变动成本的增加幅度不能超过12.5%（112.5/100-1）。

（4）固定成本总额的最大允许值=(150-100)×160000=8000000（元）

计算表明，如果该公司的固定成本总额由6000000元增加到8000000元，该公司处于盈亏临界点；如果固定成本总额进一步增加，该公司就由盈利转变为亏损。因此，如果其他因素不变，该公司的固定成本总额不能超过8000000元这个最大允许值，即固定成本总额的增加幅度不能超过33.33%（8000000/6000000-1）。

二、敏感系数分析

单价、单位变动成本、固定成本总额和销售量的变动都会对企业组织的利润产生影响，但其影响程度不一样。也就是说，利润对有的因素比较敏感。这些因素较小的变化将引起利润较大幅度的变化；而利润对有的因素的敏感程度不那么显著。通常采用敏感系数来测量利润对各因素的敏感程度。其计算公式如下：

某因素的敏感系数=利润变动百分比/某因素变动百分比

在各因素变动百分比相同的情况下，敏感系数越大，则利润变动越大；反之，敏感系数越小，利润变动也越小。其中，销售量的敏感系数就是财务管理学（Financial Management）或公司理财（Corporate Finance）的“经营杠杆程度”（Degree of Operating Leverage，DOL）。

例5-11：承例5-10，假设单价、销售量、单位变动成本和固定成本总额各自分别增加5%和10%。那么，这四个因素的敏感系数分别计算如下：

（1）单价的敏感系数。如果单价提高5%，即由目前的150元/件提高到157.5元/件，则利润为：

P/L=(157.5-100)×160000-6000000=3200000（元）

利润变动百分比=(3200000-2000000)/2000000×100%=60%

如果单价提高5%，其敏感系数=60%/5%=12

如果单价提高10%，即由目前的150元/件提高到165元/件，则利润为：

P/L=(165-100)×160000-6000000=4400000(元)

利润变动百分比=(4400000-2000000)/2000000×100%=120%

如果单价提高10%，其敏感系数=120%/10%=12

由此可见，无论单价提高5%还是10%，其敏感系数都是12，并不受其变动幅度的影响。

（2）单位变动成本的敏感系数。如果单位变动成本增加5%，即由目前的100元/件提高到105元/件，则利润为：

P/L＝160000×（150－105）－6000000＝1200000（元）

利润变动百分比＝（1200000－2000000）/2000000×100%＝－40%

如果单位变动成本增加5%，其敏感系数＝－40%/5%＝－8

如果单位变动成本增加10%，即由目前的100元/件提高到110元/件，则利润为：

P/L＝160000×（150－110）－6000000＝400000（元）

利润变动百分比＝（400000－2000000）/2000000×100%＝－80%

如果单位变动成本增加10%，其敏感系数＝－80%/10%＝－8

由此可见，无论单位变动成本上涨5%或10%，敏感系数都是－8，并不受其变动幅度的影响。

（3）销售量的敏感系数。如果销售量增加5%，即由目前的160000件提高到168000件，则利润为：

P/L＝168000×（150－100）－6000000＝2400000（元）

利润变动百分比＝（2400000－2000000）/2000000×100%＝20%

如果销售量增加5%，其敏感系数＝20%/5%＝4

如果销售量增加10%，即由目前的160000件提高到176000件，则利润为：

P/L＝176000×（150－100）－6000000＝2800000（元）

利润变动百分比＝（2800000－2000000）/2000000×100%＝40%

如果销售量增加10%，其敏感系数＝40%/10%＝4

由此可见，无论销售量增加5%还是10%，其敏感系数都是4，并不受其变动幅度的影响。

（4）固定成本总额的敏感系数。如果固定成本总额增加5%，即由目前的6000000元提高到6300000元，则利润为：

P/L＝160000×（150－100）－6300000＝1700000（元）

利润变动百分比＝（1700000－2000000）/2000000×100%＝－15%

如果固定成本总额增加5%，其敏感系数＝－15%/5%＝－3

如果固定成本总额增加10%，即由目前的6000000元提高到6600000元，则利润为：

P/L＝160000×（150－100）－6600000＝1400000（元）

利润变动百分比＝（1400000－2000000）/2000000×100%＝－30%

如果固定成本总额增加10%，其敏感系数＝－30%/10%＝－3

由此可见，无论固定成本上涨5%还是10%，其敏感系数都是－3，并不受其变动幅度的影响。

综上所述，例5－11四个因素的敏感系数绝对值从大到小排列依次是：单价（12）、单位变动成本（－8）、销售量（4）、固定成本总额（－3）。这意味着，在基期经营水平上，对利润影响最大的因素是单价，影响最小的因素是固定成本总额。敏感系数的符号（正负号）只是表明影响的方向。"正号"表示同方向，"负号"表示反方向。

本章小结

本量利分析，顾名思义，就是指在成本性态的基础上，对成本、业务量与利润之间依存关系所进行的分析。基于一定的假设，本量利分析的基本公式为"利润 = 单价 × 销售量 - 单位变动成本 × 销售量 - 固定成本总额"。这是本量利分析的基本出发点，也是企业组织经理人进行各种各样的预测、决策和计划工作的基本出发点。

贡献毛益包括贡献毛益总额、单位贡献毛益和贡献毛益率等三个衡量企业组织产品或服务盈利能力的指标。贡献毛益率与变动成本率之和为100%。

盈亏临界点，又称保本点，指企业组织的销售收入恰好抵补全部成本（固定成本与变动成本），企业组织的利润等于零的销售量（额）。盈亏临界点包括盈亏临界点销售量和盈亏临界点销售额两种表现形式。盈亏临界点作业率和安全边际是与盈亏临界点相关的两个重要指标。盈亏临界点作业率，又称保本点作业率，指盈亏临界点销售量占现有或预计销售量的百分比。安全边际是现有（或预计）销售量（额）与盈亏临界点销售量（额）之间的差额，包含安全边际量（额）和安全边际率。安全边际率与盈亏临界点作业率之和为100%。

保利点是指企业组织为确保目标利润的实现而应该达到的销售量（额），包括保利量和保利额两种表现形式。盈亏临界图可直观地反映出成本、业务量与利润三者之间的关系，以及盈亏临界点、安全边际、贡献毛益等信息，它包括本量利式盈亏临界图、贡献毛益式盈亏临界图和利量式盈亏临界图三种形式。盈亏临界点销售量（额）和保利量（额）与单价呈反方向变动，与单位变动成本和固定成本的变动方向相同。

敏感性分析主要用于分析如果其他因素不变，某个因素的变动可能引起目标值发生多大的变动。在本量利分析中，敏感性分析的主要内容包括：（1）研究企业组织由盈利转变为亏损时各因素变化的临界值，即确定各因素盈亏临界值；（2）利润对各因素变化的敏感程度，即各因素的敏感系数分析。

本章主要参考文献

1. Jesse T. Barrfield, Cecily A. Raiborn, Michael R. Kinney. Costing Accounting: Traditions and Innovation. South - Western, 2003.

2. Anthony A. Atkinson, Rajiv D. Banker, Robert S. Kaplan, S. Mark Young. Management Accounting. Prentice Hall, Inc, 2003.

3. 查尔斯·亨格瑞，格里·森顿，威廉姆·斯特尔顿：《管理会计教程》，华夏出版社2006年版。

4. 查尔斯·T. 亨格瑞，斯坎特·M. 达塔，乔治·福特斯：《成本与管理会计》，中国人民大学出版社2004年版。

5. 韦恩·J. 莫尔斯，詹姆斯·R. 戴维斯，阿尔·L. 哈特格雷夫斯：《管理会计：侧重于战略管理》，上海财经大学出版社2005年版。

6. 胡玉明，丁友刚，卢馨：《管理会计》，暨南大学出版社2006年版。

7. 吴大军，牛彦秀，王满：《管理会计》，东北财经大学出版社 2004 年版。

8. 余绪缨，谢灵，郭丹霞：《管理会计理论·实务·案例·习题》，首都经济贸易大学出版社 2004 年版。

9. 张一贞：《管理会计》，上海财经大学出版社 2006 年版。

10. 林涛：《管理会计》，厦门大学出版社 2003 年版。

第三篇　经营管理决策

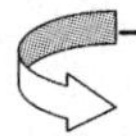

以企业组织的相关成本为基础的经营管理决策是管理会计的重要内容之一。本篇从短期与长期的时间维度阐述企业组织的经营管理决策。

短期经营决策

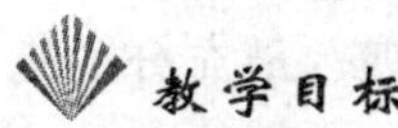
教学目标

◇ 基本目标

在了解决策的基本程序基础上，掌握和运用企业组织的短期经营决策基本方法。

◇ 具体目标

(1) 掌握企业组织的短期经营决策基本方法；(2) 掌握和运用短期经营决策基本方法分析与评价企业组织的各种主要生产经营决策；(3) 掌握和运用线性规划在企业组织资源配置中的运用。

本章提要

短期经营决策是管理会计的核心内容之一。它通过对企业组织的生产经营决策进行比较与分析，确定最合理的生产经营决策。企业组织的生产经营决策主要包括新产品生产决策、亏损产品停产决策、特殊订货决策、立即出售与继续加工决策、自制与外购决策以及生产工艺水平决策等。本章在阐述企业组织短期经营决策基本方法的基础上，较为详细地阐述企业组织各种主要生产经营决策的分析与评价，以及线性规划法及其在企业组织资源配置中的运用。

第一节 企业组织短期经营决策的程序和方法

管理会计作为一个决策支持系统，其目的在于为企业组织的经理人提供有助于决策的信息，从而为企业组织创造价值服务。而决策是实现管理会计这一目标的核心内容。决策是对企业组织未来经营活动过程中可供选择的方案进行选择，找出一个最合理的行动方案，它直接关系到企业组织未来发展的兴衰成败。

一、决策的分类

决策分析贯穿于企业组织生产经营活动的始终，涉及的内容较多。决策可以根据不同的标准进行分类。

（一）决策按其重要程度可以分为战略决策与战术（经营）决策

1. 战略决策

它是指关系到企业组织未来发展方向、大政方针的全局性重大决策。比如经营目标的制定、新产品的开发、生产能力的扩大等问题。这类决策取决于企业组织的长远规划和外部环境对企业组织的影响。战略决策对企业组织的成败兴衰具有决定性意义。

2. 战术（经营）决策

它是指为达到预期的战略决策目标，对企业组织日常经营活动所采用的方法与手段的局部性决策。比如零部件的自制与外购、生产结构的安排以及短期资金的筹措等问题。这类决策主要考虑如何使现有的人力、物力、财力资源得到最合理、最充分的运用。

（二）决策按其涉及的时间可以分为短期决策与长期决策

1. 短期决策

它是指在一年或经营周期内能够实现其目标的决策，主要包括生产决策、采购决策、销售决策和定价决策等内容。大多数短期经营决策所涉及的固定成本在决策期限内都不会发生变化。短期决策的主要特点是充分运用企业组织现有资源进行战术（经营）决策。通常，短期决策不涉及大量资金的投入，且在短期内能取得决策的效果。

2. 长期决策

它是指在较长时期内（通常超过一年）才能实现其目标的决策，主要包括企业组织未来的发展方向、新产品的开发和固定资产的更新等内容。长期决策的主要特点是它对企业组织未来若干期间的收益产生影响。通常，长期决策需要投入大量的资金，且需要较长的时间才能取得决策的效果。

（三）决策按其所处的条件可以分为确定型决策、不确定型决策与风险型决策

1. 确定型决策

它是指企业组织在方案未来相关信息确定的条件下所做的决策。对于确定型决策，只要分析其相关成本信息、盈利能力信息，建立决策分析模型，就可以做出判断和选择。

2. 不确定型决策

它是指企业组织的决策者只知道方案可能的结果，但不知道各种结果可能出现的概率，即企业组织在方案未来相关信息完全不确定条件下所做的决策。对于不确定型决策，需要企业组织的决策者具有较高的理论水平和丰富的职业判断能力。

3. 风险型决策

它是指企业组织的决策者不仅知道方案可能的结果，而且也知道每种结果可能发生的概率，即企业组织的决策者处于风险状态下所做的决策。风险型决策可以借助概率选

择方案，并且决策的结果具有不唯一性。无论选取哪一个方案，都带有一定的风险。

二、企业组织短期经营决策的程序

企业组织短期经营决策的一般程序包括：

（一）明确决策目标

短期决策分析首先需要选定决策目标，确定决策分析的具体问题。该目标由企业组织相关部门根据实际情况提出来，然后向决策部门汇报。例如，销售部门要确定销售价格应该定在什么水平，特殊订货是否接受；生产部门要确定如何选择生产方式，分析亏损产品是否停产。根据具体问题，采取针对性的预测方法，做好后续阶段的短期决策分析。

（二）明确各种备选方案

在明确提出决策目标的前提下，应该充分考虑现实管理情况，设计各种可能实现决策目标的具有可行性的备选方案。所谓“可行性”是指“技术可行，经济合理”。备选方案的提出，通常要经过形成基本设想、作出初步方案、最后形成备选方案的反复补充修改的过程。

（三）收集相关资料

备选方案一经提出，企业组织的决策部门就要有针对性地收集相关的数据资料，特别是相关的预期收入与预期成本的数据，作为后续决策的依据。这些资料既包括可计量信息，又包括不可计量信息，但是，必须对这些资料进行必要的检查、加工和整理。占有资料的充分与否决定着决策分析结果的有效性，占有资料的数量决定着提出更多解决方案的可能性。

（四）选择和实施最满意的决策方案

根据收集的相关资料，从中提取与决策方案相关的成本，并建立正确的相关成本分析模型进行决策分析。在得到决策分析结果之后，再结合企业组织的战略考虑与价值标准，选出企业经理人认为最满意的方案并付诸实施。

（五）评价和跟踪决策方案效果

决策是企业组织内部一个可持续发展的过程。企业组织发展过程的每一次行动方案的选择都是一个决策过程。决策同时也是企业组织内部不断重复的工作。决策方案的实施效果对决策者来说具有反馈价值。决策过程的经验对未来的决策具有学习效应。优秀的企业组织经理人懂得重视每一次决策方案的实施效果与经验总结，以便对过去的决策作出正确的评价和修正，对未来的决策提供参考。

三、企业组织短期经营决策的基本方法

由于企业组织所面临的短期经营决策问题具有多样性，因此，需要采用不同的决策分析方法对各个备选方案进行比较和判断。在企业组织的经营管理实践中，短期经营决策的基本决策方法主要包括差量分析法与贡献毛益分析法。

（一）差量分析法

实际上，企业组织进行不同方案的比较、选择的过程就是选择最大收益方案的过

程。最大收益是在各个备选方案的收入、成本的比较之中产生的。如果两个备选方案具有不同的预期收入和预期成本，根据这两个备选方案之间的差量收入、差量成本计算的差量损益进行最优方案选择的方法即为差量分析法。

运用差量分析法进行决策分析首先要将各决策备选方案进行两两比较，分别计算差量收入与差量成本；其次，将计算出的差量收入与差量成本进行比较，选择最满意方案。如果差量收入大于差量成本（即为差量收益），则作为被减项的方案为最满意方案；如果差量收入小于差量成本（即为差量损失），则作为减项的方案为最满意方案；如果差量收入等于差量成本，则两个备选方案具有相同的经济效益。

差量分析法主要运用于亏损产品停产决策、立即出售与继续加工决策以及自制与外购决策等等短期经营决策。

（二）贡献毛益分析法

边际贡献分析法就是通过对产品所创造的边际贡献进行分析，从各个备选方案选取最满意方案的方法。由于企业组织的固定成本总额在相关范围内并不随业务量的增减而变动，因此，销售收入减去变动成本之后的差额（即贡献毛益）越大，则减去不变的固定成本总额之后的余额（即利润）也就越大。

在运用边际贡献分析法进行备选方案的择优决策时，应该注意以下问题：（1）在不存在专属固定成本总额的情况下，通过比较不同备选方案的贡献毛益总额，就能够有效地确定最满意方案。（2）在存在专属固定成本总额的情况下，首先应该计算备选方案的剩余贡献毛益（即贡献毛益总额减去专属固定成本总额之后的余额），然后通过比较不同备选方案的剩余贡献毛益总额，才能有效地确定最满意方案。（3）如果企业组织的某项资源（比如原材料、人工工时、机器工时、销售渠道等）受到限制，应该计算、比较各个备选方案的单位资源贡献毛益，然后再确定最满意方案。（4）贡献毛益总额的大小，既取决于单位贡献毛益，也取决于产销量。这时，应以贡献毛益总额最大作为最满意方案的选择标准。因为单位贡献毛益大的产品，提供的贡献毛益总额未必最大。也就是说，在决策中不能只根据单位贡献毛益确定最满意方案。

贡献毛益分析法主要运用于生产何种新产品决策和特殊订货决策等短期经营决策。

第二节 企业组织的几种主要短期经营决策

如前所述，企业组织的短期经营决策涉及面较广。这里，只以前述的“不同目的，不同成本”观念为基础，阐述企业组织主要的短期经营决策方案的分析与评价问题。

一、生产何种新产品决策

生产何种新产品的决策，是指企业组织在运用现有的绝对剩余生产能力开发新产品的过程中，在两个或两个以上可供选择的多个新产品中选择一个最合适产品的决策。在这种决策过程中，需要比较各个新产品的盈利能力，而盈利能力的基本指标是产品贡献毛益或利润。在短期经营决策或生产能力成本相同的情况下，比较产品单位资源贡献毛益或贡献毛益总额就能够反映产品的盈利能力。在长期决策或者生产能力成本不同的情况下，则需要比较产品的利润才能比较各种产品的盈利能力。

例 6－1：某公司原来生产甲、乙两种产品。现有丙、丁两种新产品可以投入生产，但是，该公司的剩余生产能力有限，只能将其中一种新产品投入生产。该公司的固定成本总额为 2000 元，该固定成本总额不会因为新产品的投产而增加。各种产品的资料如表 6－1 所示。

表 6－1 **产品成本资料** 单位：元

项目	甲	乙	丙	丁
产销数量（件）	300	200	240	320
售价	10	8	15	12
单位变动成本	4	5	6	5

根据表 6－1 的资料，比较丙、丁两种新产品的盈利能力如表 6－2 所示。

表 6－2 **盈利能力分析表** 单位：元

项目	丙	丁
销售数量（件）	240	320
售价	15	12
单位变动成本	6	5
单位贡献毛益	9	7
贡献毛益总额	2160	2240

表 6－2 计算表明，丁产品的贡献毛益总额比丙产品的贡献毛益总额多 80 元（2240 元－2160 元）。因此，应该选择生产丁产品。

二、亏损产品停产决策

从常识的角度看，通常认为在财务上亏损的产品都应该停产。但是，从相关成本与盈利能力分析的角度看，财务上亏损的产品又可以分为“实亏”和“虚亏”两种情况。所谓“实亏”是指亏损产品的销售收入低于其相关成本，其盈利能力指标为负数。这种亏损产品，如果没有战略考虑，通常都应该停产。所谓“虚亏”是指亏损产品的销售收入高于其相关成本，其盈利能力指标为正数。这种产品出现财务上亏损的原因是财务上的盈利计算与决策上的盈利能力分析方式不同。财务上计算产品的财务效益用其全部收入减去其全部成本。而从短期经营决策的角度来看，全部成本包含了某些与决策无关的成本。因此，在评价产品的盈利能力时，需要用产品相关的收入减去其相关成本。这样就有可能出现在财务效益上是亏损的产品，反而出现其决策相关的盈利能力为正的情况。

例6-2：某公司本年产销甲、乙、丙三种产品，年末以完全成本计算法计算的三种产品损益情况如表6-3所示。

表6-3 产品损益情况表

项目	甲产品	乙产品	丙产品	合计
销量（件）	1000	500	400	
销售单价（元/件）	20	60	25	
单位变动成本（元）	9	46	15	
固定成本总额（元）	18000（按各产品的销售收入比例进行分摊）			
销售收入（元）	20000	30000	10000	60000
变动成本总额（元）	9000	23000	6000	38000
贡献毛益总额（元）	11000	7000	4000	22000
分摊的固定成本（元）	6000	9000	3000	18000
收益（亏损）（元）	5000	（2000）	1000	4000

根据表6-3可知，乙产品全年亏损2000元，从表面上看，该公司为了减少亏损，增加盈利，应该停产乙产品。但是，运用贡献毛益分析法就会得出截然不同的结论。从表6-3可以看出，乙产品虽然发生了亏损，但是，它能够为该公司提供贡献毛益7000元，而该公司发生的固定成本总额为18000元，不论乙产品是否停产都要发生。如果乙产品停产，那么，该公司的贡献毛益总额就会相应减少7000元，乙产品原来分摊的固定成本则转嫁给甲、丙两种产品，其结果反而造成整个公司的全面亏损（如表6-4所示）。因此，基于上述分析，该公司不应停产乙产品。

表6-4 乙产品停产后的贡献毛益与收益计算表

项目	甲产品	丙产品	合计
销售收入（元）	20000	10000	30000
变动成本总额（元）	9000	6000	15000
贡献毛益总额（元）	11000	4000	15000
分摊的固定成本（元）	12000	6000	18000
收益（亏损）（元）	（1000）	（2000）	（3000）

三、特殊订货决策

所谓"特殊订货"指的是顾客在订货时所出的价格，不仅可能低于该产品目前对外的销售价格，甚至可能等于或低于该产品的单位完全成本。这种"特殊订货"是否接受，需要对该"特殊订货"进行相关成本与盈利能力分析。一般而言，在对"特殊订货"做出是否接受的决策时，需要注意两个方面的问题：（1）该项"特殊订货"的价格是否对企业组织的正常销售产生影响；（2）特殊订货的价格是否高于该产品的单位变动性生产成本。如果"特殊订货"和正常订单是在两个相互独立的市场上销售，而且“特殊订货”的价格高于该产品的单位变动性生产成本，就应该接受该“特殊订货”。因为该“特殊订货”是在运用企业组织的剩余生产能力。企业组织在正常销售过程中创造的贡献毛益已经全部弥补了固定成本总额，该“特殊订货”所增加的贡献毛益就是净增加的利润额。

例6－3：某化工公司生产的产品是花卉草坪肥料。其生产能力为每月生产100克包装的肥料30000袋。本月已接到的订单为20000袋，每袋订单价格为10元。现有一家园林公司，要求按照8元/袋的价格订购10000袋，而且需要该公司送货上门，预计送货费用为1000元。财务部门提供了如下财务数据：

单位成本	
直接材料	2.5元/袋
直接人工	0.5元/袋
变动性制造费用	2元/袋
固定性制造费用	2元/袋
变动性销售费用	0.5元/袋
固定性销售费用	1元/袋

该订货价格不仅低于通常的销售价格，而且低于单位生产成本，属于“特殊订货”决策。在这项“特殊订货”决策中，该公司尚有可以运用的剩余生产能力，因此，固定性制造费用可以视为非相关成本。因为是专门的订货，销售成本也可视为非相关成本。特定的送货成本则是相关成本。相关成本与盈利分析如下：

销售收入　　$10000 \times 8 = 80000$（元）

相关成本：

直接材料　　$10000 \times 2.5 = 25000$（元）

直接人工　　$10000 \times 0.5 = 5000$（元）

变动性制造费用　　$1000 \times 2 = 20000$（元）

送货成本　　1000（元）

相关成本合计：　　51000（元）

“特殊订货”的贡献毛益：　　29000（元）

上述分析表明，该“特殊订货”可以为该公司利润带来有利的贡献，因此，从财务上考虑可以接受该“特殊订货”。

“特殊订货”的订单除了可能为企业组织带来盈利之外，还有可能为企业组织进入一个新的市场奠定基础，从而为企业组织将来带来更多的订单。但是，接受“特殊订货”还应考虑下列因素：（1）企业组织的竞争优势。对一个定位在生产高端产品的制造商而言，如果“特殊订货”要求的是低成本的低档产品，即便其相关成本分析表明接受该“特殊订货”有利可图也不能接受。因为这样会损害企业组织原有的竞争优势与企业组织的社会形象。（2）相关成本定价的危害。企业组织接受“特殊订货”隐含的一个前提就是按照相关成本定价。在“特殊订货”决策中，按照相关成本定价可能获得短期的财务利益。但是，如果滥用相关成本定价则可能损害企业组织正常的定价政策，干扰企业组织与同行的正常市场秩序，从而损害企业组织的长期利益。

四、立即出售与继续加工决策

企业组织内部通常面临这样两种情况：（1）企业组织经常面临着半成品是立即出售还是继续加工的决策。从战略的角度来看，这也是一个涉及到企业组织的价值链是否应该向下游延伸的问题。在这种情况下，继续加工可以增加产品的性能，提高对顾客的价值。是否继续加工，不仅取决于继续加工的相关成本与盈利能力分析，而且还取决于企业组织在价值链上的战略定位。（2）企业组织经常面临的另外一个有关立即出售和继续加工决策的问题是有关残次品的问题：残次品是立即低价出售，还是再加工以后出售。

无论半成品与残次品的立即出售还是继续加工决策，都要分清相关成本与非相关成本。对于半产品而言，进一步加工前的半产品成本（包括变动成本与固定成本）都是非相关成本，与决策无关，可以不考虑。进一步加工半产品的追加成本（包括追加变动成本和专属固定成本）则是相关成本。这是决策必须考虑的成本。如果进一步加工之后产成品的销售收入减去追加成本之后的数额大于半产品的销售收入，应该选择继续加工方案；否则，就应该选择立即出售方案。

例 6－4：某公司生产甲产品，在完成第一阶段生产之后，半成品即可对外销售，销售单价为 120 元，单位变动成本为 70 元。如果继续加工成甲产品，销售单价为 150 元，但是，每件产品要追加变动成本 10 元，专属固定成本总额 5000 元。如果生产 1000 件产品，该公司是否继续加工成甲产品呢？

表 6－5　　差量损益分析表　　单位：元

项　　目	半成品出售	加工成甲产品	差额
相关收入	120000	150000	30000
相关成本			
追加变动成本		10000	10000
专属固定成本		5000	5000
差量损益			15000

根据表 6－5，继续加工成甲产品再出售可以比立即出售半成品多获得收益 15000 元。因此，该公司应该选择继续加工。

在企业组织的经营管理实践中，是否继续加工不仅取决于再加工之后的相关成本与盈利能力分析，而且还要考虑企业组织的战略定位以及企业组织与经销商之间的战略利害关系。如果企业组织的战略定位是一个优质品牌产品供应商，对于残次品，通常就不会以低价立即出售，而是要选择再加工之后出售。相反，如果企业组织的战略定位是一个低成本供应商，所面对的顾客是比较在意价格而不是十分注重产品质量的消费群体，就可以考虑立即出售。

五、自制与外购决策

如果企业组织在生产产品过程所需要的零部件，既可以从市场上直接购买，也可以运用企业组织现有生产能力自制。这时，企业组织是选择自制还是选择外购呢？这就是自制与外购决策。无论是自制还是外购，企业组织考虑的都是存货的取得方式问题。在决策过程中，需要比较的是自制存货与外购存货的成本。实际上，自制与外购决策也是一个战略决策的问题，它涉及价值链的前向整合问题。实际上，前述的立即出售与继续加工决策是价值链后向整合的问题。

例 6－5：某公司每年需要使用甲零件 3600 件。如果向市场购买，每件甲零件包括运杂费在内的进货价为 28 元。该公司加工车间目前尚有剩余生产能力可以制造甲零件。经会计部门会同生产技术部门进行估算，预计每个甲零件的生产成本资料如表 6－6 所示。该公司加工车间可用于生产甲零件的设备可以生产 A 产品，预计可以按每件 25 元的价格每年产销 5000 件，单位变动成本为 20 元，原来由自制零件负担的全部固定成本总额保持不变。

表 6－6　　**生产成本资料**　　单位：元

项　目	单位成本
直接材料	14
直接人工	6
变动性制造费用	4
固定性制造费用	6
单位甲零部件成本	30

根据上述资料，编制自制与外购相关成本分析表如表 6－7 所示。

表 6－7　　**自制与外购相关成本分析表**　　单位：元

项　目	自制相关成本	外购相关成本
自制相关成本		
直接材料	3600 × 14 = 50400	
直接人工	3600 × 6 = 21600	
变动性制造费用	3600 × 4 = 14400	
机会成本	5000 ×（30 － 25）= 25000	
外购相关成本		3600 × 28 = 100800
合　计	111400	100800

根据表 6－7，采用外购的相关成本比采用自制的相关成本低 10600 元（111400 元－100800 元）。因此，应该采用外购方案。

根据表 6－7，该公司还可以做进一步的成本分界点分析：

自制相关成本为：$y = 25000 + 24x$

外购相关成本为：y = 28x

根据以上两个相关成本方程，可以计算得到：

成本分界点 = 6250 件（如图 6 - 1 所示）

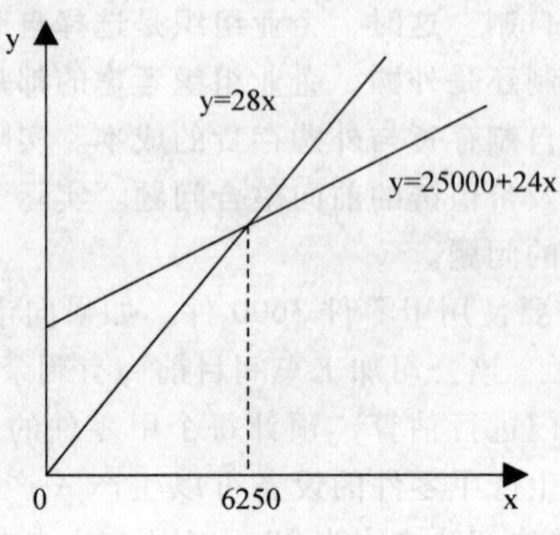

图 6 - 1 成本分界点图示

根据图 6 - 1，如果甲零件的需求量低于 6250 件，外购甲零件的相关成本小于自制甲零件的相关成本，此时，应该选择外购方案；如果甲零件的需求量高于 6250 件，外购甲零件的相关成本大于自制甲零件的相关成本，此时，应该选择自制方案。

自制与外购决策同样具有战略指导意义。这种决策使得很多企业组织将数据处理、保安工作、后勤服务、甚至某些生产环节外包或外部采购。如果某一家企业组织拥有剩余生产能力或生产经验，而另外一家企业组织的生产能力或生产经验不足，通过外部采购或委托加工，两家企业组织都获得了专业化分工所带来的成本效率。但是，自制与外购决策也面临一些战略考虑，比如供应商的可靠性。从相关成本分析的角度来看，外购方案可能是可取的。但是，如果企业组织的竞争力依赖于其产品的质量可靠性，而这种可靠性只能由企业组织内部生产才能保证，就必须要遵从战略的要求采用自制方案。

六、生产工艺水平决策

生产工艺是指企业组织加工制造产品或零部件所使用的机器、设备以及加工方法等。企业组织的生产工艺不同，其成本结构也不同。一般来说，采用先进的工艺技术，需要的直接人工成本比较低，产品的材料消耗水平也比较低，因而，单位变动成本比较低。但是，采用先进的工艺技术，通常需要昂贵的机器设备，因而固定成本总额较高。相反，落后的工艺设备可能需要的直接人工成本比较高，材料消耗水平可能也比较高，因而，单位变动成本比较高。但是，设备价值低，固定性制造费用低。究竟选择什么水平的工艺水平，取决于企业组织的产销量规模。如果企业组织的产销量比较大，就应该采用较为先进的设备，从而降低单位产品分摊的固定成本。否则，就应该采用较为落后的设备。对于这类决策，需要找出基于不同工艺水平的成本分界点。

例 6 - 6：某公司准备生产一种新型玩具。目前计划投产某种新产品，其生产工艺可以采用半机械化、机械化和自动化三种，预计的成本资料如表 6 - 8 所示。

表 6 - 8　　预 计 成 本 资 料　　单位：元

加工工艺技术	单位变动成本	固定成本总额
半机械化	16	50000
机械化	8	100000
自动化	4	150000

根据上述资料，该产品生产工艺水平决策分析如下：

首先，确定各种生产工艺水平下的成本模型：

半机械化：$y = 50000 + 16x$

机械化：$y = 100000 + 8x$

自动化：$y = 150000 + 4x$

其次，计算基于各种工艺水平的成本分界点：

(1) 采用半机械化与机械化加工的成本分界点：

$x_1 = (100000 - 50000) / (16 - 8) = 6250$(件)

(2) 采用机械化与自动化加工的成本分界点：

$x_2 = (150000 - 50000) / (16 - 4) = 8333$(件)

(3) 采用半机械化与自动化加工的成本分界点：

$x_3 = (150000 - 100000) / (8 - 4) = 12500$(件)

上述计算结果如图 6 - 2 所示。

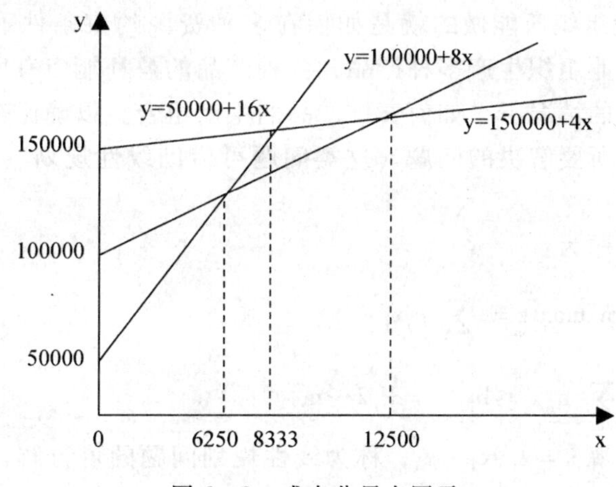

图 6 - 2　成本分界点图示

从图 6 - 2 可知：

如果该新产品的年产销量低于 6250 件，应该选择半机械化生产；

如果该新产品的年产销量大于 6250 件，但小于 12500 件，应该选择机械化生产；

如果该新产品的年产销量超过 12500 件，应该采用自动化生产。

实际上，生产工艺水平选择问题也是一个成本结构选择问题。成本结构选择除了要考虑上述成本因素之外，还要考虑经营杠杆以及由此而引起的经营风险问题。

第三节　线性规划在企业组织资源配置中的运用

企业组织生产过程可以视为一条投入与产出链条，每一个部门都是这个链条的一环。生产系统的强度就取决于其最弱的一环，而不是其最强的一环。这最薄弱的一环构成了生产的约束。所谓“约束”是指由于资源或技术等方面的原因，使得企业组织生产过程中最薄弱的一环可能限制企业组织生产的扩大或销量的增加。这个环节就是通常所说的“瓶颈”。这种约束会随时间而变化。如果强化了一个最弱的一环，另外一个较弱的一环就会成为新的最弱的一环。从研究开发到制造，从制造到分销，企业组织供应链的任何一环都可能成为下一个最弱的环。这些约束有些是企业组织的“内部约束”，有些是市场或外在环境的“外部约束”。

从理论上说，企业组织在最初设计生产能力时，各环节的生产能力是均衡、协调与一致的。但是，由于生产和市场的动态性，在企业组织的经营管理实践中，产品的设计与市场的需求可能发生变化。这样，就使得产品生产过程中，某些环节出现了生产能力过剩，另外一些环节出现了生产约束。这种约束决定着一个企业组织的产出，企业组织针对约束可以做两个方面的工作：（1）在长期内，设法克服该约束，以便提高系统的产出。但是，约束在企业组织内部始终存在。今天解决的问题可能又成为明天的约束。（2）在短期内，企业组织所能做的就是如何在多种资源约束条件下，寻求利润最大化的生产。因为如果企业组织生产多种产品，各种产品的盈利能力有所不同。在存在外部市场与内部生产约束的情况下，如何安排产品的生产组合，以确保获得更多利润。这就是产品最优组合决策所要解决的问题。这类问题可借助线性规划（Linear Programming）辅助决策。

一般线性规划问题为：

目标函数：$\min \text{ or } \max z = \sum_{j=1}^{n} c_j x_j$

约束条件：$s.t. \sum_{j=1}^{n} a_{ij} x_j \leqslant b_i \quad i = 1, 2 \cdots m$

满足约束条件的解 $x = x_1, x_2 \cdots x_n$，称为线性规划问题的可行解，而使目标函数达到最大值或最小值的可行解叫做最优解。所有可行解构成的集合称为线性规划问题的可行域。

下面结合实例，说明线性规划在企业组织资源配置中的运用。

例 6-7：某公司生产甲、乙两种产品，有关数据如表 6-9 所示。

该公司每年的机器工时最大为 3000 小时，直接人工工时最大为 2400 小时。那么，该公司应该生产甲、乙两种产品各为多少，才能使利润总额最大呢？

表 6-9　　有关数据资料

项　　目	甲产品	乙产品
单位产品售价（元）	40	30
单位变动成本（元）	30	22
单位贡献毛益（元）	10	8
单位机器工时（小时）	10	4
单位直接人工工时（小时）	4	8
最大销售量（件）	250	250

根据上述资料，运用线性规划方法，其决策分析过程如下：

（1）确定决策变量。决策变量就是决策的影响因素。假设该公司生产 x_1 件甲产品和 x_2 件乙产品时利润总额最大。这里的 x_1、x_2 为决策变量。选取适当的决策变量，是建立有效模型的关键之一。

（2）建立目标函数：$\max|TCM = 10x_1 + 8x_2$。线性规划的目标函数可以是求最大值，也可以是求最小值。

（3）建立约束条件函数：

$$\text{s. t.}\begin{cases}10x_1 + 4x_2 \leqslant 3000\\4x_1 + 8x_2 \leqslant 2400\\x_1 \leqslant 250\\x_2 \leqslant 250\\x_1, x_2 \geqslant 0\end{cases}$$

约束条件的不等号可以是“小于号”，也可以是“大于号”。

由于上述目标函数及约束条件都是线性函数，故称之为线性规划问题。线性规划问题是在一组线性约束条件的限制下，求一个线性目标函数最大值或最小值的问题。在解决实际问题时，把问题归结成一个线性规划数学模型是很重要的一步，但往往也是困难的一步。模型建立得是否恰当，直接影响到求解。

一、线性规划的图解法

线性规划图解法的基本步骤为：

（1）作直角坐标系，横轴代表 x_1，纵轴代表 x_2。

（2）在坐标系中作直线 L_1、L_2、L_3、L_4 分别反映约束条件。其中：

L_1 为 $10x_1 + 4x_2 = 3000$

L_2 为 $4x_1 + 8x_2 = 2400$

L_3 为 $x_1 = 250$

L_4 为 $x_2 = 250$

（3）确定可行域。上述 L_1、L_2、L_3、L_4 与坐标轴 x_1、x_2 轴，所围成的凸多边形 OABCDE，即为可行域，可行域内任一点所对应的 x、y 值，均为能满足约束条件的产品组合。

（4）确定最优解。即确定产品生产的最优组合，可以用两种方法求得。

目标函数可以写成：$x_2 = -\frac{5}{4}x_1 + \frac{TCM}{8}$

以 -5/4 为斜率在图上作“等利润线”，TCM/8 为其截距。反过来 8 倍的截距就是 TCM。截距越大，TCM 就越大。很显然，平移等利润线至可行域最外面的一点所能得到的截距最大。因此，该点所对应的 x_1、x_2 值，即最优产品组合（如图 6-3 所示）。

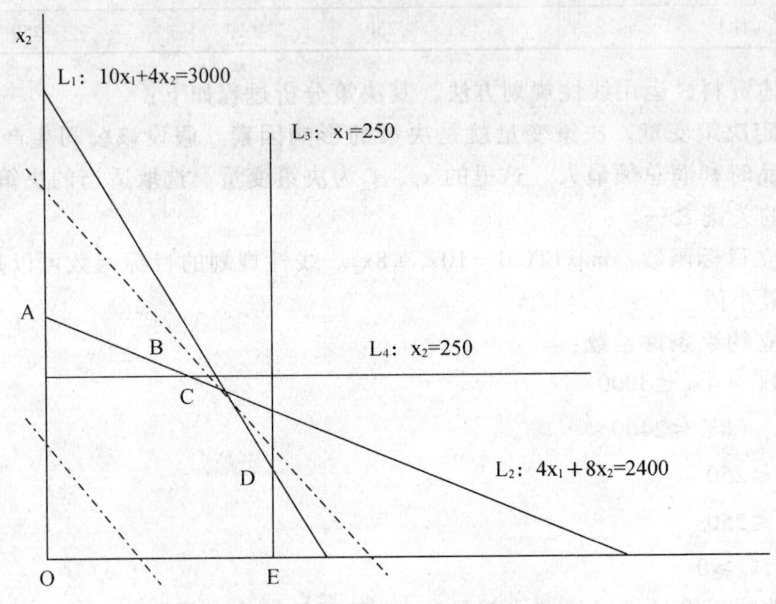

图 6-3 线性规划的图解法

由图 6-3 可见，等利润线在 C 点处距离原点最远，故 C 点所对应的 x_1、x_2 值，即甲产品产销 225 件，乙产品产销 187.5 件，为产品最优组合，在这一点该公司的贡献毛益总额最大：

$TCM = 225 \times 10 + 187.5 \times 8 = 3750$（元）

图解法简单直观，有助于了解线性规划问题求解的基本原理。但是，图解法只适用于两种产品同时生产时最优产量组合的决策。对于三种或三种以上的产品同时生产的情况，就要用单纯形法来求解。

二、线性规划的单纯形法

单纯形法是在线性代数联立方程时所用迭代法的基础上发展起来的，它是用来求解具有线性联系的极值问题的最一般而有效的专门方法。在线性规划问题中，有一个基本的结论：如果线性规划问题存在有限个最优解，则一定有某个最优解是可行区域的一个极点。有鉴于此，单纯形法的基本思路是：先找出可行域的一个极点，根据一定规则判断其是否最优；如果不是最优，则转换到与之相邻的另一极点，并使目标函数值更优。

如此下去，直到找到某一个最优解为止。

以例6－7资料为例，分别求出图6－3所示的多边形OABCDE各角点O、A、B、C、D、E所对应的 x_1、x_2 值：O（0，0），A（0，250），B（100，250），C（225，187.5），D（250，125），E（250，0）。

将上述求得的各角点的坐标值代入目标函数，便可求出各点的贡献毛益总额，其中贡献毛益总额最大的点所对应的x、y值，即为产品最佳组合。其计算过程如下：

O点：$TCM = 10 \times 0 + 8 \times 0 = 0$（元）

A点：$TCM = 10 \times 0 + 8 \times 250 = 2000$（元）

B点：$TCM = 10 \times 100 + 8 \times 250 = 3000$（元）

C点：$TCM = 10 \times 225 + 8 \times 187.5 = 3750$（元）

D点：$TCM = 10 \times 250 + 8 \times 125 = 3500$（元）

E点：$TCM = 10 \times 250 + 8 \times 0 = 2500$（元）

上述计算结果表明，在C点贡献毛益总额最大。因此，该公司应该安排生产甲产品225件、乙产品187.5件。这时，该公司获得贡献毛益总额最大（为3750元）。

本章小结

作为一个决策支持系统，管理会计的目的在于为企业组织的经理人提供有助于决策的信息，从而为企业组织创造价值服务。决策是实现管理会计这一目标的核心内容。决策是对企业组织未来经营活动过程中可供选择的方案进行选择，找出一个最合理的行动方案，它直接关系到企业组织未来发展的兴衰成败。

决策按其重要程度可以分为战略决策与战术（经营）决策；决策按其涉及的时间可以分为短期决策与长期决策；决策按其所处的条件可以分为确定型决策、不确定型决策与风险型决策。

企业组织短期经营决策的一般程序包括：明确决策目标、明确各种备选方案、收集相关资料、选择和实施最满意的决策方案、评价和跟踪决策方案效果。

在企业组织的经营管理实践中，短期经营决策的基本决策方法主要包括差量分析法与贡献毛益分析法。

短期经营决策是指通过对企业组织的生产经营决策进行比较分析，从而确定最满意的生产经营方案。企业组织的生产经营决策主要包括新产品生产决策、亏损产品停产决策、特殊订货决策、立即出售与继续加工决策、自制与外购决策以及生产工艺水平决策等。对于这些生产经营决策，可以运用差量分析法和贡献毛益分析法进行分析与评价。而对于产品最优组合决策的问题，则可以借助于线性规划辅助决策。

本章主要参考文献

1. Jesse T. Barrfield, Cecily A. Raiborn, Michael R. Kinney. Costing Accounting: Traditions and Innovation. South－Western, 2003.

2. Anthony A. Atkinson, Rajiv D. Banker, Robert S. Kaplan, S. Mark Young. Management Account-

ing. Prentice Hall, Inc. , 2003.

3. 查尔斯·亨格瑞，格里·森顿，威廉姆·斯特尔顿：《管理会计教程》，华夏出版社 2006 年版。

4. 查尔斯·T. 亨格瑞，斯坎特·M. 达塔，乔治·福特斯：《成本与管理会计》，中国人民大学出版社 2004 年版。

5. 韦恩·J. 莫尔斯，詹姆斯·R. 戴维斯，阿尔·L. 哈特格雷夫斯：《管理会计：侧重于战略管理》，上海财经大学出版社 2005 年版。

6. 胡玉明，丁友刚，卢馨：《管理会计》，暨南大学出版社 2006 年版。

7. 张一贞：《管理会计》，上海财经大学出版社 2006 年版。

8. 潘飞：《管理会计》，清华大学出版社 2006 年版。

生产性资产投资决策

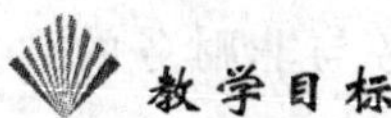

◇基本目标

在了解生产性资产投资的性质与基本程序的基础上，理解现金流量的概念与货币时间价值观念，掌握长期投资决策分析的基本评价方法及其运用。

◇具体目标

（1）掌握现金流量的概念与货币时间价值观念；（2）掌握生产性资产投资方案的各种财务评价方法及其运用；（3）掌握固定资产维修和更新决策、固定资产租赁或购买决策以及资金总量约束下的投资方案组合决策的分析与评价。

本章提要

企业组织的投资是企业组织长远发展战略的财务体现，它是构建企业组织核心能力和竞争优势的基础。广义地说，投资（Investment）是指以收回更多的现金为目的而发生的现金支出。投资既包括生产性资产投资，又包括金融性资产投资。鉴于本书的性质，本章在介绍生产性资产投资的性质与基本程序的基础上，较为详细地阐述现金流量分析与计算、生产性资产投资决策的各种财务评价方法及其运用。

第一节　生产性资产投资概述

理解生产性资产投资的基本概念是掌握生产性资产投资决策的基础。因此，本节首先阐明其基本概念。

一、生产性资产投资的性质与方式

企业组织生产性资产投资是指企业组织受益期限在一年以上的长期资产项目或资本

项目投资，包括购买新设备、新建厂房、收购一个新项目或并购一家公司等。企业组织生产性资产投资主要包括新建、改良与收购等三种方式。

（一）新建

新建投资包括创业投资和开发投资。创业投资主要是对某些创新技术或者企业家的创意进行投资。开发投资是指企业组织为了将雏形产品推广成为成型产品所做的资本性投资。新建投资的主要特点是企业组织面临着技术变化、环境变化等多方面的不确定性。因此，这类投资项目可以获得的财务数据比较有限。在投资决策过程中，更多地从非财务数据、比较主观与定性的角度进行分析。

（二）扩建与改良

扩建是在原有项目的基础上扩大项目规模。改良是在现有生产性资产的基础上为了延长其寿命或提高其性能所做的资本投资。扩建和改良的目的在于：（1）扩大产销量，获得更多的市场份额与现金流量；（2）提高现有项目创造现金流量的能力；（3）降低现有项目的现金流出量。扩建和改良决策一般都能获得比较成熟的财务与非财务的数据。这种类型的投资决策更多地采用现金流量分析技术。

（三）收购

收购是指通过收购资本和收购资产获得某一个长期项目的控制权。收购通常是针对已经具有成熟市场或成熟组织结构的长期项目，不确定性较小。这些项目有着成熟的财务数据。对这些项目的投资决策，比较注重客观的定量分析。

二、生产性资产投资决策的基础

生产性资产投资具有投入的资金量大、投资与受益期限长等特点。这些特点决定了生产性资产投资的决策基础、绩效评价与财务会计的短期经营绩效反映以及管理会计的短期经营决策不同。财务会计为了反映各期的经营绩效，主张以权责发生制为基础确认各期的收益和成本。管理会计的短期经营决策采用的还是基于权责发生制的收入、成本和利润评价方法来衡量决策方案的经济效益。而生产性资产投资决策的特点决定其必须采用以收付制实现为基础的现金流入量、现金流出量以及净现金流量来衡量方案的效益。

因为货币具有时间价值，不同时点的现金流量不仅具有数量价值上的差别，而且还具有时间价值上的差别。衡量一个生产性资产投资方案的效益大小，不仅需要比较投资方案的现金流入量与现金流出量在数量上的差异，而且还要比较现金流入量与现金流出量在时间上的差异。某一时点的收入、成本和利润并非是企业组织已经收到或支出的现金，在短期内可以不考虑它们所对应的货币时间价值。因此，它们可以用来作为短期经营决策效益的衡量指标。但是，在长期内，如果以尚未实际收到或支付现金的收入、成本或利润作为效益衡量指标，就无法比较现金流入量和现金流出量在时间上的价值差异，因而也就不能用来作为长期项目的效益衡量指标，而必须要建立以现金流量为基础的效益评价指标。

三、生产性资产投资决策的程序

生产性资产投资决策的程序包括：

(一) 投资项目的识别与界定

生产性资产投资决策工作的起点是识别投资项目，并对投资项目的任务和边界进行界定。有些生产性资产投资项目是基层提出的，比如设备的更新与改良，而有些项目是高层经理人提出的，比如建造新厂房、引入新生产线等等。无论是何种来源的项目，必须要明确该项目的任务与作用。只有在清晰地界定其边界的基础上，才能明确该项目可能发生的现金流出量以及可能带来的现金流入量或者节约的现金流出量。这些数据是有效进行下一步效益评价的基础。有些项目的任务非常明确，其所带来的财务影响也很明确，但是，有些项目的任务与财务影响并不是很明确，有时很难界定，比如企业组织新上一个 ERP（企业资源计划系统）软件系统，这套软件系统的任务包括哪些，需要花费多少现金流出量，将给企业组织带来的效益体现在哪些方面等等。生产性资产投资项目的界定是现金流量预测的前提，项目决策是否正确在很大程度上取决于现金流量的预测是否合理。

(二) 投资项目的评价与选择

评价生产性资产投资项目时，需要对项目整个生命周期内的现金流入量、现金流出量作出预测。未来的现金流量具有不确定性，对现金流量的预测通常采用期望值法，即对每期可能获得的现金流量作出多种估计，并且对每种可能出现的现金流量情况估计一个概率，然后以现金流量估计值为基数，以概率为权数，计算现金流量的预测值，最后根据预测的现金流量情况，采用现金流量分析技术对项目的财务效益进行评价和取舍。除了财务因素之外，投资项目评价过程中还需要考虑财务效益之外的非财务因素，比如社区污染控制的因素、员工工作安全与便利的因素、法律法规的要求等等。

(三) 投资项目的跟踪与事后审计

生产性资产投资项目在持续经营过程中效果如何，是否需要根据环境的变化进行调整以获得更好的效果等等，都需要对投资项目进行持续的跟踪。生产性资产投资决策过程包含很多主观的预计和判断，在预计和判断过程中又隐含着诸多的行为影响因素。因此，对生产性资产投资决策进行事后审计是一项非常必要的工作。通过审计可以帮助决策者了解其估计的错误在哪里，从而避免将来再犯类似的错误。事后审计同时也是对决策者技能的一种评价与考察，通过事后审计可以增强决策者的责任，避免决策者盲目夸大投资项目的行为倾向。

第二节　生产性资产投资的现金流量分析与计算

在生产性资产投资决策中，现金流量是指投资项目在其有效期内发生的各项现金流入量与现金流出量的统称。现金流量以收付实现制为基础，它是计算生产性资产投资决策主要财务评价指标的基础。

一、现金流量分析

通常，生产性资产投资项目的现金流量包括现金流入量、现金流出量和净现金流量。

（一）现金流入量

生产性资产投资项目的现金流入量是整个投资及其回收过程中所发生的实际现金收入，它主要包括营业收入、固定资产使用期满的残值收入以及项目结束时收回的营运资金。

1. 营业收入

它是指项目投入生产经营之后，在其持续期内预期每年给企业组织带来的收入（或减少的支出）。在预测时，通常假定营业收入都是现金收入。由于项目的技术改进可以节约每年的现金支出，因此，也视为一种现金流入量，将其纳入决策分析。

2. 固定资产使用期满的残值收入

它是指项目所使用的固定资产在寿命期满或中途转让过程中，预期可以获得的变现收入。

3. 项目结束时收回的营运资金

它是指为维持项目日常运转而预先垫付的周转资金，在项目开始时垫付，在项目运营过程中周转使用，在项目结束时等额收回。因此，对营运资金的处理有两种可供选择的方法：（1）将营运资金视同一种垫款，项目运营过程中消耗的仅仅是营运资金的利息。因此，只将营运资金的利息作为每年的现金流出量。在这种情况下，不需要再考虑营运资金的垫付和回收情况。（2）将营运资金的投入视同项目投资的一部分，在营运资金垫付时，将其全部视为现金流出量，在营运资金收回时，将其全部视为现金流入量。在这种情况下，不需要考虑垫付资金的利息，否则会造成重复计算。通常情况下，营运资金采用第二种方法处理。

（二）现金流出量

生产性资产投资项目的现金流出量是整个投资及其回收过程中所发生的实际现金支出，它主要包括项目投资、经营成本、所得税以及垫付营运资金。

1. 项目投资

它是指项目建设过程中所花费的现金流出量，包括购买固定资产、固定资产建筑安装、购买无形资产等必要的现金支出。

2. 经营成本

在会计上，经营成本包括各期发生的人工成本、维护成本、材料成本、项目折旧费、无形资产摊销费等。这些成本可以分为需要动用现金支付的部分和不需要动用现金支付的部分。前者称之为付现成本，比如当期支付的人工成本、维护成本、材料成本。后者称之为非付现成本，比如项目折旧费、无形资产摊销费。在计算经营性现金流出量时，主要考虑付现成本。

3. 所得税

所得税是企业组织的一项付现性支出，属于项目每年的现金流出量。

4. 垫付营运资金

如前所述，对于企业组织所垫付的营运资金，在计算现金流量时有两种处理方法。

（三）净现金流量

生产性资产投资项目的净现金流量是现金流入量与现金流出量之间的差额。其计算公式为：

净现金流量 = 现金流入量 − 现金流出量

对于项目生产经营期间所获得的经营性净现金流量，还可以采用间接法计算。经营性净现金流量不包括项目投资的现金流出量、垫付和收回的营运资金以及固定资产使用期满的残值收入。其计算公式为：

经营性净现金流量 = 营业收入 − 付现成本 − 所得税
= 营业收入 − 付现成本 − 非付现成本 − 所得税 + 非付现成本
= 营业利润 − 所得税 + 非付现成本
= 净利润 + 非付现成本

例 7－1：某公司准备投资一个新项目，建设期为一年，固定资产投资为 200 万元，投资前垫支流动资金 50 万元，该项目投产后预计可用 5 年，每年营业收入为 180 万元，付现成本为 80 万元，期末固定资产残值为 10 万元。计算该项目各年的净现金流量（暂不考虑公司所得税因素）。

根据上述资料，预测各年的现金流量如表 7－1 所示。

表 7－1　　**各 年 现 金 流 量**　　单位：万元

项　目	0	1	2	3	4	5	6
现金流入量							
营业收入			180	180	180	180	180
残值							10
回收流动资金							50
现金流入量合计			180	180	180	180	240
现金流出量							
固定资产投资	200						
流动资产投资		50					
付现成本			80	80	80	80	80
现金流出量合计	200	50	80	80	80	80	80
净现金流量	(200)	(50)	100	100	100	100	160

注：表 7－1 括号内的数字表示现金流出量，没有括号的数字为现金流入量。

通过现金流量预测，确定了投资项目的现金流入与现金流出的数量和时间，为投资决策奠定了基础。

二、现金流量的现值与终值

如前所述，生产性资产投资涉及的时间长，投入的资金数额较大，因此，必须考虑货币时间价值。

（一）货币时间价值

货币作为一种稀缺的资源，投入到再生产过程，随着时间的推移，具有潜在增值的属性。货币时间价值就是指货币投入再生产过程，随着时间的推移所能获得的增值。例如，现在将100元以一年期定期存款的形式存入银行，1年之后，这100元可能就变成了105元。这5元的利息收入就是这100元所获得的货币时间价值。货币具有时间价值意味着在比较货币价值大小的时候，不仅要比较货币数量的大小与差别，还要比较货币在时间分布上的差异。

为了比较分布在不同时点货币价值的大小，需要按照某一个可实现的收益率标准将不同时点的货币折算到同一时点进行比较。将现在时点上的现金流量价值按一定的利率水平折算到将来某一时点所形成的价值，就是该项现金流量的终值。将未来某一时点上的现金流量价值按一定的利率水平折算为现在时点所形成的价值，就是该项现金流量的现值。上述的105元就是现在的100元按年利率5%折算到1年后所形成的价值即终值；而现在的100元就是一年之后的105元按年利率5%折算到现在时点所形成的价值即现值。终值与现值之间的差额，通称利息。它们三者之间的关系为：

终值 = 现值 + 利息

（二）现金流量终值

如前所述，终值是指在已知现值的情况下，按照一定利率水平，计算若干期以后的价值。在货币时间价值计算过程中，通常采用复利计算方式。所谓复利即“利滚利”，复利的计算隐含的基本假设是上期的投资收益可以在下期作为再投资，而且能够获得同样的收益率。基于这样的假设，复利计算就是将本金连同上期利息在内一起计算下期的利息。也就是说，复利不仅要计算本金的利息，也要计算利息的利息。

1. 复利终值的计算

复利终值是指当前的一笔现金流量（简称PV），按照复利率i折算成未来第n期末的价值（简称FV），可用图7-1表示。

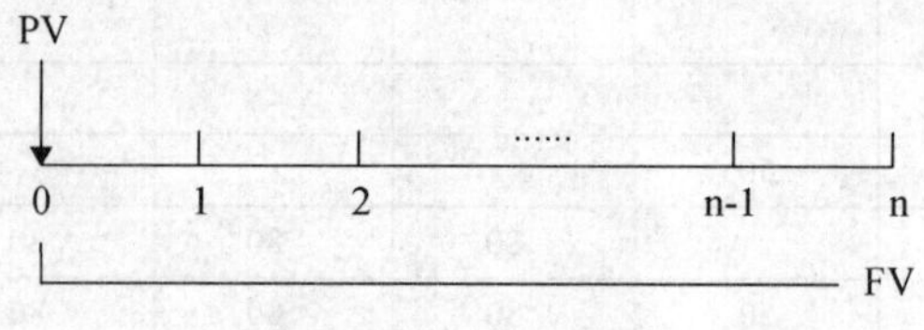

图7-1 复利终值图示

其计算公式为：

$$FV = PV \times (1+i)^n = PV \times (F/P,i,n)$$

上述公式中，FV表示终值，PV表示现值，i为复利率，n为复利期数，$(1+i)^n$为复利终值系数，记作（F/P，i，n）。

例 7－2：某公司向银行存入 10000 元，存期为 5 年，年利率为 6%，每半年复利一次，求该笔资金 5 年后的终值为多少？

根据上述资料，计算其终值如下：

$$FV = 10000 \times (1+3\%)^{10} = 10000 \times (F/P, 3\%, 10) = 10000 \times 1.344 = 13340(\text{元})$$

查 1 元终值系数表，（F/P,3%,10）= 1.344。计算结果表明，该笔资金 5 年之后的终值是 13340 元。

2. 年金终值的计算

年金是指每间隔相同的时间收入或支出一笔等额的款项。年金的特点主要包括：（1）款项收到或支付的时间连续且间隔相等；（2）每次收入或支出款项的数额相等。年金分为普通年金和预付年金。

普通年金是指款项的收入或支付发生在每期的期末（参见图 7－2）。

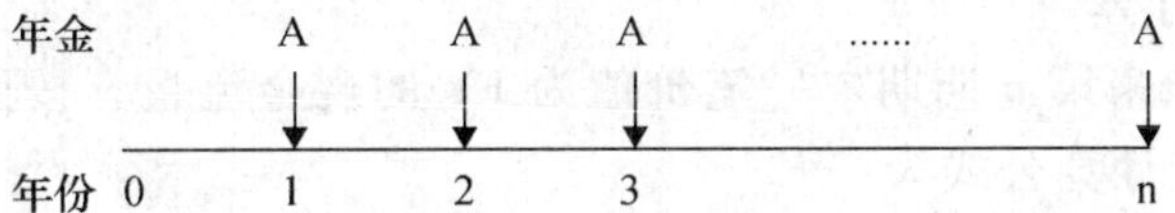

图 7－2 普通年金图示

预付年金是指款项的收入或支付发生在每期的期初（参见图 7－3）。

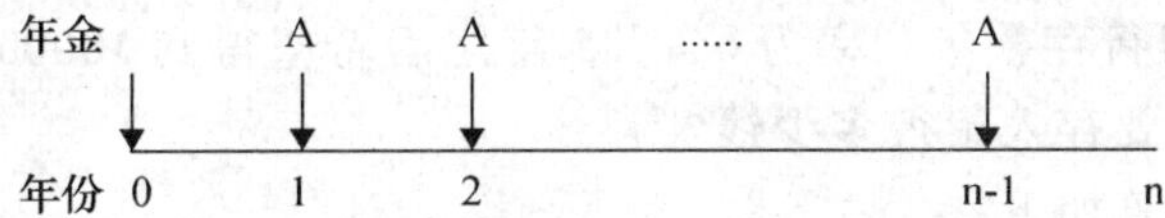

图 7－3 预付年金图示

年金终值就是将各期发生的年金统一折算至最后一期期末的价值。实际上，它就是各期年金终值之和。以普通年金为例（参见图 7－4）：

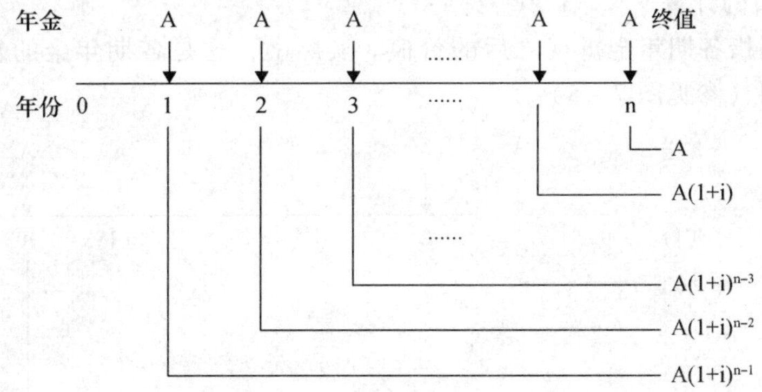

图 7－4 普通年金终值图示

年金终值为各年现金流量终值之和，其计算公式为：

$$FV = A + A(1+i) + A(1+i)^2 + L + A(1+i)^{n-1} = A \times \frac{(1+i)^n - 1}{i}$$

上述公式中：FV 表示终值，A 表示年金，$\frac{(1+i)^n-1}{i}$为年金终值系数，用符号表示为（F/A，i，n）。

例 7-3：某公司每年末存入银行 10000 元，假定银行存款年利率为 6%，每半年复利一次，该公司在第 5 年末可以从银行得到多少钱？

根据上述资料，年金终值计算如下：

$$FV=10000\times(F/A,3\%,10)=10000\times11.464=114640(元)$$

计算结果表明，该公司第 5 年末可以从银行得到 114640 元。

（三）现金流量现值

如前所述，现值计算是指在已知终值的情况下，按照一定的利率水平，将若干期之后的终值折算成当前的价值。这个折算过程又称为贴现或折现。折算过程所采用的利率称为贴现率或折现率。

1. 复利现值的计算

复利现值是指未来第 n 期期末一笔价值为 FV 的现金流量，按照折现率 i 折算到当前的价值（PV）。其计算公式为：

$$PV=FV\times(1+i)^{-n}=FV\times(P/F,i,n)$$

上述公式中，$(1+i)^{-n}$为现值系数，可记作（P/F，i，n）。

从上述计算过程可以看出，现值计算是终值计算的逆运算。

例 7-4：假定银行存款年利率为 6%，5 年之后希望得到 10000 元，银行每半年复利一次，试问现在需要存入银行多少钱？

根据上述资料计算如下：

$$PV=10000\times(1+3\%)^{-10}=10000\times(P/F,3\%,10)=10000\times0.744=7440$$

查 1 元现值系数表，（P/ F，3%，10）=0.744。计算结果表明，该笔资金当前的现值是 7440 元。

2. 年金现值的计算

年金现值是指各期年金折现之后的价值。实际上，这是各期年金的复利现值之和。以普通年金为例（参见图 7-5）：

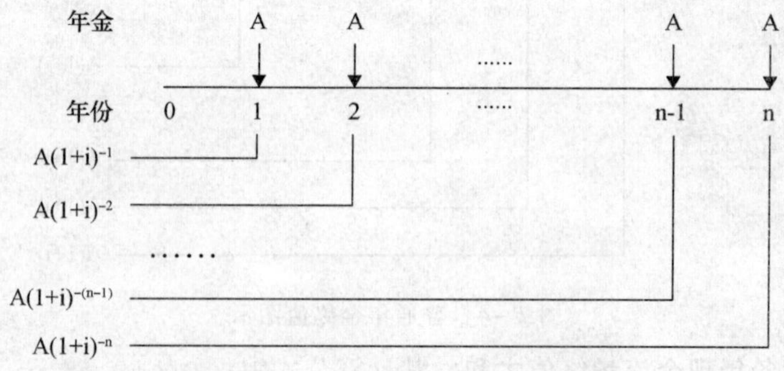

图 7-5 普通年金现值图示

其计算公式为：

$$PV = A \cdot (1+i)^{-1} + A \cdot (1+i)^{-2} + L + A \cdot (1+i)^{-n} = A \cdot \frac{1-(1+i)^{-n}}{i}$$

上述公式中，$\frac{1-(1+i)^{-n}}{i}$为年金现值系数，可记作（P/A，i，n）。

例 7－5：某企业计划 5 年内每年年末提取 10000 元作为研发基金。假定银行存款年利率为 6%，每半年复利一次，试问该企业现在需要存入银行多少钱？

根据上述资料，计算如下：

PV＝10000×(P/A,3%,10)＝10000×0.8530 ＝8530(元)

计算结果表明，该企业目前需要存入 8530 元。

第三节　生产性资产投资方案的财务评价方法及其运用

为了便于理解，本节首先阐述生产性资产投资方案的各种财务评价方法及其比较分析，然后，进一步说明几种典型的生产性资产投资决策。

一、生产性资产投资方案的财务评价方法

生产性资产投资方案的财务评价方法通常分为两类：（1）静态评价方法。这种方法不考虑货币的时间价值，主要包括静态投资回收期法和会计收益率法；（2）动态评价方法。这种方法考虑货币的时间价值，主要包括动态投资回收期法、净现值法、现值指数法和内含报酬率法。

（一）投资回收期法

投资回收期法以投资项目回收期作为评价指标。投资回收期是指自投资项目实施起，至收回初始全部投入资本所需要的时间。投资回收期反映了投资项目的回收能力。投资回收期是衡量投资项目优劣和项目投资是否可行的重要标准。投资回收期越短，投资收回的速度越快，投资项目的风险就越小。运用投资回收期法判定方案可行的原则是：

如果投资回收期≤目标回收期，则方案可行；反之，则不可行。

按照是否考虑货币的时间价值，投资回收期法又可以分为静态投资回收期法和动态投资回收期法。

1. 静态投资回收期法

静态投资回收期法是指在计算投资回收期时，不考虑各期净现金流量的货币时间价值，直接按照未折现的现金流量计算回收期限。

例 7－6：某公司有 A 和 B 两个互斥的投资项目，投资额均为 100 万元，投资之后

每年的净现金流量数据如表7-2所示。

表7-2　各年净现金流量　单位：万元

年　份	A项目	B项目
0	(100)	(100)
1	25	50
2	30	50
3	35	50
4	40	
5	45	

根据上述资料，A项目的静态投资回收期在第3年与第4年之间。由于A项目各年净现金流量不同，采用插值法计算如下：

A项目静态投资回收期 = 3 + (100 - 90)/(130 - 90) = 3.25(年)

B项目各年净现金流量相同，可以直接采用投资额除以各年净现金流量的方法计算其静态投资回收期，即：

B项目静态投资回收期 = 100/50 = 2(年)

根据上述计算结果，B项目的静态投资回收期比A项目的静态投资回收期短，因此，B项目优于A项目。

静态投资回收期法的优点是计算简便，容易理解。其缺点主要包括：（1）没有考虑货币的时间价值。（2）没有考虑投资回收期之后的现金流量。投资回收期只计算到收回初始投资的那个时点为止，忽略了回收期之后的现金流量。（3）决策依据的主观臆断。在运用投资回收期法判定方案是否可行时，需要事先确定一个目标回收期作为参照标准，但是，对于目标回收期的选择存在一定程度的主观臆断。

2. 动态投资回收期法

动态投资回收期法是指对各期净现金流量贴现之后，再以贴现之后的现金流量为基础计算回收期。

例7-7：根据例7-6的资料，设 i = 10%，折现前后每年的净现金流量数据如表7-3所示。

表7-3　折现前后各年净现金流量　单位：万元

年　份	A项目		B项目	
	折现前	折现后	折现前	折现后
0	(100)	(100)	(100)	(100)
1	25	22.725	50	45.45
2	30	24.780	50	41.30
3	35	26.285	50	37.55
4	40	27.320		
5	45	27.945		

根据上述资料，A 项目的动态投资回收期在第 3 年与第 4 年之间，采用插值法计算如下：

A 项目动态投资回收期 = 3 + (100 - 73.79)/(101.11 - 73.79) = 3.96(年)

B 项目的动态投资回收期在第 2 年与第 3 年之间，采用插值法计算如下：

B 项目动态投资回收期 = 2 + (100 - 86.75)/(124.30 - 86.75) = 2.35(年)

根据上述计算结果，B 项目的动态投资回收期比 A 项目的动态投资回收期短，因此，B 项目优于 A 项目。

动态投资回收期法虽然克服了静态投资回收期法的第一个缺陷，但是，对于静态投资回收期法的其他缺陷仍然无法克服。

（二）会计收益率法

会计收益率法以会计收益率作为评价指标。会计收益率是指投资项目的年平均净利润与其年平均投资额之间的比值。其计算公式为：

会计收益率 = 年平均净利润/年平均投资额 × 100%

其中，年平均投资额 = （初始投资额 + 残值）/2，年平均净利润则是将各年的净利润加总求和，再除以总年数。运用投资回收期法判定方案可行的原则是：

如果会计收益率 ≥ 目标会计收益率，则方案可行；反之，则不可行。

例 7 - 8：某公司有一项投资项目，初始投资额为 60 万元，有效期为 4 年，固定资产按直线折旧法计提折旧，残值为零。假设该公司的目标会计收益率为 25%，该公司适用的所得税税率为 33%。该公司每年收入和费用情况如表 7 - 4 所示。

表 7 - 4 年收入费用情况 单位：元

年 份	1	2	3	4	合 计
销售收入	600000	750000	525000	400000	2275000
经营费用	300000	337500	210000	200000	1047500
折旧	150000	150000	150000	150000	150000
税前利润	150000	262500	165000	50000	627500
所得税	49500	86625	54450	16500	207075
净利润	100500	175875	110550	33500	420425

根据上述资料，计算该项目的会计收益率如下：

年平均净利润 = 420425/4 ≈ 105106(元)

年平均投资额 = (600000 + 0)/2 = 300000(元)

会计收益率 = 105106/300000 × 100% = 35.04%

由于该公司的目标会计收益率为 25%，则该投资项目可行。

会计收益率法的优点是数据容易获得，计算简便，并且容易理解。其缺点主要包括：(1) 没有考虑货币的时间价值。这是会计收益率法最大的缺陷。(2) 容易受到企业组织所采用的会计政策的影响。由于会计收益受到企业组织所采用的会计政策的影响，这使得投资项目各年的现金流量与会计收益在数量上往往存在差距，因此，以会计收益率作为决策的依据可能缺乏客观性。（3）决策依据的主观臆断。与投资回收期法相同，在运用会计收益率法判定方案是否可行时，需要事先确定一个目标会计收益率作为参照标准，但是，对于目标会计收益率的选择存在一定程度的主观臆断。

（三）净现值法

净现值法以净现值（Net Present Value，简称 NPV）作为评价指标。净现值是指投资项目未来各期现金净流量的现值与其投资额现值之间的差额。净现值是一个绝对数指标，反映了投资的效益。其计算公式为：

$$NPV = \sum_{k=0}^{n} \frac{I_k}{(1+i)^k} - \sum_{k=0}^{n} \frac{O_k}{(1+i)^k} = \sum_{k=0}^{n} I_k \times (P/F,i,k) - \sum_{k=0}^{n} O_k \times (P/F,i,k)$$

如果各年现金流入量相等，均为 I，即现金流入量为年金形式，则净现值计算公式为：

$$NPV = I \times (P/A,i,n) - \sum_{k=0}^{n} O_k \times (P/F,i,k)$$

上述公式中，n 表示投资项目的经营年数；I_k表示第 k 年的现金流入量；O_k表示第 k 年的现金流出量；i 表示设定的现金流量折现率，通常是企业组织要求的最低报酬率。(P/F，i，k）表示折现率为 i、期数为 k 的复利现值系数。

净现值法通过观察净现值的符号进行方案的取舍，并通过比较可行方案净现值的大小确定各项方案的优劣。对投资项目取舍的原则是：

如果投资项目的净现值大于零，则该项目可以接受；反之，则应该舍弃该项目。

如果同时存在若干个净现值大于零的互斥项目，则选择净现值最大的项目。

例 7-9：某公司现有两个互斥的投资项目。如果两个投资项目的固定资产投资均为 50 万元，且都在建设初期投入，两个投资项目的有效期均为 5 年，期末无残值，固定资产采用直线折旧法计提折旧。假设折现率为 8%，其他资料如表 7-5 所示。

表 7-5　各年净现金流量情况　　单位：元

年份	A 项目			B 项目		
	净利润	折旧	净现金流量	净利润	折旧	净现金流量
1	150000	100000	250000	90000	100000	190000
2	150000	100000	250000	130000	100000	230000
3	150000	100000	250000	170000	100000	270000
4	150000	100000	250000	190000	100000	290000
5	150000	100000	250000	170000	100000	270000
合计	750000	500000	1250000	750000	500000	1250000

根据上述资料，由于 A 项目各年的净现金流量都相等，其净现值计算如下：

A 项目的净现值 $= 250000 \times (P/F, 8\%, 5) - 500000 = 250000 \times 3.993 - 500000$
$= 498250$（元）

B 项目各年的净现金流量都不相等，其净现值计算如下：

$$B项目的净现值=\left[\frac{190000}{(1+8\%)}+\frac{230000}{(1+8\%)^2}+\frac{270000}{(1+8\%)^3}+\frac{290000}{(1+8\%)^4}+\frac{270000}{(1+8\%)^5}\right]-500000$$

$$=484450(元)$$

根据上述计算结果，虽然A项目和B项目的净现值都大于零，但是，A项目的净现值（498250元）大于B项目的净现值（484450元），因此，A项目优于B项目。

净现值法的优点在于不仅考虑了投资项目所有的现金流量，而且考虑了这些现金流量的货币时间价值。其缺点主要包括：（1）确定投资项目的折现率存在一定的困难。（2）对于经济寿命不同的投资项目，使用净现值难以直接评价。（3）对于初始投资额不等的投资项目，仅使用净现值难以确定其优劣。尽管净现值法存在上述问题，但是，接受净现值大于零的投资项目总是符合企业组织股东的利益，因此，净现值法是一种最基本的生产性资产投资决策评价方法。

（四）现值指数法

现值指数法以现值指数（Present Value Index，简称PVI）作为评价指标。现值指数是指投资项目未来各期现金净流量的现值与其投资额现值之间的比值，也称为现值比率、获利指数等。现值指数是一个相对数指标，反映了投资的效率，即获利能力。其计算公式为：

$$PVI=\frac{\sum_{k=0}^{n}\frac{I_k}{(1+i)^k}}{\sum_{k=0}^{n}\frac{O_k}{(1+i)^k}}=\frac{\sum_{k=0}^{n}I_k\times(P/F,i,k)}{\sum_{k=0}^{n}O_k\times(P/F,i,k)}$$

如果各年现金流入量相等，均为I，即现金流入量为年金形式，则现值指数计算公式为：

$$PVI=\frac{I\times(P/A,i,n)}{\sum_{k=0}^{n}O_k\times(P/F,i,k)}$$

上述公式中，n表示投资项目的经营年数；I_k表示第k年的现金流入量；O_k表示第k年的现金流出量；i表示设定的现金流量折现率，通常是企业组织要求的最低报酬率。（P/F，i，k）表示折现率为i、期数为k的复利现值系数。

根据现值指数的计算公式，它实质上是净现值的一种变形。与净现值法对投资项目的取舍原则类似，现值指数法对投资项目的取舍原则为：

如果现值指数大于1，则该项目可以接受；反之，则应该舍弃该项目。

例7-10：以例7-9的资料为例，计算A项目和B项目的现值指数如下：

$$A项目的现值指数=250000\times(P/F,8\%,5)/500000=250000\times3.993/500000$$

$$=1.997$$

$$B项目的现值指数=\left[\frac{190000}{(1+8\%)}+\frac{230000}{(1+8\%)^2}+\frac{270000}{(1+8\%)^3}+\frac{290000}{(1+8\%)^4}+\frac{270000}{(1+8\%)^5}\right]/500000$$

$$=1.969$$

根据上述计算结果，虽然A项目和B项目的现值指数都大于1，但是，A项目的现值指数（1.997）大于B项目的现值指数（1.969），因此，A项目优于B项目。

与净现值法相同，现值指数法的优点在于不仅考虑了投资项目所有的现金流量，而且考虑了这些现金流量的货币时间价值。其缺点主要包括：（1）确定投资项目的折现率存在一定的困难。（2）对于经济寿命不同的投资项目，使用现值指数同样难以直接评价。（3）对于初始投资额不等的投资项目，仅使用现值指数难以确定其优劣。

（五）内含报酬率法

内含报酬率法以内含报酬率（Internal Rate Return，简称IRR）作为评价指标。内含报酬率是指使投资项目未来各期现金净流量的现值与其投资额的现值相等的折现率，也即使投资项目净现值等于零的折现率。其计算公式为：

$$\sum_{k=0}^{n}\frac{I_k}{(1+IRR)^k}-\sum_{k=0}^{n}\frac{O_k}{(1+IRR)^k}=0$$

或：

$$\sum_{k=0}^{n}I_k\times(P/F,IRR,k)-\sum_{k=0}^{n}O_k\times(P/F,IRR,k)=0$$

如果各年现金流入量相等，均为I，即现金流入量为年金形式，则内含报酬率计算公式为：

$$I\times(P/A,IRR,n)=\sum_{k=0}^{n}O_k\times(P/F,IRR,k)$$

上述公式中，IRR表示内含报酬率；n表示投资项目的经营年数；I_k表示第k年的现金流入量；O_k表示第k年的现金流出量。（P/F，IRR，k）表示折现率为IRR、期数为k的复利现值系数。运用内含报酬率法判定方案可行的原则是：

如果内含报酬率≥公司要求的报酬率，则方案可行；反之，则不可行。

内含报酬率的计算方法具体分为两种情况：

1. 各年的现金净流量相等且初始投资为一次性的情况

在这种情况下，由于年现金净流量×（P/F，IRR，k）=初始投资额，因此，只要先求出年金现值系数（年金现值系数（P/F，IRR，k）=初始投资额/年现金净流量），然后，根据投资项目经营期k及计算出来的年金现值系数，查年金现值系数表以确定所对应的折现率，即为内含报酬率（IRR）。如果在年金现值系数表中不能马上确定折现率的数值，就需要使用插值法求解。

例7-11：以例7-9的资料为例。由于A项目各年的净现金流量都相等，其内含报酬率计算如下：

$(P/F,IRR,5)=500000/250000=2$

查表知：$(P/F,50\%,5)=1.737$，$(P/F,40\%,5)=2.035$

可见，A项目的内含报酬率介于40%与50%之间，其精确值可以使用插值法求解，即：

$$IRR_A=40\%+(50\%-40\%)\times\frac{2-2.035}{1.737-2.035}\approx41.17\%$$

2. 各年的现金净流量不等或初始投资为分次性的情况

在这种情况下，就需要采用“试错法”，具体的计算过程如下：

（1）估算一个折现率，并以此折现率计算投资项目的净现值。如果投资项目的净现值为零或接近于零，说明该折现率就是投资项目的内含报酬率；如果投资项目的净现值大于零，说明估算的折现率小于投资项目的内含报酬率，再定一个较大的折现率重新计算；如果投资项目的净现值小于零，说明估算的折现率大于投资项目的内含报酬率，再定一个较小的折现率重新计算。

（2）重复上述步骤，直到净现值为零或接近于零，或者直到求出相邻近的“一正一负”两个净现值。

（3）最后，如果净现值为零或接近于零，则估算的折现率就是投资项目的内含报酬率；如果求出了相邻近的“一正一负”两个净现值，则需要使用插值法求出近似的内含报酬率。其计算公式为：

$$IRR = r_1 + (r_2 - r_1) \times \frac{|NPV_1|}{|NPV_1 + NPV_2|}$$

上述公式中，r_1表示估算的净现值为正的较低折现率；r_2表示估算的净现值为负的较高折现率；NPV_1表示以r_1折现的净现值的绝对值；NPV_2表示以r_2折现的净现值的绝对值。

例7-12：以例7-9的资料为例。由于B项目各年的净现金流量都不相等，其内含报酬率计算如下：

假设折现率为40%，则有：

$$B项目净现值 = \left[\frac{190000}{(1+40\%)} + \frac{230000}{(1+40\%)^2} + \frac{270000}{(1+40\%)^3} + \frac{290000}{(1+40\%)^4} + \frac{270000}{(1+40\%)^5}\right] - 500000$$
$$= -23140(元)$$

计算结果小于零，表明IRR_B低于40%，再设折现率为35%，则有：

$$B项目净现值 = \left[\frac{190000}{(1+35\%)} + \frac{230000}{(1+35\%)^2} + \frac{270000}{(1+35\%)^3} + \frac{290000}{(1+35\%)^4} + \frac{270000}{(1+35\%)^5}\right] - 500000$$
$$= 24180(元)$$

计算结果大于零，表明B项目的内含报酬率介于35%与40%之间，其精确值可以使用插值法求解，即：

$$IRR_B = 35\% + (40\% - 35\%) \times \frac{24180}{24180-(-23140)} \approx 37.56\%$$

假设该公司要求的报酬率为35%，根据上述计算结果，虽然A项目和B项目的内含报酬率都大于35%，但是，A项目的内含报酬率（41.17%）大于B项目的内含报酬率（37.56%）。因此，A项目优于B项目。

内含报酬率是一个相对指标，其优点在于克服了净现值法和现值指数法不能反映投资项目本身投资报酬率的局限性。其缺点主要包括：（1）计算过程比较复杂。（2）对于初始投资额不等的投资项目，仅使用内含报酬率难以确定其优劣。（3）当投资项目在初始投资之后既发生了现金流入，又发生了现金流出时，会出现多个内含报酬率。

(4) 决策依据的主观臆断。与投资回收期法和会计收益率法相同，在运用内含报酬率法判定方案是否可行时，需要事先确定一个企业组织要求的报酬率作为参照标准，但是，对于企业组织要求报酬率的选择存在一定程度的主观臆断。

(六) 各种财务评价方法的比较分析

在企业组织的经营管理实践中，并不是所有的企业组织都运用上述生产性资产投资方案的财务评价方法。国外大多数的研究表明，大型企业组织最经常使用的财务评价方法是净现值法和内含报酬率法，或者两者的结合运用。由于投资回收期法和会计收益率法存在较多缺陷。在此，仅对净现值法、现值指数法和内含报酬率法进行比较分析。

从净现值、现值指数以及内含报酬率的计算公式可以看出以下内在联系：如果投资项目的净现值大于零，其现值指数必然大于1，其内含报酬率必然大于计算净现值和现值指数时所运用的折现率；反之，如果投资项目的净现值小于零，其现值指数必然小于1，其内含报酬率必然小于计算净现值和现值指数时所运用的折现率；如果投资项目的净现值等于零，那么，其现值指数等于1，其内含报酬率等于计算净现值和现值指数时所运用的折现率。

在对某一个独立方案的可行性进行判定时，使用净现值法、现值指数法和内含报酬率法可以得到一致的结论，但是，如果进行不同投资项目之间优劣的排序时，比如投资项目的投资规模不同、现金流量时间的分布不同或者投资项目经济寿命期的不同等等，这三种评价方法可能得出不一致的结论。如果各种财务评价方法的评价结果出现冲突，如果这些投资项目属于互斥项目，就应该选择净现值法作为投资项目是否可行的判定方法。

二、几种典型的生产性资产投资决策

前面讨论了生产性资产投资方案的几种基本财务评价方法，下面再具体举例说明几种典型的生产性资产投资决策问题。

(一) 固定资产维修与更新的决策

固定资产维修与更新的决策是在假设现有生产能力水平不变的情况下，选择继续使用旧设备（包括进行维修），还是将其淘汰，重新选择性能更优越、运行费用更低的新设备的决策。如果旧设备的剩余使用期限与新设备的使用期限相同，就可以运用差量分析法进行评价。

这里的差量分析法，是指对两个寿命周期相同的生产性资产投资方案，通过计算两个方案寿命周期内差额现金流量的内含报酬率或净现值，由此比较方案优劣的一种分析方法。差量分析法通常包括四个步骤：

(1) 分析两个方案各自的现金流量；

(2) 计算两个方案的差额现金流量；

(3) 计算差额现金流量的净现值或内含报酬率；

(4) 通过差额现金流量的净现值或内含报酬率比较两个方案的优劣。

例7-13：某公司原有生产设备一台，买价为120000元，预期使用寿命为10年，设备预期寿命期结束的净残值收入为6000元（没有扣除所得税影响）。该设备目前已经使用了2年，该设备采用直线折旧法计提折旧，目前账面价值为97200元。该公司现提出一项设备更新方案，计划购买一台效率更高的新设备来替代旧设备。旧设备目前清理变现净收入为90000元（没有扣除所得税影响），继续使用旧设备每年的经营收入为60000元，经营成本为40000元（不包括折旧成本）。新设备目前市价为180000元，可以使用8年，设备预期寿命期结束的净残值收入为9000元（没有扣除所得税影响）。使用新设备一方面可以提高经营收入，另一方面也可以降低经营成本。使用新设备后，每年经营收入为90000元，经营成本为50000元（不包括折旧成本），新设备也采用直线折旧法计提折旧。该公司适用的所得税税率为30%，该公司投资项目要求的最低报酬率为10%。试分析该设备更新方案是否可行。

根据上述资料，分析如下：

(1) 现金流量分析。

①使用旧设备的现金流量分析。

第0年：

如果继续使用旧设备，意味着该公司不能获得旧设备变现的净现金流入量，因此，放弃的旧设备变现现金流入量应该视为继续使用旧设备的机会成本。在例7-13中，旧设备的变现收入90000元为使用旧设备的机会成本，视同使用旧设备的现金流出量。这里的旧设备账面成本是一种沉没成本，不能视为决策的相关成本。

第1年：

旧设备的年折旧额 = (120000 - 6000)/10 = 11400(元)

旧设备清理净损失在当年年末抵减所得税 = (97200 - 90000) × 30% = 2160(元)

经营现金流量 = (60000 - 40000 - 11400) × (1 - 30%) + 11400 - 2160 = 15260(元)

第2~7年：

旧设备的年折旧额 = (120000 - 6000)/10 = 11400(元)

经营现金流量 = (60000 - 40000 - 11400) × (1 - 30%) + 11400 = 17420(元)

第8年：

期末设备清理收入的净现金流入量 = 6000 × (1 - 30%) = 4200(元)

经营现金流量 = (60000 - 40000 - 11400) × (1 - 30%) + 11400 = 17420(元)

净现金流量合计 = 4200 + 17420 = 21620(元)

②购买新设备的现金流量分析。

第0年：

购买新设备的现金流出量为180000元。

第1~7年：

新设备的年折旧额 = (180000 - 9000)/8 = 21375(元)

经营现金流量 = (90000 - 50000 - 21375) × (1 - 30%) + 21375 = 34412.5(元)

第8年：

经营现金流量 = (90000 - 50000 - 21375) × (1 - 30%) + 21375 = 34412.5(元)

期末设备清理收入的净现金流入量 = 9000 × (1 − 30%) = 6300(元)

净现金流量合计 = 34412.5 + 6300 = 40712.5(元)

(2) 差量现金流量分析。根据上述分析，编制差量现金流量如表 7−6 所示。

表 7−6 差量现金流量 单位：元

年数	新设备的净现金流量	旧设备的净现金流量	投资新设备的增量净现金流量
0	−180000	−90000	−90000
1	34412.5	15260	19152.5
2～7	34412.5	17420	16992.5
8	40712.5	21620	19092.5

(3) 计算差量净现金流量（ΔNPV）。以该公司要求的最低报酬率 10% 为折现率，计算差量净现金流量（ΔNPV）如下：

$$\Delta NPV = 19152.5 \times (P/F,10\%,1) + 16992.5 \times [(P/A,10\%,7) - (P/F,10\%,1)] + 19092.5 \times (P/F,10\%,8) - 90000$$

$$= 19152.5 \times 0.909 + 16992.5 \times (4.868 - 0.909) + 19092.5 \times 0.467 - 90000$$

$$= 3599.13(\text{元})$$

差量净现金流量（ΔNPV）大于零，因此，应该采用新设备。

在例 7−13 中，旧设备的剩余寿命期与新设备的寿命期相同，因此，可以运用差量分析法进行评价。但是，在企业组织的经营管理实践中，两者通常不相同。这时，就不能运用差量分析法，而应该考虑采用等年值法。

所谓等年值法，是指将各年的现金流入量、现金流出量或净现值，按照预定的折现率等额地分摊到各年所形成的年金值。根据“年金”的具体内容不同，等年值可以是等年现金流入量、等年现金流出量或等年净现值。

例 7−14：以例 7−13 的资料为例。如果将新设备的使用年限改为 9 年，其他资料不变。试分析该设备更新方案是否可行。

(1) 现金流量分析。

①使用旧设备的现金流量分析。

第 0 年：

旧设备的变现收入 90000 元仍为使用旧设备的机会成本，视同使用旧设备的现金流出量。

第 1 年：

旧设备的年折旧额 = (120000 − 6000)/10 = 11400(元)

旧设备清理净损失在当年年末抵减所得税 = (97200 − 90000) × 30% = 2160(元)

经营现金流量 = (60000 − 40000 − 11400) × (1 − 30%) + 11400 − 2160 = 15260(元)

第 2～7 年：

旧设备的年折旧额 = (120000 − 6000)/10 = 11400(元)

经营现金流量 = (60000 − 40000 − 11400) × (1 − 30%) + 11400 = 17420(元)

第 8 年：

期末设备清理收入的净现金流入量 = 6000 ×（1 - 30%）= 4200（元）

经营现金流量 =（60000 - 40000 - 11400）×（1 - 30%）+ 11400 = 17420（元）

净现金流量合计 = 4200 + 17420 = 21620（元）

②购买新设备的现金流量分析。

第 0 年：

购买新设备的现金流出量为 180000 元。

第 1 ~ 8 年：

新设备的年折旧额 =（180000 - 9000）/8 = 21375（元）

经营现金流量 =（90000 - 50000 - 21375）×（1 - 30%）+ 21375 = 34412.5（元）

第 9 年：

经营现金流量 =（90000 - 50000 - 21375）×（1 - 30%）+ 21375 = 34412.5（元）

期末设备清理收入的净现金流入量 = 9000 ×（1 - 30%）= 6300（元）

净现金流量合计 = 34412.5 + 6300 = 40712.5（元）

（2）分别计算两个方案的净现值（NPV）。

计算旧设备的净现值：

$$\begin{aligned}NPV &= 15260 \times (P/F,10\%,1) + 17420 \times [(P/A,10\%,7) - (P/F,10\%,1)] + 21620 \\&\quad \times (P/F,10\%,8) - 90000 \\&= 15260 \times 0.909 + 17420 \times (4.868 - 0.909) + 21620 \times 0.467 - 90000 \\&= 2933.66（元）\end{aligned}$$

计算新设备的净现值：

$$\begin{aligned}NPV &= 34412.5 \times (P/A,10\%,8) + 40712.5 \times (P/F,10\%,9) - 180000 \\&= 34412.5 \times 5.335 + 40712.5 \times 0.424 - 180000 \\&= 20852.79（元）\end{aligned}$$

虽然新设备的净现值大于旧设备，但是，由于两者使用年限不同，因此，不能根据净现值判断方案的优劣。

（3）分别计算两个方案的等年净现值。

旧设备的等年净现值 = 2933.66/（P/A,10%,8）= 2933.66/5.335 = 549.89（元）

新设备的等年净现值 = 20852.79/（P/A,10%,9）= 20852.79/5.759 = 3620.90（元）

上述计算结果表明，新设备的等年净现值大于旧设备的等年净现值，因此，应该采用新设备。

（二）固定资产租赁或购买的决策

在进行固定资产租赁或购买的决策时，由于所使用设备的生产能力和产品的销售价格相同，同时设备的运行费用也相同。因此，只需要比较租赁方案和购买方案的成本差异以及成本对企业组织所得税所产生的影响差异即可。

这里的租赁是指经营租赁，与购买方案相比，企业组织每年将多支付一定的租赁费用。另外，由于租赁费用在成本中列支，因此，企业组织还能减少缴纳的所得税；购买固定资产是一种投资行为，企业组织将支出一笔较大的设备购买款，但是，购买之后每年可计提折旧费。这也能使企业组织得到纳税利益，并且企业组织在设备使用年限到期时，还能够得到设备的残值变现收入。

例 7-15：某公司需要一种设备。如果通过购买获得，需支付买入价款 100000 元，该设备使用寿命为 10 年，预计残值率为 5%；如果该公司通过租赁获得，每年需支付 20000 元的租赁费用，租赁期为 10 年。假设折现率为 10%，该公司适用的所得税税率为 30%。试分析该公司是购买还是租赁该设备。

（1）选择购买方案。

设备残值 = 100000 × 5% = 5 000(元)

年折旧费 =(100000 − 5000)/10 = 9500(元)

因折旧抵减税负现值 = 9500 × 30% ×(P/A,10%,10) = 17513.25(元)

设备残值变现收入现值 = 5000 ×(P/F,10%,10) = 1927.50(元)

购买设备净支出 = 100000 − 17513.25 − 1927.50 = 80559.25(元)

（2）选择租赁方案。

租赁费支出 = 20000 ×(P/A,10%,10) = 122900(元)

因租赁抵减税负现值 = 20000 × 30% ×(P/A,10%,10) = 36870(元)

租赁设备净支出 = 122900 − 36870 = 86030(元)

上述计算表明，选择购买方案的支出小于选择租赁方案的支出，因此，应该租赁该设备。

（三）资金总量约束下的投资方案组合决策

在资金总量没有约束的情况下，只要备选方案可行，都可以被采用。但是，在资金总量约束的情况下，就需要按照现值指数的大小，结合净现值进行各种组合排队，从中选出能使净现值合计最大的最优组合。也就是说，在主要考虑投资效益的条件下，多方案比较决策的主要依据，就是能否保证在充分运用资金的前提下，获得尽可能多的净现值总量。

例 7-16：现有 A、B、C、D、E 五个投资项目，有关资料如表 7-7 所示。

表 7-7 各投资项目的有关资料 单位：万元

项目	原始投资	净现值	现值指数
A	200	60	1.30
B	300	75	1.25
C	100	40	1.40
D	200	90	1.45
E	400	140	1.35

要求：分别就以下条件作出多方案组合决策。

（1）投资总额不受约束；

（2）投资总额受到约束，分别为 300 万元、500 万元、700 万元。

根据上述资料，按照现值指数的大小将各投资项目进行排序，有关资料如表 7 - 8 所示。

表 7 - 8 按现值指数排序的投资项目 单位：万元

项目	原始投资	净现值	现值指数
D	200	90	1.45
C	100	40	1.40
E	400	140	1.35
A	200	60	1.30
B	300	75	1.25

（1）由于投资总额不受限制，而且各个投资项目的现值指数都大于 1，因此，A、B、C、D、E 五个投资项目的组合为最优组合。

（2）如果投资总额受到约束，最优组合的选择就需要根据具体情况而定：

①如果投资总额为 300 万元，最优组合为 D + C，该组合可以获得净现值 130 万元，大于其他组合（C + A、B）。

②如果投资总额为 500 万元，最优组合为 D + C + A，该组合可以获得净现值 190 万元，大于其他组合（C + E、D + B、A + B）。

③如果投资总额为 700 万元，最优组合为 D + C + E，该组合可以获得净现值 270 万元，大于其他组合（C + E + A、D + A + B、E + B、C + E + A）。

本章小结

企业组织的投资是企业组织长远发展战略的财务体现，它是构建企业组织核心能力和竞争优势的基础。

企业组织生产性资产投资是指企业组织受益期限在 1 年以上的长期资产项目或资本项目投资。企业组织生产性资产投资主要包括新建、改良与收购等三种方式。生产性资产投资决策的程序包括：投资项目的识别与界定、投资项目的评价与选择、投资项目的跟踪与事后审计。

生产性资产投资决策的基础是现金流量。在生产性资产投资决策中，现金流量是指投资项目在其有效期内发生的各项现金流入量与现金流出量的统称。现金流量以收付实现制为基础，它是计算生产性资产投资决策主要财务评价指标的基础。

通常，生产性资产投资项目的现金流量包括现金流入量、现金流出量和净现金流量。生产性资产投资项目的现金流入量是整个投资及其回收过程中所发生的实际现金收入，它主要包括营业收入、固定资产使用期满的残值收入以及项目结束时收回的营运资金。生产性资产投资项目的现金流出量是整个投资及其回收过程中所发生的实际现金支出，它主要包括项目投资、经营成本、所得税以及垫付营运资金。生产性资产投资项目的净现金流量是现金流入量与现金流出量之间的差额。生产性资产投资涉及的时间长，投入的资金数额较大，因此，必须考虑货币时间价值。

生产性资产投资方案的财务评价方法通常分为两类：（1）静态评价方法。这种方法不考虑货币的时间价值，主要包括静态投资回收期法和会计收益率法；（2）动态评价方法。这种方法考虑货币的时间价值，主要包括动态投资回收期法、净现值法、现值指数法和内含报酬率法。

固定资产维修与更新决策是在假设现有生产能力水平不变的情况下，选择继续使用旧设备（包括进行维修），还是将其淘汰，重新选择性能更优越、运行费用更低的新设备的决策。如果旧设备的剩余使用期限与新设备的使用期限相同，就可以运用差量分析法进行评价。否则，应该考虑采用等年值法。

固定资产租赁或购买的决策，由于所使用设备的生产能力和产品的销售价格相同，同时设备的运行费用也相同。因此，只需要比较租赁方案和购买方案的成本差异以及成本对企业组织所得税所产生的影响差异即可。

在资金总量没有约束的情况下，只要备选方案可行，都可以被采用。但是，在资金总量约束的情况下，就需要按照现值指数的大小，结合净现值进行各种组合排队，从中选出能使净现值合计最大的最优组合。

本章主要参考文献

1. Jesse T. Barrfield, Cecily A. Raiborn, Michael R. Kinney. Costing Accounting: Traditions and Innovation. South - Western, 2003.

2. Anthony A. Atkinson, Rajiv D. Banker, Robert S. Kaplan, S. Mark Young. Management Accounting. Prentice Hall, Inc., 2003.

3. 查尔斯·亨格瑞，格里·森顿，威廉姆·斯特尔顿：《管理会计教程》，华夏出版社 2006 年版。

4. 查尔斯·T. 亨格瑞，斯坎特·M. 达塔，乔治·福特斯：《成本与管理会计》，中国人民大学出版社 2004 年版。

5. 韦恩·J. 莫尔斯，詹姆斯·R. 戴维斯，阿尔·L. 哈特格雷夫斯：《管理会计：侧重于战略管理》，上海财经大学出版社 2005 年版。

6. 胡玉明，丁友刚，卢馨：《管理会计》，暨南大学出版社 2006 年版。

7. 潘飞：《管理会计》，清华大学出版社 2006 年版。

8. 张一贞：《管理会计》，上海财经大学出版社 2006 年版。

9. 斯蒂芬 A. 罗斯，伦道夫 W. 威斯特菲尔德，杰弗利 F. 杰富：《公司理财（第6版）》，机械工业出版社 2006 年版。

第四篇　管理控制系统

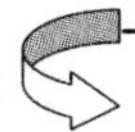

企业组织的管理控制系统是企业组织的经营管理决策的延伸，也是企业组织实现其经营管理决策目标的有效保障。本篇阐述以计划与执行会计为主体的管理控制系统。

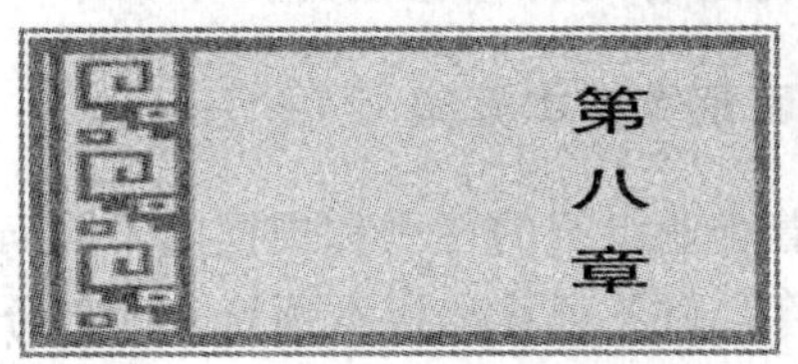

全　面　预　算

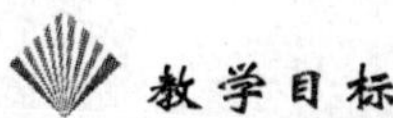

◇基本目标

在了解企业组织全面预算基本框架的基础上，掌握和运用企业组织的全面预算编制原理及其实现形式。

◇具体目标

(1) 理解企业组织全面预算基本框架；(2) 掌握和运用企业组织全面预算编制原理；(3) 掌握和运用企业组织全面预算的实现形式。

本章提要

企业组织的全面预算在经济资源配置方面体现了企业组织的发展战略与决策目标。本章讨论企业组织全面预算基本框架、全面预算编制原理以及全面预算的实现形式。

第一节　全面预算基本框架

全面预算是以货币为计量单位，将企业组织决策目标所涉及经济资源的配置，以计划的形式具体地、系统地反映出来。简而言之，企业组织的全面预算就是企业组织决策目标的具体化。在市场经济环境下，企业组织的一切活动都要以市场为导向。企业组织的全面预算也不能例外。企业组织的全面预算一头连着市场，一头连着企业组织内部。企业组织根据其内外部环境及所面临的市场制定发展战略，企业组织全面预算从资源配置方面配合、支持企业组织发展战略的实施。从某种意义上，企业组织全面预算实现了企业组织的物流、资金流、信息流以及人力资源配置的有机整合。通过全面预算将权责发生制转化为现金流量制，从而使财务会计观念过渡到管理会计理念。企业组织全面预算使企业组织的日常管理程序化和制度化，它是企业组织管理控制系统的核心内容，也是被现代企业组织实践证明行之有效的管理工具。

一、以市场为导向的全面预算基本框架

全面预算的编制方法随着企业组织的性质和规模的不同而不尽相同，但是，一个完整的全面预算应该包括经营预算、财务预算和资本预算三大部分。其具体内容包括如下：

（一）经营预算

经营预算包括销售预算、生产预算、直接材料预算、直接人工预算、制造费用预算、产成品预算和销售与管理费用预算。

严格地说，销售预算、生产预算、直接材料预算和直接人工预算不完全属于管理会计学科的范畴，但是，它们最终都涉及到财务资源的配置问题。只有理解过程（根源）才能理解结果。在全面预算编制过程中不仅要“知其然”，更要“知其所以然”。因此，本章将它们视为全面预算的重要组成部分。

（二）财务预算

财务预算包括现金预算、预计收益表、预计资产负债表和预计现金流量表。

（三）资本预算

资本预算属于长期预算（1 年以上）。其实，本书第七章“生产性资产投资决策”讨论的问题就是“资本预算”问题。对此，本章不再赘述。

全面预算各部分之间是相互联系的。在市场经济环境下，企业组织的生产经营活动必须以市场为导向。因此，销售预算是企业组织全面预算的基础和起点，一切预算都要以销售预算为基础。全面预算体系各部分之间的联系如图 8－1 所示：

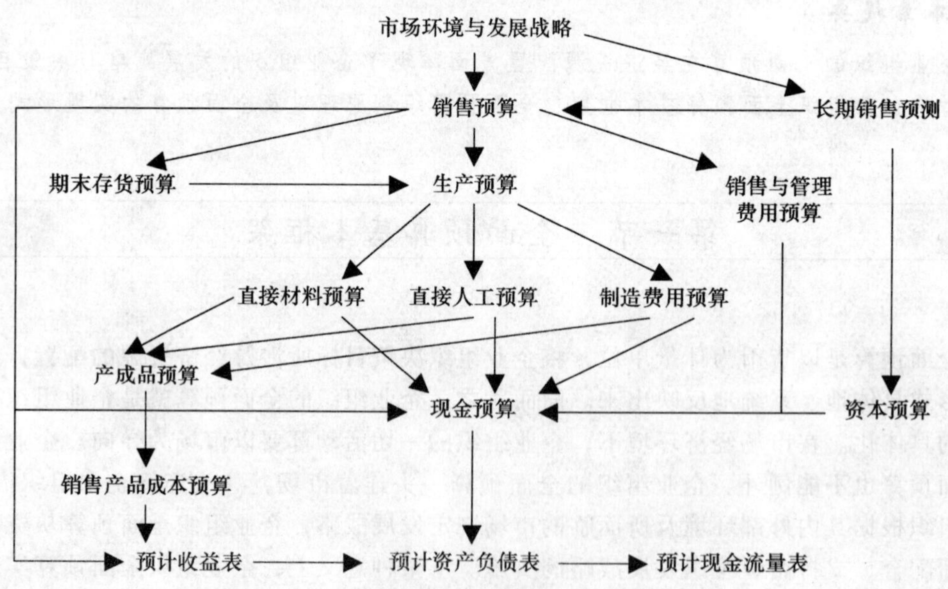

图 8－1 以市场为导向的全面预算基本框架

由图 8 - 1 可以看到，企业组织全面预算是一个以市场为导向，以销售预算为基础，以现金预算为核心而构成的完整预算体系。

二、全面预算的组织保障：企业组织的预算管理委员会

在企业组织经营过程中，全面预算综合反映了企业组织不同层级、不同单位在预算期间内应该实现的目标和完成的任务，而企业组织不同层级、不同单位的工作必须协调一致。从这个角度看，全面预算是连接企业组织内部不同层级和单位之间沟通的桥梁。全面预算各项指标的确定是它们之间相互协调配合的结果（具体如图 8 - 2 所示）。

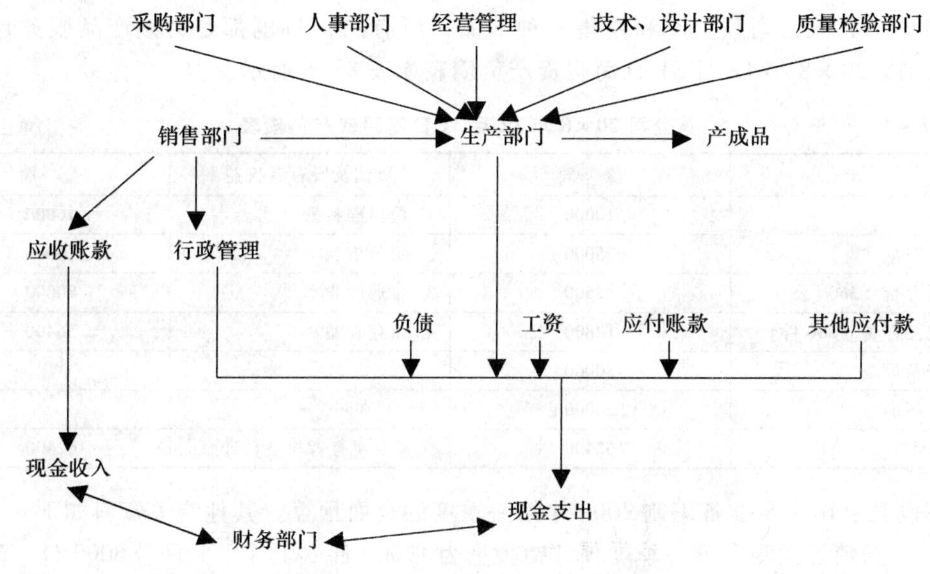

图 8 - 2 全面预算所涉及部门或事项

由此可见，全面预算的编制涉及到企业组织的各个部门，单靠财务或会计部门难以完成。因此，企业组织应该设立超越具体职能部门的预算管理委员会，以便从组织上保障全面预算的顺利实施。企业组织的预算管理委员会具体负责全面预算的协调、编制和执行。企业组织的预算管理委员会通常由企业组织的总经理，分管销售、生产、财务等部门的副总经理和董事会成员组成。企业组织预算管理委员会的主要职责包括：

（1）选择与企业组织目标协调一致的全面预算政策；

（2）审查企业组织各个部门所编制的预算草案；

（3）对企业组织各个部门在预算编制过程中出现的各种问题或矛盾进行协调和解决；

（4）汇总编制完整的全面预算，并进行最后审议通过，颁布实施；

（5）监督、检查、分析全面预算的执行情况及其结果，督促企业组织各个部门协调一致地完成全面预算所规定的目标和任务，并对全面预算执行过程中存在的问题进行收集、整理，为编制下一个期间全面预算准备资料。

财务副总经理在企业组织预算管理委员会中处于比较特殊的位置。基于其专业性质，财务副总经理不仅要负责对企业组织各个部门、各个单位的预算编制工作的业务技术指导和帮助，而且还要负责收集生产、销售、采购等部门提供的各种数据资料，把各个部门提出的初步预算按照一定的方法、程序汇编成全面预算。

第二节　全面预算编制原理

根据图 8－1 所描述的各项预算之间的关系，下面以一个完整的例子，进一步讨论全面预算编制原理。

例 8－1：某公司只生产和销售一种产品，所有的材料也都是为该产品服务且只有一种材料。20×8 年 12 月 31 日简明资产负债表如表 8－1 所示。

表 8－1　　某公司 20×8 年 12 月 31 日简明资产负债表　　单位：元

资　产	金　额	负债及所有者权益	金　额
1. 现金	10000	1. 应付购料款	16000
2. 应收账款	75000	2. 银行借款	10000
3. 材料存货（3600 公斤）	3600	3. 普通股股本	80000
4. 产成品存货（600 件）	13800	4. 留存收益	56400
5. 厂房及设备	80000		
6. 累计折旧	(20000)		
资产合计	162400	负债及所有者权益合计	162400

假设某公司正在准备编制 2009 年第一季度的全面预算。其他有关资料如下：

1. 根据销售预测，第一季度预计销售量为 17000 件（其中，1 月份 6000 件，2 月份 6000 件，3 月份 5000 件），单位产品销售价格都是 26 元。该公司的信用政策是销售款当月收取 50%，其余下月收讫。

2. 该公司各月月末的预计产成品存货为下月预计销售量的 10%。2009 年 4 月份的预计销售量为 5600 件。

3. 该公司产品的直接材料消耗定额为每件 6 公斤，每公斤材料价格为 1 元。各月月末的预计材料存货为下月生产所需要材料量的 10%。2009 年 4 月份预计生产所需要材料量为 31200 公斤。该公司对材料的付款条件为：当月购买材料款中，当月支付 50%，其余下月支付。

4. 该公司甲产品的工时定额为每件 5 工时，每工时的工资为 2 元。

5. 该公司 2009 年第一季度预计发生的制造费用如下：

变动费用：	间接材料	分配率	0.4 元/工时
	间接人工	分配率	1 元/工时
固定费用：	折旧费	1000 元/月	
	财产税	1000 元/月	
	维修费	1500 元/月	

6. 该公司第一季度预计发生的推销及管理费用如下：

销售佣金　　　　　销售收入的 1%

管理人员工资　　　5000 元/月

广告费　　　　　　1000 元/月

7. 该公司通过研究确定 2009 年第一季度每月支付所得税 3000 元，支付股利 3000 元。同时决定在 2009 年 3 月份购买一台生产设备，价款为 20000 元。

8. 根据财务部的意见，预算期间现金库存最低限额为 10000 元。如果不够，可以向银行借款（为了简化起见，不考虑投资问题）。

根据上述资料，为某公司编制 2009 年第一季度的全面预算。

（一）销售预算

如前所述，全面预算以销售预算为出发点，其他预算都以销售预算为基础，而销售预算则以销售预测为基础。根据销售预测的结果，可以得到预计销售量和销售价格。由此可以得到预计销售收入：

预计销售收入 = 预计销售量 × 预计销售价格

根据该公司的现销和赊销比例以及赊销的信用政策便可得到预计的现金流入量。根据例 8 - 1 资料，该公司销售预算编制如表 8 - 2 所示。

表 8 - 2　　　　　　某公司销售预算

摘　要	1 月份	2 月份	3 月份	合　计
预计销售量（件）	6000	6000	5000	17000
销售单价（元/件）	26	26	26	26
预计销售额（元）	156000	156000	130000	442000
期初应收账款收回（元）	75000			75000
1 月份销售现金收入（元）	78000	78000		156000
2 月份销售现金收入（元）		78000	78000	156000
3 月份销售现金收入（元）			65000	65000
现金收入合计（元）	153000	156000	143000	452000

（二）生产预算

如果企业组织实行“适时生产系统”（Just - in - time，JIT）[①]，那么，预计销售量就是预计生产量，销售预算就是生产预算即销售预算与生产预算可以“合二为一”。但是，在企业组织的经营实践中，“适时生产系统”所需要的前提条件难以满足。因此，对于绝大多数企业组织而言，还必须单独编制生产预算。

在“适时生产系统”无法全面推行的情况下，生产预算的编制以预计销售量和预计存货为基础。其基本表达式如下：

预计销售量（来自销售预算）

① 本书第十一章将进一步讨论“适时生产系统”。

加：预计期末产成品存货

需要量合计

减：预计期初产成品存货

预计生产量

根据例 8－1 资料，某公司生产预算编制如表 8－3 所示。

表 8－3　　某公司生产预算　　单位：件

摘　要	1 月份	2 月份	3 月份	合　计
预计销售量	6000	6000	5000	17000
加：预计期末存货量	600	500	560	560
减：期初存货量	600	600	500	600
预计生产量	6000	5900	5060	16960

（三）直接材料预算

直接材料预算是生产预算的具体化，其基本表达式为：

预计生产量

乘：单位产品的材料需要量

预计直接材料需要量

加：预计期末存货

直接材料需要量

减：预计期初存货

直接材料预计采购量

乘：预计材料单位价格

预计直接材料费用金额

减：不需要在本期支付的部分

预计本期支付的直接材料费用

根据例 8－1 资料，某公司直接材料预算编制如表 8－4 所示。

表 8－4　　某公司直接材料采购预算

摘　要	1 月份	2 月份	3 月份	合　计
预计产量（件）	6000	5900	5060	16960
单位产品材料定额（公斤/件）	6	6	6	
预计生产需料量（公斤）	36000	35400	30360	101760
加：期末存料量（公斤）	3540	3036	3120	3120
减：期初存料量（公斤）	3600	3540	3036	3600
预计购料量（公斤）	35940	34896	30444	101280

续表

摘　要	1 月份	2 月份	3 月份	合　计
单位材料价格（元/公斤）	1.00	1.00	1.00	1.00
预计采购金额（元）	35940	34896	30444	101280
期初应付购料款（元）	16000			16000
1 月份购料现金支出（元）	17970	17970		35940
2 月份购料现金支出（元）		17448	17448	34896
3 月份购料现金支出（元）			15222	15222
现金支出合计（元）	33970	35418	32670	102058

（四）直接人工预算

直接人工预算也是生产预算的具体化，其基本表达式为：

预计生产量（来自生产预算）

乘：单位产品直接人工需要量

预计直接人工的工时需要量

乘：小时工资率

直接人工费用金额

通常，直接人工工资都需要使用现金支付。因此，不需要另外预计本期现金支付的数额。

根据例 8－1 资料，某公司直接人工预算编制如表 8－5 所示。

表 8－5　　某公司直接人工预算

摘　要	1 月份	2 月份	3 月份	合　计
预计产量（件）	6000	5900	5060	16960
单位产品工时定额（小时/件）	5	5	5	5
直接人工工时总额（小时）	30000	29500	25300	84800
工资率（元/小时）	2	2	2	2
预计直接人工成本总额（元）	60000	59000	50600	169600

（五）制造费用预算

如前所述，制造费用根据成本性态可以分为变动性制造费用和固定性制造费用。在编制制造费用预算时必须注意这点。同时，制造费用包括属于转账摊销而非现金支出的折旧费用，应该予以扣除。其基本表达式如下：

预计直接人工小时

乘：变动性费用预计分配率

预计变动性制造费用

加：预计固定性制造费用

预计制造费用合计

减：折旧费用

预计需用现金支付的制造费用

根据例 8－1 资料，某公司制造费用预算编制如表 8－6 所示。

表 8－6　某公司制造费用预算　单位：元

摘　要	1 月份	2 月份	3 月份	合　计
变动费用：				
间接材料	12000	11800	10120	33920
间接人工	30000	29500	25300	84800
合计	42000	41300	35420	118720
固定费用：				
折旧费	1000	1000	1000	3000
财产税	1000	1000	1000	3000
维修费	1500	1500	1500	4500
合计	3500	3500	3500	10500
制造费用总计	45500	44800	38920	129220
减：折旧费用	1000	1000	1000	3000
现金支出合计	44500	43800	37920	126220

（六）产成品预算

产成品预算主要为编制预计收益表和预计资产负债表提供销售成本和存货信息。根据上述直接材料预算、直接人工预算和制造费用预算，已经得到产品单位成本数据。根据这个数据就可以编制产成品预算和销售成本预算。

根据例 8－1 资料，某公司产成品预算编制如表 8－7 所示。

表 8－7　某公司产成品预算（变动性标准成本）

成本项目	价格标准	用量标准	合　计
直接材料	1.00 元/公斤	6 公斤	6 元
直接人工	2.00 元/小时	5 小时	10 元
变动性制造费用	1.4 元/小时	5 小时	7 元
变动性标准成本合计	/	/	23 元

（七）销售与管理费用预算

首先根据成本性态将销售费用与管理费用区分为固定性费用和变动性费用，然后，再根据预计销售量编制销售与管理费用预算。

根据例 8－1 资料，某公司销售与管理费用预算编制如表 8－8 所示。

（八）现金预算

通常，现金预算包括现金收入、现金支出、现金余缺以及资金的筹集与运用等四个部分。其基本关系如下：

表 8－8　　某公司销售与管理费用预算　　单位：元

项　目	1月份	2月份	3月份	合　计
变动费用：				
销售佣金	1560	1560	1300	4420
固定费用：				
管理人员工资	5000	5000	5000	15000
广告费	1000	1000	1000	3000
小　计	6000	6000	6000	18000
合　计	7560	7560	7300	22420

期初现金余额（来自上期资产负债表）

加：现金流入量

当期筹资前现金合计

减：现金流出量

现金多余或短缺

加或减：资金的运用或筹集（根据现金余缺情况和期末现金余额倒推）

期末现金余额（根据现金持有量确定，通常为已知数，列入本期资产负债表）

根据例 8－1 资料，某公司现金预算编制如表 8－9 所示。

表 8－9　　某公司现金预算　　单位：元

摘　要	1月份	2月份	3月份	合　计
期初现金余额	10000	10970	15192	10000
加：本期现金收入	153000	156000	143000	452000
减：直接材料现金支出	33970	35418	32670	102058
直接人工现金支出	60000	59000	50600	169600
制造费用现金支出	44500	43800	37920	126220
推销及管理费现金支出	7560	7560	7300	22420
所得税现金支出	3000	3000	3000	9000
购置设备现金支出			20000	20000
现金股利支出	3000	3000	3000	9000
现金支出合计	152030	151778	154490	458298
现金余缺	10970	15192	3702	3702
加：银行借款			6298	6298
期末现金余额	10970	15192	10000	10000

现金预算是企业组织现金管理的重要工具，它有助于企业组织事先对其日常的现金需要进行有计划的安排。如果没有现金预算，就无法事先对现金进行合理的平衡、调度，就有可能使企业组织陷入财务困境。

当然，这里的现金预算如果再考虑企业组织长期投融资活动的现金流量便得到预计现金流量表。

（九）预计收益表

在上述各项预算的基础上，根据会计准则便可编制预计收益表。它实际上是企业组织的盈利预测或利润预算。

根据例 8－1 资料，某公司预计收益表编制如表 8－10 所示。

表 8－10　　某公司预计收益表　　单位：元

摘　要	金　额
销售收入	442000
变动成本：	
变动性产品销售成本	391000
变动性销售与管理费用	4420
变动成本合计	395420
贡献毛益	46580
固定成本：	
固定性制造费用	10500
固定性推销及管理费	18000
固定费用合计	28500
税前利润	18080
减：所得税	9000
税后利润	9080

（十）预计资产负债表

在上述各项预算的基础上，以企业组织上期资产负债表为基础，根据会计准则便可编制预计资产负债表。它实际上是企业组织的财务状况预测。

根据例 8－1 资料，某公司预计资产负债表编制如表 8－11 所示。

表 8－11　　某公司预计资产负债表　　单位：元

资　产	金　额	负债及所有者权益	金　额
1. 现金	10000	1. 应付购料款	15222
2. 应收账款	65000	2. 银行借款	16298
3. 材料存货	3120	3. 普通股股本	80000
4. 产成品存货	12880	4. 留存收益	56480*
5. 厂房及设备	100000		
6. 累计折旧	（23000）		
资产合计	168000	负债及所有者权益合计	168000

*56400 元（期初数，来自表 8－1）＋9080 元（本期税后利润，来自表 8－10）－9000 元（所得税，来自表 8－10）＝56480（元）

第三节　全面预算的实现形式

前面根据企业组织销售、生产和供应各个环节对现金流量的影响以及全面预算各部分之间的联系，系统地讨论了企业组织全面预算的编制原理。以预算期间某一特定业务量水平来确定相应的数据并据以编制预算。这种预算称为固定或静态预算。然而，企业组织所面临的经济环境具有不确定性。因此，作为企业组织日常管理手段的全面预算应该适应这种不确定性，采取不同的形式。尽管全面预算可以采用不同形式，但是，就其编制原理而言，与前述的讨论并没有区别。

一、弹性预算

与静态预算相比，弹性预算的主要特点在于：它是为一定的业务量水平范围而不是为某一特定业务量水平编制的预算。其数据能够适应业务量水平的变化而自行调整，因此，弹性预算更便于区分和落实责任。表 8－12 列示了弹性预算的一个范例。

表 8－12　　弹　性　预　算

销售量（件）	15000	20000	25000	30000
销售收入（元）	750000	1000000	1250000	1500000
变动成本（元）	360000	480000	600000	720000
贡献毛益（元）	390000	520000	650000	780000
固定成本（元）	450000	450000	450000	450000
经营利润（元）	（60000）	70000	200000	330000

由表 8－12 可见，弹性预算由若干个静态预算构成。

二、概率预算

企业组织在编制预算时涉及到许多经济变量。在企业组织的经营管理实践中，企业组织难以确定各个变量的数值。在众多情况下，企业组织只能预测其数值及其发生的可能性即概率。为了适应这种情况，预算的编制就不能单纯对有关变量已确定的数值进行加工计算，还要借助于概率论基本原理对有关变量进行概率分析。只有这样，才能使得预算所得结果更接近于客观实际情况。表 8－13 列示了概率预算的一个范例。

三、零基预算

传统的预算编制方法是从上年度的预算数开始，根据预期的预算期间业务量变动情况加上或减去一定数额。在确定预算数时，只对新的业务活动进行成本效益分析，而对以往已进行的业务则视为理所当然，不再分析。这种方法称为增（减）量预算法。它

表 8－13　　　　概 率 预 算

销售量（元）	概率	变动成本（元/件）	概率	固定成本（元）	利润（元）	联合概率	利润预算（元）
8000	0.30	8	0.20	40000	56000	0.06	3360
8000	0.30	9	0.30	40000	48000	0.09	4320
8000	0.30	10	0.50	40000	40000	0.15	6000
10000	0.60	8	0.20	40000	80000	0.12	9600
10000	0.60	9	0.30	40000	70000	0.18	12600
10000	0.60	10	0.50	40000	60000	0.30	18000
12000	0.10	8	0.20	40000	104000	0.02	2080
12000	0.10	9	0.30	40000	92000	0.03	2760
12000	0.10	10	0.50	40000	80000	0.05	4000
利润预算值							62720

以承认现状的合理性为出发点，过分受到基期预算的束缚。

零基预算是20世纪60年代提出的一种全新的预算编制思想。近年来，零基预算受到企业组织的关注和重视。所谓零基预算就是以“零”为基数的计划与预算编制方法。在编制预算时，就像整个企业组织是第一次创立一样，对一切业务活动都要从企业组织的整体利益出发，考虑其重要程度，进行成本效益分析，然后，按重要性排序，分配预算资源。

零基预算的编制工作量较大，要从企业组织的年度总目标出发，对各基层的业务活动逐一确定方案，进行成本效益分析，剔除各自预算，再经过自下而上权衡轻重，评分、划分等级，审查和分配预算资源，最后经过汇总评估而确定。零基预算一般适用于规模较大的公司和政府及非盈利组织。

四、滚动预算

前述的预算按照确定的预算期间（通常是一个会计年度）编制。这种预算称为定期预算。由于定期预算通常与预算的会计年度相配合，因此，便于实际数与预算数的比较，有利于对预算执行结果的考核、分析和评价。但是，如果以1年为预算期，时间过长，编制预算的结果不能完全适应未来生产经营情况的变化，在预算执行后期，企业组织的经理人往往只考虑剩余的较短预算期间的经营活动而忽视长远打算，不利于企业组织长期稳定有序的发展。为了弥补定期预算的缺陷，可以采用滚动预算。

滚动预算是指在编制一定期间预算的基础上，待执行一段时间之后，再立即补充一个相应期间的预算，如此向后滚动，从而形成一个不断往后延伸而又保持固定预算期的预算。这样，在预算执行过程中，随着执行期间的推移而连续不断地滚动编制预算，在任何一个期间都存在相应的预算。这种预算的主要特点是：预算期是连续不断的，始终保持一定期间。以1年预算期为例，预算每执行1个月，就要根据已经执行这个月的经营状况结合执行过程发生的变化，对剩余11个月加以修订和调整，并在原来的预算期末随即补充1个月的预算，使得预算期保持12个月。

在编制滚动预算时，前几个月的预算要尽量详细完整，后几个月可以粗略一些。随着时间的推移，将原先较粗略的预算调整修正为详细的预算，并随之补充新的预算。

滚动预算与定期预算相比具有如下特点：第一，可以保持预算的完整性、连续性，从动态观点把握企业组织的未来发展趋势；第二，有利于企业组织的经理人以长远的眼光统筹企业组织各项生产经营活动，将近期预算与远期预算较好地联系和衔接起来，保证企业组织的经营管理工作稳定而有序地进行；第三，在这种预算方式下，企业组织要经常根据实际情况的变化，修订编制预算，使预算比较切合实际，充分发挥预算的指导和控制作用，有利于预算的顺利执行和实施。

当然，如果企业组织没有实行计算机化管理，滚动预算的编制工作比较大。

综上所述，在企业组织的经营管理实践中，企业组织应该根据具体管理情况，采用不同的全面预算实现形式，以适应企业组织的不同需要。

本章小结

全面预算是以货币为计量单位，将企业组织决策目标所涉及经济资源的配置，以计划的形式具体地、系统地反映出来。企业组织的全面预算就是企业组织决策目标的具体化。

在市场经济环境下，企业组织的一切活动都要以市场为导向。企业组织的全面预算也不能例外。企业组织的全面预算一头连着市场，一头连着企业组织内部。企业组织根据其内外部环境及所面临的市场制定发展战略，企业组织全面预算从资源配置方面配合、支持企业组织发展战略的实施。

从某种意义上，企业组织全面预算实现了企业组织的物流、资金流、信息流以及人力资源配置的有机整合。通过全面预算将权责发生制转化为现金流量制，从而使财务会计观念过渡到管理会计理念。企业组织全面预算使企业组织的日常管理程序化和制度化，它是企业组织管理控制系统的核心内容，也是被现代企业组织实践证明行之有效的管理工具。

全面预算的编制方法随着企业组织的性质和规模的不同而不尽相同，但是，一个完整的全面预算应该包括经营预算、财务预算和资本预算三大部分。经营预算包括销售预算、生产预算、直接材料预算、直接人工预算、制造费用预算、产成品预算和销售与管理费用预算。财务预算包括现金预算、预计收益表、预计资产负债表和预计现金流量表。资本预算属于长期预算（1年以上）。

全面预算各部分之间是相互联系的。在市场经济环境下，企业组织的生产经营活动必须以市场为导向。因此，销售预算是企业组织全面预算的基础和起点，一切预算都要以销售预算为基础。

全面预算的编制涉及到企业组织的各个部门，单靠财务或会计部门难以完成。因此，企业组织应该设立超越具体职能部门的预算管理委员会，以便从组织上保障全面预算的顺利实施。企业组织的预算管理委员会具体负责全面预算的协调、编制和执行。

企业组织所面临的经济环境具有不确定性。作为企业组织日常管理手段的全面预算应该适应这种不确定性，采取弹性预算、概率预算、零基预算和滚动预算等不同的形式。

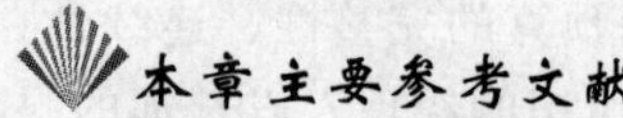

本章主要参考文献

1. Jesse T. Barrfield, Cecily A. Raiborn, Michael R. Kinney. Costing Accounting: Traditions and Innovation. South – Western, 2003.

2. Anthony A. Atkinson, Rajiv D. Banker, Robert S. Kaplan, S. Mark Young. Management Accounting. Prentice Hall, Inc., 2003.

3. 查尔斯·亨格瑞，格里·森顿，威廉姆·斯特尔顿：《管理会计教程》，华夏出版社 2006 年版。

4. 查尔斯·T. 亨格瑞，斯坎特·M. 达塔，乔治·福特斯：《成本与管理会计》，中国人民大学出版社 2004 年版。

5. 韦恩·J. 莫尔斯，詹姆斯·R. 戴维斯，阿尔·L. 哈特格雷夫斯：《管理会计：侧重于战略管理》，上海财经大学出版社 2005 年版。

6. 胡玉明，丁友刚，卢馨：《管理会计》，暨南大学出版社 2006 年版。

责　任　会　计

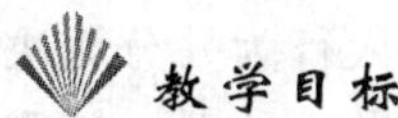

教学目标

◇ 基本目标

在了解企业组织分权管理模式的基础上，理解和掌握责任中心和企业组织内部转移价格。

◇ 具体目标

(1) 理解企业组织的分权管理模式；(2) 掌握和理解企业组织的责任中心及其考核；(3) 掌握和理解企业组织内部转移价格的制定。

本章提要

随着现代企业组织制度的发展，企业组织的规模越来越大。由此，企业组织内部的“受托责任链条”日趋层次化和复杂化。20 世纪 50 年代之后，许多企业组织实行了分权管理（Decentralization）模式。责任会计（Responsibility Accounting）正是现代企业组织分权管理模式的产物。在分权管理模式下，企业组织如何进行内部的责任划分与绩效评估正是本章的主题。

第一节　分权管理模式与责任会计

先进制造技术、日益激烈的全球性竞争和诸多行业管制的放松或取消等新的市场环境，使企业组织结构逐渐从传统的纵向等级制转变为横向扁平型和动态网络型。这种新型的企业组织结构要求原有的管理控制模式作出相应的变革。

一、企业组织的管理控制系统

企业组织要在外部竞争环境形成较强的竞争力，必须根据其整体战略的目标对企业组织范围内的资源进行合理配置。根据交易费用经济学的观点，如果市场交易成本超过内部化成本，企业组织采用内部化手段代替市场交易，可以降低交易费用，从而提高资源配置效率。

随着企业组织规模的扩大，企业组织在节约交易费用的同时，也增加了监督和管理费用。例如，企业集团内母子公司关系以资本为主要连接纽带，集团子公司具有独立的法人地位，作为具有多层委托代理关系的不同法人联合体，其内部各成员子公司虽然具有统一的发展战略目标和一致的经济利益，但也存在着各自的经济利益，加上委托代理双方存在着信息不对称，成员子公司比较容易出现“逆向选择”和“道德风险”等问题，从而有可能损害所有者的利益。企业组织治理结构的中心任务就是要在制度层面解决代理风险，即通过建立起有效的激励约束机制，促进经理人的利益目标与企业组织的目标相统一，自觉地为所有者利益最大化服务。

如果企业组织的规模较小，市场通过资源配置可以自发地调控经理人行为并分派决策权力。但是，随着企业组织规模的不断扩大，企业组织结构越来越复杂。这时，就需要建立企业组织的管理控制系统。

二、企业组织的结构模式

企业组织所有的决策权力最初都是由董事会掌握的。这些权力的大部分授予了企业组织的总经理，总经理保留其中的部分权力，然后再将剩余的权力分别授予其下属。这种不断向下分授决策权的行为形成了一种金字塔型的层级组织结构。而集权化与分权化管理模式的区别实际上就是在企业组织将决策权分配给企业组织的更高阶层还是将决策权分配给企业组织的较低阶层，以便使知识、信息与决策权紧密相联。

（一）直线职能制组织结构（U 型结构）

企业组织通常沿着责任链条组织而成。起初，企业组织由于规模较小，业务比较单一，分工明确。这时，通常采取按职能划分部门的一元结构（也称为 U 型结构，Unitary Structure）。图 9－1 列示一个直线职能制组织结构的范例。

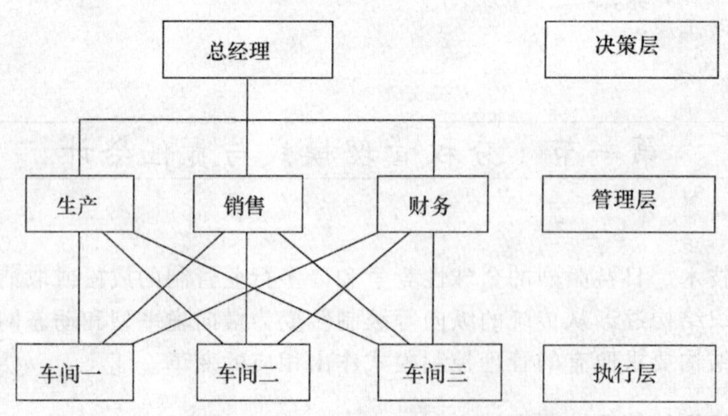

图 9－1 直线职能制组织结构

这种U型结构分为三个层次：决策层、管理层和执行层（车间或分厂、分公司）。责任链条自总经理而下，依次经过副总经理、职能经理人和执行层经理人。决策权集中在企业组织的高层，总部直接控制下属部门的生产经营过程。执行层权力较小，在经营上没有什么自主权，在财务上也没有独立性。

由于U型结构集权程度高，管理控制严格，母公司的战略决策可以有效地得到贯彻执行，组织效率高。通常将各个部门划分为收入中心、成本中心和费用中心。由于企业组织的业务较为单一，企业组织更关注各个部门的财务成果，绩效评价侧重于财务指标。

随着企业组织规模的扩大、竞争的加剧、顾客需求多样化，责任链条越来越长。这就使得企业组织机构日益臃肿。通常，解决办法是使组织结构扁平化，由此出现了M型、H型、矩阵结构和网络结构。扁平结构强调团队间合作，体现了分权管理的理念。

（二）事业部制组织结构（M型结构）

事业部制组织结构，也成为M型结构（Multidivisional Structure）。图9－2列示了一个事业部制组织结构的范例。

这种M型结构分为三个层次：（1）总部董事会和总裁班子是最高决策层，主要职能为战略管理和交易协调；（2）由职能部门和支持服务部门组成；（3）围绕企业组织的核心业务，建立互相依存又互相独立的子公司。子公司是在一个统一经营战略指引下，承担某种产品或提供某种服务的生产经营单位。子公司负责人是受母公司委托管理部分资产和业务的代理人，而不是子公司自身利益的代表。

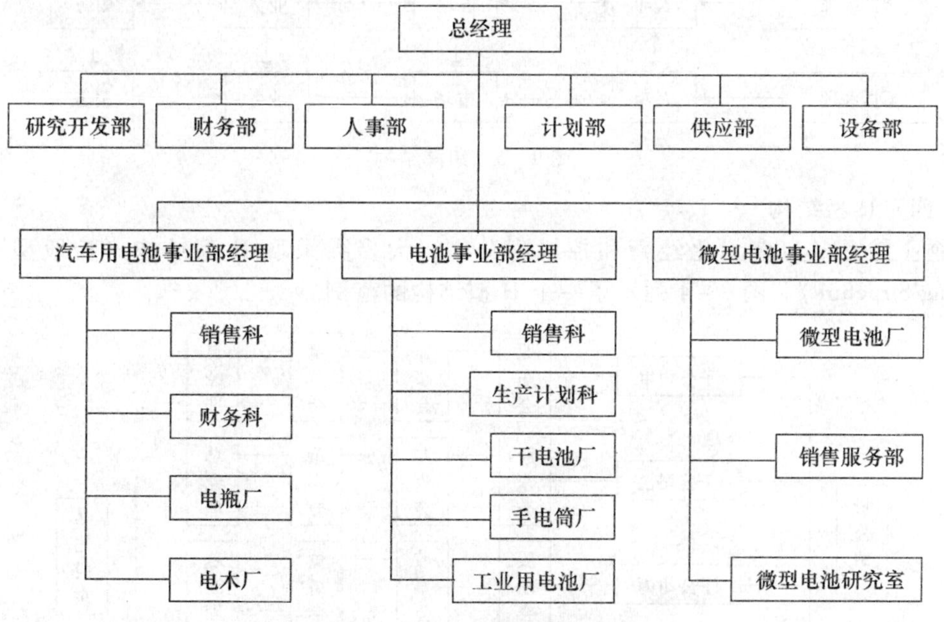

图9－2　事业部制组织结构

采用事业部制组织结构的企业组织实行集中决策指挥下的分权管理。通常，总部保留的权利仅限于制定战略和设计组织结构，而不是控制。各个事业部从业务战略到日常管理具有相对独立的决策权。因此，通常将各个事业部划分为利润中心，有时也划分为投资中心。

事业部制已经成为当今大多数大中型企业组织的组织结构模式。事业部制的产生主要与企业组织实行多元化战略与竞争扩张相关。如果各事业部之间业务共享程度较高，协同效应较强，就要求企业组织的各级经理人和员工必须对企业组织的整体战略目标具有高度的认同，在企业组织的各个管理层次、战略管理的各个环节都要建立畅通无阻的沟通与联系机制。

（三）矩阵结构

矩阵结构（Matrix Organization）是在 U 型结构基础上，再建立一套横向目标系统，把按职能划分的管理机构与按产品划分的项目小组结合起来，使每一名小组成员既与原职能部门保持业务和组织层面的垂直联系，又与按产品或项目划分小组保持横向联系，形成一个矩阵。图 9－3 列示了一个矩阵结构的范例。

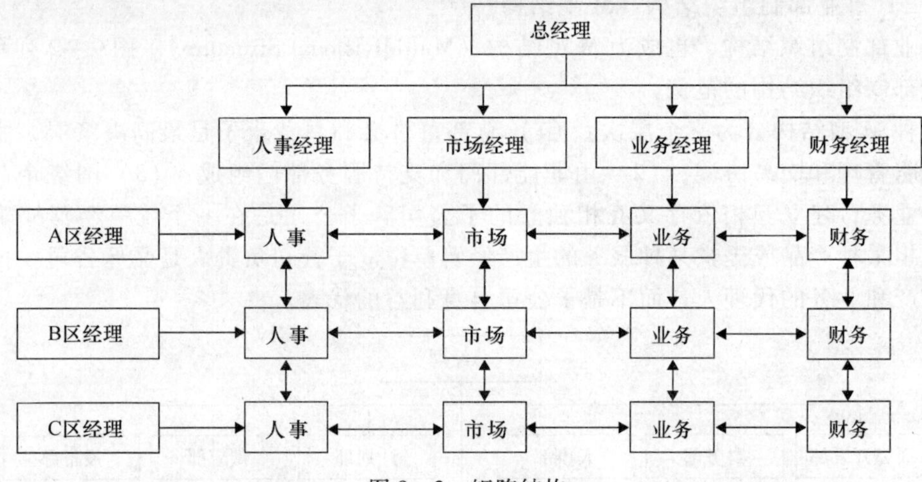

图 9－3　矩阵结构

（四）H 型结构

企业集团多为多元化经营和控股型公司，大多数采取 H 型结构（控股型结构，Holding Structure）。图 9－4 列示了一个 H 型结构的范例。

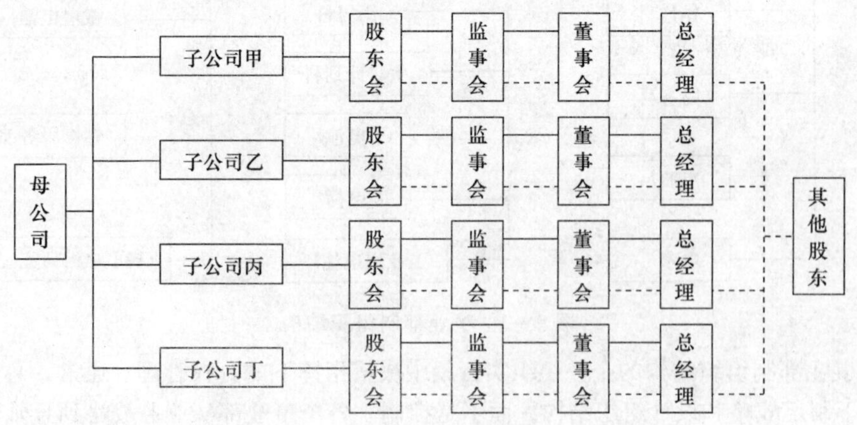

图 9－4　H 型结构

这种H型结构的分权程度较高，控股公司总部专注于战略管理。其下属公司具有较大的独立性。子公司负责具体业务的生产经营活动，权利较大，具有较大的经营自主权，在财务上也具有独立性。

随着企业组织结构变迁所形成的分权化趋势，企业集团的经营范围可能涉及十多个或上百个行业，生产的产品可能有几百种甚至上千种，每个行业的利润率、发展机会、未来前景和投资风险可能存在较大区别。此时，单纯依靠财务指标已经越来越难以满足企业组织的管理需求。

不同的组织结构模式体现了不同的分权管理理念。不过，在企业组织里，没有绝对的分权管理模式，也没有绝对的集权管理模式。只有集权与分权哪个占主导地位的问题。

三、责任会计基本概念

企业组织结构与其责任会计系统存在密切的联系。理想的责任会计系统应该反映并支持企业组织结构。

责任会计是在行为科学理论基础上产生的，与企业组织结构相适应，基于分权管理模式，为适应经济责任制的要求，将企业组织划分为各种不同形式的责任中心，并建立起以各个责任中心为主体，以权、责、利相统一为特征，以责任预算、责任控制、责任评价和奖惩为内容，通过信息的积累、加工和反馈而形成的一种企业组织内部管理控制制度。责任会计是将会计资料同各责任中心经济活动的规划、控制、评价与绩效评价紧密联系起来的一整套会计制度，也称责任会计制度。

责任会计的目的在于提供各种会计报告，以便各责任中心的责任人了解其相应的权、责、利，作为将来评价各责任中心绩效的主要依据。通常，有效的责任会计必须具备三个特征：（1）它必须与企业组织战略目标保持高度一致；（2）必须适应企业组织的结构以及各个经理人的不同决策责任；（3）应该能够激励经理人和员工。

（一）合理划分责任中心

实施责任会计，首先要按照分工明确、责任易辨的原则，合理划分责任中心（Responsibility Center）。然后，明确其权责范围，使各个责任中心能够在权限范围内，独立自主地履行职责。

责任中心是一种特定的工作单元。在这个单元中，具有确定的负责人负责确定的工作任务。值得注意的是，企业集团的责任中心与子公司、事业部不同：

（1）责任中心与法律上的独立地位没有必然联系，责任中心的划分是根据企业组织实际经营和管理控制的需要。

（2）责任中心与企业组织的结构匹配。同样地，责任中心与企业组织的结构的匹配也没有简单的“一一对应”的匹配关系。

（3）授权的难题。对责任中心的管理授权存在一个难题：如何在分权与集权模式中间寻找一个平衡点，对责任中心的工作效率具有很大的影响。

（4）责任中心的实质是对市场合约的模拟行为。责任中心与母公司之间不是真正的市场关系，即使通过价格变动评价其相互之间的活动，也不是企业组织外部真正意义上的价格。

(5) 内部契约的不完备性对责任中心提出要求。设立非责任中心部门，使企业组织结构与管理控制和谐匹配。服务部门和职能部门通常不适于作责任中心，对于非责任中心，如何激励成为企业组织管理的一个难点。

(二) 编制责任预算

为了顺利推行责任会计，有必要将全面预算所确定的各项指标，按照各个责任中心层层分解，区分各责任中心的可控和不可控费用，为各个责任中心编制责任预算，使企业组织生产经营的总体目标按责任中心分解、落实和具体化，作为其开展日常经营活动的准绳和评价其工作成果的基本标准。

责任预算指以责任中心为对象，以其可控的成本、收入、利润或投资为内容编制的预算。责任预算由各个责任指标构成，包括主要责任指标和其他责任指标两部分，可作为企业组织全面预算的补充和具体化。

(三) 制定合理的内部转移价格

为了分清经济责任，便于正确评价各个责任中心的工作成果，企业组织内部各责任中心之间相互提供的产品或劳务都应进行结算。这就需要制定企业组织内部所转让的各种产品或劳务的转移价格。

(四) 建立健全严密的记录报告系统

这就要建立一套完整的日常记录、计算和评价有关责任预算执行情况的系统，并在规定时间编制绩效报告，将实际数与预算数进行对比，借以评价各有关责任中心的工作绩效并分别反映其所存在的问题。

(五) 分析与评价实际工作绩效

根据确定的绩效考核标准对各责任中心的实际工作绩效进行比较，逐一找出差异，分析原因，判明责任，建立奖惩制度，采取有效措施，巩固成绩，改正缺点，及时通过信息反馈来保证实现企业组织的生产经营目标。

(六) 建立公正、权威的内部协调机制

由于各责任中心在日常业务中不可避免地会发生责权利之间的纠纷，以及内部转移价格的争议。为了公正、客观地处理这些问题，就需要建立一个由最高经理人以及专家组成的内部经济仲裁机构，专门处理、协调各种经济纠纷，必要时作出裁决。

第二节 责任中心的考核

如前所述，责任中心是责任会计的基础。实际上，管理控制系统所关注的就是责任中心。通常，根据权责范围，企业组织的责任中心包括成本中心、利润中心和投资中心。

一、成本中心及其考核

成本中心的特点是没有经营权或销售权，只有成本发生，没有收入。因而，其责任只是对在其权责范围内发生的成本或费用负责。成本中心的目标也就是在保质和保量完成生产任务或搞好管理工作的前提下，降低和控制成本费用。这样，成本中心的经理人的职责就是降低和控制成本。比如，某企业组织能源部的经理人，关心的是向其他部门经营活动提供能源所耗费的成本，但不会参与销售决策或固定资产投资的决策。

成本中心的规模大小视实际情况而定，可以是企业组织的其中一个部门，也可以是整个生产制造单位。成本中心可以包括更小单位的成本中心。例如，企业组织下属的各分厂可以设为成本中心，各分厂的车间、车间的班组同样也可以设为成本中心。

值得注意的是，成本中心考核的成本是责任成本（Responsibility Cost），而不是通常所说的产品成本（Product Cost）。责任成本归集的原则是“谁负责，谁承担”，而产品成本归集的原则却是“谁受益，谁承担”。因此，成本中心的考核强调成本的可控性。只有可控成本才是成本中心考核的对象。对于不可控成本则不在其权责范围之内。在计算责任成本时，只计算可控成本，不可控成本不予考虑。

广义的成本中心，还包括费用中心。它主要是指发生费用的非生产部门如企业组织的办公室、总务部门、财务和人事部门等。成本中心与费用中心的区别在于：成本中心的活动可以为企业组织提供一定的物质成果，但不便或不必要对其进行货币计量；而费用中心主要是为企业组织提供一定的专业服务，通常难以产生可以用货币计量的成果。当然，也有些企业组织将费用中心单独列出。费用中心通常采用目标管理的办法来控制费用支出。

例 9-1：某企业制造部是一个成本中心，下属两个分厂，每个分厂设有三个车间。其成本绩效报告的编制及相互关系如表 9-1 所示。

表 9-1 表明，成本中心的考核以可控成本为基础。成本中心的各级经理人，就其权责范围编制成本绩效报告并对其负责部门的成本差异负责。级别越低的成本中心，从事的经营活动越具体，其绩效报告涉及的成本项目分类也越详细。根据成本绩效报告，责任中心的各级经理人可以针对成本差异，寻找原因对症下药，以便对成本费用实施有效的管理控制，从而提高其绩效水平。

二、利润中心及其考核

利润中心经理人的决策范围包括收入与成本。它是企业组织中能够独立核算，又有收入来源，比成本中心更高一个层次的责任中心如事业部、分厂等。其内部职能机构完整，又有独立的产品和市场。在规模较大的利润中心下面，通常还设有若干个规模较小的利润中心。利润中心内部可以进一步细分为成本中心、费用中心和收入中心。利润中心经理人有权定价、定产、购料和聘用或解雇员工，负责该中心的全部经营活动。

利润中心可以是自然形成的利润中心，也可以是人为划分的利润中心。企业组织日常在外界市场上出售产品或劳务，具有实际收入并获得利润的中心就是自然形成的利润

表 9-1 某企业制造部成本绩效报告 单位：元

	预算成本	可控成本	不利差异	有利差异
管理费用	19500	19700	300	
一分厂	467475	470330	2855	
二分厂	395225	394300		925
	882200	884330	3055	925

制造部一分厂成本绩效报告

	预算成本	可控成本	不利差异	有利差异
管理费用	17500	17350		150
甲车间	109725	111280	1555	
乙车间	190500	192600	2100	
丙车间	149750	149100		650
	467475	470330	3655	800
			2855	

制造部一分厂甲车间成本绩效报告

	预算成本	可控成本	不利差异	有利差异
工人工资	58100	58000		100
原材料	32500	34225	1725	
行政人员工资	6400	6400		
水电费	5750	5690		60
折旧费用	4000	4000		
设备维修	2000	1990		10
保险费	975	975		
	109725	111280	1725	170
			1555	

中心。而产品或劳务不在市场出售，只是为了企业组织的管理需求而在企业组织内部单独核算，相互转账从而取得“利润”，并以此作为绩效考核标准。这样的利润中心就是人为的利润中心。例如，化肥厂的合成氨车间，其产品在市场销售获得真正的收入和利润。因此，它是自然的利润中心；如果化肥厂的合成氨车间将合成氨作为原材料作价转给碳氨车间。这时，合成氨车间就是人为的利润中心。由此可见，成本中心通常都可以是人为的利润中心。因为成本中心的产品或劳务总是可以确定合适的内部转移价格。

以利润中心作为责任中心，其利润水平便成为绩效考核的基础。利润中心的绩效报告项目应该是利润中心经理人的可控成本和可控收入。利润中心的绩效考核，还涉及到共同收入与共同成本的分配问题。共同收入就是需要在各个相关利润中心之间分配的收入，企业组织需要选择合理的利润指标，必要时还要设立补偿机制以完善共同收入分配的结果。共同成本是指企业组织的后勤服务部门为利润中心提供相关的服务而发生的成本费用，包括研究与开发、公共关系、信息系统、人事管理、原料与产品的配送等等成本费用项目。共同成本也需要在各个利润中心之间分配。

例9－2：某传媒机构下设报业与电视台两大利润中心：

	报业	电视台
可控收入	600000元	500000元
可控经营费用	195000元	175000元

此外，该传媒机构的后勤部门向报业与电视台这两个利润中心提供了相关的服务，其费用总额为905000元。其中，包括：

原材料配送	42000元
职工食堂	24000元
信息管理中心	39000元

共同成本的分配基础为相关作业。

部门	分配基础	作业数量	报业中心	电视台	分配率
原材料配送中心	配送材料的次数	4000	2500	1500	10.5
职工食堂	就餐员工人数	1200	700	500	20
信息管理中心	管理的终端机	1000	760	240	39

据此，共同成本分配如表9－2所示。

表9－2　共同成本的分配　　单位：元

	原材料配送费	职工食堂开支	信息管理费	小　计
报业中心	26250	14000	29640	69890
电视台	15750	10000	9360	35110
总计	42000	24000	39000	105000

共同成本分配完成之后，编制利润中心绩效报告如表9－3所示。

表9－3　利润中心绩效报告　　单位：元

项　目	报业中心	电视台
利润中心收入	600000	500000
利润中心可控经营费用	195000	175000
利润中心可控利润	405000	325000
共同成本分配	69890	35110
利润中心实现利润总额	335200	289890

利润中心绩效报告可以作为利润中心经理人绩效考核的依据。中心实现的利润额可与预算额比较，或与前期做比较。但应注意，由于各利润中心的规模、产品品种、顾客群的组成、业务性质各不相同，利润额不宜在不同的利润中心之间做比较。

三、投资中心及其考核

责任中心的绩效考核指标设置是否合理，不仅会影响各个责任中心的经营绩效，也会影响企业组织整体的经营效率。在所有责任中心中，投资中心经理人的职责范围和决策权限最大。投资中心的经理人不仅需要负责管理与控制该中心成本费用项目，实现该中心利润最大化，还负责该中心营运资本和长期资产的投资。因此，投资中心的绩效考核，不能只着眼于控制成本和实现利润，还要与投入资产的运用效果联系起来。投资中心绩效考核指标通常包括投资报酬率（Return On Investment，ROI），剩余收益（Residual Income，RI）。

（一）投资报酬率

企业组织的各利润中心都独立编制利润（收益）表，全面报告其经营结果。由于不同责任中心的规模、业务性质、顾客组成不尽相同，利润（收益）表上的经营结果在不同责任中心之间存在不可比性。将企业组织的经营利润与投资中心的投资规模相联系是比较合理的绩效考核手段。投资报酬率是投资中心最常见的绩效考核指标。其计算公式如下：

投资报酬率 = 经营净利润/经营资产平均余额 ×100%

上述公式的“经营净利润”是息前税前利润（Earning Before Interest and Tax，EBIT）。因为投资报酬率指标考核的是企业组织经营资产的运用，而利息和所得税是企业组织资产运用的结果。由于公式的分子属于时期指标，分母也应该转化为时期指标即用平均数表示。

为了进一步分析投资报酬率的影响因素，投资报酬率计算公式可以表述为：

投资报酬率 = 经营净利润 ÷ 销售收入 × 销售收入 ÷ 经营资产平均余额

= 销售利润率 × 经营资产周转率

由此可见，提高投资报酬率的主要途径包括：（1）尽可能降低成本；（2）增加销售；（3）减少经营资产。

与投资报酬率计算相关的一个重要问题是企业组织经营资产的固定资产计价问题。如果企业组织的固定资产以账面价值计价，由于折旧的缘故，账面价值逐年减少，即使投资中心的经营净利润保持不变，投资报酬率也会逐年上升。这显然与实际经营成果脱节，不能合理地考核投资中心的经营绩效。与此相联系，固定资产折旧的方法也会影响投资报酬率。当然，如果企业组织的固定资产以其原始价值计价，则可以避免上述问题。

如果企业组织以投资报酬率作为投资中心绩效考核指标，投资中心经理人的决策必然受其影响，要尽可能提高投资中心的投资报酬率。因此，投资报酬率具有引导投资中心经理人的管理行为的功能：

（1）促使经理人全面、综合地考虑投资责任中心的收入、费用、投资等相关项目。

（2）促使经理人有效地控制成本。投资中心经理人需要对投资中心的成本费用项目实施有效的控制，降低成本也是提高投资中心投资报酬率的有效途径之一。投资中心可以通过消除或减少不增值作业，降低成本，提高产能。

（3）避免经营资产的过度投资。如前所述，减少经营资产投资也是投资中心提高投资报酬率的一个重要途径。减少经营资产投资的具体方式多种多样，比如企业组织可以采用“适时制”，以减少原材料及在产品存量，或关闭经营效率低下的生产线或分部，以性能良好的新设备替代旧设备等等。

例9-3：假设某分公司的市场部经理建议增加广告费预算100000元，因此而增加的销售收入预期为200000元，贡献毛益增加110000元。如果该分公司是收入中心，上述资料已足以让该分公司经理人接受市场部的建议。但如果该分公司是投资中心，其经理人就必须同时考虑增加产品的产销量是否需要追加投入经营资产。运用投资报酬率，可以帮助投资中心经理人作出正确决策。

假设该分公司经营资产平均余额需要追加50000元。目前该分公司销售收入为2000000元，经营利润为150000元，经营资产平均余额为1000000元。投资报酬率为15%（150000/1000000×100%）。

广告费用增加了100000元，贡献毛益增加了110000元，即该分公司的经营利润增加了10000元。另外，经营资产投资也增加了50000元。投资报酬率为15.24%（160000/1050000×100%）。

从投资报酬率的角度看，增加广告费用可以带来较高的投资报酬率。该分公司经理人会考虑采纳市场部门的建议。

尽管如此，以投资报酬率作为投资中心绩效考核指标也存在缺陷。由于以责任中心为单位考核经理人的绩效，经理人的决策相应地也就以责任中心为重，而不是以企业组织的总体利益为重，导致经理人拒绝接受某些能够增加企业组织整体利润，但却会降低责任中心投资报酬率的项目。这就在责任中心的短期目标与企业组织整体目标之间出现了不协调的管理情况。

例9-4：假设某公司的投资中心下一个会计年度存在两个备选的投资方案。其详细资料如表9-4所示。

表9-4 备选方案投资报酬率比较表

项目	第一方案	第二方案
经营资产平均余额	1000000元	400000元
经营净利润	130000元	64000元
投资报酬率	13%	16%

目前该投资中心的经营资产平均余额为5000000元，经营净利润为750000元，投资报酬率为15%。如果该公司要求的最低投资报酬率为10%，该投资中心经理人可能采取四种决策：采用第一方案、采用第二方案、同时采用两个方案或同时否决两个方案，以维持现状。这四个决策对投资报酬率的影响如表9-5所示。

表 9-5　各种决策的影响

项　目	采用第一方案	采用第二方案	采用两个方案	维持现状
经营资产平均余额	6000000 元	5400000 元	6400000 元	5000000 元
经营净利润	880000 元	814000 元	944000 元	750000 元
投资报酬率	14.67%	15.07%	14.75%	15.00%

从投资中心的角度来看，该投资中心经理人显然会选择第二方案。因为该决策会对投资中心的投资报酬带来有利影响，从目前的15%上升到15.07%。但由于两个方案的投资报酬率都高于该公司要求的最低报酬率，放弃第一方案意味着该投资中心提高投资报酬率以牺牲该公司整体利益为代价。如果该公司将 1000000 元投资到其他项目，投资报酬率为 10%，投资中心放弃第一方案的代价就是 30000 元[(1000000 ×10%)－(1000000×13%)]。

除了由于投资中心的短期目标与企业组织整体目标不协调而导致次优（Second Best）决策，以投资报酬率作为投资中心绩效考核指标的另一个问题是导致投资中心经理人忽视企业组织长期利益的短期行为。为了迅速提高投资中心的投资报酬率，经理人可能大幅度削减广告费，解聘高薪的资深员工，取消员工的技术培训，减少设备的维修保养，使用质量不佳的原料，不做设备的必要更新等。这些手段都可以在短期内有效地压缩成本费用，减少经营资产投资额，从而“立竿见影”地提高投资报酬率。显然，这将对企业组织长期利益造成负面甚至长远的影响。

有鉴于此，企业组织不能仅仅依靠投资报酬率考核投资中心经理人的绩效，而应该综合考虑其他指标。

（二）剩余收益

剩余收益是投资中心绩效考核的另一个指标。剩余收益将企业组织的经营净利润与其投资额联系在一起①。其计算公式为：

剩余收益＝经营净利润－经营资产平均余额×最低投资报酬率

上述公式的“最低投资报酬率”由企业组织经理人综合考虑资本成本等多方面因素之后确定。

援引例 9-4 两个方案的数据资料，分别计算两个方案的剩余收益如下：

第一方案的剩余收益＝130000－(1000000 ×10%)＝30000(元)

第二方案的剩余收益＝64000－(400000×10%)＝24000(元)

可见，两个方案都可以增加投资中心的剩余收益。其中，第一方案的增加额较大。该投资中心经理人同样可以采取四种决策：采用第一方案、采用第二方案、同时采用两个方案或同时否决两个方案，以维持现状。这四个决策对剩余收益的影响如表 9-6 所示。

① 值得指出的是，剩余收益就是当今非常“热门”的财务指标：经济附加值（Economic－added Value，EVA）。透过经济附加值指标，人们便可以判断企业组织是在创造价值还是毁灭价值？企业组织的经理人是价值创造者还是价值毁灭者？

表 9-6　　各种决策的影响

项　　目	采用第一方案	采用第二方案	采用两个方案	维持现状
经营资产平均余额	6000000 元	5400000 元	6400000 元	5000000 元
经营净利润	880000 元	814000 元	944000 元	750000 元
最低投资报酬*	600000 元	540000 元	640000 元	500000 元
剩余收益	280000 元	274000 元	304000 元	250000 元

* 最低投资报酬 = 最低投资报酬率（10%）×经营资产平均余额

可见，同时采用两个方案可使剩余收益达到最大化。这是该公司最满意的决策。

如果责任中心是收入中心或利润中心，其经理人没有投资决策权，以投资报酬率作为该责任中心绩效考核指标是理想的。但在投资中心，其经理人需要综合考虑经营资产投资，以投资报酬率作为绩效考核指标，就出现了明显的局限性。以剩余收益作为投资中心的绩效考核指标，就可以弥补投资报酬率的某些局限，鼓励投资中心经理人选择高于最低投资报酬率的投资项目。这在一定程度上协调了投资中心经理人的短期目标与企业组织长远目标之间的矛盾。

当然，作为绩效考核指标，剩余收益也有其缺陷。这主要表现在：（1）剩余收益指标是一个绝对数，无法在不同的责任中心之间进行合理的绩效比较；（2）以投资报酬率作为绩效考核指标导致的短期行为，剩余收益指标依然难以完全解决。投资中心的经理人依然可以通过削减设备维护、取消员工培训等等途径增加投资中心报告的剩余收益。毕竟，剩余收益离投资报酬率只有“一步之遥”！

第三节　内部转移价格

实行分权管理模式的企业组织，企业组织内部各个责任中心在生产经营过程中，既相互联系，又相互独立地开展各自的活动。各个责任中心之间经常相互提供产品或劳务。为了合理地考核企业组织内部各个责任中心的绩效，明确各自的经济责任，使各个责任中心的绩效考核建立在可比的基础上，从而有利于调动各个责任中心的积极性，必须根据各个责任中心业务活动的具体特点，制定具有充分经济依据的内部转移价格（Interdivisional Transfer Price）。

一、内部转移价格的含义

内部转移价格是指企业组织内部各个责任中心之间相互结算或相互转账所选用的一种内部计价尺度。中间产品的转移价格，既是提供方的“销售”收入，又是接收方的“购买”成本，将同时影响两个责任中心的经营绩效。因此，合理的转移价格，应该达到以下三个标准：

（一）有助于各个责任中心经理人作出合理的决策

如前所述，协调各个责任中心的短期目标与企业组织整体目标是分权管理模式的关键。合理的转移价格，应该使各个责任中心经理人的决策，不仅可以提高各个责任中心的经营利润，而且有利于提高企业组织的整体利润水平。

（二）有助于合理考核各个责任中心的绩效

不合理的转移价格可能造成不同责任中心之间的矛盾，带来负面影响。合理的转移价格，应该使各个责任中心所报告的绩效，基于一个相对合理的基础，以便考核各个责任中心的绩效。同时，合理的转移价格可以促进各个责任中心与企业组织整体目标之间的协调。这意味着任何一个责任中心的目标实现都不能以牺牲其他责任中心乃至企业组织的利益为代价。

（三）有助于维护各个责任中心经理人的决策权

分权管理模式的目的之一就是要使各个责任中心的经理人具有相当的职责与决策权。如果转移价格的制定是强制性的，并影响各个责任中心的绩效，显然有悖于分权管理模式的宗旨。

企业组织的经理人很少会明确规定内部转移价格，只在一定的基础上制定内部转移价格的规则。在企业组织的经营管理实践中，常见的内部转移价格主要包括市场基础转移价格、协议基础转移价格、成本基础转移价格和双重计价。与其他管理控制系统一样，内部转移价格的制定，应该有助于企业组织战略与长远目标的有效实施。

二、市场基础转移价格

顾名思义，市场基础转移价格就是以市场价格作为转移价格。这需要满足三个条件：(1) 中间产品存在完全竞争性市场；(2) 相关责任中心的经营活动不存在相互依存的关系；(3) 中间产品无论是内部转让或外部购销都不会为企业组织带来额外的成本或收入。

如果市场条件符合这三个标准，提供方愿意接受的最低转移价格为市场价格，接收方愿意接受的转移价格也是市场价格。因为双方都可以按此价格水平在公开市场上完成产品或劳务的购销。因此，市场价格成为最合理的内部转移价格。

例 9-5：假设某企业的 P 责任中心向 M 责任中心提供零部件。该零部件存在完全竞争的市场，向外部制造商或批发商销售的单位市场价格为 8 元。假设 M 责任中心在产能尚未充分利用的情况下，接到一份 100000 件产品的订单，单位定价为 30 元。M 责任中心的单位生产成本数据如表 9-7 所示。

根据表 9-7，似乎 M 责任中心如果接受这份订单，将发生亏损。P 责任中心是否应该降低转移价格，以便 M 责任中心降低产品成本，从而可以接受这份订单呢？

对 P 责任中心而言，8 元是零部件的市场价格，也是可以接受的最低转移价格。如果转移价格低于这个价格水平，P 责任中心将选择向外部市场销售零部件，以避免发生损失。表 9-7 的成本项目中，固定性制造费用不是相关成本，M 责任中心应该考虑的是接受这份订单后将发生的增量成本。如果暂时不考虑零部件的转移价格，接受订单而

表 9-7　　单位零部件生产成本数据

成本项目	金　额
直接材料	10 元/件
零部件转移价格	8 元/件
直接人工	2 元/件
变动性制造费用	1 元/件
固定性制造费用	10 元/件
生产成本	31 元/件

增加的单位成本应为 13 元（10+2+1），M 责任中心接受订单的单位贡献毛益为 17 元（30-13）。也就是说，M 责任中心在转移价格为 17 元的情况下仍然可以保本。由于该零部件存在完全竞争的市场，M 责任中心可以按 8 元的单价从外部市场购入该零部件，故 M 责任中心可以接受的最高转移价格同样是 8 元。超过 8 元，M 责任中心将选择从外部市场购入零部件，以避免发生过高的成本。因此，此时 8 元的市场价格作为转移价格是最合理的。由于客观的市场价格为责任中心制订转移价格提供了可靠的基础，各个责任中心以市场价格提供和接收产品或劳务，可以更好地发挥其生产经营的主动性和积极性。

三、协议转移价格

在大多数情况下，产品或劳务并不存在完全竞争的市场。以市场价格作为转移价格，在企业组织的经营管理实践中，由于各种客观条件的限制以及产品或劳务市场价格的频繁变化，存在一定的困难。而且按市场价格在企业组织内部转移产品或劳务，由于手续简便而节省的营销费用完全成为提供方的绩效，却无法体现为接受方的绩效，容易造成双方的矛盾。为了解决这类问题，责任中心可能采取协商的方法确定双方接受的转移价格即协议转移价格。

例 9-6：假设某企业下设 A、B 两个投资中心。A 投资中心生产的集成电路板都可以按单位市场价格 22 元出售，单位销售成本为 2 元。如果将集成电路板出售给 B 投资中心，可免除营销费用。A、B 两个投资中心的相关资料如表 9-8 所示。

表 9-8　　A、B 两个投资中心的相关资料

项　　目	A 投资中心	B 投资中心
年销售量	260000 件	91000 件
单位销售价格	22 元	45 元
单位变动成本：		
制造费用	12 元	32 元
营销费用	2 元	3 元
年度固定成本	1480000 元	610000 元

目前，B 投资中心从外部市场以单位价格 22 元购入所需的集成电路板。如果 B 投资中心转为在企业组织内部向 A 投资中心购买集成电路板，是否会给投资中心及企业组织带来更大的效益呢？

这取决于如何制定转移价格。A、B 两个投资中心的经理人需要就此进行协商。A 投资中心希望将转移价格定为 22 元/件。对 B 投资中心而言，这也是外部购买的市场价格。因此，B 投资中心的效益没有受到影响。以单位价格为 22 元向 B 投资中心提供集成电路板，每件集成电路可以节省营销费用 2 元，A 投资中心以及企业组织的利润总额因此而增加 182000 元（91000×2）。但这是企业组织的内部交易，A 投资中心向 B 投资中心提供集成电路板，单位产品可以节省的运输费用、营销费用等相关开支约为 2 元。据此，B 投资中心认为单位转移价格应该是 20 元（22－2）。因此，22 元为最高转移价格，20 元为最低转移价格。两个投资中心的经理人可以在两者之间协商确定双方都可以接受的转移价格。对于双方而言，只要协议转移价格低于市场价格，高于提供方产品的单位变动成本，相关投资中心的效益都会提高。

假设例 9－6 最终成交价为 21.10 元。内部转移产品前后的利润（收益）表如表 9－9所示。

表 9－9　内部转移产品前后的比较利润（收益）表

外部购销集成电路板	A 投资中心	B 投资中心	总　额
销售收入	5720000 元	4095000 元	9815000 元
减：变动成本			
变动性生产成本	3120000 元	2912000 元	6032000 元
变动性销售费用	520000 元	273000 元	793000 元
贡献毛益	2080000 元	910000 元	2990000 元
减：固定成本	1480000 元	610000 元	2090000 元
经营利润	600000 元	300000 元	900000 元
内部转移集成电路板	A 投资中心	B 投资中心	总　额
销售收入	5368100 元	4095000 元	9733100 元
减：变动成本			
变动性生产成本	3120000 元	2830100 元	5950100 元
变动性销售费用	338000 元	273000 元	611000 元
贡献毛益	2180100 元	991900 元	3172000 元
减：固定成本	1480000 元	610000 元	2090000 元
经营利润	700100 元	381900 元	1082000 元
经营利润变动额	100100 元	81900 元	182000 元

在协商基础上确定中间产品的转移价格，可以保证各个责任中心经理人的决策自主权，充分发挥分权管理模式的优势。但转移价格通过相关责任中心的协议确定，又可能带来新的问题。这主要表现在：（1）如果协议双方信息不对称，掌握信息较多的一方将在谈判过程中处于优势地位。尤其是如果双方经理人在薪酬、职位晋升、绩效等方面

存在竞争的情况下，具有信息优势的责任中心经理人很可能运用转移价格提高其所在责任中心的效益，进而对自身利益带来有利的影响。（2）如前所述，转移价格对双方的绩效都有直接的影响。绩效考核指标受双方谈判的技巧和协商能力的影响，从而掩盖了其真正的绩效。（3）相关责任中心经理人需要将大量的时间和精力耗费在谈判和协商上，可能影响了经营效率。

四、成本基础转移价格

如果中间产品的市场价格资料不可得，或取得市场价格资料的成本过高，可以考虑采用成本基础转移价格。这里成本的概念可以指完全成本、变动成本或标准成本。

（一）完全成本基础转移价格

以完全成本为基础制定转移价格，简单易行。需要的数据可以直接从责任中心的会计系统取得。另外，完全成本与变动成本之间的差额成为提供方的贡献毛益，可以在一定程度上鼓励提供方在企业组织内部转移其产品或劳务。但完全成本基础的转移价格，缺点也很明显。在无法获得可靠的市场价格信息的情况下，企业组织就考核各个责任中心的绩效。同时，以完全成本作为转移价格，可能造成提供方在其经营管理过程中忽视必要的成本控制。因为其经营管理过程的无效、低效因素将通过转移价格转嫁给接收方。这对于提供方、接收方与企业组织整体都不利。

（二）完全成本加成基础转移价格

以完全成本加成为基础确定转移价格，加成的比例通常是相关责任中心协商的结果。实际上，这是协议转移价格的一种方式。在企业组织的经营管理实践中，这种方法运用得很普遍。

（三）变动成本基础转移价格

以变动成本作为确定转移价格的基础，对于提供方的绩效考核不利。因为其固定成本无法得到弥补，接收方由于只需要支付提供方的变动成本，可能产生一定的利润。显然，这无助于合理考核相关责任中心的绩效。同时，提供方也可能从其本身的效益出发，拒绝产品或劳务的内部转移。这很可能对企业组织的整体效益带来负面影响。

从理论上说，如果中间产品存在完全竞争的市场，最低单位转移价格为单位变动成本与机会成本之和。在这里，“机会成本”就是提供方因放弃向外销售产品而失去的效益。例如，某公司的中间产品的单位变动成本为 52 元，单位市场价格为 60 元，单位贡献毛益为 8 元。如果该公司的责任中心采取内部转移产品而放弃对外销售，该责任中心将失去 8 元的贡献毛益。因此，最低单位转移价格应为 60 元。但如果中间产品不存在外部市场，提供方只能向接收方内部转移产品，则转移价格不需要再考虑贡献毛益，最低单位转移价格为中间产品的单位变动成本即 52 元。这种方法的局限性在于要求中间产品存在完全竞争的市场，以便取得市场价格资料。但在企业组织的经营管理实践中，往往不存在完全竞争的市场，因此，市场价格资料难以取得。另一方面，机会成本的数据无法通过现有的会计系统获得，信息成本较高。

五、双重计价

以单一成本为基础制定的转移价格，很可能难以同时满足企业组织的各种不同管理需求。比如，运用市场价格基础转移价格，可以有效地考核各个责任中心的绩效；运用变动成本基础转移价格，则可以帮助责任中心经理人作出是否内部转移产品或劳务的决策。企业组织经理人可以强制性要求内部转移产品或劳务，但这将影响各个责任中心经理人的权限。运用双重计价（Dual Transfer Price），可以在一定程度上较为合理地满足企业组织的不同管理需求，提高相关责任中心的经营积极性和主动性，有利于提高企业组织的整体效益。

所谓双重计价是指对提供方与接收方对转移的中间产品采取不同的计价基础。例如，提供方采取成本加成，接收方则采取变动成本基础，两者的差额记入一个专门的核算账户，作为企业组织的成本。这样，提供方通过内部交易活动可以获得合理的利润，接收方不需要为提供方承担成本，双方的绩效考核都有了一个合理的基础，可以有效地鼓励各个责任中心产品或劳务的内部转移。

例 9－7：假设某企业下设 A、B 两个投资中心。A 投资中心每月向 B 投资中心提供 10000 件产品，B 投资中心每月产量也是 10000 件。相关资料如表 9－10 所示。

表 9－10　　责任中心相关资料

A 投资中心	金　额
单位产品市场价格	96 元
单位变动成本	40 元
内部转移产品收入	960000 元
变动成本总额	400000 元
贡献毛益	560000 元
B 投资中心	**金　额**
单位产成品市场价格	220 元
单位变动成本：	
内部转移价格	40 元
本中心变动成本	120 元
产成品销售收入	2200000 元
变动成本总额	1600000 元
贡献毛益	600000 元

根据例 9－7 资料，提供方（A 投资中心）以市场价格作为转移价格，接收方（B 投资中心）则以 A 投资中心产品的单位变动成本作为转移价格，这样的绩效考核基础都双方都有利，从而鼓励各个责任中心进行内部产品交易，提高企业组织整体效益。

当然，双重计价同样存在缺陷。这主要表现在：（1）各个责任中心经理人的决策只从其所在责任中心的效益出发。成本的转移可能导致各个责任中心不重视成本控制。（2）相关责任中心经理人在确定转移价格时可能忽视企业组织整体效益，从而可能出现各个责任中心的效益提高了，而企业组织整体效益受损的情况。（3）企业组织的账务处理成本也会因运用不同转移价格基础而有所提高。

综上所述，没有一种内部转移价格可以满足企业组织各种不同的管理需求。企业组织应该根据其战略、管理需求和具体管理情况选择合适的内部转移价格①。

本章小结

先进制造技术、日益激烈的全球性竞争和诸多行业管制的放松或取消等新的市场环境，使企业组织结构逐渐从传统的纵向等级制转变为横向扁平型和动态网络型。这种新型的企业组织结构要求原有的管理控制模式作出相应的变革。

如果企业组织的规模较小，市场通过资源配置可以自发地调控经理人行为并分派决策权力。但是，随着企业组织规模的不断扩大，企业组织结构越来越复杂。这时，就需要建立企业组织的管理控制系统。

企业组织的结构模式主要包括：直线职能制组织结构（U 型结构）、事业部制组织结构（M 型结构）、矩阵结构和 H 型结构。不同的组织结构模式体现了不同的分权管理理念。不过，在企业组织里，没有绝对的分权管理模式，也没有绝对的集权管理模式。只有集权与分权哪个占主导地位的问题。

企业组织结构与其责任会计系统存在密切的联系。理想的责任会计系统应该反映并支持企业组织结构。责任会计是在行为科学理论基础上产生的，与企业组织结构相适应，基于分权管理模式，为适应经济责任制的要求，将企业组织划分为各种不同形式的责任中心，并建立起以各个责任中心为主体，以权、责、利相统一为特征，以责任预算、责任控制、责任评价和奖惩为内容，通过信息的积累、加工和反馈而形成的一种企业组织内部管理控制制度。

责任会计的内容主要包括：合理划分责任中心、编制责任预算、制定合理的内部转移价格、建立健全严密的记录报告系统、分析与评价实际工作绩效、建立公正、权威的内部协调机制。

责任中心是责任会计的基础。实际上，管理控制系统所关注的就是责任中心。通常，根据权责范围，企业组织的责任中心包括成本中心、利润中心和投资中心。各个责任中心分别基于其权责范围，以绩效报告履行其内部受托责任。

内部转移价格是指企业组织内部各个责任中心之间相互结算或相互转账所选用的一种内部计价尺度。在企业组织的经营管理实践中，常见的内部转移价格主要包括市场基础转移价格、协议基础转移价格、成本基础转移价格和双重计价。与其他管理控制系统一样，内部转移价格的制定，应该有助于企业组织战略与长远目标的有效实施。没有一种内部转移价格可以满足企业组织各种不同的管理需求。企业组织应该根据其战略、管理需求和具体管理情况选择合适的内部转移价格。

① 如果企业组织内部转移价格所涉及的责任中心处于不同税收环境，那么，企业内部转移价格问题就转化为企业组织的税收筹划问题。这就超越了本书的主题。有兴趣的读者可以参阅相关的税收筹划的论著。

本章主要参考文献

1. Jesse T. Barrfield, Cecily A. Raiborn, Michael R. Kinney. Costing Accounting: Traditions and Innovation. South – Western, 2003.

2. Anthony A. Atkinson, Rajiv D. Banker, Robert S. Kaplan, S. Mark Young. Management Accounting. Prentice Hall, Inc., 2003.

3. 查尔斯·亨格瑞，格里·森顿，威廉姆·斯特尔顿：《管理会计教程》，华夏出版社 2006 年版。

4. 查尔斯·T. 亨格瑞，斯坎特·M. 达塔，乔治·福特斯：《成本与管理会计》，中国人民大学出版社 2004 年版。

5. 韦恩·J. 莫尔斯，詹姆斯·R. 戴维斯，阿尔·L. 哈特格雷夫斯：《管理会计：侧重于战略管理》，上海财经大学出版社 2005 年版。

6. 胡玉明，丁友刚，卢馨：《管理会计》，暨南大学出版社 2006 年版。

7. 胡玉明，赖红宁，罗其安：《成本会计》，清华大学出版社 2005 年版。

第五篇　战略导向的管理会计

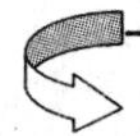

面对21世纪的经营环境，企业组织必须“事事强调战略定位，时时强调战略定位”。第五篇“战略导向的管理会计”体现了管理会计以战略为导向的“对内深化，对外扩展”。

作业成本计算法

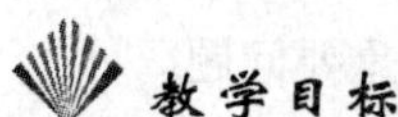

教学目标

◇基本目标

在了解作业成本计算法产生的时代背景基础上，理解和掌握作业成本计算法基本原理及其与传统成本计算方法的差异。

◇具体目标

(1) 了解作业成本计算法产生的时代背景；(2) 理解和掌握作业成本计算法的基本概念；(3) 理解和掌握作业成本计算法的基本原理及其运用；(4) 理解和掌握作业成本计算法与传统成本计算方法的差异。

本章提要

管理会计在20世纪后期出现了许多重大变革，并取得引人注目的新进展。以"作业"(Activity) 为核心的作业成本计算法 (Activity – Based Costing, ABC) 便是其中之一。本章以社会经济环境的变化为依托，在讨论传统成本计算方法局限性基础上，讨论作业成本计算法产生的时代背景、作业成本计算法基本原理及其与传统成本计算方法的差异。

第一节　作业成本计算法产生的时代背景

作业成本计算法的产生不是偶然的，而是众多因素综合作用的结果。20 世纪 70 年代以来，世界范围内的技术和社会经济环境发生了重大变化。这些变化对企业组织的成本计算方法产生重大的影响。

一、技术背景：先进的制造环境

20世纪70年代以来，世界范围内的技术发生了日新月异的进步。在高新技术蓬勃发展的环境下，以美国和日本等国为代表的市场经济发达国家的企业组织面对日趋激烈的全球竞争压力，纷纷将高新技术运用于生产领域。奠基于先进技术的生产，其基本特征是在电子技术革命的基础上形成的生产高度计算机化、自动化，包括计算机数控机床（Computer Numerical Control Machines）、机器人（Robotics）、计算机辅助设计（Computer - Aided Design，CAD）、计算机辅助制造（Computer - Aided Manufacturing，CAM）的广泛运用，乃至计算机一体化制造系统（Computer Integrated Manufacturing System，CIMS）的形成。它从产品订货开始，直到设计、制造、营销等所有环节，所运用的各种自动化系统综合成一个整体，由计算机统一调控。上述这些高新技术在生产领域的广泛运用改变了企业组织的产品成本结构，使得直接材料成本和直接人工等变动成本的比重大为下降，而制造费用的比重却大幅度上升。这样，如何合理地分配制造费用便成为一个重要问题。

二、社会经济背景：个性化的社会环境

高新技术在生产领域广泛运用，极大地提高了社会生产力，促进了社会经济的发展。随着社会经济的发展，市场经济发达国家逐步进入富裕社会。在富裕社会中，人们可以支配的收入大大增加，人们对消费提出越来越高的要求，从而使消费者的行为变得更具有选择性，从过去的崇尚时尚转向标新立异、突出个性。这种社会需求的重大变化必然对企业组织提出新的、更高的要求，要求企业组织具有灵活多变、快速反应的能力，及时向消费者提供多样化和富有个性、日新月异的产品，以适应消费者多样化和快速多变的需求。与此相适应，对消费者多样化、日新月异的需求迅速作出反应的顾客化生产——柔性制造系统（Flexible Manufacturing System，FMS）取代传统的、以追求“规模经济”为目标的大批量生产就成为历史的必然。客观地说，传统成本计算法适应于产品品种单一化、常规化和大批量生产的企业组织。然而，社会经济的发展，富裕社会的形成，改变了传统成本计算法赖以存在的社会经济环境。因为在顾客时代，尽管顾客需要的“产品”，其组成构件（零部件）“大同小异”，其差别仅仅在于“产品”所体现的理念或款式，但是，几乎没有两件完全相同的“产品”。如此一来，企业组织就不能根据“产品”计算其成本，而必须根据“产品”所消耗的作业而汇总、计算“产品”成本。

三、传统成本计算方法难以适应20世纪70年代之后的社会经济环境

传统成本计算方法的特征是以“产品”（Product）为中心并计算产品成本，就成本论成本。基于高新技术环境，这种成本计算方法的适应性自然成为一个重要的问题。

基于高新技术环境，企业组织的制造费用的数额和重要性大大提高。如前所述，生产成本包括直接材料、直接人工和制造费用等三个部分。其中，制造费用是一种间接费用，必须按一定标准将其分配计入相关的产品，以便合理地计算产品成本。传统成本计

算方法通常以直接人工成本、直接人工小时、机器小时等作为制造费用的分配标准。在20世纪初期，管理会计发展之初，企业组织多数是劳动密集型的，直接人工成本是产品成本的主要组成部分，制造费用数额较小。由于制造费用的发生与直接人工成本具有一定的相关性，加之直接人工成本数据易于取得，因而，直接人工成本便成为制造费用的分配标准。然而，如前所述，20世纪70年代之后，高新技术的蓬勃发展并广泛地运用于生产领域，引起企业组织的革命性变革。生产过程的高度自动化、电脑化，生产成本的直接人工成本部分大大减少，而制造费用部分却大大增加，其重要性也日益提高。更为重要的是制造费用的发生与直接人工成本渐失相关性。例如，基于高新技术环境，出现一种完全自动化，所有的灯都可以熄灭的所谓“无灯工厂”，根本就没有直接人工成本，取而代之的是大量的制造费用。这时，不论从提高产品成本计算的相关性，还是从提高成本控制的有效性来看，都要求把产品成本计算工作重点放在制造费用的分配上。传统成本计算方法采用单一标准分配制造费用。由此导致产品产量大、技术含量较低的产品成本偏高，而产品产量小、技术含量较高的产品成本偏低，形成不同产品之间的成本转移，从而可能误导企业组织的生产经营决策。

四、电子计算技术的发展为作业成本计算法的实践运用奠定了坚实的基础

其实，作业成本计算法的基本思想早在20世纪30年代末40年代初就形成了。美国会计学家科勒（E. Kohler）在1938年至1941年间担任美国田纳西谷管理局的财务总监和内部审计师。田纳西谷管理局的主要收入来源于水力发电收入，其产品就是电力。水力发电的行业和成本构成特点主要包括：（1）与一般产品不同，其原材料就是流动的水面，而不是从市场以一定价格购买的原料；（2）人工主要是用于对电力设施的监控和维护保养，因而，其人工成本较低；（3）水力发电的主要成本是机器设备的折旧费用和维护保养费用等间接费用。上述这些特点决定了如果田纳西谷管理局采用传统的以人工工时为基础分配间接费用的方法计算其电力成本，将严重地扭曲成本，因而，无助于节约成本和提高工作效率。有鉴于此，科勒根据水力发电的行业和成本构成特点，在其有关论著开始较为系统地研究间接费用分配问题，形成了早期作业成本计算法的基本思想。但是，作业成本计算法真正引起人们关注却在20世纪80年代。这是因为一种新理论或方法的创立不仅要有其本身内在的新因素的成长，而且还要有邻接学科的配合以及它赖以形成的社会环境和技术基础。上述环境或条件在当时并不具备。就成本计算技术而言，作业成本计算法与传统成本计算法不同之处主要在于采用多元化的制造费用分配标准。毫无疑问，即使上述技术和社会经济背景乃至管理观念都具备，如果没有现代电子计算技术的高度发展和运用，多元化制造费用分配标准所带来的庞大计算工作量可能使信息处理成本远远超过其可能带来的效益。如此，作业成本计算法充其量也只能停留在理念上，而难以真正付诸实施。20世纪80年代之后，电子计算技术的发展与运用，信息处理技术的发展，为多元化制造费用分配标准的作业成本计算法奠定了坚实的基础。

正是在上述这些因素的综合作用下，一种以“作业”为基础的成本计算方法——

作业成本计算法便应运而生，并且引起人们的极大关注。

上述作业成本计算法产生的时代背景可用图 10－1 表示之。

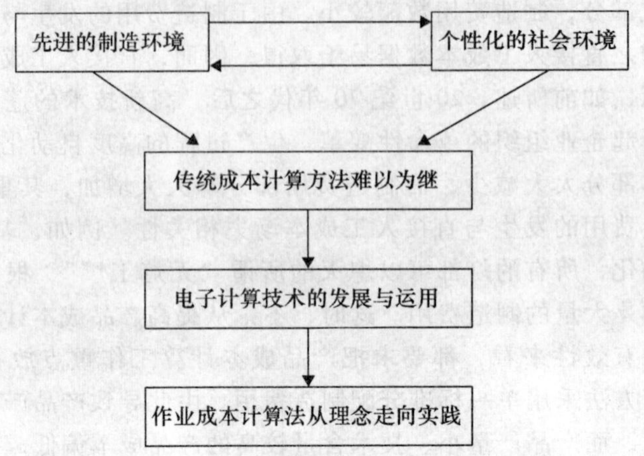

图 10－1　作业成本计算法产生的时代背景

第二节　作业成本计算法基本概念

作业成本计算法构建在一系列概念基础上。这些概念是理解和掌握作业成本计算法的前提。

一、作业成本计算法的基本概念

作业成本计算法的基本概念主要包括：

（一）作业

作业（Activity）是企业组织为了特定目的而消耗资源的活动或事项。它代表企业组织实施的工作，连接资源与成本对象的桥梁。

企业组织的作业通常具有三个特征：（1）作业是企业组织的投入与产出因果关系连动的实体；（2）作业贯穿企业组织经营管理之始终，构成包容企业组织内部和连接外部的作业链；（3）作业是可量化的基准。

如果进一步考察，作业是相关的一系列任务（Task）的总称。任务是企业组织实施每项作业的详细步骤，其作用在于理解企业组织作业的构成。例如："发出订货单"作业可以由以下任务构成：（1）使用部门收到购买需求信息；（2）索取供应商报价并评估价格；（3）编制比较分析表；（4）认定或选择供应商；（5）编制并发出订单。这些任务也可以视为企业组织的作业。当然，企业组织对作业的细分程度取决于企业组织的管理需求以及成本效益原则。

（二）作业中心

作业中心（Activity Center）是一系列相互联系，能够实现企业组织某种特定功能的作业集合。例如，在原材料采购作业中，材料采购、材料检验、材料入库、材料仓储保管等都是相互联系的，且都可以归类于材料处理作业中心①。

（三）成本库

如果把企业组织相关的一系列作业所消耗的资源费用归集到作业中心，便构成该作业中心的成本库（Cost Pool）。实际上，成本库是作业中心的货币表现形式②。

（四）成本动因

成本动因（Cost Driver）是作业成本计算法的核心概念。它是诱致成本发生的原因，它是成本对象与其直接关联的作业和最终关联的资源之间的中介因素。作业和成本对象是“成本动因”的起因，资源消耗是“成本动因”的结果。成本动因是作业成本计算法的核心问题。

成本动因可以进一步分为：（1）资源动因（Resource Driver）。资源动因是衡量企业组织资源消耗量与作业之间关系的某种计量标准。它反映了资源消耗的起因，是资源消耗归集到作业的依据。资源动因可以用于评价企业组织作业使用资源的效率。（2）作业动因（Activity Driver）。作业动因是企业组织引起作业发生的原因。它是将成本库的成本分配到成本对象的依据，也是将资源消耗与最终产出连接的桥梁。

（五）成本对象

成本对象（Cost Objective）是企业组织执行各项作业的原因。它是归集成本的最终点。根据企业组织的管理需求，成本对象可以是产品，也可以是作业、部门或生产线、一个人，乃至整个企业组织，甚至也可以是企业组织的外部顾客。

（六）资源

资源（Resource）是支持企业组织作业的成本或费用来源。它是企业组织的作业执行过程所需要花费的代价。与企业组织某项作业直接相关的资源应该直接计入该项作业。如果企业组织的某项资源支持多项作业，就应该通过一定标准将资源分配计入各项相应的作业③。

二、作业的进一步分类

根据企业组织实施作业成本计算法的需要，有时还有必要确认企业组织的不同作业层次所“驱动”（Driver）的各项成本。例如，某些生产成本主要受企业组织所生产的产品单位数量的影响如直接材料，而某些成本却受企业组织的生产线数量的影响如生产部门经理人的工资。因此，在作业成本计算法的实践中，有时需要对作业进一步分类：

---

① 实施作业成本计算法之后，本书第九章所讨论的“责任中心”便转化为“作业中心”。

② 这里的“成本库”相当于传统成本计算方法的“基本生产”、“辅助生产”、“制造费用”、“营业费用”、“管理费用”和“财务费用”等账户。

③ 由此可见，即便运用作业成本计算法，企业组织依然存在“共同费用”的分配问题。作业成本计算法根据“成本动因”分配费用，提高了成本信息的“相关性”，但没有足够的证据显示作业成本计算法提高成本信息的“精确性”。

（一）单位作业

单位作业（Unit Level Activity）指企业组织每生产一个单位执行一次作业，且各个单位所消耗的资源数量大致相同的作业。例如，直接人工成本、直接材料成本、按产量法计提的固定资产折旧等项目就属于单位作业。通常，单位作业的作业成本与产品产量或某种属性（产品重量或长度等）成比例变动。

（二）批作业

批作业（Batch Level Activity）指企业组织每生产一批产品执行一次的作业。其资源的消耗反映在与各批相联系的成本动因上。例如，调整流程成本、编织生产计划的成本、批检验成本、材料处理和运送成本等项目就属于批作业。通常，批作业的作业成本与产品批别成比例变动。

（三）产品作业

产品作业（Product Level Activity）指企业组织为了维持某条特定生产线的存在而执行的作业。它通过生产线与资源的消耗联系起来。例如，维护顾客关系、零部件管理、产品分类、产品工艺设计等项目就属于产品作业。通常，产品作业的作业成本与产品数量或批数无关，与产品种类成比例变动。

（四）能量作业

能量作业（Facility Level Activity）指企业组织为了维持其整体生产能力而执行的作业。例如，工厂管理、按直线法计提的固定资产折旧、通用照明、热动力、财产占用、生产协调等项目就属于能量作业。它与产量、批次、品种数量无关，与企业组织的规模、结构有关。

表 10－1 列示了约翰迪尔组件厂的作业、作业层次及其成本动因。

表 10－1　约翰迪尔组件厂的作业、作业层次及其成本动因①

作业	作业层次	成本动因
材料采购	单位作业	材料成本
直接人工供应	单位作业	直接人工成本
机器运行	单位作业	机器小时
调整	批作业	调整小时
生产指令	批作业	指令单份数
材料整理	批作业	装货次数
零部件管理	产品作业	零部件数量
一般行政管理	能量作业	增值额

三、成本动因的选择问题

根据作业成本计算法，最困难、最富有挑战性的工作便是确定企业组织的成本动

① Robin Cooper and Robert S. Kaplan, The Design of Cost Management System: Solution Manual and Teaching Notes (Englewood Cliffs, N. J.: Prentice Hall, 1991), P. 310.

因。只有明确企业组织的业务流程（Business Process）才能确定成本动因。这是一个充满“个性化”的工作。成本动因的选择极为重要，对此必须审慎考虑。

通常，成本动因由企业组织的工程师与会计师组成的专门小组讨论后确定。在选择成本动因时，必须注意以下两个问题：（1）成本动因应该简单易懂、可计量，容易从现存的资料分辨出来，并与各个部门的产出存在直接的关联性。（2）代表性与全面性相结合。企业组织在选择成本动因时，为了避免作业成本计算法过于复杂，难以执行而流于形式，不宜把面铺得太广，既要挑选具有代表性和重要性的成本动因，又要注意避免过于简陋。

企业组织成本动因的数量多少与企业组织生产经营管理过程的复杂程度密切相关。企业组织生产经营管理过程越复杂，其成本动因就越多。基于高新技术的蓬勃发展情况，企业组织的成本动因的数量也可能日趋增加。但是，并非所有的成本对象都耗用相同数量的作业量，而且其成本动因也各不相同。因此，如果企业组织忽视了这个问题，简单地以直接人工成本等单一标准分配制造费用，就可能导致成本信息的扭曲。

表 10－2 列示了 Cal 电子电路公司的成本动因①。

表 10－2　　Cal 电子电路公司的成本动因

Cal 电子电路公司的印刷电路板生产涉及到如下 10 个成本动因	
1	调整准备次数
2	印刷电路板的钻孔数
3	印刷电路板的层数
4	不同规格钻头的使用数量
5	印刷电路板的每一控制板图像数
6	印刷电路板的长度与宽度
7	每一控制板的部件数
8	工程小时数
9	场地大小
10	化学废料数量

第三节 作业成本计算法基本原理

在明确作业成本计算法的基本概念基础上，本节进一步讨论作业成本计算法基本原理及其与传统成本计算方法的差异，以期更好地理解和掌握作业成本计算法，并展

① John Lee：“Activity Based Costing at Cal Electronic Circuits” Management Accounting，October 1990，P. 36－38.

示成本计算方法由“数量基础”到“作业基础”的最新进展，揭示管理会计的发展趋势。

一、作业成本计算法基本原理

作业成本计算法基于“作业消耗资源，成本对象消耗作业”这两个前提①。有鉴于此，作业成本计算法基本原理可以概括为：依据不同成本动因分别设置成本库，再分别以各种成本对象所耗费的作业量分摊其在该成本库的作业成本，然后，分别汇总各种成本对象的作业总成本，计算各种成本对象的总成本和单位成本。由此可见，作业成本计算法将着眼点放在作业上，以作业为核算对象，依据作业对资源的消耗情况将资源的成本分配到作业，再由作业依据成本动因追踪到成本对象的形成和积累过程。作业成本计算法的基本原理可以用图 10－2 表示之。

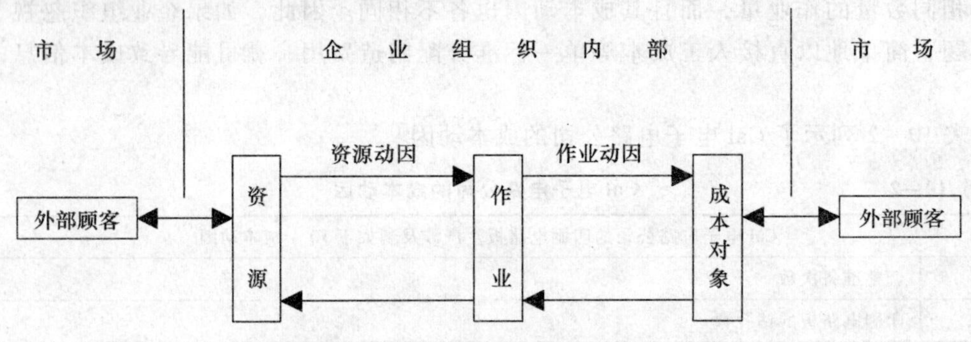

图 10－2 作业成本计算法原理图示②

根据图 10－2 所描述的基本原理，作业成本计算法的具体步骤如下：

（一）确认主要作业和作业中心

一个作业中心就是企业组织业务流程的一个组成部分。例如，检验部门就是一个作业中心。按照作业中心披露成本信息，便于企业组织的经理人控制作业，评估作业绩效。如何确认作业和作业中心涉及到前述的“作业”的概念。

（二）将资源成本分配到作业中心

将归集起来的投入成本或资源分配到各个作业中心的成本库，各个成本库所代表的是它所在的那个作业中心所执行的作业。因此，该步骤的成本动因是要确认各个成本中心的资源耗用量。这个步骤的分配工作，体现了作业成本计算法的基本前提：作业量决定资源耗用量。资源耗用量的高低与最终的产出量（成本对象）没有直接的关系。这

① 通常人们认为“产品消耗作业”。表面上看，这当然没有错，但仔细地深究，应该是成本对象消耗作业。同样地，人们通常认为作业成本计算法是计算产品成本的一种方法。这当然也没有错，但并不全面。毋庸置疑，作业成本计算法是计算产品成本的方法，但是，如果只是这么认识作业成本计算法的话，那可就大大降低其功效了。作业成本计算法计算的是企业组织最基本事项（即作业）的成本。企业组织完全可以根据管理需求“按需取数”，计算各种成本对象的成本。产品成本只是其中之一。这才是作业成本计算法的魅力之所在！具体论述可以参见胡玉明：“作业成本计算法的战略思维”，《财会通讯》，2004 年第 7 期。

② 在企业组织内部，上面的箭头表示成本计算和形成过程，下面的箭头表示资源消耗过程。

种资源消耗量与作业量之间的关系就是前述的“资源动因”。“资源动因”是本步骤分配的基础。例如，如果将“检验部门”定义为一个作业中心，那么，“检验小时”就成为一个资源动因。这时，许多与检验相关的成本都将归集到消耗该项资源的作业中心。这是作业成本计算法的“本源”。顾名思义，作业成本计算法计算的就是企业组织各种作业的成本。

（三）将各个作业中心的成本分配到成本对象

例如，整备作业的成本动因是整备小时或整备次数；整备次数假定每次整备作业耗用的资源都是相同的；整备小时则假定资源的消耗量是随着产品所需要的整备时数的变动而变动。再如，抽样检验作业的成本动因是生产的批次；钢板打眼作业的成本动因是打出的眼数；组装作业的成本动因是直接人工小时。这个步骤的分配工作体现了作业成本计算法的基本前提：产出量（成本对象）决定作业耗用量。这种作业消耗量与企业组织产出量（成本对象）之间的关系就是前述的“作业动因”。这是作业成本计算法的延伸。既然第二步骤已经计算出企业组织各种作业的成本，那么，企业组织就可以“按需取数”计算出各种成本对象的成本。产品只是作业成本计算法的众多成本对象之一。

作业成本计算法的基本步骤可以用图 10－3 表示。

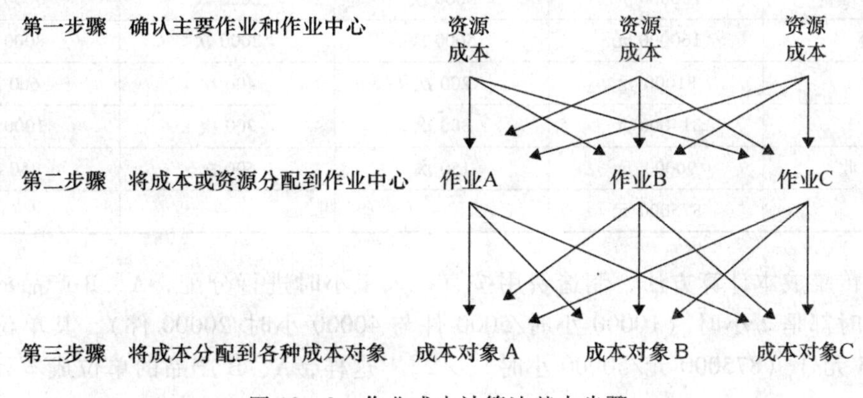

图 10－3 作业成本计算法基本步骤

二、作业成本计算法例解①

就产品成本计算而言，由于生产成本的直接材料成本和直接人工成本属于直接成本，因而，作业成本计算法对直接材料成本和直接人工成本的核算方法与传统成本计算方法并无差异。作业成本计算法的特点主要体现在制造费用的分配上。

作业成本计算法克服了单纯以直接人工成本等标准分配制造费用的局限性，缩小制造费用的分配范围（由整个企业组织统一分配改为由若干个“成本库”分别进行分

① 如前所述，作业成本计算法计算的是企业组织的作业成本，而不仅仅是产品成本，然而，基于传统成本计算方法与作业成本计算法比较的需要，这里以及下面的比较仅局限于产品成本计算问题。否则，两者的比较就缺乏共同的基础。

配），增加制造费用分配标准（由单一标准改为多元标准）即按引起制造费用发生的各种成本动因进行分配。

为了说明问题，下面举例说明作业成本计算法与传统成本计算方法的计算原理及其差异。

例 10－1：假设某企业某年度生产 A、B 两种产品。有关资料如下：

（1）A、B 两种产品的年产量分别为 5000 件和 20000 件；

（2）A、B 两种产品的单位直接人工成本都是 10 元；

（3）A、B 两种产品的直接材料成本分别为 25 元和 15 元；

（4）该年度制造费用总额为 875000 元；

（5）A、B 两种产品所耗费的直接人工小时总额为 50000 小时/年，A、B 产品分别为 10000 小时/年和 40000 小时/年。

根据传统成本计算方法，制造费用按直接人工小时进行分配。该企业对制造费用进行详细分析，依据成本动因，设置五个成本库。其详细内容如表 10－3 所示。

表 10－3　　成本库及其分配比率表

成本库	可追溯成本	A 产品作业量	B 产品作业量	合计
机器调整准备	230000 元	3000 次	2000 次	5000 次
质量检验	160000 元	5000 次	3000 次	8000 次
生产订单	81000 元	200 次	400 次	600 次
维修	314000 元	300 次	700 次	1000 次
原材料验收	90000 元	150 次	600 次	750 次
合　计	875000 元	—	—	—

根据传统成本计算方法，制造费用按直接人工小时进行分配，A、B 产品的单位直接人工小时都是 2 小时（10000 小时/5000 件与 40000 小时/20000 件），其单位制造费用都是 35 元 [（875000 元/50000 小时）×2]。这样，A、B 产品的单位成本计算如表 10－4 所示。

表 10－4　　单位成本计算表（基于传统成本计算方法）

成本项目	A 产品	B 产品
直接材料	25 元	15 元
直接人工	10 元	10 元
制造费用	35 元	35 元
合　计	70 元	60 元

根据作业成本计算法，对制造费用进行详细分析，依据成本动因，设置五个成本库。其详细内容如表 10－5 所示。

表 10－5　　成本库及其分配比率（基于作业成本计算法）

成本库	可追溯成本	A 产品作业量	B 产品作业量	合计	分配率
机器调整准备	230000 元	3000 次	2000 次	5000 次	46
质量检验	160000 元	5000 次	3000 次	8000 次	20
生产订单	81000 元	200 次	400 次	600 次	135
维修	314000 元	300 次	700 次	1000 次	314
原材料验收	90000 元	150 次	600 次	750 次	120
合　计	875000 元	—	—	—	—

根据表 10－5，编制制造费用分配表如表 10－6 所示。

表 10－6　　制造费用分配表（基于作业成本计算法）

成本库	A 产品分配额（元）	B 产品分配额（元）	合　计
机器调整准备	138000	92000	230000
质量检验	100000	60000	160000
生产订单	27000	54000	81000
维修	94200	219800	314000
原材料验收	18000	72000	90000
合　计	377200	497800	875000
单位产品制造费用	75.44 元/件	24.89 元/件	—

根据表 10－6，编制单位成本计算表如表 10－7 所示。

表 10－7　　单位成本计算表（基于作业成本计算法）

成本项目	A 产品（元）	B 产品（元）
直接材料	25	15
直接人工	10	10
制造费用	75.44	24.89
合　计	110.44	49.89

上述表 10－4 与表 10－7 的结果显示了传统成本计算方法与作业成本计算法的差异。作业成本计算法除了提供更为详细的成本信息外，其所确定的产品成本也与传统成本计算方法不同。在例 10－1 中，如果根据传统成本计算方法，A 产品与 B 产品的单位成本差距不大（70 元与 60 元），而根据作业成本计算法，A 产品与 B 产品的单位成本差别较为明显（110.44 元与 49.89 元）。就制造费用而言，根据传统成本计算方法，A 产品与 B 产品的单位制造费用都是 35 元，而根据作业成本计算法，A 产品与 B 产品的单位制造费用分别为 75.43 元和 24.89 元。

导致上述这种差异的主要原因在于传统成本计算方法采用单一分配标准（如直接人工小时）进行制造费用的分配，忽视了各种产品生产的复杂性和技术含量不同以及与此相联系的作业量不同，从而导致产品成本的扭曲。这就类似于大家一起去餐馆吃饭，然后“AA”制。表面上，大家平均分配“餐费”，很公平。其实，这并不公平。因为每个人点的菜都不一样，每道菜的价钱当然也不同，而且每个人所“享用”的饭菜数量与品种也并不同。但是，最后却是大家平均分摊“餐费”，有些人可能因此而“吃亏”，另一些人可能因此而占“便宜”。

传统成本计算方法导致产品成本的扭曲主要体现在：掩盖成本发生的实质，造成不同产品之间的“成本转移”问题。所谓“成本转移”是指由于企业组织选用不同的成本计算方法而导致某些产品成本被低估，某些产品成本被高估。根据传统成本计算方法，导致成本转移的主要原因包括批量差异、工艺差异、产品规格差异等因素。

以例 10-1 的批量差异为例，传统成本计算方法可能导致小批量产品（如产量为 5000 件的 A 产品）应该分配的制造费用转移到大批量产品（如产量为 20000 件的 B 产品）中去，从而低估了小批量产品应该分配的制造费用（根据作业成本计算法，应该分配制造费用为 75.43 元，而根据传统成本计算方法，应该分配制造费用为 35 元。由此可见，传统成本计算方法低估了小批量产品应该分配的制造费用），高估了大批量产品应该分配的制造费用（根据作业成本计算法，应该分配制造费用为 24.89 元，而根据传统成本计算方法，应该分配制造费用为 35 元。由此可见，传统成本计算方法高估了大批量产品应该分配的制造费用）。

三、作业成本法与传统成本计算方法比较

由例 10-1 可以看到，无论是作业成本计算法还是传统成本计算方法都是通过两个层次分配制造费用。但是，其隐含的逻辑却不同。

传统成本计算方法通过两个层次分配制造费用。企业组织所发生的制造费用首先归集到“制造费用”账户（相当于作业成本计算法的成本库），然后，再根据一定标准分配到产品。这就隐含着“产品消耗资源”的假设。资源消耗量直接分配到产品，形成产品成本。从表面上看，这种假设合乎逻辑，也无懈可击。其实，仔细地观察，它掩盖了作业在资源转化为产品过程中的作用这个实质性问题（也就是说，资源是如何转化为产品的。显然，资源不可能自然而然地转化为产品）。实际上，作业是资源转换为产品必不可少的关键环节。然而，根据传统成本计算方法，这却是一个“黑箱”。

尽管作业成本计算法也采用两个层次分配制造费用，但是，它以成本动因为媒介，从而打开了传统成本计算方法的“黑箱”，不再是一步将资源越过作业分配到产品。这就隐含着“作业消耗资源”的假设。因此，与传统成本计算方法相比，作业成本计算法可以提供更为相关的成本信息。

更为重要的是，传统成本计算方法只是为了存货计价与收益确定而将已经发生的制造费用分配到成本对象（如产品），而作业成本计算法则是为了企业组织的管理决策，改善企业组织的业务流程而将已经发生的制造费用分配到成本对象（如作业或产品或其他成本对象）。这可以从作业成本计算法的成本分配观（Cost Assignment View）与流程观（Process View）这个“二维”观念得到进一步体现。作业成本计算法的“二维”观

念如图 10-4 所示。

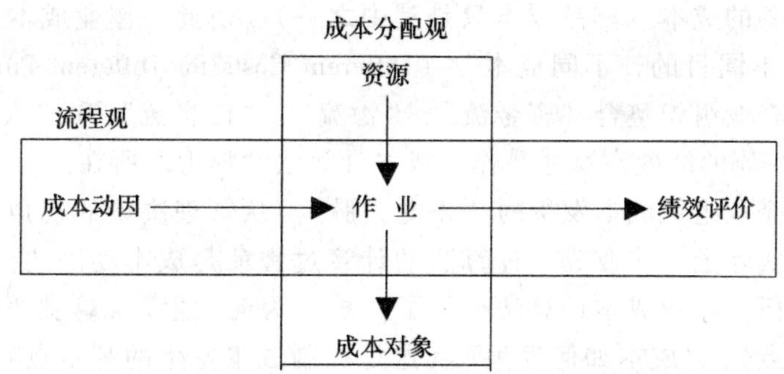

图 10-4　作业成本计算法的“二维”观念

图 10-4 的垂直部分，体现了成本分配观。它说明成本对象引起作业需求，而作业需求又引起资源的需求。这是成本分配的“资源流动”。成本分配观的“成本流动”却恰好相反，它从资源到作业，而后从作业到成本对象。成本分配观从“成本流动”与“资源流动”两个侧面全面地提供有关资源、作业和成本对象的信息。图 10-4 的水平部分，体现了流程观。它为企业组织提供有关何种原因引起作业（成本动因）以及作业完成情况（绩效评价）的信息。企业组织利用这些信息，可以改善作业链，优化价值链，提高从企业组织外部顾客获得的价值。作业成本计算法从纵横两个侧面为企业组织改善作业链，减少作业耗费，提高作业的效益提供相关信息。

在这里，流程观非常重要。一方面，它使管理会计与企业组织的业务流程有机融合，另一方面，它协调了制造（生产）观念与财务观念。通过作业成本计算法，企业组织的经理人可以考察企业组织的作业（流程），了解某个部门从最开始耗费的单位资金及其经历的各种变化，从而制造（生产）部门经理人所信奉的观念与财务部门经理人的观念一致。工程师、设计师与会计师不必再争论成本应该如何汇集，而关注决定产品或生产流程应该耗费多少成本。由此，制造（生产）部门经理人与财务部门经理人具有“共同语言”，作业成本计算法有助于消除各部门经理人之间的偏见。

此外，与传统成本计算方法相比，作业成本计算法还具有如下的特色：

第一，全员成本管理意识成为现实。尽管树立全员成本管理意识的观念并非一种新鲜名词，但是，因为传统成本计算方法计算的是产品成本，企业组织的员工自然认为成本只是会计人员的事情，“事不关己，高高挂起”。如此一来，全员成本管理意识也就难以真正落到实处。而作业成本计算法计算的是作业成本。企业组织的员工每天的工作就是执行必要的作业。作业成本计算法计算的就是每个员工的成本。成本问题自然而然成为全员的问题。这样，全员成本管理意识也就“顺其自然”地落到实处。因此，作业成本计算法使企业组织的所有员工都讲“同一种语言”。那就是在保证质量的前提下，持续降低成本，控制成本，从而“将昨天的成本转化为明天的利润”，持续创造价值。

第二，“整合四流，创造一流”。如前所述，作业成本计算法计算的是企业组织最基本事项（即作业）的成本。这样，企业组织就可以根据其管理需求，“按需取数”，计算各种成本对象的成本（产品成本只是其中之一）。由此，作业成本计算法真正体现了管理会计的“不同目的，不同成本”（Different Costs for Different Purposes）之精髓。这样，就有助于企业组织整合“资金流”、“物流”、“信息流”和“人力资源流”（即“四流”），创造一流的绩效。这才是作业成本计算法的魅力之所在。

第三，揭示企业组织成本发生的“来龙去脉”。从管理决策的视角看，单纯的成本信息没有意义。实际上，作业成本计算法的计算过程就是成本动因的分析过程。因此，基于成本动因分析的作业成本计算法揭示了“成本为何发生”（这就明确了降低或避免成本发生的落脚点），“成本如何发生”（这是控制成本发生的基本点），展示了成本发生的“来龙去脉”，从而将“成本避免”（Cost Avoidance）与“成本控制”（Cost Control）和谐地统一起来，丰富了成本信息的管理意义。

第四，拓展了成本计算与成本管理的空间。如前所述，传统成本计算方法计算的是产品的成本，关注的是生产过程的效率（Efficiency）问题。然而，“局部优化”不等于“全局优化”。21 世纪，顾客的需求日新月异，企业组织的产品生命周期日益缩短。由此，企业组织对成本产生的根源及其结果的考察必须超越生产流程，拓展到整个产品生命周期。作业成本计算法以作业为核心，“按需取数”，使成本计算与成本管理延伸到整个产品生命周期，从而拓展了成本计算与成本管理的空间，消除了不同行业成本计算与成本管理的“隔阂”，统一了各行业的成本计算与成本管理的思维。

第五，为会计信息系统（Accounting Information System，AIS）与企业组织资源计划系统（Enterprise Resource Planning，ERP）的整合奠定坚实的基础。实际上，企业组织内部业务流程就是企业组织资源的整合与运用。这就要求企业组织必须摒弃传统的会计信息系统，超越管理信息系统（Management Information System，MIS），引入企业组织资源计划系统。企业组织资源计划系统扩展了管理范围，把企业组织外部的顾客需求（包括供应商和经销商）与企业组织内部的生产经营管理活动及其资源有机地整合为一体，在充分协调企业组织内外部资源的基础上，确立企业组织的竞争优势。企业组织任何资源的整合与运用都与作业有关。作业成本计算法自然而然地为会计信息系统与企业组织资源计划系统的整合奠定坚实的基础。在企业组织资源计划系统中，“作业清单”（Bill of Activity，BOA）代替了原来的“物料清单”（Bill of Material，BOM）就是一个鲜明的例证。会计信息系统将成为企业组织资源计划系统的一个子系统。

综上所述，作业成本计算法从以“产品”为中心转移到以“作业”为中心，不仅克服了传统成本计算方法的某些固有缺陷，提供较为相关的成本信息，而且更为重要的是作业成本计算法不只对最终成本对象的成本进行监控，“就成本论成本”，而是把着眼点与着重点放在成本发生的前因和后果上，以作业为核心，以资源流动为线索，以成本动因为媒介，通过对所有作业活动进行跟踪动态反映，对最终成本对象的形成过程所发生的作业成本进行有效控制。如此一来，作业成本计算法就具有管理意义。作业成本计算法可以更好地发挥决策、计划和控制作用，使企业组织处于持续改善的环境之中。因此，作业成本计算法与其说是一种先进的成本计算方法，不如说是一种实现成本前馈控制与反馈控制相结合，成本计算与成本管理相结合的“全员成本管理系统”。作业成本计算法为成本管理提供一种新思维：作业成本管理（Activity - based Cost Management, ABCM）。同时，它也对整个会计信息系统产生一定的影响，展示了成本计算方法由“数量基础”到“作业基础”的最新进展，为会计信息系统与企业组织资源计划系统的整合奠定坚实的基础。完全可以说，作业成本计算法是管理会计发展的一次“里程碑”。更为重要的是作业成本计算法体现了战略思维①。

本章小结

先进的制造环境改变了企业组织的产品成本结构，使得直接材料成本和直接人工等变动成本的比重大为下降，而制造费用的比重却大幅度上升。这样，如何合理地分配制造费用便成为一个重要问题。个性化的社会环境改变了传统成本计算法赖以存在的社会经济环境。先进的制造环境和个性化的社会环境导致传统成本计算方法难以适应20世纪70年代之后的社会经济环境。而电子计算技术的发展为作业成本计算法的实践运用奠定了坚实的基础。

作业成本计算法构建在一系列概念基础上。这些概念是理解和掌握作业成本计算法的前提。作业成本计算法的基本概念主要包括：作业、作业中心、成本库、成本动因、成本对象和资源。成本动因又可以进一步分为资源动因和作业动因。

根据企业组织实施作业成本计算法的需要，有时还有必要确认企业组织的不同作业层次所“驱动”的各项成本。因此，在作业成本计算法的实践中，作业可以进一步分为：单位作业、批作业、产品作业和能量作业。

根据作业成本计算法，最困难、最富有挑战性的工作便是确定企业组织的成本动因。只有明确企业组织的业务流程才能确定成本动因。这是一个充满“个性化”的工作。通常，成本动因由企业组织的工程师与会计师组成的专门小组讨论后确定。企业组织成本动因的数量多少与企业组织生产经营管理过程的复杂程度密切相关。企业组织生产经营管理过程越复杂，其成本动因就越多。

作业成本计算法基于“作业消耗资源，成本对象消耗作业”这两个前提。作业成本计算法基本原理可以概括为：依据不同成本动因分别设置成本库，再分别以各种成本对象所耗费的作业量分摊其在该成本库的作业成本，然后，分别汇总各种成本对象的作业总成本，计算各种成本对象的总成本和单位成本。由此可见，作业成本计算法将着眼点放在作业上，以作业为核算对象，依据作业对资源的消耗情况将资源的成本分配到作业，再由作业依据成本动因追踪到成本对象的形成和积累过程。

作业成本计算法的具体步骤包括：确认主要作业和作业中心、将资源成本分配到作

① 其实，企业组织实施作业成本计算法本身就是一项作业成本。鉴于作业成本计算法在企业组织的经营管理实践过程中，成本动因的选择与作业成本分配存在一些问题，作业成本计算法“说易行难”，“叫好不叫座”。为了解决这个问题，Kaplan and Anderson 于 2004 年改进了作业成本计算法，提出了“基于时间驱动的作业成本计算法”（Time - Driven Activity - Based Costing, TDABC），完善了作业成本计算法的理论。有兴趣的读者可以参阅：Robert S. Kaplan and Steven R. Anderson: Time - Driven Activity - Based Costing, Harvard Business Review, November 2004.

业中心（体现资源动因）、将各个作业中心的成本分配到成本对象（体现作业动因）。

就产品成本计算而言，作业成本计算法对直接材料成本和直接人工成本的核算方法与传统成本计算方法并无差异。作业成本计算法的特点主要体现在制造费用的分配上。作业成本计算法克服了单纯以直接人工成本等标准分配制造费用的局限性，缩小制造费用的分配范围（由整个企业组织统一分配改为由若干个“成本库”分别进行分配），增加制造费用分配标准（由单一标准改为多元标准）即按引起制造费用发生的各种成本动因进行分配。

传统成本计算方法通过两个层次分配制造费用。企业组织所发生的制造费用首先归集到“制造费用”账户，然后，再根据一定标准分配到产品。这就隐含着“产品消耗资源”的假设。作业成本计算法也采用两个层次分配制造费用，但它以成本动因为媒介，不再是一步将资源越过作业分配到产品。这就隐含着“作业消耗资源”的假设。与传统成本计算方法相比，作业成本计算法可以提供更为相关的成本信息。

更为重要的是，传统成本计算方法只是为了存货计价与收益确定而将已经发生的制造费用分配到成本对象，而作业成本计算法则是为了企业组织的管理决策，改善企业组织的业务流程而将已经发生的制造费用分配到成本对象。这可以从作业成本计算法的成本分配观（Cost Assignment View）与流程观（Process View）这个“二维”观念得到进一步体现。

与传统成本计算方法相比，作业成本计算法具有的主要特色包括：（1）全员成本管理意识成为现实；（2）“整合四流，创造一流”；（3）揭示企业组织成本发生的“来龙去脉”；（4）拓展了成本计算与成本管理的空间；（5）为会计信息系统与企业组织资源计划系统的整合奠定坚实的基础。

作业成本计算法从以“产品”为中心转移到以“作业”为中心，不仅克服了传统成本计算方法的某些固有缺陷，提供较为相关的成本信息，而且更为重要的是作业成本计算法不只对最终成本对象的成本进行监控，“就成本论成本”，而是把着眼点与着重点放在成本发生的前因和后果上，以作业为核心，以资源流动为线索，以成本动因为媒介，通过对所有作业活动进行跟踪动态反映，对最终成本对象的形成过程所发生的作业成本进行有效控制。

作业成本计算法是一种实现成本前馈控制与反馈控制相结合，成本计算与成本管理相结合的“全员成本管理系统”。作业成本计算法为成本管理提供一种新思维：作业成本管理。作业成本计算法是管理会计发展的一次“里程碑”。更为重要的是作业成本计算法体现了战略思维。

本章主要参考文献

1. Jesse T. Barrfield, Cecily A. Raiborn, Michael R. Kinney. Costing Accounting: Traditions and Innovation. South - Western, 2003.

2. Anthony A. Atkinson, Rajiv D. Banker, Robert S. Kaplan, S. Mark Young. Management Accounting. Prentice Hall, Inc., 2003.

3. 查尔斯·亨格瑞，格里·森顿，威廉姆·斯特尔顿：《管理会计教程》，华夏出版社 2006 年版。

4. 查尔斯·T. 亨格瑞，斯坎特·M. 达塔，乔治·福特斯：《成本与管理会计》，中国人民大学出版社 2004 年版。

5. 韦恩·J. 莫尔斯，詹姆斯·R. 戴维斯，阿尔·L. 哈特格雷夫斯：《管理会计：侧重于战略管理》，上海财经大学出版社 2005 年版。

6. 唐·R. 汉森，玛丽安·M. 莫文：《管理会计》，北京大学出版社 2000 年版。

7. 爱德华·布洛克，孔·陈，托马斯·林：《战略成本管理》，人民邮电出版社 2005 年版。

8. 胡玉明，潘敏虹：《成本会计》，厦门大学出版社 2008 年版。

9. 胡玉明：《高级管理会计》，厦门大学出版社 2005 年版。

第十一章 作业管理

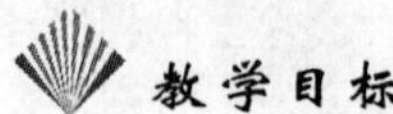

教学目标

◇基本目标

在了解企业组织作业链——价值作业链优化的基础上，理解和掌握作业管理的基本特点及其管理思维。

◇具体目标

(1) 了解企业组织优化作业链——价值作业链的客观要求；(2) 理解和掌握作业管理的基本概念；(3) 理解和掌握作业管理的基本特点及其运用；(4) 理解和掌握作业管理隐含的管理思维。

本章提要

作业成本计算法是作业管理（Activity - Based Management，ABM）的基础，并贯穿作业管理之始终。本章以作业成本计算法为基础，进一步讨论作业管理的基本原理及其管理思维。

第一节 作业链——价值链优化与作业管理

根据有关文献，作业成本计算法虽然导源于产品成本计算的精确性动机[①]，但是，其意义已经完全超越了产品成本计算精确性要求这个层面，深入到企业组织的作业链

① 其实，人们早已意识到制造费用分配的主观性问题。为了解决这个问题并支持企业组织的经营管理决策，成本计算方法已经从财务会计的完全成本计算法转向管理会计的变动成本计算法。但是，除了滞后性和解释上的困难，变动成本计算法所隐含的指导思想与新的经营环境强调流程的理念并不一致。正因如此，作业成本计算法才显示其强大的魔力。

——价值链重构，乃至企业组织的结构再造问题。但是，作业成本计算法只是认识企业组织作业链——价值链的手段，而作业管理能改造和优化企业组织作业链——价值链。因此，从作业成本计算法发展作业管理成为历史的必然。

一、优化企业组织作业链——价值链是作业成本计算法发展到作业管理的根本动因

基于高新技术蓬勃的发展及其广泛运用，现代企业组织为了有效地利用高新技术所带来的优势，并适应产品顾客化趋势，现代企业组织在柔性制造系统的基础上，对企业组织各种各样的活动进一步集成与发展，从而形成一种更灵活高效的计算机一体化制造系统（CIMS）。但是，如果只有先进的生产技术而没有相应的管理思维加以配合，企业组织的生产经营活动难以取得良好效益。那么，企业组织如何才能将高新技术所带来的优势转化为生产经营效益呢？如第十章所述，富裕社会的形成，顾客的行为变得更具选择性，从过去崇尚时尚转向标新立异、突出个性，从而导致产品从原来的社会化、大众化转向顾客化，企业组织往往要按顾客的特定需求去“量体裁衣”。产品顾客化导致企业组织生产的产品品种多样化且产品生命周期大大缩短。在这种环境下，传统的以“产品”为中心的企业组织管理思维显然难以为继。新的环境呼唤新的管理思想。为了适应企业组织的生产模式的重大变革，企业组织的管理思维也发生重大变革，形成新的企业组织观和企业组织管理思想。新的企业组织观认为现代企业组织是一个为了最终满足顾客需求而设计的一系列作业的集合体。每一个作业成为其他作业的顾客，各种作业之间互为顾客，彼此连成一个整体，形成顾客链（Customer Chain），最终为企业组织的外部顾客服务。实际上，企业组织本身就是一个由此及彼，由内到外的作业链（Activity Chain）。企业组织每完成一项作业都要消耗一定的资源，而作业的产出又形成一定价值，转移到下一个作业，依次转移，直至形成最终产品，提供给企业组织的外部顾客。最终产品作为企业组织内部作业链的最后一环，凝结了各个作业链所形成并最终提供给顾客的价值。因此，从价值的形成过程来看，企业组织的作业链又表现为价值链（Value Chain）。作业耗费与作业产出配比的结果，就是企业组织得到的经济效益。企业组织为了实现其经营目标，必须优化其作业链——价值链，提高其作业产出，减少作业耗费。而要做到这一点，企业组织就必须站在整体的、战略的高度分析其作业链——价值链。这就要求企业组织的管理不能像过去那样只停留在“产品”层次上，而要深入到每一个“作业”层次。因此，适应企业组织的生产模式和现代企业组织观的变革，一种以“作业”为核心，基于“作业链——价值链”优化的现代企业组织管理思维——作业管理应运而生。

基于“企业组织是一个为了最终满足顾客需要而设计的一系列作业的集合体”这个新企业组织观的作业管理是一种全新的管理思维。它认为最终顾客的作业消耗企业组织的作业。在这里企业组织不再以“产品”或“市场”来定义，而是以其所发生的“作业链”来定义。“产品”或“市场”只不过是一种表象，“作业链”才是实质。企业组织管理应该深入到作业层次，通过对企业组织作业链的管理满足顾客的作业，优化企业组织整体价值链。为了更好地满足最终顾客的需要，企业组织要对成本和提供的服务进行权衡，增加或减少作业、改变作业的发生和改善作业的绩效。由此，作业管理的基本管理思想是：以顾客链为导向，以作业链——价值链为中心，对企业组织的“作业流程”（Activity Process）进行根本性、彻底的改造，强调协调企业组织内外部顾客的关系，从企业组织整体出发，协调各部门各环节的关系，要求企业组织的物资供应、生产和销售等环节的各项作业形成连续、同步的“作业流程”，消除作业链的一切不能增加价值的作业，使企业组织处于持续改善（Continuous Improvement）状态，促进企业组织整体价值链的优化，实现作业管理的目标。因此，作业管理与其说是一项管理工作，不如说是不断改进和完善企业组织“作业链——价值链”的过程。

总之，作业管理试图通过充分发挥计算机一体化制造系统的优势，改进和完善企业组织的“作业链——价值链”，把不增加价值的作业降低到最低限度，从而把有限的资源运用于能够增加价值的作业上，优化价值链，极大限度地提高企业组织的整体经济效益，进而不断提高企业组织的市场竞争优势。作业管理的侧重点在于企业组织价值链的持续改善和优化。优化企业组织的作业链——价值链是作业成本计算法发展到作业管理的根本动因。从作业成本计算法发展到作业管理是时代的要求，也是历史的必然。

二、作业管理的基本特点

通俗地说，作业管理就是运用作业成本计算法所提供的明细、动态信息优化企业组织的作业链——价值链。作业管理的主要目标是：第一，尽量通过作业为顾客提供更多的价值；第二，从为顾客提供的价值中获取更多的利润。这些目标的实现要求企业组织把管理的重点放在作业层次上。

从企业组织的整体经营过程来看，作业管理具有如下几个特点：

（一）把管理深入到作业层次，以作业为核心进行作业分析

如前所述，作业管理的主要目标是尽量通过作业为顾客提供更多的价值并从中获取更多的利润。然而，并不是所有的作业都能增加企业组织的价值。为此，企业组织的管理必须深入到作业层次，进行作业分析（Activity Analysis）。

以作业为核心的作业分析包括四个步骤：

1. 辨别不必要的作业。企业组织的作业可以分为必要作业（Essential Activity）与不必要作业（Non - essential Activity）两大类。如果某项作业对顾客或企业组织而言是必要的，那么，该项作业就是必要作业；反之，那些对顾客或企业组织没有用的作业就是不必要作业。例如，与存货有关的存货储存、维护、归类、整理等作业，因存货质量问题、供产销各阶段的停工待料或脱销等问题而引起的作业就是不必要的作业。这些不必要作业是一种浪费，应该尽量消除。值得注意的是，必要作业未必都是增值作业。

2. 重点分析增值作业。企业组织的必要作业可能很多，难以对之一一分析，只能对那些重点作业进行分析。一般来说，企业组织的80%的成本由20%的作业引起，将作业按其成本的高低排在最前面的作业就是应该重点分析的作业。

3. 将作业与先进水平比较。某项作业能为企业组织最终产品增加价值，并不意味着它就是最有效率的作业。通过与先进水平的作业进行比较，可以判断某项作业或企业

组织的整体作业链是否有效，寻求改善的机会。

4. 分析作业之间的联系。如前所述，企业组织的各种作业相互联系形成“作业链”。理想的“作业链”应该是作业与作业之间环环相扣，每项必要作业都以最高效率完成。

明确了作业为何发生，如何发生，哪些是增值的作业，哪些是不增值的作业，才能消除不增值的作业，寻找改善的机会。通过作业分析，溯本求源，消除不增值的作业，把企业组织有限的资源运用于能为企业组织最终产品增加价值的作业上，并改善顾客价值，提高作业效率与效益，从而，使企业组织处于不断改善的环境之中，不断优化企业组织的作业链——价值链。因此，作业管理不仅仅是一项管理工作，更重要的是，它还是持续改善和优化企业组织作业链——价值链的过程。

（二）以作业成本计算法为中介，并贯穿始终

企业组织要进行作业管理，优化作业链——价值链，首先要明确作业链中的各种作业耗费。这就要求变革传统的成本计算方法与之相适应，即要求成本计算深入到每一个作业层次，计算作业成本。作业成本计算法作为一个明细、动态的信息系统通过追踪企业组织的作业，实施动态反映，可以为旨在改进和完善企业组织作业链——价值链而进行的作业管理提供所需的信息。作业管理正是运用作业成本计算法所提供的信息改进企业组织的作业链，从而优化企业组织的价值链。如前所述，作业成本计算法从纵横两个方面（成本分配观和过程分析观）为企业组织改进和完善作业链，减少作业耗费，提高作业产出提供信息。作业成本计算法处于作业管理的中心，作业管理包含作业成本计算法，以非成本尺度（Noncost Metrics）将作业成本计算法和作业成本管理联系在一起，运用作业成本计算法所提供的信息改进和完善企业组织的作业链，优化企业组织的价值链。因此，作业成本计算法是作业管理的基础和中介，并贯穿于作业管理的始终。

企业组织的作业链——价值链观念贯穿于成本管理之中。作业成本计算过程实际上就是成本动因分析过程。如果单纯地将它视为一种成本计算方法，那么，它并没有什么先进可言。因为就计算技术而言，作业成本计算法并没有什么高深之处，无非改制造费用单一分配标准为多元分配标准而已，计算、分配原理还是一样，但是，其深远意义却在于强调成本动因以及由此引起的作业链——价值链改善问题。

（三）以产品设计、适时生产系统和全面质量管理等基本环节为重点

虽然企业组织本身就是一系列作业的集合体，作业管理贯穿于企业组织生产经营管理过程的各个环节。但是，作业管理必须突出重点，不能平均使用力量，应该把重点放在产品设计（Product Design）、适时生产系统（Just - in - time Production System）和全面质量管理（Total Quality Control）等基本环节上。

1. 产品设计。产品设计是企业组织内部作业链的首要环节，在相当大程度上决定了后续作业。产品设计对产品性能、所用材料、组织生产的工艺流程和成本乃至企业组织整体作业链——价值链都具有关键性的影响。据估计，产品生命周期的成本有60% ~80% 在产品设计阶段就已经“锁定”了。产品一旦投入生产，降低成本的潜力就不大了。成本虽然发生于生产过程，但是，其根源却在产品设计。对于成本管理而言，影响产品设计的早期因素正是企业组织赢得真正竞争优势的地方。因此，在产品设计阶

段，必须认真考虑产品设计方案对成本乃至企业组织整体作业链——价值链的影响。产品设计是企业组织最重要的作业动因和成本动因。成本是由作业引起的。不同产品设计方案所需的作业不同，各种作业的耗费也不同。要降低成本，就必须从产品设计开始，运用价值工程和作业成本计算法所提供的信息，根据顾客的需求，进行作业分析，修订产品设计，使产品设计在保证必要功能的前提下，尽量选用成本较低的作业，消除一切不必要的作业，降低作业耗费，把产品设计深入到作业与价值的平衡上，优化企业组织的作业链——价值链。

2. 适时生产系统

产品设计，只是解决了企业组织生产什么样的产品问题。企业组织如何把产品设计变为现实，还要解决如何组织生产经营问题。在产品设计阶段尽量消除一切不必要的作业，只是一个开端，要把它落实到实处，还需要保持企业组织整体生产经营过程的各个环节相互协调，环环相扣，准确无误地运转，真正消除一切不必要的作业。就要求企业组织建立适时生产系统。

适时生产系统是最近二十多年来，高新技术广泛运用于生产领域，在生产高度计算机化、自动化基础上形成的新的生产管理系统。其目标就是消除一切不必要的作业。例如，如前所述，除非特种行业如酿酒和烟草行业，与存货有关的存货储存、维护、归类、整理等作业，因存货质量问题、供产销各阶段的停工待料或脱销等问题而引起的作业就是不必要的作业。适时生产系统要求企业组织在供产销的各个环节尽量实现“零存货”（Zero Inventory）[①]。也就是说，在供应阶段，企业组织所需要的原材料、外购件能够保质保量“适时”供生产使用；在生产阶段，各个生产环节密切配合，协调一致，前一道工序按后一道工序的要求“适时”地、保质保量地提供半成品；在销售阶段，按顾客的要求，保质保量，“适时”地将产品送到顾客手中。总之，通过适时生产系统，力求消除一切不必要的作业，优化企业组织的作业链——价值链。由此，时间和协调因素成为管理会计的主题。

3. 全面质量管理

全面质量管理是“零存货”理念的延伸。它要求消除不能增加最终产品价值的一切浪费、缺陷和作业。全面质量管理强调顾客满意，并把管理重点放在满意顾客需求上。企业组织实行作业管理，必须把“全面质量管理”贯穿于其中。这是因为，企业组织在“适时生产系统”所要求的“零存货”的经营环境下，出现任何质量问题都将造成作业链的紊乱。为了避免这种情况的出现，必须辅之以“全面质量管理”，在每一个环节都严格把好质量关，使之达到“零缺陷”（Zero Defects），从而消除因质量问题

---

① 一般认为，存货包括原材料、在产品和产成品。如此一来，企业组织肯定存在“在产品”。企业组织断然不可能实现“零存货”。因此，这里的“零存货”只能是一种管理理念，而不是一种现实。然而，“零存货”理念的意义在于：企业组织原本应该没有“存货”。这就说明企业组织还存在管理空间。既然存货是不必要的“作业”，企业组织本应该消除而没有消除，说明企业组织的经营管理活动远没有达到理想境界。由此促使企业组织的经理人加强经营管理，拓宽视野，竭尽全力，持续改善，以达到“零存货”之理想境界。具体论述可以参见胡玉明：“存货能创造利润吗”，《中国注册会计师》2003 年第 6 期。

而引起的一切不必要作业，优化企业组织的作业链——价值链。

总之，产品设计是企业组织最重要的作业动因，适时生产系统要求没有任何浪费地执行各种作业，而全面质量管理则要求没有任何缺陷地执行各种作业。产品设计、适时生产系统和全面质量管理，“三位一体”，缺一不可。它们三者只有同步进行，相互配合，才能相得益彰，不断优化企业组织的作业链——价值链。因此，作业管理必须把重点放在产品设计、适时生产系统和全面质量管理等基本环节上。

第二节　以“作业”为核心的管理思维

如前所述，基于新企业组织观的作业管理是一种全新的管理思维。它必然对传统企业组织的管理思维产生重大影响。

一、生产周期时间是衡量整个企业组织作业链效率的重要依据

当今的社会，时间（Time）就是生命、时间就是财富、时间就是市场份额。因此，时间已经成为企业组织的一个重要的竞争因素。企业组织从产品设计直至产品最终交给顾客整个过程就是企业组织的生产周期时间（Cycle Time）。企业组织以市场需求为导向，缩短生产周期时间，提高了销售数量或产品销售毛利或者两者兼而有之，从而，提高了企业组织的获利能力和竞争能力。如果将企业组织的生产周期时间分解成各个不同的时间片段，生产周期便转化为与各种产品、顾客订单或者批产品相联系的易于管理的各种流程。这些流程是由一系列消耗诸如工资、薪金、津贴、工具、存货、折旧等资源的各种作业组成的。因此，缩短生产周期时间，优化作业链，企业组织就可以在不增加生产能力和保证及时交货的情况下，提高产量和市场竞争优势。企业组织的生产周期时间可用图 11 -1 表示之。

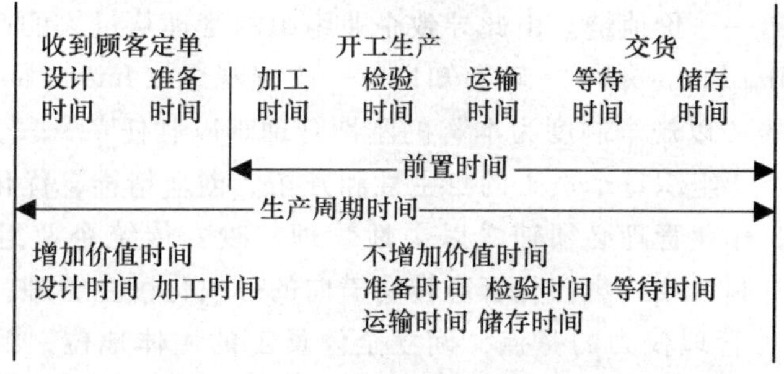

图 11 -1　生产周期时间与前置时间的关系

根据图 11 -1，时间是最基本的生产资源，它是度量企业组织作业链效率的一把尺子，有助于理解生产周期时间内所耗费的资源是否增加了价值以及在多大的程度上增加了价值。虽然生产周期时间包括产品设计时间、准备时间、加工时间、检验时间、运输

时间、等待时间和储存时间，但是，并不是所有的时间都可以增加最终产品的价值。只有设计时间和加工时间可以增加价值。由此，基于作业管理思维，“增加价值的作业和不增加价值的作业”可以表述为下面的等价形式：整个生产周期时间可以分为增加价值的时间和不增加价值的时间。作业管理的目的就是要使不增加价值的时间为零。由此不难看出，一项作业是增加价值的作业，当且仅当该项作业是在增加价值的时间内执行。如此，一切作业耗费的资源大多数可以转化为用时间来表述。例如，前述的工资实际上就是企业组织为了取得职工劳动时间而支付给工人的报酬。如果特定的不增加价值的作业消除了，缩短生产周期时间，实质上，就等于改善了服务，提高了质量。顾客反应时间改善了，而又不失产品之质量。如果高质量的服务和优质的产品得到顾客的首肯，顾客自然愿意为企业组织的产品或服务支付较高的价格。自然，企业组织也因此从顾客那里获得更多的利润。因此，作为适时生产系统的延伸，生产周期时间是衡量整个企业组织作业链效率的重要依据，如何对之进行有效的管理显得日益重要①。

二、以人为本的柔性管理

企业组织的管理既是科学又是艺术。柔性管理（Flexible Management）体现了企业组织管理的艺术层面。柔性管理是在尊重人格独立与个人尊严的前提下，在提高企业组织全体员工对企业组织的向心力、凝聚力与归属感的基础上，所实行的分权化民主管理。其最大特点在于它主要不是依靠外力而是依靠从内心深处激发每个员工的内在潜力、主动性和创造精神，使其心情舒畅、不遗余力地为企业组织不断开拓进取，创造出优异绩效而努力。因此，从本质上说，柔性管理是一种以人为本的管理，也可称为“人性化管理”。如前所述，作业管理的目标是从为顾客提供满意的产品而获得更多利润。企业组织要使顾客（外部顾客）满意，首先要以员工（内部顾客）满意作为基础和条件。只有员工（内部顾客）满意，才能达到持续改善之理想境界，消除一切不增加价值的作业，从而优化企业组织的作业链——价值链。基于作业管理思维，企业组织的管理重点从过去强调对员工行为的控制转移到让员工知情并授权其自我解决问题和持续改善企业组织的作业链——价值链。由此导致企业组织的管理从过去的命令——控制观念（Command and Control Philosophy）转向知情——改善观念（Inform and Improve Philosophy）。对此，传统的“以规章制度为本”的刚性管理难以胜任②。

为了充分发挥企业组织每个员工的自主性和开拓、创新精神，优化企业组织的整体作业链——价值链，作业管理必须辅之以柔性管理，改变传统企业组织管理的权力结构，从原来纵向的专制独裁式集权化管理转向横向的分权化民主管理，以作业链及其背后的“员工链”作为管理权力的基点，确立全体员工的主体地位，赋予其充分的自主权、知情权和发言权即以人为本，以员工满意作为外部顾客满意的基础和条件，满足外

---

① 企业组织作业链效率可以通过“生产周期效率（Manufacturing Cycle Efficiency，MCE）”这个指标衡量。生产周期效率 =（设计时间 + 加工时间）/生产周期时间。

② 因此，“员工满意度”远比“顾客满意度”重要。

部顾客的意愿。因此，作业管理形成企业组织内部新的权力结构有助于将柔性管理原理落到实处。从某个层面看，作业管理就是以人为本的柔性管理。作业管理以人为本推演和设计企业组织的整体框架和运转机制，从而导致企业组织再造工程的兴起。

三、作业管理在企业组织管理上的重大开拓性

作业管理在企业组织管理上的重大开拓性主要表现在：

（一）企业组织生产现场控制系统的变革

基于传统的企业组织管理思维，企业组织采用由前往后的“推进式”（Push Through）生产现场控制系统。整个生产过程从供应阶段开始，由原材料仓库依次向各生产工序供应原材料，通过加工形成在产品或半成品，继续转入下一道生产工序，由它们继续进行加工，如此由前往后顺序推移，直至最终完成全部生产工序，形成可以对外销售的产品，转入成品仓库等待销售。在这种生产现场控制系统下，前面生产工序居于主导地位，后续生产工序只能被动地接受前面生产工序转移而来的加工对象，并对之进一步加工。根据这种“推进式”生产现场控制系统，企业组织生产经营的各个环节自然存在大量的存货。在这种生产现场控制系统下，各个环节存在适量的存货是必要的。只能在这个前提条件下，研究和确定最佳存货置存量。众所周知的经济订货批量（EOQ）就是传统企业组织管理思维的产物。基于作业管理思维，企业组织采用由后往前的“拉动式”（Pull Through）生产现场控制系统。这时，企业组织整个生产过程以市场需求为导向，从销售阶段开始，以最终满足顾客需求为起点，根据顾客订货所提出的产品数量、质量和交货时间等特定要求作为组织生产的依据，由后往前逐步推移，全面安排生产活动。这样，前一道生产工序只能严格按照后续生产工序所要求的在产品或半成品的数量、质量和交货时间组织生产，前一道生产工序生产什么、生产多少、质量要求如何以及交货时间，取决于后续生产工序提出的具体要求。与传统的企业组织管理思维相比，前后生产工序的主、客位置颠倒过来了，后续生产工序处于主动地位，而前一道生产工序则处于被动地位。这样，由于整个生产系统按照适时生产系统进行，企业组织的各个生产经营环节就有可能实现“零存货”。在这里，存货掩盖了企业组织管理过程实际存在的问题，存货是浪费资源之祸首，应该尽量消除存货的存在。可见，基于作业管理思维，经济订货批量计算公式运用的基础和条件已经不存在。总之，基于传统的企业组织管理思维，生产的模式为“供应阶段——→生产阶段——→销售阶段”，而基于作业管理思维，生产的模式则是“销售阶段——→生产阶段——→供应阶段”。

（二）企业组织生产过程的弹性化

生产过程是传统企业组织管理的重点。生产阶段的管理主要包括产品设计、设备管理、生产组织布局、产品质量管理等方面。由于管理思维的差异，作业管理对这些环节的管理趋向弹性化。

1. 产品设计弹性化

以前企业组织只是从技术的角度考虑问题，不惜代价地加大产品的“保险”系数，认为产品质量越高越好。只要做到质量有保证，技术工作也就尽职了。价值工程广泛运

用于企业组织管理之后，这种局面有所改变。在产品设计中，技术部门注意到了技术与经济的协调问题。但是，即便如此，基于传统企业组织管理思维，产品设计依然停留在“产品”这个层次上，没有考虑由此引起的企业组织整体“作业链”问题。基于作业管理思维，产品设计要求深入到“作业”层次，通过“作业分析”消除一切不必要的作业，充分考虑产品设计对整个企业组织“作业链”的影响。这就要求采用一种产品基本型、多种变型或者模块化的产品设计方法，从企业组织整体的角度、全方位进行产品的设计。在产品设计阶段体现企业组织的作业链——价值链的优化。

2. 设备弹性化

基于传统生产系统，市场需求的多变性与生产过程可能提供给市场的产品之间存在矛盾，企业组织通常希望产品品种及数量变化尽量少。作业管理则试图通过设备的弹性化解决上述矛盾。它在产品设计时就考虑加工问题，开发多功能设备，使之能提供满足市场不同需求的加工能力。多功能设备概念的进一步发展就形成了前述的柔性制造系统。总之，基于传统的设备管理思想，如果需求改变，就增加额外的能力需求，而作业管理则主要采用调整现有设备的方法来满足需求的改变。

3. 生产布局弹性化

基于传统的企业组织管理思维，生产布局基本上是这样的：产品由一组相同的设备加工之后，转入后续工序的另一组设备进一步加工，直至最后完成全部加工过程为止。如此，每个产品经过若干工序的加工生产，而每道工序只从事某项生产作业而已。在这里，工人接受了专门训练，只是担任其所在工序内特定设备的操作。而基于作业管理思维，生产布局采用制造单元（Manufacturing Cell）的方式。制造单元通常采用半圆形方式，它容纳了一群设备，并将这些设备按次序排列以便从事不同的生产作业。每种产品都在一个制造单元内生产并完成，每种产品生产加工所需要的设备都放置在一个制造单元内。每个制造单元只担负某种产品或者某族产品的生产任务，某设备加工完毕后，产品即转到另一设备继续加工。在这里，分配到各个制造单元的工人接受了各种各样的训练，能够操作其所在制造单元的各种不同设备。因此，工人都熟悉各种设备的操作，要求是全面的、多技能的即所谓“多面手”，而绝非是单方面的、专业化的即所谓的“一门灵”，只擅长某种设备的操作。由此可见，基于作业管理思维，每个制造单元实际上就是一个小型的工厂，它是工厂中的工厂。图 11－2 和图 11－3 描述了上述这种差异。

A工序　B工序　C工序

甲产品：M1 ——→ M2 ——→ M3 ——→ 完工产品

乙产品：M1 ——→ M2 ——→ M3 ——→ 完工产品

图 11－2　基于传统企业组织管理思维的生产布局

A制造单元
甲产品：M1
M2 ——→ M3 ——→ 完工产品

B制造单元
乙产品：M1
M2 ——→ M3 ——→ 完工产品

图 11－3　基于作业管理思维的生产布局（图中 M 代表设备）

由图 11 -2 和图 11 -3 可见，为了消除不必要的作业，减少时间消耗，企业组织的生产布局已经发生了变化，从流程导向（Process - Oriented）转向产品导向（Product - Oriented）。

4. 产品全面质量管理

基于传统的企业组织管理思维，产品质量采用随机抽样的检验办法，只要不合格品率控制在一定的范围内，该批产品就视同合格。整个质量管理的重点放在专门的质检人员的事后监督和补救上。基于作业管理思维，放弃了传统的随机抽样的质量检验办法，采用 100% 的全检和全过程的控制，生产者本身就是质检人员。通过全面质量管理，尽量消除不合格品率，尽量实现"零缺陷"。

由此可见，基于作业管理思维，以"作业"作为企业组织管理的起点和核心，比传统的以"产品"作为企业组织管理的起点和核心，在层次上大大地深化了。作业管理可以看成是企业组织管理思维的创新。

（三）作业管理：企业成本管理新思维

马克思早就在《政治经济学批判（1857 - 1858 年草稿）》中提出"真正的节约（经济） = 节约劳动时间 = 发展生产力"这样的命题。但就目前而言，要完全用时间来衡量企业组织生产系统的效率还是有困难的①。只能间接地用劳动耗费即成本来衡量生产周期时间，从而间接地衡量企业组织生产系统的效率。基于这样的认识，下面着重从成本管理的角度讨论作业管理思维。

1. 作业管理思维与持续降低成本

传统的企业组织管理以"产品"为起点和核心，在成本管理方面，把重点放在标准成本上。与此相适应，标准成本、费用预算及其差异分析，把重点放在实际与标准或预算差异的控制上。按照这样的思路，传统成本管理只注重"通过数量进行管理"，而很少注意到成本发生的前因、后果。这种成本管理思维，本末倒置，没有对成本降低的源泉进行溯本求源，有针对性地采取相应的措施，因而难以取得持续的成本节约。在某些情况下，由于员工抱怨工作紧张和日益增加的工作负担，工作效率下降，成本不仅没有降低，反而上升。

传统成本管理思维尽管也重视产品设计和质量管理，但是，由于没有从根本上改变企业组织管理思维，而是以"产品"为核心和起点，没有达到更深的层次，从而使其效果在广度和深度上都受到很大的限制。与此相反，基于作业管理思维，以"作业"为核心和起点，在成本管理方面，把重点放在每一作业的完成及其所耗费的资源。通过作业分析，溯本求源，根据技术与经济相统一的原则，不断改变作业方式，重新配置有限资源，从而达到持续降低成本的目标。根据作业成本计算法所提供的信息，如果发现某项高成本的作业，首先要确定这项作业是否必要，能否增加价值。如果该作业是不必要的作业，它不能增加顾客价值，企业组织就应该想方设法消除这项作业，而根本没有必要提高其作业效率。

① 本书第十章提及的"基于时间驱动的作业成本计算法"在解决这个问题上迈进了一步。

企业组织应该时刻考虑为什么要完成各种作业？这些作业是否必要？它能否增加顾客价值？能否改进？简而言之，基于作业管理思维，持续降低成本的步骤可归结为：(1) 减少完成某项作业所需要的时间或耗费；(2) 消除不必要的作业；(3) 选择成本最低的作业；(4) 尽量实现作业共享，为降低作业成本创造有利条件；(5) 利用作业成本计算法提供的信息，编制资源使用计划，重新配置未使用资源。这些步骤贯穿于企业组织整个生产经营过程，从而，使企业组织处于不断改进的环境之中，达到持续降低成本的目的。

上述分析可用图 11－4 表示之。

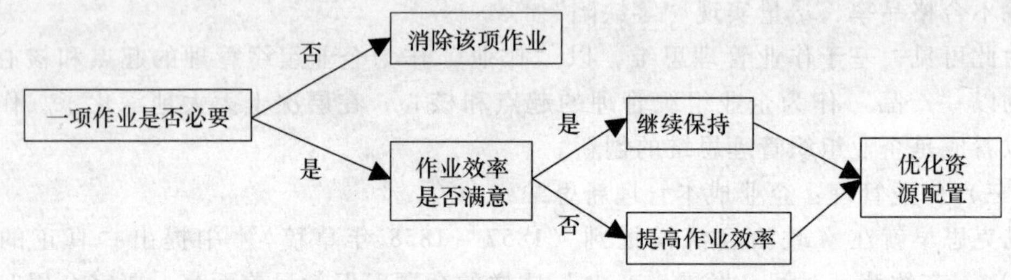

图 11－4　持续降低成本过程

2. 作业管理思维与企业组织成本管理发展趋势

与传统成本管理思维相比，基于作业管理思维，成本管理方面的发展主要表现在以下几方面：

(1) 成本计算方法的发展。成本计算方法是成本管理的基础，成本计算结果的相关性直接影响到企业组织的经营管理决策。如前所述，作业管理思维将管理深入到作业层次，以作业成本计算法为中介，并贯穿始终。在“适时生产系统”环境下，实现“零存货”，由此，产品成本（Product Cost）与期间成本（Period Cost）的差异逐渐消失，形成一种不受期初、期末存货成本结转影响的非累积性成本计算思维。这时，变动成本法与完全成本法的差异也随之消失。

(2) 成本控制方法的变化。成本控制是成本管理的关键。传统的成本控制方法主要是以“产品”为中心，运用标准成本法。根据标准成本法，将经理人满足标准成本的能力视为衡量经理人绩效的重要指标，实际绩效与标准绩效的差异，也成为奖惩经理人的重要依据。在新的管理情况下，标准成本法的控制功能尽管没有完全消失，但已受到严重的挑战。产品生命周期日益缩短，富裕社会需求的多样化，都加速了生产方法的改进，使得贯彻标准成本的重要条件——生产过程的稳定性和批量化程度大大下降。与运用“可达到标准”（Attainable Standards）作为成本控制基础的标准成本法不同，作业管理思维以持续改善和优化价值链为目标，将企业组织的成本管理分为成本避免（Cost Avoidance）和成本控制（Cost Control）两个层次，并贯穿于企业组织整体作业链之中，消除一切不能增加价值的作业，使企业组织总是处于不断改进的环境之中。

(3) 重视产品生命周期成本和质量成本的计量和报告，全方位控制成本。对此，本书第十二章和第十三章将专门论述，这里不再赘述。

综上所述，作业管理思维把管理的重心深入到作业层次，以“作业”作为企业组织管理的起点和核心，比传统的以“产品”作为企业组织管理的起点和核心，在层次上大大地深化了。正如生物学深入到分子水平而形成分子生物学，在生物科学上是一个重大的革命性变革一样，企业组织管理把管理的重心深入到作业层次而形成作业管理，可视为继被誉为“科学管理之父”的泰罗于20世纪初创立的“科学管理学说”以来，在企业组织管理方面又一个重大的革命性变革。它预示着企业组织管理的发展趋势。

本章小结

尽管作业成本计算法导源于产品成本计算的精确性动机，但是，其意义已经完全超越了产品成本计算精确性要求这个层面，深入到企业组织的作业链——价值链重构，乃至企业组织的结构再造问题。但是，作业成本计算法只是认识企业组织作业链——价值链的手段，作业管理才能改造和优化企业组织作业链——价值链。因此，从作业成本计算法发展作业管理成为历史的必然。

为了适应企业组织的生产模式的重大变革，企业组织的管理思维也发生重大变革，形成新的企业组织观和企业组织管理思想。新的企业组织观认为现代企业组织是一个为了最终满足顾客需求而设计的一系列作业的集合体。各种作业之间互为顾客，彼此连成一个整体，形成顾客链。企业组织本身就是一个由此及彼，由内到外的作业链。从价值的形成过程来看，企业组织的作业链又表现为价值链。

作业管理的基本管理思想是以顾客链为导向，以作业链——价值链为中心，对企业组织的“作业流程”进行根本性、彻底的改造，强调协调企业组织内外部顾客的关系，从企业组织整体出发，协调各部门各环节的关系，要求企业组织的物资供应、生产和销售等环节的各项作业形成连续、同步的“作业流程”，消除作业链的一切不能增加价值的作业，使企业组织处于持续改善状态，促进企业组织整体价值链的优化，实现作业管理的目标。

作业管理就是运用作业成本计算法所提供的明细、动态信息优化企业组织的作业链——价值链。从企业组织的整体经营过程来看，作业管理具有如下几个特点：（1）把管理深入到作业层次，以作业为核心进行作业分析；（2）以作业成本计算法为中介，并贯穿始终；（3）以产品设计、适时生产系统和全面质量管理等基本环节为重点。

产品设计是企业组织最重要的作业动因，适时生产系统要求没有任何浪费地执行各种作业，而全面质量管理则要求没有任何缺陷地执行各种作业。产品设计、适时生产系统和全面质量管理，“三位一体”，缺一不可。它们三者只有同步进行，相互配合，才能相得益彰，不断优化企业组织的作业链——价值链。产品设计、适时生产系统和全面质量管理是作业管理的战略环节。

基于新企业组织观的作业管理是一种全新的管理思维。它必然对传统企业组织的管理思维产生重大影响。由此，生产周期时间是衡量整个企业组织作业链效率的重要依据。作业管理是一种以人为本的柔性管理。基于作业管理思维，企业组织的管理重点从过去强调对员工行为的控制转移到让员工知情并授权其自我解决问题和持续改善企业组织的作业链——价值链。由此导致企业组织的管理从过去的命令——控制观念转向知情——改善观念。对此，传统的"以规章制度为本"的刚性管理难以胜任。作业管理以人为本推演和设计企业组织的整体框架和运转机制，从而导致企业组织再造工程的兴起。

作业管理在企业组织管理上的重大开拓性主要表现在：(1) 企业组织生产现场控制系统的变革；(2) 企业组织生产过程的弹性化；(3) 企业组织成本管理思维的改革。

本章主要参考文献

1. Jesse T. Barrfield, Cecily A. Raiborn, Michael R. Kinney. Costing Accounting: Traditions and Innovation. South - Western, 2003.

2. Anthony A. Atkinson, Rajiv D. Banker, Robert S. Kaplan, S. Mark Young. Management Accounting. Prentice Hall, Inc., 2003.

3. 查尔斯·T. 亨格瑞，斯坎特·M. 达塔，乔治·福特斯：《成本与管理会计》，中国人民大学出版社 2004 年版。

4. 韦恩·J. 莫尔斯，詹姆斯·R. 戴维斯，阿尔·L. 哈特格雷夫斯：《管理会计：侧重于战略管理》，上海财经大学出版社 2005 年版。

5. 唐·R. 汉森，玛丽安·M. 莫文：《管理会计》，北京大学出版社 2000 年版。

6. 爱德华·布洛克，孔·陈，托马斯·林：《战略成本管理》，人民邮电出版社 2005 年版。

7. 胡玉明：《高级管理会计》，厦门大学出版社 2005 年版。

技术经济一体化的成本管理工程

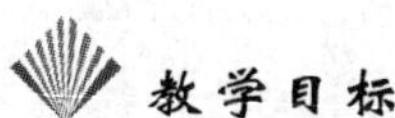

教学目标

◇基本目标

在了解技术与经济辩证关系的基础上，理解和掌握企业组织的成本管理是技术与经济一体化的结果。

◇具体目标

(1) 了解技术与经济的辩证关系；(2) 了解成本管理工程的基本框架；(3) 理解和掌握价值工程在企业组织成本管理的运用；(4) 理解和掌握目标成本法基本原理及其运用；(5) 理解和掌握产品生命周期成本理念及其运用。

本章提要

一切成本的发生都与技术本身及其运用有关，企业组织的成本管理不能割裂技术与经济的内在关系。在市场经济环境下，企业组织以市场为导向，提高企业组织成本管理水平是提高企业组织经济效益的重要前提之一。有鉴于此，本章以技术与经济的辩证关系为依托，讨论基于技术经济一体化的企业组织成本管理工程基本框架。在此基础上，进一步讨论目标成本法和产品生命周期成本理念。

第一节　企业组织成本管理工程的基本框架

企业组织的成本管理绝不单纯是一个管理会计问题，而且还是一个技术问题，更重要的是企业组织的系统工程问题。

一、技术与经济的辩证关系：成本管理工程的基础

在高新技术蓬勃发展的环境下，“技术”（Technology）这个词的使用频率相当高，以致于人们对之十分熟悉。但是，人们对技术这个概念的理解却存在许多分歧。从当前科学技术发展趋势看，技术可以“理解为劳动工具、劳动对象和劳动者的劳动技能的有机结合体”，从而，将技术定义为“技术是指人类借以同自然进行物质交换和能量传递的手段或媒介，它包括劳动工具、劳动对象和劳动者的技能，是由它们三者组成的一个有机结合体”。这些也是生产力的要素，因此，技术天然就是生产力。

技术是生产力。高级的、先进的技术无疑是企业组织培植和提升核心能力，提高经济效益的重要途径之一。但是，技术的运用并非无条件，它要耗费一定的人力、物力和财力。因此，技术运用本身就存在经济问题。这里的“经济”指的就是“经济效益”。技术与经济存在密切的关系。这主要表现在：

（一）技术与经济是一个不可分割的统一体

人类为了生存和发展就必须从事生产活动，发展生产力，提高经济效益。要从事生产活动，提高经济效益就必须运用一定的技术，而任何技术的运用都必须耗费和占用一定的人力、物力和财力。因此，任何经济问题都离不开技术，而任何技术问题也离不开经济。这个世界不存在孤立的技术问题和孤立的经济问题。技术与经济始终是一个同时存在、不可分割的统一体。

（二）技术与经济存在相互促进和相互统一的关系

在技术与经济的关系中，技术是手段，经济是目的。也就是说，技术是发展经济的手段，而发展经济才是目的。从社会的角度看，发展经济的需求推动着技术的进步，任何一项新技术的产生都是由于发展经济的需求引起的。同时，经济的发展为技术进步提供经济后盾。技术的进步促进了经济的进一步发展，经济的进一步发展，又反过来促进技术的进步。这就是技术与经济相互促进的良性循环。从企业组织的角度看，任何一项技术的推广和运用必须首先考虑其经济问题即技术的经济性。在通常情况下，先进的技术能够带来较好的经济效益，技术进步的过程就是企业组织经济效益提高的过程。随着技术的进步，企业组织能够耗费和占用越来越少的人力、物力和财力，生产出越来越多的符合社会需要的产品。因此，绝大多数先进技术都具有良好的经济效益。从这方面来看，技术与经济又是统一的，技术的先进性与技术的经济性是一致的。这就是技术与经济的统一性。

（三）技术与经济存在相互对立的关系

虽然技术与经济存在统一性，但基于某些情况，它们也存在对立关系。在企业组织的经营管理实践中，有些技术相当先进如太阳能发电，但是，由于社会条件的限制，成本太高，经济效益不好，从而不能广泛地推广和运用，而有些技术尽管并不太先进如半机械化，然而，由于它实用、可行，经济效益却很好，从而得到广泛推广和运用。还有些技术本身很先进，耗费和占用的人力、物力和财力也较少，但是，由于不适合企业组织的实际情况而不能采用。可见，技术与经济有时也存在对立关系。这种对立关系使得

任何技术的运用都受到条件的限制。条件不同，技术带来的经济效益也自然不同。

由此可见，技术与经济存在对立统一的辩证关系。认识这种关系，对于研究技术与经济存在的规律，建立技术经济一体化的成本管理工程，使技术与经济和谐组合，塑造企业组织的核心能力，提高企业组织的竞争力，从而提高企业组织的经济效益具有相当重要的理论意义与现实意义。因此，技术与经济的辩证关系是基于技术经济一体化的成本管理工程的基础。

二、企业成本管理工程的基本框架

如前所述，技术与经济存在辩证关系。企业组织的成本管理涉及面较广，它不仅仅是一个经济问题。从本质上说，它是一个技术问题。企业组织要提高成本管理水平，就必须构建技术经济一体化的企业成本管理工程。

（一）成本的技术性与经济性之统一

成本的技术性与经济性之统一乃是构建技术经济一体化的企业组织成本管理工程的基础。

1. 企业组织的成本问题本质上是一个技术问题

企业组织的成本问题历来是工程师和会计师共同关心、共同合作的研究课题。19世纪中叶以后，工程师在设计、组织产品生产过程中，所面临的一个重要问题就是成本问题。于是，工程师逐步认识到这是与技术实施、企业组织管理密切相关的问题。如果这个问题的不到解决，企业组织的生存与发展便会直接受到影响。因此，在19世纪与20世纪之交，将工程技术方面的问题与成本方面的问题结合起来加以研究，成为工程师与会计师的一项重要历史使命。例如，以美国著名的工厂管理专家泰罗为首的工程师，通过在管理实践中反复研究，在确定“标准成本”，“预算控制”，进行“差异分析”方面作出重要贡献。美国著名会计学家保罗·加纳（Paul Garner）认为“成本会计这一职业是由于早期工业工程师对该问题感兴趣而发展起来的”。

企业组织为何发生成本？其根源何在？这就是前述的成本动因。如前所述，产品设计，乃至企业组织设计是企业组织最重要的成本动因。企业组织成本的发生与其技术复杂性有关。在成本实际发生之前，大部分成本便已经被“锁定”。一旦设计方案确定，很难再改变成本发生的数额。对于多数产品而言，65%的成本通常在设计阶段已经确定了，20%的成本在产品生产过程中形成，另外15%的成本才是生产管理所能控制的。这就是前述的“成本虽然发生于产品生产过程，但其根源却不在生产过程。生产过程只是成本发生的结果，而不是成本发生的根源”。更重要的是，企业组织的规模、生产布局、选用设备、生产工艺流程、技术方案，甚至企业组织的选址等技术问题才是成本发生的根源所在。企业组织的成本问题本质上就是一个技术问题。因此，不能离开技术问题谈成本问题。

企业组织制定的“标准成本”是“差异分析”和“预算控制”的基础。技术决定成本发生。标准成本的制定过程本身就是一个技术问题。如果离开技术问题，企业组织就无法制定“标准成本”。管理会计所能解决的就是实际成本的核算与标准成本的考核。至于“差异分析”也在相当大程度上涉及到技术问题。其中，能量差异的原因就在于技术（设计容量）与市场需求（市场容量）存在矛盾。

20世纪后期在企业组织流行的全面质量管理（TQM）、适时生产系统（JIT）和柔性制造系统（FMS）乃至计算机一体化制造系统（CIMS）都是技术问题，但是，它们对企业组织的管理会计产生重大影响。技术的发展与广泛运用导致企业组织的制造费用增加，从而，导致成本分配方法的转变，促进管理会计的发展。前述的作业成本计算法本身就是技术进步和变革的产物。而技术进步加速，产品生命周期缩短，要求企业组织灵活多变，快速反应，产品生命周期成本计算法（Life Cycle Costing）由此产生。所有这些都从一个侧面说明，技术引起成本问题，从而促进管理会计的发展。

2. 企业组织管理会计可以优化技术的经济性

如前所述，成本本质上是一个技术问题，但其结果却是一个经济问题。管理会计对成本的反映和核算只是一种“导航器”即指明成本多少，潜力何在?

如前所述，技术与经济存在辩证关系。一方面，技术与经济可能存在矛盾。技术发展使企业组织的灵活性、适应性大大增强，使企业组织能更快地生产更高质量的产品，提高企业组织的产品竞争力，推动企业组织的全球化进程。但是，人们却较少关心技术发展与运用的成本问题。这些成本有时是巨大的，它可能关系到企业组织的生死存亡。因此，需要通过“成本”信息对技术的运用进行评估。

成本信息是一个预警性信号，而不是诊断性信号。它只是揭示现状而没有揭示成本差异的根源。要了解和改进企业组织的业务流程，优化企业组织的“作业链——价值链”，必须理解成本发生的根源及其习性，才能追溯成本差异的根源。通过成本动因分析，成本信息有助于企业组织了解各种成本动因及其相应的成本高低，努力消除各种不增值的成本动因或改善增值成本动因，减少其成本。例如，物品移动可能引起成本发生。物品移动次数是一种成本分配的数量基础，但它未必就是一种成本动因。相反，工厂设备的配置、业务流程的不平衡或零部件的非标准化才是引起物品移动次数的真正动因。物品移动并不会增加企业组织的价值，属于不增值的成本动因，应该改善企业组织设计，消除不必要的物品移动。因此，成本信息有助于技术的经济性优化。

另一方面，技术与经济又是协调的。由技术支撑的产品一旦成为标准化产品，更多的厂商进入新产品市场，由此，技术在生产过程中的重要性降低，成本在竞争中占主要地位。企业组织只有不断地进行技术创新，保持低成本才能保持竞争优势，取得优异的经济效益。成本信息时刻提醒企业组织进行技术创新。

总之，技术问题产生成本问题，技术的创新推进管理会计的发展。影响企业组织成本发生的动因发生变化，提供成本信息的思维也必须相应地变化。成本信息有助于技术创新和技术的经济性优化。管理会计与技术创新必须同步发展。这就是技术与管理会计的共生互动性。这种共生互动性是构建企业组织成本管理工程的基础。

（二）企业组织成本管理工程的基本框架

企业组织成本管理工程是一个庞大的社会系统工程。这里只能就其基本框架展开讨论。

从历史的角度看，技术问题乃至工程管理问题一旦产生，客观上要求管理会计也要同步产生。标准成本、价值工程和质量成本都是工程师在开发与运用新技术时，将目光集中于成本，自觉或不自觉地将管理会计思想渗透到技术问题，将技术与经济有机融合的产物。管理会计反过来指导优化技术的经济性，技术与管理会计随着社会的演变与技术、管理本身的不断发展而不断地改变其表现形式。尽管标准成本、价值工程和质量成本三者具有各自的特点和本质区别，但从管理会计角度看，它们都将技术问题着眼于成本及其考核，与技术先进性紧密结合在一起，管理会计与技术相结合。技术经济一体化的管理会计可视为管理科学向纵深发展的必然趋势。

由此，管理会计必须摆脱“就成本论成本”的倾向。成本可视为技术的函数。从这个角度研究成本，才能拓展研究视野，把成本与技术相融合，从而技术与经济连为一体。

如前所述，现代企业组织的成本管理包括成本避免和成本控制两个层次。成本避免属于成本管理的第一层次，要求消除一切可以避免的成本发生，而成本控制则属于成本管理的第二层次。企业组织的成本管理重点是成本避免，在这个基础上，对于不可避免、一定要发生的成本再进行有效的控制。成本避免是一个技术问题，成本控制则是一个管理会计问题。因此，应该拓宽企业组织管理会计的研究视野，构建技术经济一体化的“企业组织成本管理工程”，将成本避免与成本控制和谐地统一起来，系统地研究企业组织的成本问题。

综上所述，企业组织的成本管理工程可以视为以技术与经济辩证关系为基础，以技术经济一体化原理为指导，吸收技术经济学、管理科学与工程学和管理会计的理论与方法，而构建的一门综合性交叉学科。在“企业组织成本管理工程”基本框架中，技术与经济的辩证关系是基础，质量成本管理是其连接点[①]，价值工程（Value Engineering）则是其桥梁，而企业化是企业组织成本管理工程的本质特征，市场化则是企业组织成本管理工程的核心。因为成本只是一个效率指标，只有通过市场的检验，成本所代表的效率才能转化为效益。目标成本法（Target Costing）则是技术（代表质量）、经济（代表成本）、市场化三者的综合。企业组织的成本管理工程所涉及的时空间已远远超出传统意义上的管理会计范畴，其起点高，视野广。现代企业组织管理要求从企业组织整体价值链的角度进行全方位的成本管理，成本管理不仅要深入到企业组织的生产和营销等领域，而且要深入到企业组织的研究、开发和产品设计，乃至企业组织设计领域。构建企业组织的成本管理工程有助于企业组织实现这个目标。

（三）成本管理市场化：企业组织成本管理工程的核心

如前所述，市场是效率（体现为成本）与效益（体现为价格）关系的连接点。因此，成本管理市场化的逻辑起点可以具体化为成本确定的市场化[②]和成本承担客体——产品的市场化两个方面。

鉴于成本只是代表效率，而效率只有接受市场检验才能转化为效益。成本承担的客

① 本书第十三章将专门讨论质量成本管理问题。

② 这里先讨论成本承担客体——产品的市场化问题，有关成本确定的市场化问题后面再专门讨论。

体是产品。如此，要使企业组织内部的高效率能够转化为企业组织的高效益，企业组织必须保证成本承担客体——产品具有良好的市场性即成本承担客体——产品的市场化，也就是企业组织首先要以市场为导向，面对具体的顾客群体，解决应该生产何种产品，如何生产的问题。只有符合市场需求的产品才有必要高效率（低成本）地生产出来，不符合市场需求的产品根本就不应该生产，自然更谈不上效率的高低问题。市场不需要的产品，企业组织的效率越高，其损失就越大。

值得指出的是：在产品定价方法中，除了后面将讨论的目标成本法外，还有一种“成本加成法”即先计算“成本基数”（Cost Base），然后，再在此基础上加上一定的“加成额”（Markup），得到目标销售价格。中国计划经济时代所采用的产品定价方法，就其基本思路而言，体现了“成本加成法”。但这并不意味着“成本加成法”就是计划经济的产物。关键在于这里所确定的“目标销售价格”是否就是产品的市场销售价格。在计划经济时代，中国以成本为基础确定的价格基本上就是产品的销售价格。在市场经济环境下，企业组织也可以实行“成本加成法”[①]，但是，其确定的目标销售价格只是一种参考性或指导性价格，企业组织的经理人还要根据产品的市场供求关系和产品的需求价格弹性等因素进行适当调整，使所确定的价格符合或基本接近市场价格。也就是说，“成本加成法”所确定的目标销售价格必须接受市场的检验。市场是无情的，企业组织按“成本加成法”确定的目标销售价格要通过市场的检验并获得较好的经济效益，就必须保证所生产的产品符合市场顾客的需求，在此基础上，加强成本管理，尽力降低成本。从这点来看，“成本加成法”也体现了市场化问题。这就是成本承担客体——产品的市场化问题。

综上所述，成本加成法以成本为基础进行定价，其起点是为了收回成本并获得目标利润，企业组织应该如何定价？实际上，市场决定了“加成额”大小。因此，成本加成法间接地以市场为基础定价。而目标成本法直接以市场为基础进行定价，其起点是：就市场的顾客和竞争对手的可能反映，企业组织应该如何定价？尽管两种定价方法的起点不同，它们都考虑了顾客、竞争对手和成本等三个因素。

第二节　价值工程：企业组织成本管理工程的桥梁

质量成本是技术与经济相互协调的结果，但是，质量成本只是对产品成本提出明确的目标要求，这些要求如何实现，还需要价值工程的配合。

---

① 根据调查，美国企业组织普遍采用“以成本为基础”的定价方法。对此，读者可以参阅 Charles T. Horngren，George Foster，Srikant M. Datar：COST ACCOUNTING：A MANAGERIAL EMPHASIS（9th ed），P. 445，Prentice Hall，Inc.，1997.

一、价值工程基本原理

价值工程是以功能分析为核心，以最低的成本实现产品必要的功能，从而使产品价值最优化的一种有组织有领导的活动。在这里，“功能”是指产品所担负的职能或所起的作用。它实际上就是产品的使用价值，相当于前述的“质量”；“成本”并非一般的产品生产成本，而是指为实现产品的必要功能所发生的全部成本（相当于产品生命周期成本）；与马克思政治经济学所说的“价值”概念含义不同，“价值”是指产品功能与成本的比值。这实际上就是人们通常所说的产品物美价廉的程度。它们三者之间的关系为“价值 = 功能 ÷ 成本”即产品的价值与其功能成正比，与其成本成反比。显然，企业组织要实现价值工程的目的，只能从改善功能和降低成本两个方面动脑筋。价值工程就是围绕这两个方面而展开的。

价值工程的核心问题是对产品进行功能分析。也就是说，在产品研究与开发、产品设计和生产过程中，要把重点从传统的对产品结构的分析研究，转移到对产品功能的分析研究。唯有如此，才有利于设计者和生产者摆脱现存结构对其思想的束缚，为广泛运用最新科技成果，确定实现必要功能的最合理方案提供一种有效的方法。例如，对手表的改进，如果从传统的结构分析出发进行研究，最终也难以跳出机械表的范围。只有从手表的基本功能是“显示时间”这个思路出发，才能产生思维的新突破，从而导致今天各种石英电子表的出现，在保证必要功能（显示时间）的前提下，大幅度地降低了手表的成本。

在市场经济环境下，顾客只对其需求部分付钱。多余的功能将使成本提高，却又得不到补偿。价值工程的核心是功能分析。通过功能分析，企业组织可以发现哪些功能是必要的，哪些功能是不必要的；哪些功能是过剩的，哪些功能不足，从而提出改进方案和解决办法。去掉不必要的功能，削减过剩的功能，补充不足的功能，使产品的功能更加合理，在满足产品必要功能的前提下，降低产品成本，实现技术与经济一体化，提高产品的竞争力。对于企业组织新产品的研究与开发而言，其意义尤其重大。

二、价值工程：企业组织成本管理工程的桥梁

以企业组织的新产品研究与开发为例，新产品的研究与开发关键在于以市场为导向的设计阶段。根据成本动因理论，在产品设计阶段，必须认真考虑产品设计方案对成本的影响。这就要求负责产品设计的技术人员必须树立价值工程的观念，同时，也要求管理会计人员不能只管事后算账，要关心产品设计方案，主动地对产品设计部门提出要求，要求其设计出来的产品既符合技术要求，又符合经济要求，真正做到物美价廉，实现技术与经济的统一。有时，即使产品设计方案从技术上看已经成功了，但是，由于达不到经济要求，也不能投产，还要对产品设计方案进行改进，甚至放弃，另起炉灶。如此反复，不断改善企业组织的产品设计方案，使之日趋完美。只有设计方案的节约才是最大的节约，设计方案所造成的浪费难以通过以后的生产过程来弥补。因此，企业组织在新产品开发过程中，推行价值工程，促使技术与经济一体化，对于提高企业组织的经济效益具有十分重要的意义。

联系第十一章的“作业分析”，这里便产生一个问题：“价值工程”与“作业分析”有何异同？在满足顾客需要的前提下，“作业分析”侧重于消除不必要的作业，而“价值工程”则侧重于消除不必要的功能。尽管功能的产生消耗作业，但是，“作业分析”和“价值工程”还是存在差异：“作业分析”强调整体优化，“价值工程”强调局部优化。

下面举例说明这个问题。

例 12－1：假设某公司的几种产品需要一块铜板来连接基本电路。根据产品的不同，需要在铜板上钻一个孔（C 方案）或两个孔（B 方案）或三个孔（A 方案）。

根据“价值工程”，如果某种产品只需要一个孔，就可以连接基本电路，那么，钻一个孔就足够了，应该选用 C 方案；如果某种产品需要两个孔，采用 B 方案；如果某种产品需要三个孔，采用 A 方案。由此可见，根据“价值工程”，不同产品其连线铜板的设计方案也随之不同，可能采用 A 方案或 B 方案或 C 方案。

然而，根据“作业分析”则不同，各种产品所需要的连线铜板都应该采用 A 方案。表面上看，对于只需要一个孔或两个孔的产品而言，A 方案连线铜板的功能过剩，成本上升。钻三个孔所需要的原材料和人工成本比钻两个孔或一个孔来得高。但是，A 方案的连线铜板适用于所有产品。因此，该公司只需要生产一种连线铜板（而不是三种连线铜板）就可以了。如果单独考察各种方案本身的成本，那么，该公司应该生产三种产品。然而，如果考察钻一个或两个孔与钻三个孔对该公司的作业成本的影响，那么，该公司采用 A 方案无疑是明智的。

这是因为：(1) 只需要订购一种部件，而不是三种部件；(2) 只需要验收、储存和运送一种部件；(3) 在数据库中只需要储存和保留一种部件，而不是三种；(4) 将来改进产品设计，只需要改变一种部件，而不是三种部件；(5) 只需要预测一种部件的需要量；(6) 预测三种部件发生差错的可能性远比预测一种部件大得多，尤其是间隔期较长的情况下；(7) 一种部件的存货少于三种部件的存货；(8) 一种部件的生产调度远比三种部件的生产调度容易。

显然，上述八项作业所节约的成本与多钻一个或两个孔所增加的成本相比，该公司的整体成本下降了。

总之，企业组织推行价值工程，通过功能分析，以成本为导向，可以将技术与经济和谐地统一起来。实际上，价值工程的基本公式“价值＝功能÷成本”本身已经就体现了技术（代表功能）与经济（代表成本）的关系。因此，价值工程是实现技术经济一体化，构建企业组织成本管理工程的桥梁。

第三节 目标成本法：技术、经济与市场导向的综合

目标成本法的主要特征就是以市场为导向，技术与经济相融合。目标成本法是致力

于降低产品周期成本的综合性成本管理工具。

一、目标成本法的基本原理

在计划经济时代，中国企业组织的产品完全按计划定价。也就是根据企业组织的产品生产成本附加一定的利润率确定产品的价格。其基本原理用公式表示就是："单位产品销售价格 = 单位产品成本 + 单位产品成本 × 成本利润率（即计划利润）"。这是一种完全非市场化的定价模式。在这里，企业组织的产品成本高低决定了其价格的高低。产品成本成为其定价的基础。当时，国家为了控制价格自然要规定企业组织的成本开支范围。

在市场经济环境下，企业组织已经成为市场的主体，其一切生产经营活动都要以市场为导向。绝大多数企业组织的产品价格应该由市场决定，企业组织的成本只有接受市场的检验，并且低于市场价格，成本所代表的效率才能转化为效益。否则，成本只能是一种损失！企业组织为了全面提高经济效益，就必须将成本建立在市场的基础上，以市场为导向确定成本。因此，企业组织应该以竞争性的市场价格为基础，根据企业组织的目标利润，确定产品应该达到的目标成本，以此对产品成本水平主动提出事先控制要求。如果用公式表示，这种思维的转变就是从"单位产品销售价格 = 单位产品成本 + 计划利润"转变为"单位目标成本 = 单位竞争性市场价格 - 单位目标利润"。从表面上看，这种思维的转变似乎只是一种数学公式的转化，并没有什么不同之处。然而，其实质却反映了企业组织的成本管理思维的重大转变。上述公式"单位目标成本 = 单位竞争性市场价格 - 单位目标利润"体现成本确定的市场化思维。这就是成本管理市场化的逻辑起点，也是目标成本法之精髓。

由此，目标成本法是以市场为导向的成本管理思维。它以具有竞争性市场价格和企业组织的目标利润倒推出目标成本。这里的"目标利润"体现了企业组织长远发展战略要求，而"竞争性市场价格"则体现了市场导向。市场价格的确定本身是一个博弈的过程，它既是企业组织本身应该接受的价格，又是企业组织现有和潜在竞争对手都应该接受的价格。因此，以市场价格为导向实际上就是"知己知彼"的战略思想之体现。由此所确定的目标成本就是企业组织生产经营过程应该达到的成本水平，它将企业组织的内部发展战略与企业组织的外部市场有机地结合起来，以市场为导向全面指导企业组织内部成本管理工作，从而将企业组织的成本管理提高到战略的高度。目标成本法进步之处在于它将企业组织的外部市场价格导入企业组织的内部成本管理，它是一种动态的成本管理过程。因为企业组织面临的外部市场环境多变，企业组织的成本管理以市场为导向必须时刻注视外部市场的变化，及时调整企业组织的内部发展战略，不断提高生产效率，降低成本水平，使企业组织的生产经营过程达到持续改善之境界。

如前所述，以泰罗科学管理学说为基础形成的标准成本是企业组织长期以来行之有效的生产过程成本控制的重要工具。标准成本本身也是一种目标成本。目标成本法所确定的"目标成本"，如果企业组织能够达到，一旦付诸实施就成为企业组织生产过程的标准成本。因此，标准成本只是企业组织在某一特定的生产阶段应该达到的目标成本，标准成本法是目标成本法的必然延伸。但是，目标成本法与标准成本法不同。首先，两者最主要区别在于目标成本法的市场导向特征。目标成本是通过竞争性市场价格推导出来的。这就保证了企业组织内部管理的成本计划过程与企业组织外部环境的市场信息相结合。标准成本法是提高效率的重要手段，但缺乏市场导向，目标成本法则在兼顾效率与效益基础上，实现成本管理的市场化。其次，两者的层次不同。目标成本法是一种成本避免，它属于成本管理的第一层次，要求消除一切可以避免的成本发生，而标准成本法则是一种成本控制，它属于成本管理的第二层次。显然，企业组织的成本管理重点应该是成本避免，在这个基础上，对于不可避免、一定要发生的成本再实施有效的成本控制。

结合前述的"成本加成法"的讨论可以看到，目标成本法与成本加成法都体现了成本管理的市场化，两者实际上是"殊途同归"。"成本加成法"以成本为基础，通过市场确定产品销售价格。市场决定了"加成额"大小，从而决定了以成本为基础的目标销售价格的市场接受程度。而"目标成本法"则直接以市场为基础，确定企业组织的内部效率应该达到何种水平，才能具有竞争力。客观地说，目标成本法直接以市场为导向，促进企业组织加强成本管理；成本加成法则间接以市场为导向，促进企业组织加强成本管理。它们的目的都是促使企业组织内部的高效率转化为高效益。

二、企业组织推行目标成本法的基本步骤

通常，企业组织推行目标成本法的基本步骤包括：

（1）设计并生产满足顾客需求的产品；

（2）根据顾客与竞争对手的情况以及企业组织的战略目标，确定具有竞争性的市场价格和目标利润；

（3）根据竞争性的市场价格和目标利润确定目标成本；

（4）推行价值工程实现目标成本。

目标成本只是对产品成本提出明确的目标要求。这些要求如何实现还需要价值工程的配合。通过价值工程的"功能分析"，在满足产品必要功能的前提下，降低成本，从而实现目标成本，提高企业组织的产品竞争能力。

在产品设计过程中，运用目标成本法，以"目标成本"为依据，确定产品应该达到的目标成本，主动地对产品设计部门提出要求，要求其设计的产品既符合技术要求，又符合经济要求，真正做到物美价廉，实现技术与经济的和谐统一。

例 12－2：某公司计划开发生产一种新产品——A 型涂料。该公司设计人员经过数月的攻关，终于设计出一个生产 A 型涂料的配方。该公司生产 A 型涂料需要用清铅粉、黑铅粉、粘土和糖浆等原材料，它们所占的比重分别为：35%、45%、14%和 6%。该公司通过市场调查，发现 A 型涂料具有竞争性的单位市场价格为 0.50 元/公斤。根据该公司的战略目标，A 型涂料设计阶段的单位目标利润为 0.25 元/公斤。

这样，该公司 A 型涂料的单位目标成本为 0.25 元/公斤（0.50 元/公斤－0.25 元/

公斤）。同时，该公司通过市场调查得知：清铅粉、黑铅粉、粘土和糖浆的单位成本分别为0.45元/公斤、0.18元/公斤、0.05元/公斤和1.00元/公斤。据此，该公司A型涂料的单位成本为：

$0.45\times35\%+0.18\times45\%+0.05\times14\%+1\times6\%=0.3055$（元/公斤）

可见，该公司A型涂料的设计方案尽管在技术上可行，但是，其成本却达不到目标成本的要求。这个信息反馈给该公司的设计部门。该公司设计人员随后认真研究了A型涂料现有的配方，结合开展价值工程，发现现有的配方使A型涂料耐高温性能过剩，而悬浮稳定性却略显不足。该公司的设计人员在保证A型涂料必要功能的前提下，努力改进配方。改进之后的新配方只用清铅粉、黑铅粉和膨润土等三种原料，它们所占比重分别为15%、80%和5%。根据市场调查，膨润土的单位成本为0.09元/公斤。根据新配方，A型涂料的单位成本为：

$0.45\times15\%+0.18\times80\%+0.09\times5\%=0.2160$（元/公斤）

根据上述计算结果，新配方的成本达到目标成本的要求，可以正式投产。

三、企业组织运用目标成本法的基础条件

如前所述，目标成本法的精髓在于以市场为导向，以市场竞争性价格和企业组织的发展战略确定应该达到的成本水平。这就决定了目标成本法的运用必须具备一定前提条件。

（一）目标成本法的基本特征是其市场导向

竞争性市场价格的确定是目标成本法之关键，而竞争性市场价格的确定要求企业组织所生产的产品要有销路并且具备完善的市场。否则，既无法确定以市场为导向的目标成本，也无法将成本所代表的效率转化为效益。因此，运用目标成本法要求企业组织外部市场环境和经营观念转变的配合。

（二）目标成本的确定就企业组织内部而言，关键在于目标利润的确定问题

这就要求企业组织的内部计划管理水平较高，能够根据其面临的内外部环境比较合理地规划适应其发展战略的目标利润。这是保证目标成本法有效性的前提条件。因此，运用目标成本法还需要企业组织内部经营管理水平的配合。

（三）目标成本是有关产品成本的总括数据

一旦进入目标成本的具体实施阶段就有点勉为其难了。如果企业组织开始为了取得目标成本而做出努力，就必须将它分解到产品的功能、各个组成部件、甚至分解到各个成本项目，并进行考核。如何分配目标成本是推行目标成本法的一个重要问题。这就需要企业组织建立权利与责任对称、权责利相统一的责任会计系统予以配合。

（四）目标成本法实际上是一个动态的成本管理过程

根据竞争性市场价格和目标利润所确定的目标成本，企业组织的设计方案或产品生产过程未必能够达到，即使能够达到，由于企业组织内外部环境的变化也需要不断地进行调整。因此，目标成本法的有效运用必须结合价值工程、作业成本计算法和全面质量管理。价值工程通过功能分析，剔除不必要的功能，作业成本计算法以价值工程为基

础，通过作业分析，剔除不必要功能所引起的不必要作业。价值工程与作业成本计算法相结合在满足产品必要功能的前提下，降低成本，提高产品的竞争力。而这一切的实施要以全面质量管理为后盾。从某种意义上说，质量就意味着市场份额，任何质量问题不仅会影响目标成本的顺利实现，而且更为重要的是会影响市场份额，从而动摇目标成本法的市场导向基础。价值工程和全面质量管理是实现企业组织成本管理技术经济一体化和市场化的桥梁。

（五）目标成本法并不是单纯的成本管理方法，而是一种管理思维

这种思维融于企业组织经营管理决策过程。企业组织经营管理决策过程无处不体现这种思维。成本管理工作涉及面很广，它不仅仅是成本管理问题，也绝非单纯是管理会计问题。因此，企业组织要搞好成本管理工作单靠企业组织的经理人重视还不够，还要企业组织的各个部门、各位员工、各个环节紧密配合，树立全员、全方位的成本管理意识。

综上所述，目标成本法是以市场为导向的成本管理思维。它是企业组织有效实施成本管理的基础。它使企业组织的管理会计能够不断提供有助于企业组织保持和增强其竞争力的信息，鼓励革新和创造，使企业组织处于持续改善之中，追求尽善尽美。完全可以说，目标成本法是技术、经济与市场导向的综合。

第四节　产品生命周期成本

如前所述，目标成本法是致力于降低产品周期成本的综合性成本管理工具。而这里的“降低成本”是指企业组织在保证产品功能符合顾客需求的前提下，全面地降低成本即降低产品的研究与开发、设计、制造、营销和顾客使用乃至产品废弃等各个阶段所发生的成本。这就是产品生命周期成本计算法（life Cycle Costing）的理念。

一、产品生命周期成本的概念

产品生命周期成本计算是企业组织估计和累计产品或设备整个生命周期成本的方法和程序。显然，这里所说的“产品生命周期成本计算”已经超越了传统意义上的只是从产品的生产者角度看成本问题即所谓生产者成本（Producer's Cost），而进一步拓展到同时从产品的使用者视野看成本问题即所谓使用者成本（User's Cost）。也就是说，成本的观念发生了变化：从企业组织观发展到社会观。这种成本观念的转变与前述的价值链观念密切相关。通过产品生命周期成本信息，旨在促进社会价值链的持续改进与优化，推进社会整体经济效益的提高。

企业组织的产品生命周期成本的构成可用图 12 -1 表示之。

传统的成本计算方法只是局限于生产者成本领域，而没有涉及使用者成本范畴。其视野是极为狭隘的。这种狭隘的成本观念可能对社会经济的发展带来无穷无尽的后患。

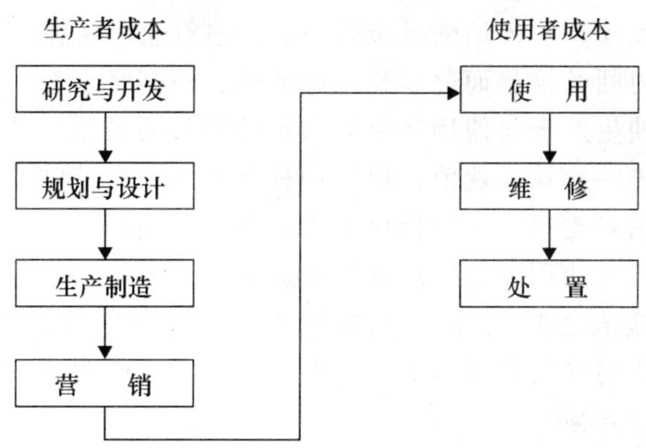

图 12－1　产品生命周期成本构成

必须看到，在当今的社会，许多耐用产品，特别是某些大型的高科技产品如汽车、飞机以及发电设备等等，其使用者在这些产品的运行成本以及这些产品最终废弃时的处置成本的总和，往往比这些产品的生产者成本要大得多。如此一来，传统的成本计算方法只重视生产者成本而无视使用者成本就是一种必须尽快纠正的完全轻重倒置的现象。如果再从生产者成本的计算方法来看，传统的做法着眼于产品制造成本计算，而对产品在研究与开发、规划与设计领域的成本没有给予足够的重视。这与高新技术的蓬勃发展及其广泛运用于生产领域的大趋势背道而驰。生产者生产产品的最终成本高低，实际上，绝大部分是产品投产前的研究与开发、规划与设计阶段的工作质量与水平所决定。产品投产之后的制造阶段，降低成本的潜力很小。况且，企业组织为了不断提高产品的科技含量，扩大产品的市场竞争优势，也必须着重在产品的研究与开发、规划与设计阶段花大力气。这同时也是生产者能够影响使用者降低成本的关键之所在。

二、产品生命周期成本：从成本的企业组织观到成本的社会观

如前所述，产品生产者为了提高其产品的市场竞争优势并促进社会的进步，必须通过不断提高产品的科技含量，以增进其使用功能（如提高产品可靠性、灵巧性，减少产品的重量及其使用的环境污染；如果属于生产设备，还必须有效地增加其生产能力并尽可能减少其使用的能源消耗等），而要做到这些，产品的生产者就必须在研究与开发、规划与设计阶段进行开拓与创新，从而，导致其相关成本的增加。生产者这样做的结果是：产品的功能提高了，使用者的满意度也因此而增加，产品使用者愿意支付更高的价格购买该种产品，产品生产者由此而增加的成本便可从中得到补偿，因而，产品生产者不仅不会因此而“得不偿失”，相反，还会因此而全面提高其竞争优势，并在使用者心目中树立良好的社会形象。另一个方面，从产品使用者的角度看，产品功能的改善，必然会导致其使用和维修成本的降低或产品使用过程劳动条件的改善，同时，减少环境污染也有助于减少社会公众对产品使用者的责难而改善其社会形象。

综上所述，产品生产者成本和使用者成本密切联系并互为消长。其总体趋势是：生产者用较高的成本生产出技术上更为先进的产品，为产品使用者降低成本创造了前提条

件，并由此而提高产品生产和使用的社会效益，促进社会的进步。

由于成本是随着时间的推移而逐步积累起来的，不同时点发生的成本在经济上不具可比性。因此，为了使生产者与使用者之间成本的消长关系能合理地对比，有必要通过合理的折现率把它们统一换算为现值，提供一种共同的可比基础。而且，当生产者把产品生产出来以后，使用者支付一定的价格购买它并投入使用，由于耐用产品或设备使用的时间都较长，它们投入使用后的使用和维修成本乃至最终的处置成本（处置所需的总成本减可回收的产品残值之差），都只能依赖相关领域经验丰富的专家的估计。因此，这里所说的生产者成本与使用者成本消长关系的对比，所使用的只能是近似值，以便决策者从社会观加以综合判断。

从整个社会的视野来看，产品生产者在技术上和管理上不断进取、不断创新，提高了产品的质量，的确需要追加一定的支出，使产品生产者成本呈现出上升的趋势；另一方面，产品使用者则因产品性能提高而减少其使用成本，使用者成本呈现出下降的趋势。为此，就需要在它们之间进行权衡，寻找出一个合理的区间，使得社会资源得到合理的配置和运用，实现社会价值链的改进与优化。也许，这就是质量成本的社会价值。

综上所述，企业组织成本管理涉及面较广，不仅仅包括产品生产过程，还涉及到产品研究与开发、设计过程，也不仅仅是一个经济（成本）问题，而且还是一个技术（质量）问题。因此，以技术与经济的辩证关系为依托，以价值工程为桥梁，以质量成本管理为连接点，构建技术经济一体化成本管理工程，把技术与经济在成本管理上融为一体，改变企业组织长期以来成本管理与技术运用实践相脱节的局面，对于全方位地提高企业组织成本管理水平，从而，提高企业组织经济效益具有重要的理论与现实意义。更为重要的是，企业组织成本管理工程构建了“目标成本、设计成本、标准成本、实际成本”四位一体的前馈控制与反馈控制相结合的事前、事中和事后和谐统一的成本管理系统。

最后，无论是从理论上还是从实践上看，技术经济一体化成本管理工程的构建都是一个庞大的系统工程，它涉及到许多方面的问题。本章只是对此展开的框架性讨论，旨在拓展管理会计的思维。

本章小结

企业组织的成本管理绝不单纯是一个财务问题，而且还是一个技术问题，更重要的是企业组织的系统工程问题。技术与经济的辩证关系是成本管理工程的基础。技术与经济存在密切的关系。这主要表现在：（1）技术与经济是一个不可分割的统一体；（2）技术与经济存在相互促进和相互统一的关系；（3）技术与经济存在相互对立的关系技术与经济存在相互对立的关系。

技术问题产生成本问题，技术的创新推进管理会计的发展。影响企业组织成本发生的动因发生变化，提供成本信息的思维也必须相应地变化。成本信息有助于技术创新和技术的经济性优化。管理会计与技术创新必须同步发展。这就是技术与管理会计的共生互动性。这种共生互动性是构建企业组织成本管理工程的基础。

企业组织的成本管理工程可以视为以技术与经济辩证关系为基础，以技术经济一体化原理为指导，吸收技术经济学、管理科学与工程学和管理会计的理论与方法，而构建的一门综合性交叉学科。在“企业组织成本管理工程”基本框架中，技术与经济的辩证关系是基础，质量成本管理是其连接点，价值工程则是其桥梁，而企业化是企业组织成本管理工程的本质特征，市场化则是企业组织成本管理工程的核心。目标成本法则是技术（代表质量）、经济（代表成本）、市场化三者的综合。

质量成本是技术与经济相互协调的结果，但是，质量成本只是对产品成本提出明确的目标要求，这些要求如何实现，还需要价值工程的配合。价值工程是以功能分析为核心，以最低的成本实现产品必要的功能，从而使产品价值最优化的一种有组织有领导的活动。“作业分析”强调整体优化，“价值工程”强调局部优化。

目标成本法的主要特征就是以市场为导向，技术与经济相融合。目标成本法是致力于降低产品周期成本的综合性成本管理工具。它以具有竞争性市场价格和企业组织的目标利润倒推出目标成本。企业组织推行目标成本法的基本步骤包括：(1) 设计并生产满足顾客需求的产品；(2) 根据顾客与竞争对手的情况以及企业组织的战略目标，确定具有竞争性的市场价格和目标利润；(3) 根据竞争性的市场价格和目标利润确定目标成本；(4) 推行价值工程实现目标成本。当然，目标成本法的运用还需要一些条件的配合。

产品生命周期成本计算是企业组织估计和累计产品或设备整个生命周期成本的方法和程序。显然，产品生命周期成本计算已经超越了传统意义上的生产者成本观念，进一步拓展到使用者成本观念。由此，成本的观念发生了变化：从企业组织观发展到社会观。通过产品生命周期成本信息，旨在促进社会价值链的持续改进与优化，推进社会整体经济效益的提高。

企业组织成本管理涉及面较广，不仅仅包括产品生产过程，还涉及到产品研究与开发、设计过程，也不仅仅是一个经济（成本）问题，而且还是一个技术（质量）问题。因此，技术经济一体化成本管理工程，把技术与经济在成本管理上融为一体，改变企业组织长期以来成本管理与技术运用实践相脱节的局面，对于全方位地提高企业组织成本管理水平，从而，提高企业组织经济效益具有重要的理论与现实意义。企业组织成本管理工程构建了“目标成本、设计成本、标准成本、实际成本”四位一体的前馈控制与反馈控制相结合的事前、事中和事后和谐统一的成本管理系统。由此，拓展了管理会计的思维。

本章主要参考文献

1. Jesse T. Barrfield, Cecily A. Raiborn, Michael R. Kinney. Costing Accounting: Traditions and Innovation. South – Western, 2003.

2. Anthony A. Atkinson, Rajiv D. Banker, Robert S. Kaplan, S. Mark Young. Management Accounting. Prentice Hall, Inc., 2003.

3. 爱德华·布洛克，孔·陈，托马斯·林：《战略成本管理》，人民邮电出版社 2005 年版。

4. 韦恩·J. 莫尔斯，詹姆斯·R. 戴维斯，阿尔·L. 哈特格雷夫斯：《管理会计：侧重于战略管理》，上海财经大学出版社 2005 年版。

5. 胡玉明：《高级管理会计》，厦门大学出版社 2005 年版。

第十三章 质量成本会计

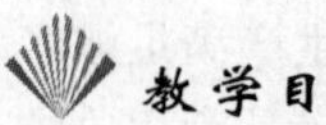

教学目标

◇ 基本目标

在了解质量与质量成本基本含义的基础上，理解和掌握质量成本会计的基本原理及其运用。

◇ 具体目标

(1) 了解质量与质量成本的含义；(2) 理解和掌握质量成本核算方法及其运用；(3) 理解和掌握质量成本控制及其运用；(4) 理解和掌握质量成本报告及其运用。

本章提要

在竞争日趋激烈的环境下，顾客对产品或服务的质量要求越来越高。产品或服务质量水平高低成为企业组织生存与发展的关键因素。质量成为许多企业组织的基本战略目标。产品或服务的质量提高了，顾客满意度可能就会上升，市场份额也就随之上升。然而，质量意味着成本。企业组织需要在满足顾客要求的同时尽可能降低经营成本，质量成本因此而成为企业组织经理人关注的重点。通过对质量成本指标的关注，可以权衡质量与成本的关系，从而为企业组织和顾客构造一个双赢的局面，全面增强企业组织自身的财务实力与竞争实力。

第一节 质量与质量成本

何谓质量（Quality）？何谓质量成本（Quality Cost）？质量是否越高越好？这些问题并不好回答。理解质量与质量成本的基本含义也许有助于回答这些问题。

一、质量的含义

广义地说，质量是指产品或服务的优劣程度。美国质量控制协会（American Society for Quality Control）对质量所做的定义是：产品或服务自身所具备的特性，使其在被购买时和使用过程可以满足顾客的要求。可见，对质量优劣的判断标准，与产品或服务能在多大程度上满足顾客的要求密切相关。从这个意义上看，质量就是顾客对产品或服务感知的优良程度。

质量包括两个方面的因素：（1）产品或服务对顾客要求的满足程度即设计质量（Quality of Design）；（2）产品或服务的实际性能与其设计性能的符合程度即符合性质量（Quality of Conformance）。设计质量着重于产品或服务的性能，符合性质量则着重于使用的效果。比如，基于当前的消费潮流，消费者要求移动电话不仅要有电话的基本功能，还具备记事、连接互联网收发信息、拍照等其他功能。如果企业组织生产的移动电话都具备了这些功能，设计质量就满足了顾客的要求。但是，如果移动电话在使用时信号不佳，网络信号经常中断，拍出的照片模糊不清，产品的符合性质量就不佳。这就不符合质量要求了。

二、国际质量标准

如果企业组织实施全面质量管理，以实现“零缺陷”为最终目标，还要注意一个重要问题：对于大多数企业组织而言，实现产品零缺陷是一个长期目标。其中一个原因是由于不少企业组织的产品是从外部购入零件、部件后组装而成。因此，其产品的质量水平，在相当程度上取决于供应商的质量水平。国际质量标准的制定，为评估供应商的质量水平提供了统一的标准。有些知名的企业组织，如杜邦公司和通用电气公司，都要求其供应商取得 ISO 9000 质量标准认证，以确保所购入的产品或服务拥有较高的质量水平，从而保证企业组织最终产品的质量水平。

ISO 9000 是由国际标准化组织（International Organization for Standardization，ISO）制定的质量认定标准。它共有五大体系：（1）ISO 9000 质量管理与质量认定标准——选择与使用指南；（2）ISO 9001 质量体系——设计/开发，生产，安装和服务的质量认定模式；（3）ISO 9002 质量体系——生产与安装的质量认定模式；（4）ISO 9003 质量体系——产品的最终检验与测试的质量认定模式；（5）ISO 9004 质量体系——质量管理与质量体系要素指南。

值得指出的是，要求取得国际质量标准认证，只是评估供应商质量水平的第一个步骤。企业组织在其后的经营过程中，往往还需要定期对其质量水平进行评估和审查，并与其他供应商的质量水平进行比较，确保以最低的价格，获得高质量的产品或服务。这样，企业组织在保证所有的来料（外构件）质量的同时，也消除了自身产品出现缺陷的隐患。

三、质量成本及其分类

如前所述，质量意味着成本。质量成本包括企业组织为保证或提高产品或服务质量所发生的费用，也包括由于产品或服务未达到相关标准而带来的损失和费用。因此，企业组织为保证或提高产品或服务的质量水平，必须从事相关作业，因此而产生的成本就是质量成本。与质量相关的作业包括控制作业与故障作业。

由于产品或服务可能存在低质量水平，企业组织实施控制作业，以防止和探查质量不佳的产品。控制作业包括预防作业和鉴定作业。而故障作业是已经出现了低质量的产品或服务（“故障”已经存在）后，顾客和企业组织所做的反应或补救措施。故障作业包括内部故障作业和外部故障作业。这些作业项目都引起相应的质量成本。表 13 - 1 描述了质量相关作业及其成本分类。

表 13 - 1　　与质量相关的作业项目及其成本分类

与质量相关的作业项目	作业成本项目	作业分类	作业成本项目
控制作业	控制成本	预防作业	预防成本
		鉴定作业	鉴定成本
故障作业	故障成本	内部故障作业	内部故障成本
		外部故障作业	外部故障成本

由此，企业组织的质量成本可以分为：

（一）预防成本

预防成本（Prevention Cost）发生于企业组织生产的研究与开发阶段，它指企业组织为了保证产品质量不低于预定标准所发生的开支以及为提高质量水平而发生的相关费用。预防成本的目的在于防止在其后的生产过程出现低质量产品。具体成本项目包括产品设计、加工程序设计、对供应商的评估及选择、员工质量培训计划、质量计划的编制、质量报告的编制、产品质量审查、必要的市场调查以及为了提高产品预期质量采用新原料等等作业引起的成本。

（二）鉴定成本

鉴定成本（Appraisal Cost）发生的时点在预防成本之后，故障成本之前，它指企业组织为了确保产品质量达到预定标准，按预定的成本计划对原材料、零部件、产成品进行检测而发生的相关费用。鉴定成本的目的在于防止将不合格的产品交付给顾客。具体成本项目包括原材料的抽查测试、产品包装检查、在产品检查、加工过程验收以及产品验收等等作业引起的成本。其中，加工过程验收是指对在产品进行抽样检查，确保加工程序运作正常，产品没有出现缺陷。否则，企业组织需要根据具体情况决定是否需要停工或采取其他必要的纠正措施。产品验收是指从各批次的产成品进行抽样检查，以确保产品已达到预定的质量标准水平。

（三）内部故障成本

如果企业组织的产品或服务达不到预定的质量标准，不符合设计质量或符合性质量的要求，就会出现故障成本（Failure Cost）。如果故障成本发生在产品出厂之前，通过鉴定作业发现低质量或有缺陷的产品，相关成本和损失属于内部故障成本（Internal Failure Cost）。具体成本项目包括废品废料损失、返工返修费用、原料质量或产品缺陷引致的设备故障和停工费用、产品完成返工返修后的复检和测试费用、对相关设计作必要更改的开支等等。

（四）外部故障成本

如果故障成本发生在产品流出市场之后，相关的成本和损失就属于外部故障成本（External Failure Cost）。具体成本项目包括产品召回损失、顾客投诉处理费用、退货损失、因质量问题而提供的折扣、产品保修费用、企业丧失的市场份额、顾客产品支持度下降、对企业组织商誉的负面影响等等作业引起的成本。在所有的质量成本项目中，人们通常认为外部故障成本对企业组织的危害最大。近年来，不乏一些生产高科技产品的企业组织，包括著名的跨国公司，因产品质量问题而从市场召回某种型号或某系列产品的实例。每次产品召回对企业组织都可能造成巨额成本开支和损失。另外，外部故障成本的一些隐性项目如负面商誉的形成、市场份额的丧失，其具体潜在的损失难以计量，但企业组织可能因此而走向衰亡。

上述质量成本项目中，预防成本和鉴定成本属于企业组织事先可以规划和控制的成本，故称可控质量成本；内部故障成本和外部故障成本则属于企业组织无法事先控制的成本，故称不可控质量成本。预防成本和鉴定成本是企业组织为了确保产品质量可以达到预定标准而必须从事的作业成本，也称不可避免成本；如果预防作业和鉴定作业达到理想的效果，交付给顾客的产品没有缺陷和任何质量问题，故障成本就不会发生。因此，故障成本也称可避免成本。

可控制质量成本属于企业组织自愿发生的成本项目，故障成本则是被动的、非自愿的成本项目。控制作业和故障作业可能消耗企业组织的资源，产生质量成本，但故障成本数额更大，对企业组织经营的杀伤力也更大。因此，企业组织自愿发生可控制质量成本，最终目的就是为了减少甚至消除故障成本。可控制质量成本和故障成本之间通常存在着此消彼长的关系。可控制质量成本越高，低质量水平的产品越少，产品质量越能达到质量标准，故障成本则越低；而控制作业越少，可控制质量成本越低，企业组织对产品的质量监控越不严格，随后发生的故障成本则越高。

第二节 质量成本核算

质量成本计量与核算是质量成本会计的重要内容。

一、质量成本的计量

除了上述分类方法，从计量的角度看，质量成本还可以分为显性成本和隐性成本两大类。显性成本可以从会计记录直接获取数据。例如，预防成本、鉴定成本、内部故障成本以及部分外部故障成本等这些成本项目属于有形损失，企业组织需要按照明确的金额支付或补偿；其余项目则是隐性成本，如外部故障成本的市场份额丧失、企业组织商誉的负面影响、顾客对产品支持度的下跌等等，这些成本项目属于机会成本，无法直接从会计记录获取数据，而涉及金额往往又比较大，要对其进行相关的计量和报告必须按照适当的方法予以估计。对于隐性成本，常见的估计方法包括乘数法（Multiplier Method）、市场研究法（Market Research Method）以及田口质量损失函数（Taguchi Quality Function）等。

（一）乘数法

乘数法假定全部故障成本是已计量到的故障成本的若干倍数。其计算公式为：

故障成本总额 = K×已计量到的外部故障成本

上述公式中，K代表乘数效应。K值需要根据经验估计确定。

例如，假设某企业的K值维持在3~4之间。如果可计量的外部故障成本为3000000元，则可估计故障成本水平在9000000元至12000000元之间，其中包括无法直接获取数据的隐性成本。将隐性成本包括在外部故障成本之中，可以使企业组织经理人更明确应该如何规划可控制质量成本的开支。故障成本上升通常可能促使企业组织经理人增加可控制质量成本的投入。

（二）市场研究法

采用规范的市场研究方法有助于评估低质量产品对企业组织的销售以及市场份额造成的负面影响。对顾客做问卷调查，与企业组织的销售人员面谈都可以帮助企业组织经理人了解隐性成本的大小。市场研究法的结果可以预测低质量产品将导致的未来利润的损失。

（三）田口质量损失函数

田口质量损失函数假设对任何一个质量目标值的任何偏差都将导致隐性成本。而且，如果实际值偏离目标值，隐性成本也以该偏差值的平方增加。其计算公式为：

$L(y) = K(y-T)^2$

上述公式中，L代表质量损失；y代表质量特征的实际值；T代表质量特征的目标值；K代表根据外部故障成本结构确定的比例常数。

二、质量成本的核算

质量成本核算是质量成本会计的重要内容和主要任务。所谓质量成本核算，就是按照产品形成的全过程，从投产前的技术准备过程、生产制造过程到产品销售过程的质量成本核算。它是用货币形态反映产品质量状况，进行全面质量控制的依据。

（一）质量成本核算的任务

通过质量成本核算，企业组织经理人可以了解企业组织在生产经营过程各项费用的支出以及各种质量损失，了解技术、管理等方面可能存在的问题，以便更有针对性地实施质量管理，减少质量损失。同时，通过质量成本核算可以正确归集各项质量费用，计算质量成本总额和单位质量成本，为编制质量成本计划，进行质量成本分析和考核、实施质量成本控制提供完整的数据资料。

质量水平的优劣是决定企业组织生存与发展的关键。然而，如前所述，质量意味着成本。产品或服务的质量越高，成本也越高。追求质量“至善”的观点缺乏经济观念。通过质量成本核算，企业组织经理人还可以探求在一定的生产、技术和管理条件下最经济合理的质量水平，权衡质量合格程度和质量成本之间的辩证关系，改善成本结构，降低质量成本。

（二）质量成本核算的要求

从总体上看，质量成本核算的要求包括：

（1）质量成本核算服从于全面质量管理的需要，独立于财务成本范畴，应该保持其独立性，对相关数据和资料单独核算、单独处理，毋须遵循现行的财务成本核算方法。但是，为了减少核算费用，可以尽可能使用现行成本核算资料，借鉴其核算方法。

（2）质量成本信息应该真实可靠，与客观经济事项相一致。

（3）质量成本信息应该具备相关性包括及时性和有用性两方面，以便及时向企业组织的经理人提供有用信息，及时有效地作出相关的成本决策。

（4）明确区分几类成本费用的界限。根据企业组织的管理情况，质量成本应该区分：①计入与不能计入产品成本的项目；②各类产品之间的质量成本界限；③产成品与在产品之间的质量成本界限；④产品质量成本的可控成本与不可控成本之间的界限。

（5）选择适应企业组织规模和全面质量管理要求的质量成本核算组织形式。质量成本核算通常有两种组织形式：①一级质量成本核算组织形式。它适用于经营规模小，产品品种单一的企业组织。采用这种组织形式，企业组织会同各部门集中实施全面的质量成本资料的收集、分配、归集和计算，质量成本没有必要按车间或职能部门分别计算。②两级质量成本核算组织形式。它适用于大中型企业组织。采用这种组织形式，质量成本的核算分厂部和车间、下属各职能部门、各责任中心两级分别进行，各车间、职能部门和责任中心还需设置质量成本核算员，负责对其责任范围内的质量成本进行明细核算，再由厂部对各下属机构和责任中心的质量成本资料进行汇总核算。

（三）质量成本核算的方法

质量成本核算通常包括账外核算与账内核算两种方式。

1. 账外核算

账外核算强调质量成本核算体系的独立性，严格独立于企业组织的日常会计核算，单独设置质量成本的记录，由各质量成本控制点进行核算。采用账外核算方式，仍可以尽量运用账内的相关数据资料，如废品损失记录、产品返修记录、生产成本以及各费用账户的记录，并设置分析栏。根据有关凭证填列有关成本数据。各质量成本控制点根据核算结果定期编制质量成本报告，作为考核各个质量成本控制点绩效的依据。

2. 账内核算

账内核算运用会计核算的现有体系进行质量成本核算，在原有的会计科目基础上，增设“质量成本”一级科目，下设五个二级科目，分别核算质量成本的具体项目。“质量成本”账户的借方应该完整地记录企业组织相关期间发生的质量成本。表 13 - 2 列示质量成本账内核算方式的科目以及核算内容。

表 13 - 2 质量成本账内核算科目及其内容

	科目名称	核算内容
一级科目	质量成本	(1) 归集日常质量成本 (2) 从生产成本结转废品损失 (3) 调整隐性质量成本 (4) 分配质量成本
二级科目	预防成本	质量成本项目的实际开支和损失
	鉴定成本	
	内部故障成本	
	外部故障成本	
	质量成本调整	调整应该计入具体质量成本项目的隐性成本

显然，账内核算方式可以比较有效地控制质量成本的实际发生数额，但是，在操作上，账内核算方式比较烦琐；而账外核算方式简单易行，但在质量成本控制效果方面不如账内核算方式有效。

第三节 质量成本控制

质量成本控制是指企业组织依据预定的质量成本目标，对质量成本形成过程的一切耗费进行严格的计算与审核。企业组织首先要设定质量成本的绩效标准，据以对实际质量成本进行比较，分析差异以及产生差异的原因，以便采取必要措施，不断降低质量成本，提高企业组织的质量成本管理水平。

一、质量成本控制程序

质量成本控制体系的构建是否完善，在很大程度上决定了企业组织质量成本控制的成效。质量成本日常控制程序通常包括：

(1) 建立健全的全面质量管理组织体系，确定企业组织生产流程的质量成本控制点，作为质量成本控制的责任中心。例如，鉴定成本由质检部门负责，对供应商的评估由采购部门负责；内部故障成本由生产部门负责；质量成本总额由质量管理部门负责，对质量成本实行分级归口控制。确定了质量成本管理的责任中心，企业组织的经理人就可以将质量成本目标进行分解，通过各个质量成本控制点的自我管理和自我控制，及时掌握质量成本的变化趋势，从而采取必要的管理措施。

(2) 确定各个成本项目的成本控制指标和偏差范围，将低质量产品消灭在产品生产流程，尽可能降低甚至消除故障成本。另外，对各个质量成本项目制定出可以接受的偏差范围，以其上下限作为控制的依据，并按照“例外管理”原则进行控制。

(3) 实行全面质量管理，对产品的整个生命周期，包括设计阶段、生产阶段、使用阶段实施全过程的质量成本控制。

二、最优质量成本观

企业组织质量成本管理的最终目标是以最低的质量成本，生产出最优质的产品。而能够生产出最优质产品的最低质量成本，就是最优质量成本。最优质量成本的评价存在两种观点：传统观点和现代观点。

(一) 最优质量成本传统观点

最优质量成本传统观点认为，质量成本结构的可控成本与故障成本之间存在着此消彼长的关系，可控成本增加，故障成本将相应减少。因此，只要故障成本的减少额超过了相对应的可控成本的增加额，企业组织就应该努力探查和防止出现低质量产品。这样，企业组织最终将确定一个代表着质量成本总和最低水平的“点”，也即可控成本与故障成本之间的最优平衡点。在这一点上，可控成本的任何增加额都将超过相对应的故障成本减少额。

实际上，最优质量成本传统观点的“最优质量水平”是一种可以接受的质量水平(Acceptable Quality Level，AQL)。任何一项产品规格指标或质量特征都有上下限标准，不超过该范围就属于合格产品。实际上，这种质量标准允许企业组织生产一定比例的不合格产品。这也就意味着，每一批次的产品都有若干比例的次品销售给顾客。对于企业组织而言，产品出现百分之一、千分之一的次品比例并不高，但对于次品的消费者而言，其权益却受到百分之百的损害。同时，只要次品率不超过企业组织认可的质量界限标准，企业组织就可以认为生产程序正常，产品质量水平正常，不会再致力于质量成本的控制与改进。这样，必然使以往期间生产经营过程的缺陷一直延续下去。因此，最优质量成本传统观点的局限性相当明显。这是一种允许甚至鼓励企业组织生产次品的观点。无论对消费者还是对企业组织而言，最优质量成本传统观点都是十分有害的。

(二) 最优质量成本现代观点

20 世纪 70 年代后期，可接受质量水平的成本标准受到“零缺陷”观念的严峻挑战。顾名思义，“零缺陷”要求企业组织生产的产品，没有任何缺陷，也没有任何次品，要求将不合格产品或次品的比率降为零。这样，一方面提高企业组织的经济效益，另一方面确保每一位消费者的权益的到百分之百的保护。到 20 世纪 80 年代中期，“零缺陷”观念得到进一步发展，健全质量模型（Robust Quality Model）再次冲击了传统的次品定义。健全质量观认为，只要企业组织生产的产品与预定的目标值之间存在偏离，就会造成损失，偏离程度越大，造成的损失也就越大。与“零缺陷”观念相比，健全质量模型对次品的定义更为严格，更强调质量成本的代价，改进了质量成本的观念。

根据最优质量成本传统观点，可控成本与故障成本之间存在着此消彼长的关系，如果可控成本增加，故障成本下降，质量成本总额也将下降并稳定在某一个平衡点上。这种观点反映的是静态的质量成本观念。最优质量成本现代观点反映的是动态的质量成本观念。

根据最优质量成本现代观点，质量成本总额并非如最优质量成本传统观点所描述的那样，达到某一个平衡点之后就稳定不变。随着可控成本的增加和故障成本的减少，质量成本总额也会相应减少，而预防成本与鉴定成本在增加到一定程度之后也可能减少，从而使质量成本总额出现永久性减少的态势。可见，质量成本水平是动态的。

最优质量成本现代观点与最优质量成本传统观点的主要区别在于：（1）如果趋近健全零缺陷状态，企业组织的可控成本不会无限增加；（2）如果趋近健全零缺陷状态，可控成本可能出现先增后减的态势；（3）故障成本有可能完全减少为零。比如，某公司决定重新设计其生产程序，以期提高产品质量，寻求减少废次品的途径。如果该公司开始着手实施有关计划，必然会产生额外的成本开支，如该计划的研究与开发成本、咨询费、聘用专业技术人员的费用等等。与此同时，该公司的预防成本与鉴定成本仍然会维持在原来的水平。一旦该改进计划完成，该公司的经理人在掌握了足够的证据说明故障成本减少（表现为返工率下降、顾客投诉减少、返修率下降等）之后，才会考虑削减产品检测、顾客服务中心等部门的开支。最终结果是所有的质量成本项目开支都可能减少，但该公司的质量水平却提高了。

最优质量成本观点认为，如果企业组织有效实施了全面质量管理，企业组织实现了健全零缺陷状态，预防成本与鉴定成本等可控成本可以先增后减，故障成本则在企业组织产品质量水平发生质的提高后减少甚至消除，质量成本总额也可能持续下降，产品质量水平却不断提高。

三、质量成本管理观念

在全面质量成本观念形成之前，企业组织的质量管理基本上依赖于最优质量成本传统观点，只重视生产过程的产品质量，忽视生产之后，尤其是销售之后的服务质量。最优质量成本传统观点认为，生产高质量产品对企业组织而言意味着高投入、高成本，产品质量的相关标准应该由企业组织自行制定，达标者均可视为合格产品。质量检验是达到质量标准的唯一途径，鉴定作业必须由专业检验人员执行。最优质量成本传统观点的局限性在于忽视了国际质量标准的存在，忽视了质量标准应该不断改进，忽视了除了鉴定作业，产品缺陷可以由全体员工在整个生产过程的不同环节共同努力消除。这种狭隘的观点显然不能促进企业组织实施有效的质量成本管理。

全面质量管理是一种全新的现代质量管理观念，强调质量管理是全员参与、覆盖产品生命周期全过程的、以工作质量保证产品质量和服务质量的管理体系。其特点包括：

（1）既然质量成本管理涉及到产品生命周期的全过程，对质量成本的控制就应该从产品的设计和投产开始，而不是仅仅放在生产过程。

（2）全面质量管理以全过程“零缺陷”为最终管理目标。

（3）由于故障成本发生之后企业组织要付出的代价远高于可控成本，企业组织应该尽量及时消除产品的质量隐患，减少、避免完工之后的返修返工。

（4）强调产品生命周期全过程的质量管理，产品设计、生产与售后服务质量缺一不可。忽视前两者，企业组织无法开拓市场，忽视后者，企业组织难以保住市场份额。

（5）从战略的高度权衡质量与成本之间的关系，兼顾企业组织的长远利益与短期利益，确定合理的成本结构。

第四节　质量成本报告

如何将质量成本信息传递给企业组织的经理人是质量成本会计的重要主题。质量成本报告和质量绩效报告承担了这个重任。

一、质量成本报告

质量成本报告是企业组织完善质量成本控制的必要措施。通过质量成本报告，企业组织的经理人可以全面地评价企业组织当前的质量成本情况。质量成本报告按质量成本的分类详细列示实际质量成本，并向企业组织的经理人提供以下两个方面的重要信息：

（1）显示各类质量成本的支出情况以及财务影响；

（2）显示各类质量成本的分布情况，以便企业组织的经理人判断各类质量成本的重要性。

通过了解这些相关信息，企业组织的经理人就可以更有针对性地控制质量成本，改善成本结构。质量成本报告可以将各类质量成本项目分别列示。表 13－3 列示了某公司的质量成本报告范例。

表 13－3　　**质量成本报告**

质量成本项目	实际成本支出（元）	占质量成本总额比例	占销售额比例
预防成本：			
质量培训	20000	28.45%	5.69%
供应商评估	12000	17.07%	3.41%
预防成本合计	32000	45.52%	9.10%
鉴定成本：			
产品验收	12000	17.07%	3.41%
包装物检查	8000	11.38%	2.28%
鉴定成本合计	20000	28.45%	5.69%
内部故障成本：			
返工返修	11000	15.65%	3.13%
内部故障成本合计	11000	15.65%	3.13%
外部故障成本：			
顾客投诉处理	7300	10.38%	2.08%
外部故障成本合计	7300	10.38%	2.08%
质量成本合计	70300	100%	20%

根据表 13－3，各质量成本项目占质量成本总额的比例，有助于该公司的经理人了解各成本项目分布情况及其重要性；而各成本项目占销售额的比例，则可以帮助该公司的经理人了解质量成本的财务重要性。

当然，企业组织也可以采用绘制统计图（如饼形图、柱形图）或文字陈述的方式编制质量成本报告。

二、质量绩效报告

为了反映企业组织在质量管理方面所取得的进展及其成效，企业组织还需要编制质量绩效报告（Quality Performance Report）。企业质量绩效报告包括三种类型。

（一）中期报告

中期报告（Interim Program Report）根据当期的质量目标列示质量管理的成效。企业组织要实现产品“零缺陷”目标是一项长期任务，不可能一蹴而就。这就需要供应商的大力配合，更需要企业组织的全体员工的长期共同努力。因此，企业组织需要制定一些短期（通常为 1 年之内）应该达到的质量成本控制目标，一方面可供企业组织的经理人报告当期质量管理取得的成效，另一方面也可以增强员工的信心，为最终达到“零缺陷”目标继续努力。企业组织期末编制绩效报告时，将实际质量成本与成本目标相比较，确定其差异，明确应该采取的措施。表 13－4 列示了某公司的中期质量绩效报告范例。

表 13－4　　　　中期质量绩效报告

	实际成本（元）	预算成本（元）	差异（元）
预防成本：			
质量培训	40000	40000	0
质量审核	80000	80000	0
产品设计方案评审	35000	30000	5000 U
预防成本合计	155000	150000	5000 U
鉴定成本：			
原料检验	38000	42000	4000 F
产品验收	20000	20000	0
流程验收	40000	35000	5000 U
鉴定成本合计	98000	97000	1000 U
内部故障成本：			
返修	28000	22000	6000 U
废料	66000	55000	11000 U
内部故障成本合计	94000	77000	17000 U
外部故障成本：			
处理顾客投诉	33000	33000	0
保修	47500	37000	10500 U
外部故障成本合计	80500	70000	10500 U
质量成本合计	427500	394000	33500 U
质量成本占实际销售额比例（实际销售额为 2790000 元）	15.32%	14.12%	1.2% U

说明：F 为有利差异，U 为不利差异。

根据表 13 - 4，该公司当期的质量管理成效并不理想。除原料检验这个项目属于有利差异之外，其他项目的差异都属于不利差异。整体绩效与预期目标相差 33500 元，该公司质量成本管理的改善空间还很大。

（二）长期报告

长期报告（Long - Range Report）根据长期质量目标列示企业组织质量管理成效。表 13 - 5 列示了某公司的长期质量绩效报告范例。

表 13 - 5　　长期质量绩效报告

	实际成本（元）20 ×8 年度	实际成本（元）20 ×7 年度	差异（元）
预防成本：			
质量培训	40000	43000	3000 F
质量审核	80000	80000	0
产品设计方案评审	35000	36000	1000 F
预防成本合计	155000	159000	4000 F
鉴定成本：			
原料检验	38000	42000	4000 F
产品验收	20000	20000	0
流程验收	40000	45000	5000 F
鉴定成本合计	98000	107000	9000 F
内部故障成本：			
返修	28000	30000	2000 F
废料	66000	66000	0
内部故障成本合计	94000	96000	2000 F
外部故障成本：			
处理顾客投诉	33000	36000	3000 F
保修	47500	49000	1500 F
外部故障成本合计	80500	85000	4500 F
质量成本合计	427500	447000	19500 F
质量成本占实际销售额比例（实际销售额为 2790000 元）	15.32%	16.02%	0.699% F

说明：F 为有利差异，U 为不利差异。

根据表 13 - 5，该公司 20 ×8 年度的质量管理成效与 20 ×7 年度相比，成本总额下降了，各项成本差异都表现为有利差异，说明该公司在质量管理方面取得了明显的成效。

（三）多期质量趋势报告

多期质量趋势报告（Multiple - Period Trend Report）列示了企业组织实施质量管理

以来所取得的成效。多期质量趋势报告的编制必须以多个期间企业组织的质量成本相关数据为基础，并绘出质量趋势图。趋势图可以采用坐标分析图、柱形比较图等多种方式，旨在向企业组织的经理人提供企业组织实施质量管理以来企业组织的质量成本变动趋势的信息，供企业组织的经理人评估其发展趋势是否合理，质量成本控制是否有效，以便作出相应决策。

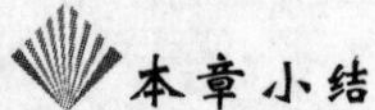

本章小结

质量就是顾客对产品或服务感知的优良程度。质量包括两个方面的因素：（1）产品或服务对顾客要求的满足程度即设计质量；（2）产品或服务的实际性能与其设计性能的符合程度即符合性质量。前者着重于产品或服务的性能，后者则着重于使用的效果。

质量成本包括企业组织为保证或提高产品或服务质量所发生的费用，也包括由于产品或服务未达到相关标准而带来的损失和费用。企业组织的质量成本可以分为：（1）预防成本；（2）鉴定成本；（3）内部故障成本；（4）外部故障成本。

如何将质量成本信息传递给企业经理人是质量成本会计的重要问题。质量成本报告承担了这个重任。质量成本还可以分为显性成本和隐性成本两大类。对于隐性成本，常见的估计方法包括乘数法、市场研究法以及田口质量损失函数。

质量成本核算是质量成本会计的重要内容和主要任务。所谓质量成本核算，就是按照产品形成的全过程，从投产前的技术准备过程、生产制造过程到产品销售过程的质量成本核算。质量成本核算通常包括账外核算与账内核算两种方式。

质量成本控制是指企业组织依据预定的质量成本目标，对质量成本形成过程的一切耗费进行严格的计算与审核。企业组织质量成本管理的最终目标是以最低的质量成本，生产出最优质的产品。而能够生产出最优质产品的最低质量成本，就是最优质量成本。最优质量成本的评价存在两种观点：传统观点和现代观点。全面质量管理是一种全新的现代质量管理观念，强调质量管理是全员参与、覆盖产品生命周期全过程的、以工作质量保证产品质量和服务质量的管理体系。

如何将质量成本信息传递给企业组织的经理人是质量成本会计的重要主题。质量成本报告和质量绩效报告承担了这个重任。质量成本报告是企业组织完善质量成本控制的必要措施。通过质量成本报告，企业组织的经理人可以全面地评价企业组织当前的质量成本情况。质量成本报告按质量成本的分类详细列示实际质量成本，并向企业组织的经理人提供以下两个方面的重要信息：（1）显示各类质量成本的支出情况以及财务影响；（2）显示各类质量成本的分布情况，以便企业组织的经理人判断各类质量成本的重要性。通过了解这些相关信息，企业组织的经理人就可以更有针对性地控制质量成本，改善成本结构。

为了反映企业组织在质量管理方面所取得的进展及其成效，企业组织还需要编制质量绩效报告。企业质量绩效报告包括三种类型：（1）中期报告；（2）长期报告；（3）多期质量趋势报告。

本章主要参考文献

1. Jesse T. Barrfield, Cecily A. Raiborn, Michael R. Kinney. Costing Accounting: Traditions and Innovation. South – Western, 2003.

2. Anthony A. Atkinson, Rajiv D. Banker, Robert S. Kaplan, S. Mark Young. Management Accounting. Prentice Hall, Inc., 2003.

3. 查尔斯・T. 亨格瑞，斯坎特・M. 达塔，乔治・福特斯：《成本与管理会计》，中国人民大学出版社 2004 年版。

4. 韦恩・J. 莫尔斯，詹姆斯・R. 戴维斯，阿尔・L. 哈特格雷夫斯：《管理会计：侧重于战略管理》，上海财经大学出版社 2005 年版。

5. 唐・R. 汉森，玛丽安・M. 莫文：《管理会计》，北京大学出版社 2000 年版。

6. 爱德华・布洛克，孔・陈，托马斯・林：《战略成本管理》，人民邮电出版社 2005 年版。

7. 胡玉明，潘敏虹：《成本会计》，厦门大学出版社 2008 年版。

环境管理会计

教学目标

◇基本目标

在了解可持续发展观的基础上，理解和掌握环境管理会计的基本原理及其运用。

◇具体目标

（1）了解环境资源与可持续发展的基本含义；（2）理解和掌握环境管理会计的基本概念；（3）理解和掌握环境成本的控制与报告；（4）理解和掌握环境绩效评价基本原理及其运用。

本章提要

20世纪90年代以来，随着人类社会对环境问题的关注而导致可持续发展（Sustainable Development）理论的产生，人们开始认识到在环境与经济发展之间存在着相互依存的关系，从而对企业组织提出了兼顾环境保护和经济利益的要求。由于以政府为主导的相关利益者越来越关注企业组织的环境绩效，从而使环境问题对企业组织产生越来越大的影响，给企业组织带来了风险，同时也带来了机遇。由此，企业组织开始考虑在管理领域引入有关环境理论和实践，在决策过程考虑环境因素的影响，环境管理会计（Environmental Management Accounting，EMA）正是基于这样的背景而产生。本章在介绍基于可持续发展观的环境管理会计观念基础上，具体阐述了环境成本的含义与分类、确认与计量、环境成本的报告以及环境绩效评价。

第一节　基于可持续发展观的环境管理会计

由于人类社会对企业组织可持续发展观的重视，促进了企业组织的经营目标从经济效益观念转向生态效益（Eco-Effective）观念。由此产生了基于可持续发展观的环境管理会计。

一、环境资源与可持续发展观

环境资源（Environmental Resource）与可持续发展观的形成密切相关。

（一）环境资源问题

环境资源是人类社会共享的、构成人类生存和发展基础的各种资源。人类改造自然活动范围的不断拓展，改造程度的不断深化，人类社会也就随之而发展。人类改造自然的活动带来的直接后果之一就是环境问题。

环境问题是由于自然生态平衡受到各种不同原因的破坏导致失衡，进而直接或间接影响人类生存与发展的一切客观存在的问题。这包括由自然力不可抗因素造成的原生环境问题如各种自然灾害，也包括由于人类活动所造成的次生环境问题如环境污染。在讨论环境问题时，通常指的是次生环境问题。

由于在不同的社会发展阶段，人类改造自然的活动各有其特点，相应的环境问题自然也有不同的表现。从农业社会的滥砍滥伐导致水土流失、过度耕种和畜牧导致地力递减，到工业社会的酸雨、温室效应、毒气泄漏、核泄漏、臭氧层遭到破坏等等。基于传统的经济发展模式，人类与自然环境之间的关系总体上是对立的关系，之间的经济价值转移是单向的转移，人类始终是索取方，自然环境始终处于被索取的位置。经济价值通过人类的各种活动转移，人类社会从中获得正效益；如果经济价值转移的速度过快，超过了自然环境本身循环再生和自我净化的速度，必然会出现个别或局部环境资源的枯竭，进而导致整体环境系统的失衡。人类的活动与经济的发展由于环境资源的枯竭而受到直接制约。更有甚者，人类的生存也将由于过度占用和耗费环境资源而受到威胁。这时环境问题的负效益就凸现出来了。

环境资源被无节制地占用、耗费而日渐趋向枯竭，生态环境恶化。同时，人类社会发展的各项活动都不可避免地要耗用资源，在一定程度上破坏环境。可持续发展观的提出，为解决这个问题开启了新的视角和思路。

（二）可持续发展观

1987年，联合国世界环境与发展委员会向第42届联合国大会提交了题为《我们共同的未来》的报告，对可持续发展做出如下定义："在不对后代人满足其自身需求的能力构成危害的前提下满足当代人的需求的发展"。根据可持续发展观，人与自然环境的关系应该互相依存，经济价值的转移应是双向的转移。人类社会在其发展过程中，应该尽可能以既定的经济资源投入获取较高的产出，或以较少的经济资源投入获得既定的产出。可持续发展观认为，经济的发展与人类赖以生存的自然环境不可分离。在人类社会发展的历程中，只有尽可能提高人类活动的环境效益，消除或尽量减少对自然环境的破坏，经济的发展以至整个人类社会的生存和发展才具有坚实的基础。可持续发展观认识到保护环境资源与人类社会发展之间的辩证关系，强调环境在决策过程的重要性，并成为被普遍接受的资源管理战略，强调人类社会要实现全面和持续的进步，必须综合考虑经济问题、社会问题和生态环境问题。这种观念对企业组织制定其发展战略产生了根本性的影响。

环境的日益恶化使人类社会开始关注环境资源的保护问题。企业组织的各利益相关者，包括政府管理机构、消费者、投资者、社会公众、社区、员工乃至供应商从各自的利益出发，重视企业组织的环境保护绩效，要求企业组织遵守环境保护法规和公约，对企业组织的经营活动提出了越来越高的环境保护要求，并需要了解企业组织的环境保护信息以便做出相应的评价和预测。这给企业组织带来了全方位的影响。资本市场、消费者及社会公众的积极参与，更促使企业组织意识到实现其经营目标与妥善处理好环境问题两者之间不是互斥关系，企业组织对待环境问题的态度，也从被动地遵守政策法规的服从导向逐步转为自发的市场导向，主动采取有益于环境保护的措施，积极改善环境保护绩效，同时有意识地自觉披露履行社会责任方面的信息。

二、企业组织经营目标的新发展：生态效益

基于传统的经济发展模式，自然资源的保护没有得到应有的重视，企业组织的经营目标追求利润最大化，利益相关者对企业组织的评价总体上以经济绩效为基础，没有延伸到环境绩效。环境问题的恶化、可持续发展观的提出使人类意识到企业组织的经营活动与自然生态系统相互依存、相互影响，单纯以经济价值指标（如利润、GDP）来衡量企业组织的绩效显然不可取。由此，追求生态效益成为基于可持续发展观的企业组织经营目标的新动向，在追求利益相关者利益的同时，综合考虑经济、环境和社会目标。

生态效益是2002年世界可持续发展委员会（WBCSD）提出的一个全新概念。其含义为：企业组织在减少对环境的负面影响、降低资源消耗和成本支出的前提下，向顾客提供物美价廉的、可以满足需求的产品或服务。

实际上，生态效益是一种全新管理理念的体现。从微观的角度看，追求生态效益使企业组织在加强盈利能力的同时，在整个生产经营流程中重视环境责任，不断提高环境管理水平，实现经营效益、创新能力和竞争能力的富有潜力的发展，从而进入可持续发展阶段。从宏观的角度看，政府部门也将追求生态效益为目标，从发展的角度和要求出发对整个社会的产业结构进行调整，从而实现全社会的可持续发展。

生态效益包括四大目标：

（1）减少自然资源的耗费如对水资源、土地资源和原材料的耗用，同时也包括提高产品的耐用性，提高其可循环再用的可能性；

（2）减少对环境的负面影响，尽可能减少污染物的排放，尽可能使用可再生的资源；

（3）提高产品价值，即以较少的原料投入和能源耗费，提供能满足顾客需要的产品；

（4）减少环境负债，要求企业组织有效地管理环境风险。

企业组织可以通过许多切实可行的措施实现生态效益的四大目标（如图14－1所示）。

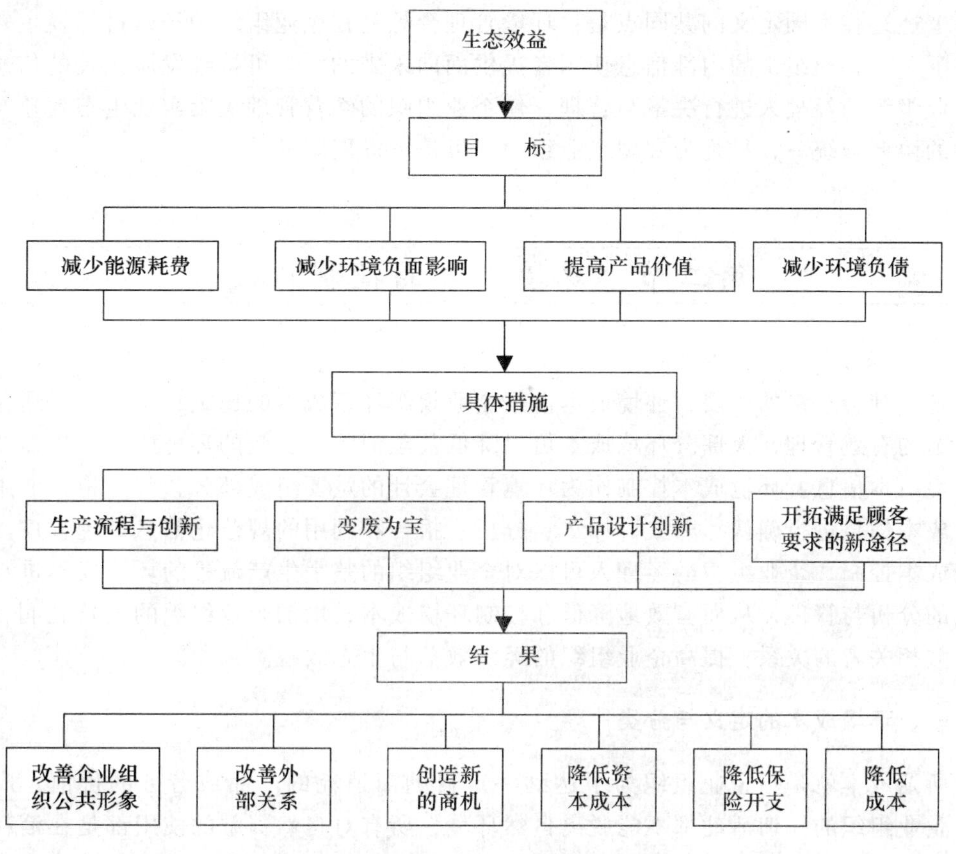

图 14－1 生态效益目标及其实现途径

由此可见，环境问题贯穿于企业组织的整个价值链。企业组织经营活动的各个环节都要考虑环境问题。

三、基于可持续发展观的环境管理会计观念

随着各利益相关者对企业组织环境信息的重视和需求的提高，企业组织自愿披露环境信息意识不断增强，社会各界日渐意识到需要对环境相关信息进行规范化的归集、确认和计量，保证信息质量，以便企业组织的经理人可以合理地分析和有效地管理环境资源，避免出现严重的环境问题。

由此，环境管理会计观念应运而生。世界上不同的组织或机构对环境管理会计作出了不同的定义。例如，国际会计师联合会（IFA）的定义是："通过设计和实施适当的与环境相关的会计系统和管理，对环境绩效与经济绩效进行管理。"联合国 2002 年报告对环境管理会计的定义是："为满足组织内部进行传统和环境决策的需要，而对实物流信息（如材料、水和能源流量等等）、环境成本信息和其他货币信息进行的确认、收集、估计，编制和利用内部报告。"加拿大管理会计师协会的定义是："对环境成本进行辨认、计量和分配，将环境成本融入企业的经营决策中，并将有关信息传递给公司利益相关者的过程。"

上述这些不同定义的共同点是：环境管理会计是在企业组织的经营目标发生转变的前提下，向企业组织的内部信息使用者提供面向未来的、与可持续发展相关的信息，以便企业组织的经理人进行决策与管理，使企业组织的经营管理决策实现生态效益与经济效益的协调与统一，最终为实现企业组织的可持续发展服务。

第二节　环境成本的控制与报告

随着社会经济的发展，环境成本占据企业组织经营成本的比重越来越大。通过对环境成本的有效管理，大部分环境成本可以降低甚至消除。有效的环境成本管理需要充分的环境成本信息。环境成本控制作为环境管理会计的重要组成部分，就是将企业组织的环境成本信息进行确认、归集、加工、分析、报告和利用的规范化信息处理程序。通过环境成本控制，企业组织的经理人可以对企业组织的整个生产流程的环境成本进行更为有效的分析与管理，从而有效地降低和控制环境成本，增加企业组织的经营利润，改善与利益相关者的关系，提高企业组织的经济效益与生态效益。

一、环境成本的定义与分类

所谓成本就是指企业组织为了达到一定目的而消耗的产品或劳务的价值。广义地说，企业组织的一切活动都不能脱离自然环境，所有对自然资源的使用都是在消耗产品或劳务，而其价值就是环境成本。这些成本不仅包括在目前的经济、法律和市场条件下对环境造成影响的部分，也包括那些可能对未来的环境造成影响的部分。也就是说，环境管理会计需要包括可能存在的所有成本，而这是不可能的。因此，这里主要关注的是环境成本的定义及其分类。

（一）环境成本的定义

联合国国际会计和报告标准政府间专家工作组对环境成本作出了定义：“本着对环境负责的原则，为管理企业活动对环境造成的影响而被要求采取的措施的成本，以及因企业执行环境目标和要求所付出的其他成本。”① 而联合国“改进政府在推动环境管理会计中的作用”专家工作组对环境成本所做的定义是：“与破坏环境和保护环境有关的全部成本，包括外部成本和内部成本”②。

可见，环境成本存在多种定义。环境成本也可称为环境质量成本，指由于存在或可能存在不良环境状态而产生的成本，与环境的恶化、探测、补救和防止等活动密切相关。企业组织从其控制和管理经营成本的角度出发，对环境成本也存在不同的理解和定义。“不同目的，不同成本”。企业组织基于不同的管理目的，不同的管理范围，不同

---

① 转引自陈毓圭：《环境会计和报告的第一份国际指南》，《会计研究》，1998年第5期第4页。

② 转引自UN，Environmental Management Accounting：Policies and Linkage，P. 11，2001.

的管理对象，环境成本的定义也会有所不同。关键在于找到相关成本，分析其动因，以便有效控制环境成本。

（二）环境成本的分类

企业组织的环境成本可以根据不同的标志分类：

1. 经济学的分类

环境经济学根据成本的负担者与成本的产生者之间的关系，可以将环境成本分为外部成本（社会成本）和内部成本（私人成本）。

外部成本（社会成本）是指成本的产生与某个主体的环境影响有关，但却由造成成本或获得利益以外的主体承担的成本。企业组织的经营活动对环境造成了影响，但造成这种环境影响的企业组织却不必为此承担责任（通常外部不经济性指的就是外部成本）。例如，企业组织通过水渠排污对下游居民生活造成了影响，产生了环境成本，但基于目前的法律体系，企业组织却不负担这部分成本，或者只负担一部分成本（如罚款）。外部成本减少了整体经济的总体效益，但在产生外部成本的主体的传统会计领域却没有得到相应的体现。

内部成本则是在引起成本的企业组织的会计领域得到体现的成本，比如企业组织为此而支付的排污费等。内部成本与外部成本之间的界限并非固定不变。随着环境问题压力的增大，有些政府正试图将外部成本内部化，随着污染者付费原则（Polluter Pays Principle，3P 原则）的实施，有些外部成本将转化为内部成本。

2. 美国环保局的分类①

如前所述，企业组织出于管理和控制环境成本的不同目的，对环境成本做出不同的定义。美国环保局（US Environmental Protection Agency，EPA）认为，恰当的分类可以使企业组织的经理人更好地关注和有效地控制环境成本。该机构对环境成本的分类包括：

（1）传统成本（Conventional Cost）。即在传统成本会计系统以及资本预算所包含的成本项目如各种原料、物料用品、设备、人工等。减少或降低这些成本项目的耗费，相应就可以减少对环境的影响以及废料的排放，减少对不可再生资源的耗费。企业组织在进行决策时必须考虑这些成本项目。相关数据与企业组织的生产经营过程往往直接相关，可以从传统成本会计系统获得。

（2）潜在隐藏成本（Potentially Hidden Cost）。这类成本可再细分为合法性环境成本、前期成本和自愿环境成本三大类。这类成本项目在传统成本会计系统通常被归入制造费用或研究与开发费用，很容易为企业组织的经理人所忽视。这些项目如存货处置费用、医疗检查、环境保险、获取许可证等。这些项目需要规范并作为书面记录，在成本会计系统预提，以提醒企业组织的经理人注意。

（3）或有成本（Contingent Cost）。或有成本通常与或有负债相联系，是否发生取决于未来某个时点某个事项是否会发生。例如，油轮触礁导致漏油而需要清理和赔偿，由

① 主要参考郭晓梅：《环境管理会计研究：将环境因素纳入管理决策中》，厦门大学出版社 2003 年版第 5 章。

于产品或排放的污染物不符合环境保护标准而要缴纳的罚金等。

(4) 形象与关系成本 (Image and Relationship Cost)。这是无形成本项目，如积极参与环境保护活动改善企业组织的社会形象、优化工作环境，改善与员工的关系、严格控制污染物排放标准，改善与所在社区的关系等等。这些成本项目的支出可以为企业组织带来无形的，但往往又是相当可观的效益。

3. 按时间的分类

如果从环境成本发生的时间角度看，环境成本还可以分为与过去经营活动有关而与当前经营活动无关的成本（尽管其支付时间可能发生在当前，比如当前关闭一条产生污染的生产线而发生的清理费用），因当前经营活动而产生的费用（这种费用可能在过去、现在或将来支付），以及为减少或防止未来经营活动的污染而需要在现在支付的费用。企业组织要正确确认环境成本，就必须在环境成本发生之时，而不是支付之时加以确认。

二、环境成本的确认与计量

企业组织确认与计量环境成本的方法主要包括作业成本计算法、完全成本计算法、生命周期成本汁算法和环境质量成本计算法等。

（一）作业成本计算法

如第十章所述，作业成本计算法根据成本动因归集成本。根据传统成本计算方法，环境成本通常归集于制造费用，并采用某种主观的分配标准如直接人工、机器工时等将其分配到不同的产品或流程，其结果往往导致成本信息的扭曲。通常，污染型产品（流程）对环境的影响比清洁型产品（流程）大，而且占用较多的资源。但是，根据传统成本计算方法所分配的成本，两种产品（流程）的成本差别不大。这实质上使污染型产品（流程）获得了补贴，而清洁型产品（流程）却遭受惩罚，并进而导致企业组织采取错误的行为。如果采用作业成本计算法分配环境成本，可以更好地使环境成本与产生这些成本的作业相联系，有助于企业组织采取减少环境影响和预防污染的决策。在环境意识高涨、环境法规日益严格的情况下，这就显得更为重要。通过作业成本计算法所提供的作业信息、成本动因信息，企业组织经理人可以了解环境成本及其产生的根本原因，从而采取相应措施，改进环境绩效，提高顾客价值。企业组织可以运用作业管理的方法，将环境作业分为增值作业与不增值作业，并分析其对环境的影响。根据企业组织的生态经济效率目标，尽快消除不能带来经济增值并且对环境造成不利影响的作业，保持或扩展能带来经济增值并且对环境产生有利影响的作业。

（二）完全成本计算法

完全成本计算法是指将与企业组织的经营、产品或劳务对环境产生影响有关的内部成本（包括所有的内部环境成本）和外部成本综合起来的方法。也就是说，从环境及其相关利益者的角度看，与企业组织的经营、产品或劳务有联系的所有成本，包括所有的内部环境成本（包括已分配到产品和未分配而作为费用处理的部分）以及由企业组织的活动而产生但由其他主体承担的外部成本。基于目前的环境，外部成本可能难以确认与计量，甚至无法准确地归属到某个企业组织，但根据完全成本计算法，只要可能，就要运用货币指标量化外部成本。否则，也要提供有关的定性信息。完全成本计算法的目的在于使产品的价格反映真实环境成本，为有效实施环境管理创造条件。

完全成本计算法可以使企业组织不同层次、不同职能部门的经理人了解内部环境成本的成因，获得这些成本与特定产品、服务、流程和投入之间的关系，从而更好地作出定价决策、资本投资决策，制定出更好的环境战略。而对于致力于可持续发展目标的企业组织来说，完全成本计算法可以使其了解自身所带来的外部影响及其后果，以及由外部主体所承担的成本，从而更好地评价可替代的战略，推动可持续发展目标的实现。对于外部使用者如政府部门或投资者而言，完全成本计算法有助于它们评价企业组织的环境绩效。

运用完全成本计算法要解决的问题是外部环境成本的计量。由于外部环境成本是企业组织经营活动对环境造成的影响，因此，确认与计量外部环境成本，首先要了解企业组织经营活动的环境影响。企业组织对环境的影响主要包括：（1）污染的影响。这主要指因企业组织的生产或服务活动所产生的排放物和废物，而在现在和将来使他人的福利或利益受到影响的环境变化。（2）产品使用和处置的影响。这主要指因企业组织销售、使用和处置其产品过程产生了排放物和废物或其他负作用，而在现在和将来使他人的福利或利益受到影响的环境变化。（3）自然资源和能源消耗的影响。这主要指因企业组织将生产或服务过程消耗的自然资源或能源（从而消耗或损害可再生或不可再生的自然资源）作为其投入，而在现在和将来使他人的福利或利益受到影响的环境变化。这种消耗包括直接消耗（如企业组织开采的矿产品、捕捞的鱼产品）和间接消耗（如企业组织生产过程消耗了含有此类投人的产品或原料、设备等）。

了解企业组织的环境影响之后，计量环境影响成本的具体方法包括控制成本法和损害函数法。

1. 控制成本法

这里的“控制成本”概念源于环境经济学，是指由于控制活动而放弃的选择方案的价值。即企业组织在实行或不实行污染控制措施时，今后若干年生产成本的现值的差异。控制成本法通过计算比较容易估计的安装、运行和维护成本来替代难以计量的环境损害成本。控制成本取决于污染控制标准和控制技术。通常，控制标准越高，控制成本越大，而不同技术条件下所能达到的控制标准和控制成本也不同。因此，运用控制成本法要考虑合适的控制标准和控制技术。这可以从有关协会或行业获得数据。

2. 损害函数法

损害函数法通过环境模型和经济计量方法估计从特定地方产生的一个或多个污染物造成损害的实际成本。它通过环境模型计算特定地点的企业组织经营活动对环境的影响，再利用经济计量方法将实物量表示的影响转换为货币指标。经济计量方法主要包括：（1）市价法。市价法通过估计环境变化对产品或服务的价值的影响来估计环境影响的价值。利用市场价格确定外部成本，比如以农产品的市价确定受到有毒物质损害的农产品的价格。这种方法适用于受损害的产品存在市场价格的情况。（2）享乐定价法。

享乐定价法建立在人们对环境质量偏好变化的基础上。享乐定价法的依据在于环境的价值隐含于市场交易的相关产品（主要是房产）的价格之中，利用不同的环境质量变化引起的房地产价格和工资率的差价确定外部成本。例如，环境质量与购买房产的决策存在相关关系，房产的价格受到地点、可接近性、邻里特征和环境质量的影响，对其建立回归模型之后，可以确定不同质量水平的房产价格，以其差异确定环境质量变化的成本。（3）旅行费用法。旅行费用法是计量特定旅游景点的价值的方法。它假设即使旅游景点本身不收门票，娱乐者也要支付旅行费用才能享有其服务，所以实际上为享受环境服务而付出了代价。通过确定不同的假设门票价格，不同地区的游客到该景点的游览比率和旅行费用，可以建立该旅游景点的需求曲线，并进而确定消费者剩余，推算环境价值。该方法通常用于计量公众娱乐场所和活动。（4）或有价值法。或有价值法是一种调查方法。根据个人对改进环境质量的支付意愿或承受环境质量损失的接受意愿确定环境价值。这是建立在消费者效用基础上，把个人效用视为企业经营活动和环境质量的函数，通过环境质量引起的个人效用的变化计量环境损害成本。

（三）产品生命周期成本计算法

一个产品（流程或作业），在其预计的使用年限内，需要经过资源开采、产品生产、产品包装、产品使用和回收以及产品处置这几个阶段。虽然有些阶段并不由生产者所控制，比如资源开采和产品处置，但产品对环境的影响很大程度上还是由产品设计所决定。传统成本计算方法只考虑制造成本，而将制造之前的开发与设计成本、销售之后的废弃处置成本等项目视为期间费用，不作为成本控制的重点。产品生命周期成本计算法则确认与计量产品（流程或作业）在整个产品生命周期内的所有成本。这种方法既考虑产品的购买价格，也考虑顾客购买之后的使用、维修和处置成本，可以评价和分配生产者在不同产品生命周期所引起的成本，从而使其能够选择不同的产品设计方案。由于计算了产品生命周期的全部成本，便于企业组织经理人理解其与开发、设计和生产产品的成本之间的相互联系，并找出最有效的成本控制领域，即产品开发和设计阶段的成本。

在环境管理中，产品生命周期成本计算法常常与产品生命周期评价法联系在一起。产品生命周期评价法是对产品（流程或作业）在整个生命周期的环境影响进行辨认并确定实现环境改进机会的方法，它本身更关注的是整个价值链对环境的影响（以实物量表示），而不是环境成本。产品生命周期评价法主要包括：（1）设定目标，确定特定的产品或流程，以及在其生命周期各个阶段的主要问题；（2）生命周期清单分析，即分析生命周期内的所有能源、材料投入和排放到环境的废水、废物等产出；（3）影响分析，即分析上述清单中污染物对环境、人体健康的影响以及造成的经济成本和效益；（4）改进分析，即分析生命周期内各个阶段的可能改进机会，比如产品设计、原料投入、生产流程等，考虑产品或流程的环境弱点与优势。

控制生命周期成本，实质上是综合考虑产品生命周期内在产品设计、开发、生产和售后服务等各个阶段的全部成本，包括直接成本与间接成本，可以使企业组织关注价值链的作业，以实现长期的竞争优势。企业组织必须对生命周期终止的处置成本进行确定、分配和计算，以保证产品在使用期满之后得到适当的处置。产品生命周期成本计算法延伸了成本计量的会计主体和会计期间。这对于实现企业组织的整体竞争优势具有重要作用。

（四）环境质量成本计算法

基于高新技术环境的全面质量管理观念，以顾客需求为核心，追求“零缺陷”。全球环境管理促进会采纳了全面质量管理的思想，将其运用于环境管理，试图提供持续改进环境绩效的系统方法。这就是全面环境质量管理的思想，即将对环境的污染和损害都视为缺陷，持续改进环境绩效，以不断地满足顾客的需求。全面环境质量管理思想，追求的是对环境的零损害。这种损害包括直接损害与间接损害。直接损害表现为向环境排放固态、液态或气态的排放物，从而污染水、空气等；而间接损害则表现为浪费材料和能源导致环境的损耗。为了实现零损害目标，企业组织必须建立环境质量成本模型，计算不同的环境成本，分析其增长与环境质量之间的关系，从而为推行全面环境质量管理思想提供相关信息。

参照质量成本的分类，可以将环境质量成本分为：（1）符合性成本，即符合严格的环境绩效标准的成本；（2）非符合性成本，即违反环境绩效标准的成本。符合性成本又可以分为环境预防成本与环境监测成本。环境预防成本是企业组织为了防止产生污染物或废物导致环境损害而发生的成本，包括评价和选择供应商的成本、预防污染的设备评价和选择成本、为减少或消除污染物而对产品或流程进行设计的成本、员工培训成本、环境影响研究成本、环境风险评估成本、环境管理系统的设计成本、产品的回收成本和 ISO14001 认证成本等。环境监测成本是监督企业组织的产品、流程或其他活动是否符合相应的环境标准要求而发生的成本，包括环境审计成本、污染物测试成本、环境绩效指标的设计成本、供应商环境绩效的监测成本等。

如果企业组织的预防机制失效，为了纠正环境问题而产生的成本就属于非符合性成本，包括环境内部损失成本与环境外部损失成本。环境内部损失成本是在污染物或废物产生之后，排放出去之前而发生的成本。这些成本的目的在于消除或减少污染物或废物，以便使其不排放到出去，或使其排放符合一定的标准。这种成本包括污染控制设备的运行成本、有毒物质的处理和处置成本、废弃物的回收成本、获得排放许可证的成本等。环境外部损失成本是在污染物或废物排放出去之后所发生的成本，包括已实现的成本和未实现的成本。已实现的环境外部损失成本是由企业组织造成并且由企业组织自行负担的成本如清理受污染的湖泊、清理石油泄漏的残余、能源和材料的无效使用、由于环境污染而对其他主体的赔偿、将土地恢复到原始状态的支出、由于破坏环境影响声誉导致销售的损失等。而未实现的环境外部损失成本是由企业组织造成，但由企业组织以外的主体负担的成本（外部成本或社会成本）。这种成本可能导致环境质量下降或使其他主体的财产或福利受到不利影响。例如，因为空气污染致病而发生的治疗费用、由于污染而使湖泊无法供人娱乐或生产而造成的损失、由于废弃物的排放导致生态系统所受到的损失等。在这些成本中，以环境外部损失成本造成的影响最大。

企业组织计量环境质量成本，首先要确认与计量基于理想环境标准的符合性（预防和鉴定）成本与非符合性（外部和内部损失）成本，然后为各类成本的各个成本项目设定一个目标。随着非增值作业的消除和减少，环境内外部损失成本将减少。对符合性成本则要另作分析。在开始推行环境质量管理时，符合性成本可能增加，比如环保设施开支的增加，但随着环境质量水平的提高和环境内外部损失成本的减少，企业组织的这类成本将下降。例如，清洁生产技术已成为行业的普遍惯例，则这部分开支就不再是增量的环境成本了。如果接近零排放，所需要的符合性成本也就下降了。

三、环境成本报告

环境成本报告是环境管理会计提供企业组织环境成本的媒介。

（一）环境成本信息的报告原理

各国强制性环保法规的颁布和执行，使得企业组织的环境风险无可避免，利益相关者关心企业组织在处理环境问题可能给带来的损害，自然要求企业组织披露相关的环境成本信息。此外，由于社会公众的环境保护意识日益高涨，要求政府当局惩治环境污染严重的企业组织的呼声也日趋强烈，进一步加大了企业组织的环境风险程度。有鉴于此，企业组织披露反映从事环境保护活动的环境成本信息报告，以满足社会的客观需求。目前国外一些企业组织披露的环境报告书，总体上按照环境成本与环保效果、环保经济效益的配比关系披露环境成本信息，以分别反映企业组织在从事环境成本的投入与效果的产出。其基本原理如图 14－2 所示。

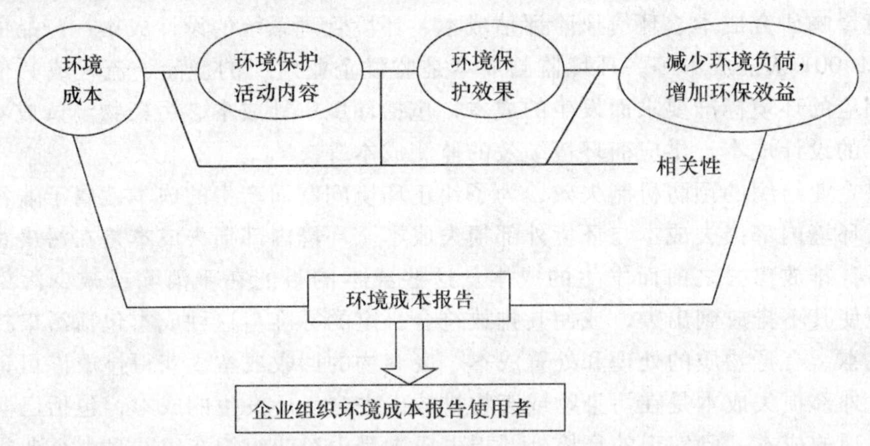

图 14－2 企业组织环境成本报告原理

根据图 14－2，企业组织从事环境保护活动需要付出环境成本，形成了环境成本核算的内容。同时，还可以看到企业组织投入了环境成本可能带来的效果，表现为企业组织减少环境负荷和增加环保效益。而环境成本报告正是从企业组织环境保护活动的成本投入与效果增加两个方面，对信息使用者披露相关信息，以反映企业组织处理环境问题的绩效。这里的环境负荷是指由企业组织经营活动而产生的严重影响环境的物质项目，包括因企业组织的经营活动对资源的大量利用以及向环境排放有害物质两个方面。

根据图 14－2，环境成本的数据来自已经发生的环境事项，它以货币化计量，其信息披露并不困难。困难的是减少环境负荷的信息披露。因为它并不以货币为计量单位，许多企业组织采用的是物理化学量单位，难以汇总，使得信息使用者难以了解环境保护效果的总体状况。

（二）环境成本报告的基本模式

环境成本报告有两种基本的模式：（1）环境成本与经济效益比较型模式。它反映以获取环保经济效益为主的企业组织环境保护支出情况。其环保经济效益来自于环保产品的收入、资源成本的节约、环境损害成本的降低等方面。这种对比都可以采用货币计量，金额一目了然。（2）环境成本与环保效果比较型模式。它反映以减少环境负荷为主的企业组织环境保护进展情况。其环保效果体现在诸如排污量减少、再资源化提高等减少环境负荷方面。

1. 环境成本与经济效益比较型模式

这种模式的主要特点是都以货币作为计量单位，将环境成本与来自环保的经济收益有关数据都纳入报告，一目了然地让信息使用者了解企业组织的环境成本及效益情况。因为目前尚未有统一的环境成本报告标准，许多企业组织都是根据其自身经营特点独自设计，不同企业组织的环境成本报告自然体现出其不同之处。

美国一家制药公司于 20 世纪 90 年代中期首先提供了这种类型的环境成本报告如表 14－1 所示[①]。

表 14－1　　美国某制药公司的环境成本表　　单位：万美元

环境成本			
1. 基本流程成本	1997 年	1996 年	1995 年
环境保全活动	1.5	1.4	1.4
审计师、律师费用	0.5	0.5	0.3
环境保全活动：工程成本（全公司、工厂）	0.6	0.6	0.7
部门、地区、工厂的环境专项活动	5.8	6.3	6.8
消减包装物的专门环保活动	0.8	1.0	2.3
预防公害：营运费用与维持费用	2.6	2.8	2.9
预防公害：折旧	1.0	1.4	1.7
基本流程成本合计	12.8	14.0	16.7
2. 环境复原、废弃物处理、其他对应成本			
环境纠纷的律师费用	0.1	0.1	0.2
与政府谈判费用	0.0	0.1	0.0
废弃物处理	3.1	3.0	2.6
支付包装物环境税	0.3	0.3	0.3

① 转引自国部克彦："两种环境会计"，《国民经济杂志》，第 180 卷第 5 号，1999 年 11 月，第 73 页。

续表

环境成本			
环境复原、净化（企业内）	0.3	0.3	0.3
环境复原、净化（企业外）	0.0	0.1	0.5
环境复原、废弃物处理、其他对应成本合计	3.8	3.9	4.0
环境成本总额	16.6	17.9	20.1
3. 环境节约额			
臭氧层破坏物质的成本消减	1.7	0.6	0.5
有害废弃物处理成本消减	0.0	(0.1)	0.1
有害废弃物原材料成本消减	(0.2)	(0.3)	0.2
非有害废弃物处理成本消减	0.2	(0.1)	0.1
非有害废弃物原材料成本消减	2.9	1.3	(0.7)
再利用收入	4.6	5.6	5.2
节约能源带来的成本降低	3.3	1.5	1.4
包装成本的节约	1.3	2.4	5.6
各年度环境收益、成本节约合计	13.8	10.9	12.4
与基本流程的对比	108%	78%	74%

根据表 14－1，美国这家制药公司的环境成本报告将环境成本划分为“基本流程成本”与“环境复原、废弃物处理及其他对应成本”两大部分，并将“各年度环境收益、成本节约”与“基本流程成本”相比较，以反映该公司的环境成本与效益情况。该公司之所以这样比较，是因为只有“基本流程成本”才能产生相应的收益。

环境成本与经济效益比较型模式披露的信息在企业组织内部运用，将有助于优化企业组织经理人的环境保护行动决策，使经理人可以对不同具体项目的环境成本进行费用效益分析，减少不产生收益的环境成本投入，力求环境成本效益最优化。同时，环境成本与经济效益比较型模式可以进一步消除股东、债权人等外部信息使用者的某些顾虑，增强其对企业组织开展环境保护活动的信心与支持。因为股东、债权人等信息使用者通常担心企业组织发生环境成本将减少企业组织的利润，从而损害自己的利益。

2. 环境成本与环保效果比较型模式

环境成本与环境保护效果（减少环境负荷）相比较。这是企业组织推进环境保护活动的一个最基本的观点。根据这种观点设计环境成本报告模式是目前许多企业组织披露环境成本信息的一种重要手段。表 14－2 列示了日本理光公司环境报告书的成本部分。

根据表 14－2，日本理光公司的环境成本信息披露将环境成本按分类项目披露，共计投入 81 亿日元。与此相其对应，获得的环境负荷消减量，既有按物理量单位计量的各种物质项目分类信息并计算出削减率，也有按统一换算系数换算出的削减总值 418088 亿日元。据此，该公司设置了两个分析指标：

表 14－2　　**日本理光公司 1999 年度环境成本报告**　　单位：亿日元

项目	费用		效果						
	环境费用	主要费用	货币效果	项目	环境负荷消减量	消减率	EE 值	换算系数	消减换算值
企业内部环保活动成本	16.7	环保设备的折旧费和维持费等	9.6	提高节电和废弃物处理效率	$CO_2$11317	4.1%	139.7	(1.0)	11317
			50.9	提高生产附加值的贡献	NO_x2.006	2.9%	0.0248	(6.2)	12.44
			7.0	治理污染回避风险和诉讼等	SO_x7.404	33.7%	0.0914	(0.9)	6.663
上下游成本	24.1	产品的回收再商品化的费用	5.8	再生产品的销售额等	BOD 1.726	4.5%	0.0213	(0.1)	0.1726
管理活动成本	17.9	环境管理部门费用和环境保护系统运行费	2.0	环保教育 EMS 构筑等	废弃物处分量 3458	34.6%	4.269	(104)	359632
研究开发成本	16.6	对环境负荷降低的研究费用	0.5	采用环保包装的成本节约	RTR 对象物质（甲苯、二氯甲烷等 178 种物质）			按理光标准对所有物质进行换算	47120
			20.4	对附加值的贡献度					
社会活动成本	3.9	环境报告书和环境广告的费用	0.7	环境宣传效果等					
环境损伤成本	1.3	修复污染的土地环境、和解金等费用		无					
其他成本	0.5	其他费用							
合计	81.0		96.9						418088

$$\text{环境改善指数}=\frac{\text{环境负荷消减总量（系数换算值）}}{\text{环境费用总额（千日元）}}$$

$$\text{环境负荷利润指数}=\frac{\text{销售利润总额（千日元）}}{\text{环境负荷总量（系数换算值）}}$$

由此可见，削减换算值与相关的数据进行比较，可以得出该公司环境活动的总体评价指标。环境改善指数表示每一千日元环境费用带来的环境负荷削减量，其比率越高，说明环境成本的环保效果越好。环境负荷利润指数则说明单位环境负荷带来的销售利润额，其比率越高，则说明该公司在降低环境负荷，提高经济效益方面做得越好。该公司每年将这两个指标的数值按时间序列排列，还可以反映其环境成本与环保效果的动态发展趋势。

此外，值得指出的是，该公司还提供了有关环境保护经济效益指标，按实质效益、等价效益和或有效益予以分类排列，并说明具体项目的内容。这是兼顾经济效益披露的一种方式。

3. 两类环境成本基本报告模式的关系

从其基本模式看，两类环境成本报告模式涉及的对象包括：（1）环境成本；（2）环保经济效益；（3）环境保护效果。这三者是贯穿整个环境成本报告的主线。从其内部之间的联系来看，存在如图 14－3 所示的关系①。

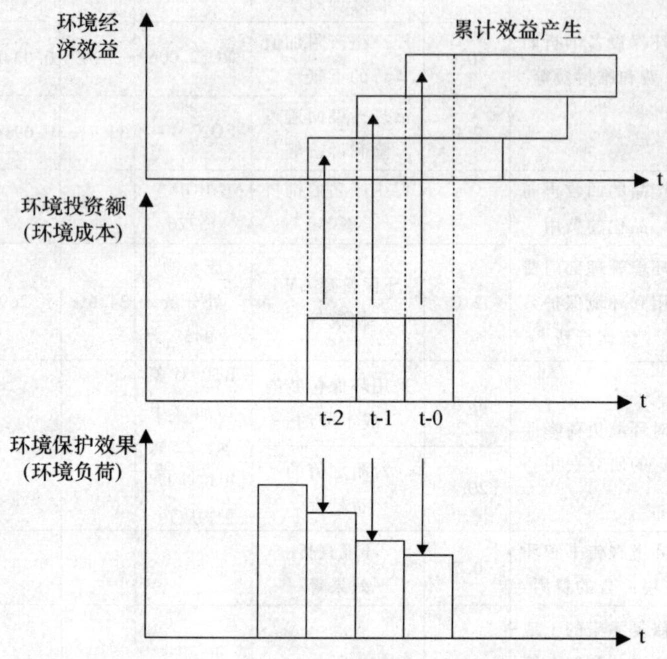

图 14－3 环境成本与环保经济效益、环保经济效果的联系

根据图 14－3，企业组织在不同时期分别投入环保投资（环境成本），将带来环境负荷的持续降低，比如增加废弃物再生处理的投资成本，则大大减少了废弃物排放数量。另一方面，随着该项投资的增加，企业组织的环保经济效益也有所提高，比如排污费的减少乃至免交、再生利用资源的销售等。这说明三者之间存在着十分密切的联系，环境成本报告可以将其合并在一起作为环境成本的效果予以披露。前述的日本理光公司的环境成本报告就具备这种兼容披露的观念。从理论上看，环境成本所追求的经济效益与环境保护效果又存在一定差异：（1）两者采用的计量单位不同。环境成本所追求的经济效益采用货币计量，而环境成本所追求的环境保护效果通常采用物理量计量。（2）两者的理论涵义存在差别。环境成本所追求的环保经济效益，可以较好地说明企业组织追求利润的本质，体现了企业组织内部的经济责任，更多地侧重于追求短期经济效益。而环境成本追求的环境保护效果，主要是体现企业组织履行社会责任，构建环保型企业组织形象的目标，更多地侧重于企业组织的长远利益。从这个意义上说，它又必

① 转引自小笠原子："丰田汽车的环境会计"，《产业与环境》，2000 年版，第 41－42 页。

将对企业组织长远的经济效益产生重大影响。这就要求企业组织投入环境成本时，要充分考虑这两方面，使环境成本效益、效果最优化。

第三节 环境绩效评价

基于企业组织可持续发展的理念，企业组织如何以生态效益为核心，实现财务绩效与环境绩效的协调与统一乃是环境管理会计的重要主题之一①。

一、环境绩效评价指标

企业组织的环境绩效指标设计必须考虑环境政策，根据环境绩效指标的不同目的，综合选用不同类别的环境绩效指标，同时这些指标必须易于计量。

国际标准化组织颁布的ISO 14000的系列标准包括了ISO14031环境绩效评价体系。该环境绩效评价体系包括环境状况指标（ECIs）和环境绩效指标（EPIs），而环境绩效指标又包括经营绩效指标（OPIs）和管理绩效指标（MPIs）。

（一）环境状况指标

环境状况指标反映企业组织对当地、区域性、全国性和全球性的环境状况的影响。比如，企业组织的污水排放对生产地点附近水域的影响，排气对当地空气质量的影响等。由于环境问题由多种因素造成，该类指标通常只在公共机构采用，除非企业组织是当地造成环境影响的主要污染源，否则很少在企业组织采用。但是，这类指标有助于企业组织选择其环境绩效评价指标并确定指标的优先顺序。

（二）经营绩效指标

经营绩效指标反映企业组织与以下三个方面有关的经营活动的环境绩效：（1）企业组织厂场设施的设计、运营和维护；（2）与企业组织厂场设施有关的材料、能源、服务、废弃物、排放物；（3）向企业组织的厂场设施提供的材料、能源和服务以及从厂场设施产生的产品、服务和废弃物，其中又包括原料、能源和劳务等的投入、投入的采购物、厂场设施的设计、安装、经营和维护以及产品或劳务、废弃物和排放物等产出的配送等。

（三）管理绩效指标

管理绩效指标提供企业组织经理人为了影响环境绩效而作出努力的相关信息，包括企业组织内部不同级别的政策、人员、计划活动和程序等，还包括方案和政策的实施、符合性、财务绩效与社区的联系等。例如，实施环境审计的次数、员工培训次数、供应商的审计次数、违法事件次数、已获得认证的场所数等。这些指标反映的是企业组织环境管理活动的努力程度，但并不能反映企业组织的内外部环境影响，甚至可能掩盖实际

① 这个主题是当今管理会计富有挑战性的主题之一。有鉴于此，本节只讨论相关国际组织的建议。

影响，因此，必须配合其他指标一起使用。

此外，ISO14031 还根据指标的性质和复杂性，将环境绩效指标分为：（1）绝对指标。它是最基本的指标，通过对生产流程的投入产出分析而取得。例如，排放污染物的数量。绝对指标可以用不同方式进行加工取得其他四种更加复杂的指标。（2）相对指标。它是一个指标与另一个指标的比值，比如每产出一吨产品所排放的污染物的数量。（3）指数指标。它是将数据与特定的标准相对比而计算出来的，比如当年的污染物排放量占基年污染物排放量的百分比。（4）加总指标。它是从不同渠道取得的同类数据，并以总计形式反映。例如，特定时间生产某产品所排放的特定污染物的总数量，它把不同厂场生产该产品的排放量加总计算而得。（5）加权指标。它将数据乘以根据其重要性确定的乘数。比如，将企业组织的不同环境绩效加权而成。

二、考虑环境绩效的综合绩效评价体系

企业组织传统的绩效评价体系以财务评价为主，但是，财务指标是综合性的指标，其改进受到许多非财务指标的制约，其中也包括了环境绩效指标。大量的研究表明，非财务指标在揭示企业组织长期的财务绩效方面具有重要作用，它有助于企业组织经理人关注其决策的长期影响。由于企业组织可持续发展目标由经济、环境和社会目标构成，企业组织的相关利益者关注企业组织的环境绩效，从而使企业组织可以通过改进环境绩效而影响财务绩效。企业组织要使环境绩效指标体系能真正发挥其应有的作用，必须将其融入企业组织的综合绩效评价体系。包含环境绩效的综合绩效评价体系，必须将企业组织的环境绩效与其他的财务绩效和非财务绩效相融合。

（一）加拿大管理会计师协会的建议

1994 年，加拿大管理会计师协会在其颁布的管理会计指南 31 号《综合业绩指标的设计》指出，由于促使企业组织获得长期成功的绩效指标因企业组织的不同而有所不同，不可能设计出适用于所有企业组织的单一绩效指标体系。每个企业组织应该根据其需求设计一套综合绩效评价体系。许多企业组织的核心绩效指标主要与以下几类有关：

1. 环境指标

目前许多企业组织都负有保持空气和水资源的清新，保护稀有资源等环境保护的义务，因此，综合绩效指标必须保证企业组织实现其环境目标。这类指标包括材料的回收利用率、污染物的排放量、环境事故发生次数、违反环境法规的罚款等。

2. 市场/顾客指标

许多企业组织从质量、速度、交货准（及）时程度、弹性、产品品种、新产品的开发和实现的价值等方面衡量顾客的满意程度。这要根据不同的市场、顾客的类别而定。如果企业组织可以使主要顾客也参与到这类指标的设计之中，就可以使企业组织充分了解其需求。这类指标包括市场份额、新顾客和丧失的顾客数量、顾客满意程度、质量表现、送货表现、反应时间、顾客盈利能力、产品担保责任等。

3. 竞争对手的指标

当今世界竞争激烈，企业组织必须追踪了解其主要竞争对手的绩效，包括竞争对手

的市场活动和结果，提供的产品与发展方向，也包括尽可能了解竞争对手的内部经营、财务、投资和员工。这类指标包括市场份额、顾客满意度、价格表现、新产品开发周期、财务绩效等。

4. 内部经营过程的指标

企业组织的经营过程是把高质量的、按时的、低成本的投入转化为同样高质量的、高价值的产出，因此，必须追踪这些投入与产出。可以把整个的经营过程再进一步细分，比如细分为市场开发、产品开发、供应商、经营、销售、服务等，其主要指标包括产品开发周期、新产品数量、生产周期、存货周转率等。

5. 人力资源指标

企业组织的长期生存与发展必须考虑人才的需求。有效的人力资源管理是企业组织制胜的法宝之一。这类指标包括员工的士气、求职/接受比率、员工流动性等。

6. 财务指标

毋庸置疑，财务指标是企业组织经营能否可持续的一个主要方面。其主要指标包括收入的增长、产品盈利能力、经济附加值、现金流量、投资报酬率等。

（二）世界可持续发展委员会的建议

如前所述，可持续发展是经济、环境和社会目标的结合。世界可持续发展委员会（WBCSD）提出以生态效益反映企业组织可持续发展目标，将环境绩效指标与财务绩效指标相结合，以较少的环境影响实现较大的财务效益，最终促进企业组织的可持续发展。

生态效益概念将环境生态影响与经济绩效相联系，以期促进企业组织可持续发展。生态效益指标的基本公式是：产品或服务的价值除以环境影响。它要求企业组织以较少的环境影响实现较大的价值。为此，企业组织必须通过引进新技术，开发新产品，减少材料能源的消耗等手段，在实现价值的同时减少对环境的不利影响，实现环境绩效目标与财务绩效目标的双赢，最终实现企业组织的可持续发展。

世界可持续发展委员会为生态效益指标所设计的框架包括产品或服务的价值、创造产品或服务的过程对环境的影响、产品或服务的使用过程对环境的影响等三大类指标。每一类指标又可以分为几个计量内容（如表 14 - 3 所示），每个计量方面又有许多计量指标。为了便于企业组织根据实际管理情况构建生态效益的框架，世界可持续发展委员会还将指标分为通用指标和专用指标。通用指标与全球的环境问题或企业组织的价值有关，几乎适用于所有企业组织，其计量方法已经形成并且是公认的指标如销售净额、温室效应气体的排放量等。不过，不同企业组织的不同产品和生产流程存在不同的环境问题和价值，因此，还需要专用指标。这类指标可以根据 IS014031 的指南或前述介绍的其他方法确定。

当然，平衡计分卡（Balanced Scorecard，BSC）也有助于构建环境绩效与财务绩效相融合的综合绩效评价体系①。

① 本书第十五章将进一步讨论平衡计分卡这个主题。

表 14-3 生态效益指标的类别与计量内容

类别	计量内容
产品或服务的价值	数量、金额和功能
创造产品或服务的过程对环境的影响	能源消耗、材料消耗、自然资源消耗、除产品以外的其他产出、意外事故
产品或服务的使用过程对环境的影响	产品的特性、包装过程产生的废物、能源的消耗、使用或废弃时产生的排放物

本章小结

由于人类社会对企业组织可持续发展观的重视，促进了企业组织的经营目标从经济效益观念转向生态效益观念。由此产生了基于可持续发展观的环境管理会计。

基于传统的经济发展模式，自然资源的保护没有得到应有的重视，企业组织的经营目标追求利润最大化，利益相关者对企业组织的评价总体上以经济绩效为基础，没有延伸到环境绩效。环境问题的恶化、可持续发展观的提出使人类意识到企业组织的经营活动与自然生态系统相互依存、相互影响，单纯以经济价值指标（如利润、GDP）来衡量企业组织的绩效显然不可取。由此，追求生态效益成为基于可持续发展观的企业组织经营目标的新动向，在追求利益相关者利益的同时，综合考虑经济、环境和社会目标。

环境管理会计是在企业组织的经营目标发生转变的前提下，向企业组织的内部信息使用者提供面向未来的、与可持续发展相关的信息，以便企业组织的经理人进行决策与管理，使企业组织的决策可以实现生态效益与经济效益的协调与统一，最终为实现企业组织的可持续发展服务。

企业组织的环境成本可以根据不同的标志分类。根据环境经济学，环境成本可以分为外部成本与内部成本；美国环保局将环境成本分为传统成本、潜在隐藏成本、或有成本、形象与关系成本。企业组织确认与计量环境成本的方法主要包括作业成本计算法、完全成本计算法、生命周期成本挤算法和环境质量成本计算法等。

环境成本报告是环境管理会计提供企业组织环境成本的媒介。环境成本报告包括：(1) 环境成本与经济效益比较型模式；(2) 环境成本与环保效果比较型模式。

基于企业组织可持续发展的理念，企业组织如何以生态效益为核心，实现财务绩效与环境绩效的协调与统一乃是环境管理会计的重要主题之一。国际标准化组织颁布的ISO 14000 的系列标准包括了 ISO14031 环境绩效评价体系。该环境绩效评价体系包括环境状况指标和环境绩效指标，而环境绩效指标又包括经营绩效指标和管理绩效指标。此外，ISO14031 还根据指标的性质和复杂性，将环境绩效指标分为绝对指标、相对指标、指数指标、加总指标和加权指标。如何构建融合环境绩效的综合绩效评价体系，加拿大管理会计师协会和世界可持续发展委员会都提出了相应的建议。

本章主要参考文献

1. 余绪缨：《管理会计》，首都经济贸易大学出版社 2004 年版。

2. 郭晓梅：《环境管理会计研究》，厦门大学出版社 2003 年版。

3. 郭晓梅：《管理会计学》，北京师范大学出版社 2007 年版。

4. 肖序：《环境成本论》，中国财政经济出版社 2002 年版。

5. 史迪芬·肖特嘉，罗杰·布里特：《现代环境会计：问题概念与实务》，东北财经大学出版社 2004 年版。

6. 联合国贸易与发展会议：《企业环境业绩与财务业绩指标的结合》，中国财政经济出版社 2003 年版。

7. 胡玉明，潘敏虹：《成本会计》，厦门大学出版社 2008 年版。

基于平衡计分卡的战略绩效评价

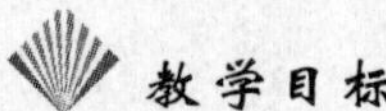

教学目标

◇ 基本目标

在了解企业组织价值创造模式转变的基础上，理解和掌握基于平衡计分卡的战略绩效评价原理及其运用。

◇ 具体目标

(1) 了解企业组织价值创造模式的转变；(2) 理解和掌握企业组织财务绩效评价的内在局限；(3) 理解和掌握基于平衡计分卡的战略绩效评价原理及其运用。

本章提要

纵观国内外企业组织发展史，为什么有的企业组织能够经受百年的风雨沉浮而经久不衰，成为“基业长青”的企业组织？为什么有的企业组织只能是昙花一现的“流星”而不能成为“明星”？为什么中国一些上市公司在上市前绩效优秀，上市不久就陷入困境呢？难道这只是财务问题吗？

所有这一切都给提出了一个值得深思的问题：企业组织的可持续发展问题。企业组织的绩效评价如何以战略为核心，塑造企业组织的核心能力，从而推动企业组织的可持续发展呢？这就是本章试图讨论的主题。

第一节　企业组织价值创造模式的转变

正如本书第一章所述，最近二十几年来，企业组织的经营环境发生重大变化，由此导致企业组织的价值创造模式的转变，从而使得以财务指标为基础的绩效评价的局限性日益突出。

一、企业组织价值创造模式的转变

基于新的经营环境，企业组织的价值创造模式（Value Creation Model）发生了变化。今天管理咨询公司十分引人注目。管理咨询公司就是一个靠无形资产而不是有形资产创造价值的很好例证。管理咨询人员并不非常倚靠有形资产，相反，他们组织公司内部所有与咨询项目有关的专家并利用来自以前顾客的经验知识为顾客提供富有创造性的问题解决方案，从而为顾客创造价值。目前蓬勃发展的高新技术企业组织更是如此。在这些以人力资本（Human Capital）为主导的企业组织里，观念或思想是资本，其他的东西不过是货币而已。

在以有形资产为基础的工业经济向几乎完全依赖知识资产的知识经济转轨过程中，人力资本创造价值的情形不断地发生于世界范围内的各种企业组织。对于身处当今商业环境的每个人，这种转变有目共睹。布鲁金斯研究所（Brookings Institute）的研究结果同样证实了这一点。图 15－1 描绘了美国上市公司无形资产价值不断增加的趋势。根据该研究成果，变化的步伐持续加快。布鲁金斯研究所的马格丽特·布莱尔（Margaret Blair）认为有形资产的价值已经持续大幅度下降："如果你只看各家公司的各种有形资产，你看到的只是可以用各种一般会计方法衡量其价值的东西。现在，这些东西的价值还值不到公司价值的 25%。公司价值的另外 75% 来源于那些公司账簿上没有衡量或报告的东西。""即使是可口可乐公司和迪斯尼公司，其绝大部分价值的实际创造也来自资产负债表没有反映的那些资产。"①

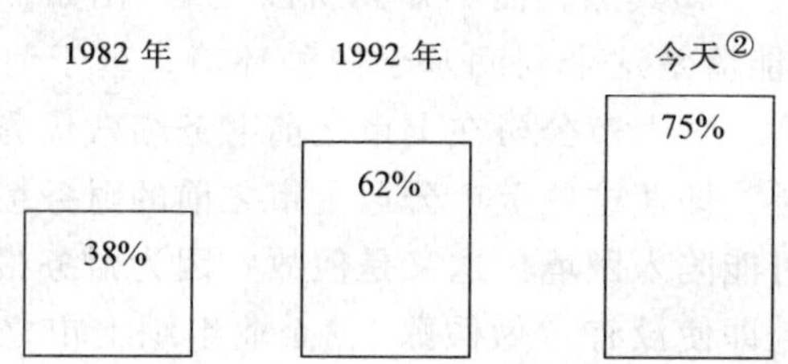

图 15－1　美国上市公司无形资产价值不断增加

企业组织的价值创造模式从主要依靠有形资产到主要依靠无形资产的转变对企业组织的绩效评价具有重要而深远的影响。以资产负债表和利润（收益）表这种表格化方法为特征的财务绩效评价与有形资产占主导地位的环境完全匹配。因为影响财产、厂房和设备的各种交易都可以记录和反映在企业组织的账簿上。然而，特别关注无形价值创造机制的新经营环境更需要新的绩效评价思维。价值不只源于有形资产，来自无形资产

① Interview on National Public Radio's Morning Edition, October 27, 2000。转引自保罗·尼文著，胡玉明等译：《平衡计分卡实用指南》，中国财政经济出版社 2003 年版，第 28－29 页。

② 根据引用的文献，这里的"今天"指 2000 年。

的价值越来越多[①]。企业组织的绩效评价应该同时跟踪两种价值驱动因素。因此，新的绩效评价思维必须具备辨认、描述、监控和反馈那些驱动企业组织成功的各种无形资产的能力。

二、财务绩效评价的内在局限

财务绩效评价以企业组织的财务报表及其财务指标为基础，而财务报表是财务会计模式的产物。从总体上看，财务会计模式是以权责发生制为确认基础、以历史成本为计量基础，以复式簿记为记账方式"三足鼎立"的会计模式。这种"三足鼎立"的会计模式必然导致财务会计以财务报表为主体并主要采用表内揭示的方式提供货币性财务信息。目前财务会计对所谓"表内业务"与"表外业务"的区分只不过局限于传统意义上的"表"的概念。由此而将一些企业组织经营活动视为"表外业务"。这些被视为"表外业务"的经营活动对企业组织未来可持续发展的影响更为重大。因此，基于这种会计模式，企业组织的财务报表及其财务指标用"会计特有语言"[②] 总结了企业组织经营活动的财务后果。企业组织的财务报表难以全面反映企业组织的经营活动。

基于历史成本原则[③]，财务报表及其财务指标"以会计特有语言"描述企业组织经营活动及其结果充其量只能说明"企业组织过去做得怎么样"。财务报表及其财务指标并没有向人们保证或者承诺企业组织"明天风采依旧"或者"明天会更好"。因此，财务报表及其财务指标只是讲述企业组织过去的故事！这就决定了其"故事"的逻辑起点是结果导向。单独的"结果"无法向人们展示企业组织"之所以产生如此结果"的前因后果，因此，人们只"知其然，而不知其所以然"。比如，某企业组织某个年度创造利润5000万元，人们能清楚这个利润基于何种环境，基于何种战略取得的吗？以中国上市公司为例，为什么一些上市公司在上市之前财务绩效优秀，上市不久就陷入困境呢？难道这只是财务问题？即使这些上市公司上市之前的财务绩效完全真实可靠，上市之后，该上市公司照样可能陷入困境！这又是何故？因为财务报表及其财务指标只是讲述企业组织过去的故事。即使没有"做假账"，企业组织上市之后，可能战略定位发生问题，原先良好的财务绩效"一去不复返"。在这个世界上，不乏著名企业组织因为"抱残守缺"坚持曾经辉煌但在变化环境中不再适用的战略而衰落的例证。也有可能上市之后，企业组织内部组织结构发生变化而修改原先创造良好财务绩效的前提条件，从而致使财务绩效不佳。也有可能上市之前，企业组织生产的产品正处于成熟期，自然能够给企业组织带来良好的财务绩效，而上市之后，产品刚好进入衰退期，企业组织的财务绩效当然不佳。诸如此类的原因都可能导致企业组织上市前后财务绩效的变化。怎能

---

① 由"制造"（车间）转向"创造"与"营销"（现代企业）就是企业组织价值创造模式转变的标志。"一流的企业组织卖观念，二流的企业组织卖产品，三流的企业组织卖原材料或劳动力"，"卡通猪比猪圈里的猪更好养、繁殖更快，也更值钱"等等都是企业组织价值创造模式转变的生动写照。

② 这些"会计特有语言"体现于会计确认、计量与报告准则。

③ 今天，公允价值（Fair Value）非常流行。不过，需要明确的是：历史成本曾经是公允价值，而公允价值一旦入账，便转化为历史成本。因此，总体上说，公允价值的流行并没有从根本上影响这里的分析。

忽视隐含于财务绩效背后的绩效动因（Performance Driver）而简单地将企业组织上市前后的财务绩效进行对比呢？显然，财务报表及其财务指标无法充分体现这些绩效动因。只有立足于“环境——战略——过程——行为——结果”一体化的逻辑基础，才能真正理解和体会“结果”。这对于讲述企业组织经营活动“过去”故事的财务报表及其财务指标可就有点勉为其难了。

另一个方面，基于货币计量，财务报表及其财务指标只能讲述企业组织有形资产的故事。图 15 - 1 表明，今天企业组织的资产软性化，无形资产成为企业组织创造价值的重要源泉。无形资产可以使企业组织发展顾客关系，建立顾客忠诚度，发展新的顾客与市场，开发创新的产品与服务，以低成本在短时间内提供个性化、高质量的产品或服务，增强企业组织员工技术能力，提高生产能力和质量，缩短对顾客需求的反应时间。新信息技术的出现和全球市场的开放改变了现代企业组织经营活动的基本假设。仅靠有形资产，企业组织已经难以保持持续的竞争优势。信息时代呼唤着新的竞争驱动力。一个企业组织对无形资产的开发与利用能力已经成为其创造持续竞争优势的主要决定因素。然而，财务报表及其财务指标并没有充分地讲述无形资产的故事。

这里，不妨做一个极端的假设：如果两家企业组织的财务指标完全相同，这两家企业组织一样吗？可能不一样！因为这两家企业组织的持续竞争优势可能不同。比如说，人力资源的素质、员工的凝集力与士气、研究与开发能力等方面可能不同。

综上所述，财务报表及其财务指标只能讲述企业组织经营活动有形资产过去的故事。而决策总是面向未来，而且企业组织主要依靠无形资产创造价值。这样，财务报表及其财务指标的局限性不言而喻。如此一来，以存在“内伤”的企业组织的财务报表及其财务指标为主体的绩效评价自然也就存在许多局限性。

具体地说，由于企业组织价值创造模式的转变，以财务报表及其财务指标为基础的绩效评价存在如下主要问题：

（一）脱离当今企业组织的经营环境

当今企业组织的价值创造并不仅限于企业组织的有形、固定资产。相反，价值根植于企业组织内人力资源的理念、顾客和供应商的关系、关键信息的数据库、创新和质量的文化等等因素。财务指标对于提供顾客、质量或员工问题与机会的早期预警没有什么帮助。财务指标固然重要，但是，驱动价值实现的动因更为重要。这些动因是一切追求价值最大化的企业组织可持续发展的基础。

（二）犹如看着后视镜开车

企业组织的财务绩效评价作为一种基于对过去经营数据的评价，只能获取滞后指标（Lagging Indicators），不能及时具体地捕捉到最近乃至更远的一个会计期间企业组织经理人的行为给企业组织创造了多少价值或者对企业组织价值增值有什么破坏性影响。即使对于过去的行动，财务绩效评价也只是评价企业组织经营活动的一部分而不是全部。对于今天和明天为创造未来财务绩效而采取的行动，财务绩效评价不能提供充分的指导。

（三）倾向于强调职能部门

财务报表通常是按照职能部门编制的。各部门单独编制报表，然后汇总最终编成企业组织的总表。这种方法与当今职能交叉的企业组织形式不相符。现在，我们看到由各种不同的职能部门组成团队，它们一起以前所未有的方式解决问题并创造价值。财务绩效评价不能计算这种新型关系的真正价值或成本。

（四）缺乏长远的战略思维

今天，企业组织许多计划的改变都以大幅度降低成本这个措施为特征。这可能对企业组织的短期财务指标存在正面的影响，但是，这种削减成本的措施经常针对企业组织长期价值创造行为（如研究与开发、设计和顾客关系管理等）而来。这种以牺牲长期价值创造为代价的短期收入可能导致企业组织资源的局部优化。由于财务指标存在人为操纵的空间，企业组织的财务绩效评价可能造成企业组织经理人过分重视取得和维持短期的财务成果，使企业组织的经理人急功近利，在短期绩效方面投资过多，而在长期价值创造方面（特别是使未来增长得以实现的无形的知识资产方面）的必要投资过少。

（五）财务指标与企业组织各个层次的相关性减弱

就其特征而言，财务报表（尤其是合并报表）是抽象的。站在另一个层次来看，这种抽象可能掩饰很多特点。我们在编制整个企业组织的财务报表时就是这样一种情况：我们不断地一个层次又一个层次地往上堆积信息，直到它们对于大多数经理人和员工作决策都毫无用处的境地。企业组织内部各个层次的员工都要有一些可以据此进行工作的绩效数据。这些数据必须与他们的日常工作紧密相关。

表 15－1 列示了 20 世纪工业经济时代与 21 世纪知识经济时代企业组织的主要差异。

表 15－1　20 世纪工业经济时代与 21 世纪知识经济时代的企业组织

20 世纪工业经济时代	21 世纪知识经济时代
批量、标准化产品	小批量、个性化产品
强调规模经济	强调顾客化
注重有形资产的运用	注重无形资产的开发与运用
注重财务分析	注重财务与非财务相融合的价值创造动因及其可持续性分析
价值创造主要来自生产环节	价值创造主要来自设计和营销环节

第二节　基于平衡计分卡的战略绩效评价

基于新的经营环境，企业组织的经理人与投资者充分意识到以财务指标为主体的绩效评价的局限性。于是，一种体现“环境——战略——过程——行为——结果”一体化，以战略为导向，立足财务指标，又超越财务指标，财务指标与非财务指标相融合的绩效评价思维便应运而生。这就是基于平衡计分卡的战略绩效评价。

一、基于平衡计分卡的绩效评价基本框架

在保留了主要财务指标的同时，平衡计分卡引入了未来财务绩效的动因。它们是顾

客、内部业务流程、学习与成长。因此，平衡计分卡将企业组织的绩效评价基本框架井然有序地分为财务维度（Financial Perspective）、顾客维度（Customer Perspective）、内部业务流程维度（Internal Process Perspective）以及学习与成长维度（Learning and Growth Perspective）。而所有的评价方法都旨在实现企业组织的一体化战略。

（一）财务维度

财务维度是平衡计分卡的一个重要组成部分，尤其是对营利性企业组织更是如此。这个维度的指标告诉企业组织的经理人在其他维度已经通过指标设计细化的战略实施是否导致最终财务结果的改善。企业组织的经理人可以竭尽全力改善顾客满意度、质量、及时交货等指标，但是，如果缺乏揭示影响企业组织财务绩效的指标，这些指标的价值就非常有限。财务维度的指标通常是一些传统的滞后指标（Lagging Indicator）。

由于企业组织其他各个维度的改善只是实现财务维度目标的手段，而不是目标本身。企业组织所有的改善都应当通向财务目标。因此，平衡计分卡将财务目标作为评价其他目标的焦点。如果说每项评价方法是平衡计分卡这条纽带的一部分，那么，这条纽带的因果关系最终结果还是归于“提高财务绩效”。企业组织出于不同的经营战略阶段，其财务绩效评价的侧重点不同。处于成长阶段的企业组织，其财务目标侧重于销售收入增长率以及目标市场、顾客群体和地区销售额增长；处于维持阶段的企业组织大多采用与获利能力有关的财务目标如经营收入、毛利、投资报酬率和经济附加值（Economic - Added Value，EVA）；处于收获阶段的企业组织更注意现金流动，以使现金流量达到最大化。

更为重要的是企业组织的财务维度绩效评价必须考虑竞争对手①。例如，企业组织的销售收入的增长是一件好事。但是，必须深入分析销售收入为何增长？它可能来自市场份额的扩大。果真如此，企业组织还应该进一步分析市场份额的扩大是来自企业组织竞争力的增强，还是来自市场份额总体规模的扩大。同样地，企业组织的销售收入增长，但在市场上所占份额却遭受损失，这可能表明企业组织的战略或其产品和服务的吸引力存在问题。图 15 - 2 充分显示这点。

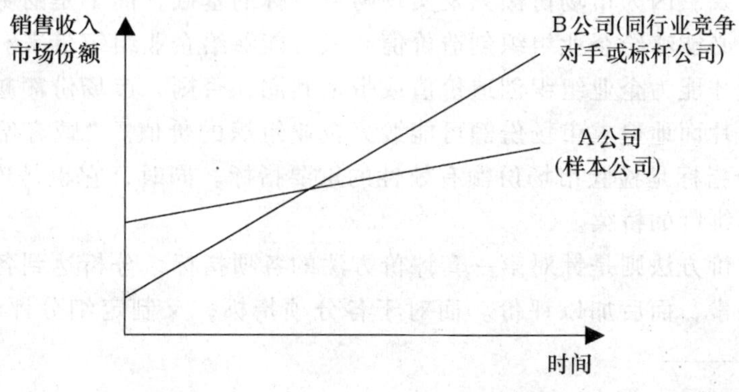

图 15 - 2　相对销售收入或市场份额的增长

① 这体现了当今流行的“标杆”（Benchmarking）思想。

如果企业组织的经理人单独考察A公司的销售收入或市场份额[①]，可以发现其销售收入或市场份额逐年增长，令人振奋。但是，如果企业组织的经理人进一步联系其竞争对手B公司的销售收入或市场份额的增长，便发现A公司的增长速度不如B公司，说明A公司的竞争地位面临重大挑战。因此，如果企业组织的经理人没有联系竞争对手的状况，单独评价企业组织的财务绩效，很容易陷入“孤芳自赏”的自我封闭状态，从而对企业组织的绩效作出错误的评价。

（二）顾客维度

企业组织靠什么持续地实现财务目标呢？答案只有一个：那就是顾客。因此，任何企业组织与其财务目标相联系，想要获取长远的、卓越的财务绩效，就必须不断创造出受顾客青睐的产品或服务[②]。平衡计分卡为解决顾客维度的问题，选择了两套绩效评价方法：一套是企业组织在顾客维度所期望达到绩效而采用的绩效评价指标。由于它几乎适用于所有企业组织，因此又称之为“核心评价组”指标，主要包括“市场份额”、“顾客留住率”、“顾客获得率”、“顾客满足程度”、“顾客给企业组织带来的利润率”等绩效指标。其含义如表15－2所示。

表15－2　核心评价组指标及其含义

指标	含义
市场份额	反映业务部门在销售市场上的业务比率
顾客留住率	从绝对或相对意义上，反映业务部门保留或维持与顾客现有关系的比率
顾客获得率	从绝对或相对意义上，评估业务部门吸引或赢得新顾客的比率
顾客满意程度	根据具体绩效标准评价顾客对产品或服务的满意程度
顾客给企业组织带来的利润率	在扣除支持某一顾客所需的专门支出之后，评估一个顾客或一个部门的净利润率

这些核心评价组指标构成一个因果关系链（如图15－3所示）。

图15－3本身就是一个“因果关系链”。其中的“顾客给企业组织带来的利润率”这个指标至关重要。因为市场份额只是实现财务目标的基础，而不是财务目标本身。庞大的市场份额未必能够给企业组织创造价值。只有能够给企业组织带来利润率的顾客所构造的市场份额才能为企业组织创造价值或带来利润，否则，市场份额越大，企业组织可能亏得越多。片面地追求市场份额可能毁灭企业组织的价值。“顾客给企业组织带来的利润率”这个指标是检验市场份额有效性的重要指标。同时，它也是连接平衡计分卡财务维度与顾客维度的桥梁。

而另一套评价方法则是针对第一套评价方法的各项指标，分析达到各项指标应采取的措施及影响因素，而后加以评价。而对于各分项指标，又制定细分评价手段。例如，

① 严格地说，“市场份额”不属于财务维度的内容，但因为其道理与销售收入相同，因此，放在这里一并讨论。

② 在21世纪，满足顾客需求的企业组织只能赢得生存的空间，只有不断创造并引导顾客需求的企业组织才能赢得发展的空间。

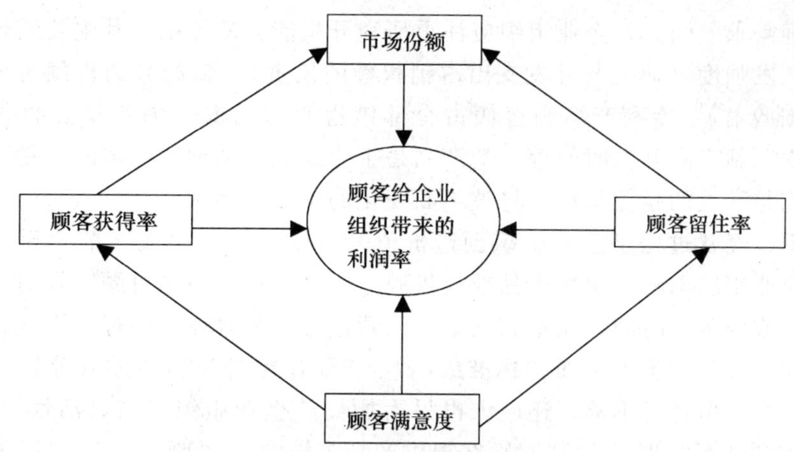

图 15－3　核心评价组指标因果关系链

“企业组织与顾客关系”即可用“经营诚实及公开度”、“灵活度”、“合同执行情况”、“团队协作精神”等指标加以评价。如此，逐层细分，制订出评分表，每月除统计顾客满意程度等各部分得分外，还可了解各部门的业务表现，而总的累计得分又可反映企业组织在哪些方面未能满足顾客要求及其原因。

如何使顾客满意关键在于企业组织的产品或服务的质量。质量是设计、制造出来的而不是检验出来的。质量形成于产品或服务的设计和制造流程。那么，企业组织如何持续提供顾客满意的产品或服务呢？答案就是：优化企业组织的内部业务流程。

（三）内部业务流程维度

平衡计分卡的第三个维度是制定企业组织内部业务流程的目标和评估手段。这是平衡计分卡与传统的绩效评价系统最显著的区别之一。传统的绩效评价集中于控制和改善现存职能中心或部门的作用，有些企业组织即便加入了“产品质量报酬率”、“生产能力”和“生产周期”等评价指标，也大都停留于改善单个部门绩效层面上。仅靠改善这些指标，只能有助于企业组织的生存，而不能形成企业组织独特的、可持续发展的竞争优势。平衡计分卡从满足投资者与顾客需求的经营战略出发，制定了井然有序、从上而下的经营目标评估手段。基于企业组织的内部业务流程（如图 15－4 所示），针对研究与开发过程、经营过程和售后服务过程设置不同的绩效评价指标。

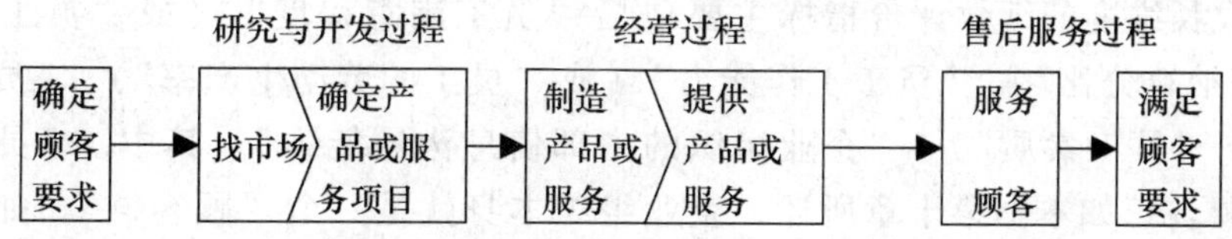

图 15－4　企业组织的内部业务流程

对于企业组织创造价值而言，研究与开发过程是一个漫长的过程。在这个过程中，企业组织首先以顾客为导向，发现和培育新市场、新顾客，并兼顾现有顾客的目前需要和潜在需要。在此基础上，着手设计和开发新产品或服务，使新产品或服务打入新市场，满足顾客需求。因此，企业组织应注重研究开发能力的评估。其主要绩效评价指标包括研究与开发强度（研究与开发支出占销售额的比重）、新产品销售额占全部销售额的比重（创新收益）、专利产品销售额占全部销售额的比重（创新收益的竞争优势）、新产品利润率和新产品开发时间等。新产品是企业组织长期创造价值的驱动力，一个停止新产品研究与开发的企业组织必将被不断变化的市场所淘汰。

相比之下，经营过程是企业组织创造价值的一个"水到渠成"的短暂过程。在这个过程中，企业组织向顾客出售产品或提供服务。这个过程强调对顾客及时、有效、连续地提供产品或服务。时间、质量和成本是经营过程的绩效评价指标。因此，在经营过程中，传统财务绩效评价方法如"标准成本"、"预算控制"和"差异分析"等依然可以作为监控手段，但远远不够，还应该再另附加如"企业组织经营灵活性"、"生产周期"、"对顾客需求反应时间"、"对顾客提供产品多样性"、"废品率"、"返工率"等指标。

在企业组织售后服务中，可采用有关"时间、质量、成本"等方面的绩效评价指标如"服务反应周期"、"人力成本"、"物力成本"、"售后服务的一次成功率"。

值得指出的是，在关注流程的时间和质量时，企业组织的经理人通常可能忽视这些内部业务流程的成本。传统的以产品为核心的成本计算方法难以提供流程层面的成本。有鉴于此，企业组织基于平衡计分卡的绩效评价需要本书第十章所述的"作业成本计算法"的配合。

接下来的问题就是，企业组织的内部业务流程又如何满足顾客日新月异的需求变化呢？靠的就是企业组织的学习与成长。

（四）学习与成长维度

平衡计分卡的第四维度就是企业组织的学习与成长。它是为前三个维度取得绩效突破提供持续的推动力量。基于平衡计分卡的绩效评价的目的之一在于避免企业组织的短期行为，推动企业组织沿着可持续发展的道路前进。因此，它必然强调无形资产投资的重要性，而不局限于传统的有形资产投资，以达到提高员工能力、拓展信息系统功能、激发员工积极性等目的。

企业组织只有不断学习，才能不断创新，从而不断成长。而企业组织学习的主体是企业组织的员工。如何造就和营造企业组织员工自觉学习的氛围呢？

学习与成长维度的绩效评价指标主要包括"员工满意程度"（或"员工留住率"、"员工意见采纳百分比"）、"员工工作能力"（或"员工的劳动生产率"）、"员工的培训与提升"（或"员工素质"）、"企业组织的内部信息沟通能力"。其中，"员工满意程度"至关重要。正如本书第十章所述，企业组织本身就是一个"顾客链"。如今，改善企业组织的业务流程和绩效的建议与想法越来越多地来自第一线的员工。他们离企业组织的内部顾客（业务流程）和企业组织的外部顾客最近。员工本身就是企业组织内部各业务流程的顾客。如果企业组织的内部顾客（企业组织的员工）本身不满意，怎能持续改善企业组织的内部业务流程呢？同时，要使企业组织的外部顾客满意首先必须使企业组织的内部顾客满意。如果企业组织的内部顾客（企业组织的员工）在对外部顾客（顾客或消费者）提供服务时，充分感受到其所从事工作的“愉悦”，就会自然而然地将其内心的“愉悦”传递给外部顾客，从而感染外部顾客。这样，外部顾客又怎能不满意呢？企业组织又何愁不能获得新顾客、留住老顾客呢？如果企业组织既不能持续改善其内部业务流程，又不能使其外部顾客满意，企业组织又如何持续实现其财务目标呢？从这个意义上说，“员工满意度”远比“顾客满意度”重要。

企业组织可以买到一个人的时间，可以雇到一个人到指定的工作岗位，也可以买到按时或按日计算的技术操作，但是，企业组织难以买到一个人的热情、创造性和全身心地投入。而这种“热情、创造性和全身心地投入”对企业组织的创新与成长至关重要。因此，企业组织的员工只有“乐业”才能“爱岗”、“敬业”。

当然，要使企业组织的员工充分发挥作用，必须使其获得足够的信息，让他们了解有关企业组织的顾客、内部业务流程以及决策的后果等方面信息即知情权。因此，“企业组织的内部信息沟通能力”指标也非常重要。

由此可见，财务维度、顾客维度、内部业务流程维度、学习与成长维度等紧密联系的四个维度确立了基于平衡计分卡的绩效评价的基本框架。在上述基本框架中，财务维度是最终目标，顾客维度是关键，内部业务流程维度是基础，学习与成长维度是核心。企业组织只有不断学习与成长，才能持续改善内部业务流程，更好地为顾客服务，从而持续实现企业组织最终的财务目标①。

二、基于平衡计分卡的绩效评价的战略思维

正如本书第一章所述，面对21世纪企业组织面临的经营环境变化，企业组织是否具备“独一无二”的核心能力是企业组织能否可持续发展的关键。基于这样的经营环境，企业组织应该争取“唯一”而不是“第一”。缺乏“唯一”的“第一”难以持久！企业组织只有具备核心能力，才能在激烈的市场竞争中，保持“唯一”。唯有如此，企业组织才能可持续发展。所有这一切都仰仗于企业组织的战略定位。因此，许多企业组织都寻找制胜的战略良方。

也许，企业组织都制定了伟大战略，但是，设计精巧、构思美妙的伟大战略，不会自然实现。没有实施的战略只能是一种“美丽的幻想”，对企业组织也不会产生什么效益。1999年《财富》（Fortune）杂志的一篇文章认为70%的首席执行官不是因为战略的制定而是因为战略的有效实施而失败②。如何解决战略的制定与战略的有效实施是企业组织发展过程面临的关键问题。战略的有效实施更为重要（The Execution of Strategy is Everything）。

基于当今“事事强调战略定位，时时强调战略定位”的环境，企业组织的绩效评价究竟应该选择或设计哪些指标呢？“评价什么，就得到什么”（You got what you meas-

① 如果把可持续发展的企业组织看成一棵果树，那么，树根就是学习与成长维度，树干就是内部业务流程维度，而树枝就是顾客维度，果实便是财务维度。可谓“根深叶茂，硕果累累”。果真如此，企业组织何愁不能可持续发展呢！

② R. Charan and G. Colvin, “Why CEOs Fail”, Fortune, June 21, 1999.

ured)。反之，“想得到什么，就应该评价什么”。战略决定了企业组织的绩效评价应该选择或设计哪些指标。由此，企业组织的绩效评价必须以战略为导向。企业组织的任何重大战略的实施都离不开财务资源的支持，而任何战略之所以重大就在于最终能够为企业组织创造价值。可谓“万涓之水，终究汇流成河”。这样，企业组织的绩效评价应该立足于财务指标，但又要超越财务指标。平衡计分卡与此不谋而合。

然而，企业组织的战略是抽象的，而战略的实施却非常具体。企业组织如何通过各种目标（体现企业组织的战略主题）与绩效评价指标的选择或设计描述战略，化战略为行动，从而有效地实施战略呢？企业组织又如何评价其战略实施的效果，从而反馈于战略的制定或修订呢？图 15－5 体现了这种思想①。

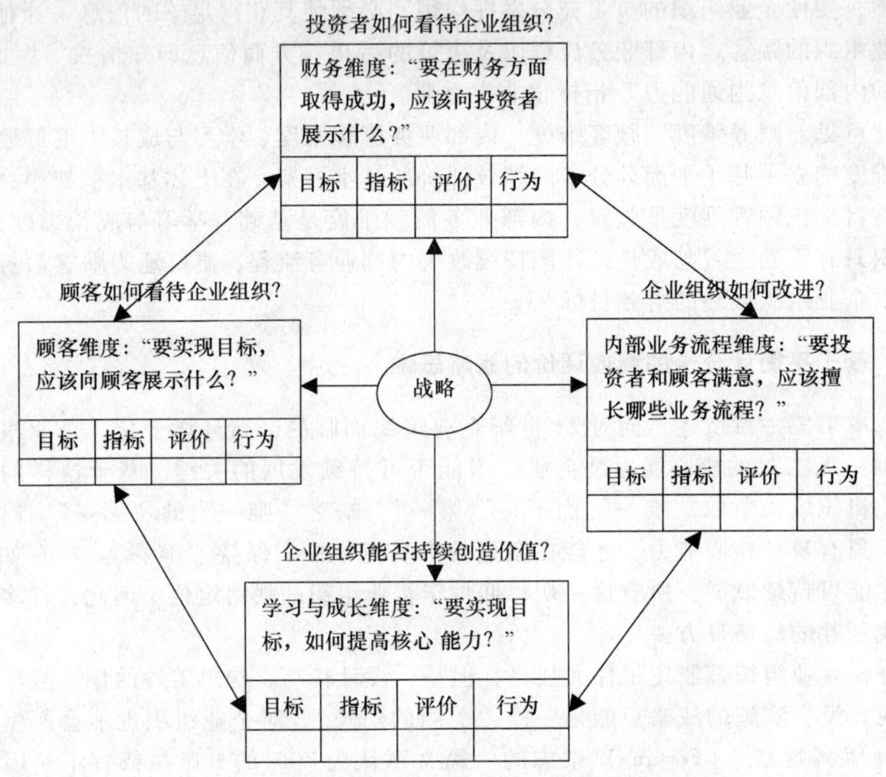

图 15－5 基于平衡计分卡绩效评价的战略思维

根据图 15－5，平衡计分卡各个维度的目标导源于企业组织的战略，而各个维度的绩效评价指标来源于其目标。通过绩效评价指标引导企业组织的经理人的管理行为，从而化战略为行动并评价战略实施的效果。由此可见，基于平衡计分卡的绩效评价既不是平衡计分卡四个维度指标的简单组合，也不是一些财务指标与非财务指标的简单拼凑。它是企业组织的战略与一系列绩效评价指标相联系的有机整体。而所有这一切都必须围

① Robert S. Kaplan and David P. Norton，“Using the Balanced Scorecard as a Strategic Management System”，Harvard Business Review，January/February 1996.

绕企业组织的战略这个核心，体现战略导向。

根据图 15－5，以财务维度为例，以企业组织的战略为导向，确定企业组织财务维度的目标（也就是，将战略具体化为目标）。企业组织的财务维度目标可以是利润最大化、现金流量最大化或价值最大化。如果企业组织确定了其财务维度目标是价值最大化，那么，接下来的问题就是确定采用什么绩效评价指标来评价了（也就是，将目标转换成关键成功因素和关键绩效指标）。也许，经济附加值是最合适的绩效评价指标。如果企业组织采用经济附加值作为财务维度的绩效评价指标，那么，就应该通过经济附加值指标评价企业组织是否实现财务维度的价值最大化目标。同时，观察由此而引起的企业组织的管理行为反应以及这种管理行为反应是否有利或偏离企业组织的战略，并评价战略实施的效果。通过绩效评价将企业组织的管理行为引导到实现企业组织战略的轨道上来，反馈于战略的制定或修正（也就是，用关键绩效指标引导战略的有效实施并评价战略实施的效果）。其他维度的道理也不外如此。

如此一来，基于平衡计分卡的绩效评价的逻辑起点与核心是企业组织的战略。这样，基于平衡计分卡的绩效评价首先必须解决两个重要问题：第一，企业组织的经理人是否已经详细地描绘出企业组织的战略；第二，企业组织的经理人是否已经选择或设计出可以引导战略实施并评价其实施效果的关键绩效评价指标。也就是说，在所选择或设计的绩效评价指标与企业组织的战略之间必须存在一个明确的因果关系。基于平衡计分卡的绩效评价的整个过程之逻辑起点是先描绘出企业组织的战略。如果企业组织的经理人没有清晰地制定并描述企业组织的战略，那么，确定关键绩效评价指标的行为在相当大的程度上也就失去了意义。绩效评价指标的选择或设计应该围绕企业组织的战略。绩效评价指标应该成为传达并具体化企业组织的战略，引导战略实施，从而化战略为行动，并与企业组织的各级经理人和员工沟通的工具。当然，企业组织所选择或设计的绩效评价指标还应该是评价企业组织战略是否得以成功实施的工具。

也许，有些企业组织担心将战略转化为行动会使“战略外露”。对此，成功实施基于平衡计分卡的绩效评价的美孚公司（Mobil）的布瑞恩·贝克（Brian Baker）认为“除非他们能够实施我们的战略，否则，他们知道我们的战略也没有什么用。然而，除非我们的员工理解我们的战略，否则，我们没有机会实施我们的战略。这是我们必须抓住的一个机会[①]。”

企业组织的战略导源于其使命（Mission）、根植于其价值观（Values），企业组织自己制定的战略，自己都未必能够有效实施。更不用说去实施其他企业组织制定的战略了。其实，这涉及到企业组织是否具备核心能力。企业组织的战略必须围绕其核心能力的培植而制定。如此，战略就不是那么容易模仿了。

值得指出的是，企业组织都不同程度地存在管理问题，管理问题就像海边的礁石，企业组织运行状况良好（涨潮）时，管理问题（礁石）被掩盖了；企业组织运行状况

---

① Robert S. Kaplan and David P. Norton：The Strategy－focused Organization，p. 12，Boston，Harvard Business School Press，2001.

恶化（退潮）时，所有的管理问题（礁石）就都暴露出来了。实际上，企业组织运行状况良好（涨潮）时最容易解决管理问题（避开礁石），但此时也最容易忽视管理问题（礁石），等企业组织运行状况恶化（退潮）时，光里问题（礁石）都出来了，解决管理问题的最好时机也过去了。理想的绩效评价指标应该突出价值创造动因（价值创造的主要驱动因素），提醒企业组织可能发生哪些管理问题（发现问题），从而提供一些追寻管理问题起因的线索（分析问题和解决问题）。"看不到问题是最大的问题"！如果企业组织不能发现管理问题，怎么知道管理问题在哪里？企业组织不知道管理问题在哪里，又如何分析管理问题和解决管理问题呢？平衡计分卡各个维度及其绩效评价指标的"因果关系链"和"时间差"较好地解决上述问题①。

三、平衡计分卡"平衡"什么

企业组织是一个矛盾的统一体，需要平衡。其实，平衡计分卡所隐含的精神就是"平衡"的观念。英文"Balanced Scorecard"（平衡计分卡）当中的 Balanced（平衡）意味着什么呢？

（一）平衡计分卡四个维度就足够了吗

如前所述，平衡计分卡由财务维度、顾客维度、内部业务流程维度、学习与成长维度等四个具有"因果关系"的维度构成。上述四个维度，任何一个维度出现了问题，都会"殃及"其他维度，企业组织都难以实现其可持续发展目标。因此，平衡计分卡首先需要平衡的便是上述四个维度之间的关系。

如此，人们自然会提出一个问题：平衡计分卡四个维度就足够了吗？或者为什么就是四个维度，而不是三个或五个乃至更多维度呢？对此，许多人都难以给予明确的回答。因为平衡计分卡的产生导源于 20 世纪 90 年代以来卡普兰（Kaplan）和诺顿（Norton）的案例/实地研究（Case/Field Study）之经验总结，从而也就难以通过严格的数理证明回答为什么平衡计分卡四个维度就足够了。相反，企业组织的经理人需要思考的问题是：增加或减少一个或几个维度是否合适？如果在企业组织的具体管理实践过程中，企业组织的经理人不能回答这个问题，那只能承认或默认平衡计分卡四个维度就足够了。

那么，平衡计分卡各个维度应该包括多少绩效评价指标才合适呢？平衡计分卡各个维度是否包含的绩效评价指标越多越好呢？应该说，平衡计分卡各个维度应该包括多少绩效评价指标取决于企业组织的具体战略和管理情况，难以一概而论。但是，平衡计分卡各个维度决不是包含的绩效评价指标越多越好。如果平衡计分卡各个维度包含的绩效评价指标过多，不仅可能导致信息过载，不符合信息的成本与效益原则，更重要的是可能导致各个绩效评价指标之间主次不分，因果关系模糊。

① 例如，顾客满意度较差可能导致财务目标的顺利实现（"因果关系链"），但是，顾客满意度较差可能不会马上危及财务目标的实现（"时间差"）。这样，就可以起到预警作用。企业组织也就可以"未雨绸缪"，从而持续创造价值。

(二)平衡计分卡“平衡”什么

平衡计分卡除了要平衡财务维度、顾客维度、内部业务流程维度、学习与成长维度等四个维度之间的关系之外,还要平衡以下几个关系:

1. 财务指标与非财务指标之间的平衡

财务指标固然重要,但是,它们是企业组织经营活动的财务结果,在指导和评价企业组织通过无形资产创造的未来价值方面并不充分,而平衡计分卡解释了隐藏在传统的利润(收益)表和资产负债表背后的关键价值创造过程,而且加入未来绩效动因克服了依赖财务指标的局限。在某些情况下,非财务指标能够比财务指标更直接、更迅速有效地评价企业组织经理人的表现。

2. 前置指标与滞后指标之间的平衡

滞后指标(Lagging Indicator)通常代表过去已经取得的绩效,而前置指标(Leading Indicator)是产生滞后指标的绩效动因。没有前置指标,滞后指标无法反映目标是如何实现的。相反,没有滞后指标,前置指标反映了短期改进但不能说明这对企业组织是有益的。平衡计分卡提醒企业组织的经理人,不能忘记财务指标是滞后指标。财务指标是在事后告诉经理人企业组织的绩效如何。如果企业组织想保持财务目标的持续增长,就应该了解反映价值创造的前置指标。这些前置指标在价值创造或毁灭行为体现于财务指标之前就已经发出了相应的预警信号。平衡计分卡兼容前置指标与滞后指标实际上就是构建以“因果关系”为纽带,“环境——战略——过程——行为——结果”一体化的战略绩效评价体系。

3. 企业组织内外不同群体利益的平衡

正如本书第一章所述,企业组织是一系列契约的连接点。契约的背后隐藏着利益冲突。股东和顾客是外部群体,而员工和内部业务流程是内部群体。这些不同的群体对企业组织绩效的认识有各自不同的视角,存在不同的绩效预期。有财务层面的绩效预期,也有非财务层面的绩效预期,既有短期的绩效预期,又有长期的绩效预期。平衡计分卡充分意识到在有效实施战略的过程中这些不同群体之间时而发生的矛盾并加以平衡。

(三)平衡计分卡如何“平衡”各维度之间的关系

接下来的问题便是平衡计分卡如何“平衡”四个维度以及相应绩效评价指标之间的关系。可以说,平衡计分卡通过四个维度以及相应绩效评价指标的权重(Weight)来平衡四个维度以及相应绩效评价指标之间的关系。四个维度以及相应绩效评价指标的选择或设计体现了战略目标和激励方向,而权重则体现了四个维度以及相应绩效评价指标的重要性程度。

尽管企业组织的经理人可以总结基于平衡计分卡的绩效评价的实践经验,但是,在理论上,企业组织的经理人不仅无法具体说明基于平衡计分卡的绩效评价应该包括哪些绩效评价指标,而且也无法告知平衡计分卡四个维度以及各个绩效评价指标的权重如何。企业组织的经理人既难以确定统一的绩效评价指标体系,也不存在统一的权重。一切因企业组织而异,没有固定的模式可以套用。因为具体企业组织面临各种不同的管理情况。基于平衡计分卡的绩效评价对每个企业组织都是独特的,必须按各个企业组织的需求和特点“量体裁衣”。企业组织基于平衡计分卡的绩效评价指标的选择或设计具有鲜明的“企业化”和“行为化”特征。对特定企业组织而言，平衡计分卡四个维度究竟应该包括哪些具体绩效评价指标，不同行业、不同企业组织有所不同，即使是同一个企业组织，处于不同发展阶段也可能有所不同。这就需要企业组织或学者通过具体的“案例/实地研究”才能对特定企业组织选择或设计具体的绩效评价指标并赋予不同的权重。更重要的是，企业组织的经理人还要进一步观察所选择或设计的基于平衡计分卡的绩效评价指标在企业组织的管理实践过程所引起的管理行为反应及其与企业组织战略的偏离情况，不断修正基于平衡计分卡的绩效评价的指标选择或设计与权重的分配，使基于平衡计分卡的绩效评价与企业组织战略和具体管理情况相匹配。

综上所述，基于平衡计分卡的绩效评价构建了一个以战略为起点和终点，从战略开始又回归到战略，企业组织的内外部视角相结合，企业组织的战略与财务相融合，企业组织的财务与业务连为一体，立足于财务指标，又超越财务指标，财务指标与非财务指标相融合的战略绩效评价思维。

本章小结

最近二十几年来，企业组织的经营环境发生重大变化，由此导致企业组织的价值创造模式的转变，从主要倚靠有形资产创造价值转向主要依靠无形资产创造价值，从而使得以财务指标为基础的绩效评价的局限性日益突出：财务报表及其财务指标只能讲述企业组织经营活动有形资产过去的故事。如此一来，以财务报表及其财务指标为基础的绩效评价存在如下主要问题：（1）脱离当今企业组织的经营环境；（2）犹如看着后视镜开车；（3）倾向于强调职能部门；（4）缺乏长远的战略思维；（5）财务指标与企业组织各个层次的相关性减弱。

由此，一种体现“环境——战略——过程——行为——结果”一体化，以战略为导向，立足财务指标，又超越财务指标，财务指标与非财务指标相融合的绩效评价思维便应运而生。这就是基于平衡计分卡的战略绩效评价。

平衡计分卡将企业组织的绩效评价基本框架井然有序地分为财务维度、顾客维度、内部业务流程维度以及学习与成长维度。这四个维度确立了基于平衡计分卡的绩效评价的基本框架。在这个基本框架中，财务维度是最终目标，顾客维度是关键，内部业务流程维度是基础，学习与成长维度是核心。企业组织只有不断学习与成长，才能持续改善内部业务流程，更好地为顾客服务，从而持续实现企业组织最终的财务目标。

战略决定了企业组织的绩效评价应该选择或设计哪些指标。由此，企业组织的绩效评价必须以战略为导向。企业组织的任何伟大战略的实施都离不开财务资源的支持，而任何战略之所以伟大就在于最终能够为企业组织创造价值。这样，企业组织的绩效评价应该立足于财务指标，但又要超越财务指标。平衡计分卡与此不谋而合。

平衡计分卡各个维度的目标导源于企业组织的战略，而各个维度的绩效评价指标来源于其目标。通过绩效评价指标引导企业组织的经理人的管理行为，从而化战略为行动并评价战略实施的效果。因此，基于平衡计分卡的绩效评价既不是平衡计分卡四个维度指标的简单组合，也不是一些财务指标与非财务指标的简单拼凑。它是企业组织的战略与一系列绩效评价指标相联系的有机整体。而所有这一切都必须围绕企业组织的战略这个核心，体现战略导向。

平衡计分卡所隐含的精神就是“平衡”的观念。平衡计分卡除了要平衡财务维度、顾客维度、内部业务流程维度、学习与成长维度等四个维度之间的关系之外，还要平衡财务指标与非财务指标、前置指标与滞后指标、企业组织内外不同群体利益。平衡计分卡通过四个维度以及相应绩效评价指标的权重来平衡四个维度以及相应绩效评价指标之间的关系。四个维度以及相应绩效评价指标的选择或设计体现了战略目标和激励方向，而权重则体现了四个维度以及相应绩效评价指标的重要性程度。

基于平衡计分卡的绩效评价对每个企业组织都是独特的，必须按各个企业组织的需求和特点“量体裁衣”。企业组织基于平衡计分卡的绩效评价指标的选择或设计具有鲜明的“企业化”和“行为化”特征，不存在普遍适用的绩效评价指标体系。企业组织的经理人要观察所选择或设计的基于平衡计分卡的绩效评价指标在企业组织的管理实践过程所引起的管理行为反应及其与企业组织战略的偏离情况，不断修正基于平衡计分卡的绩效评价的指标选择或设计与权重的分配，使基于平衡计分卡的绩效评价与企业组织战略和具体管理情况相匹配。

基于平衡计分卡的绩效评价构建了一个以战略为起点和终点，从战略开始又回归到战略，企业组织的内外部视角相结合，企业组织的战略与财务相融合，企业组织的财务与业务连为一体，立足于财务指标，又超越财务指标，财务指标与非财务指标相融合的战略绩效评价思维。

本章主要参考文献

1. Jesse T. Barrfield, Cecily A. Raiborn, Michael R. Kinney. Costing Accounting: Traditions and Innovation. South – Western, 2003.

2. Anthony A. Atkinson, Rajiv D. Banker, Robert S. Kaplan, S. Mark Young. Management Accounting. Prentice Hall, Inc. , 2003.

3. Robert S. Kaplan, David P. Norton. The Balanced Scorecard. Harvard Business School Press, 1996.

4. Robert S. Kaplan, David P. Norton. The Strategy – focused Organization. Harvard Business School Press, 2001.

5. Robert S. Kaplan, David P. Norton. Strategy Maps. Harvard Business School Press, 2004.

6. 保罗 R. 尼文：《平衡计分卡实用指南》，中国财政经济出版社 2003 年版。

7. 查尔斯 · T. 亨格瑞，斯坎特 · M. 达塔，乔治 · 福特斯：《成本与管理会计》，中国人民大学出版社 2004 年版。

8. 韦恩 · J. 莫尔斯，詹姆斯 · R. 戴维斯，阿尔 · L. 哈特格雷夫斯：《管理会计：侧重于战略管理》，上海财经大学出版社 2005 年版。

9. 胡玉明：《平衡计分卡是什么：一个管理工具的神话》，中国财政经济出版社 2004 年版。

10. 胡玉明：《高级管理会计》，厦门大学出版社 2005 年版。

企业组织激励机制与经理人激励薪酬

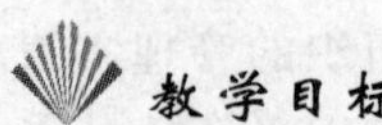

◇基本目标

在了解企业组织制度及其内在缺陷的基础上，理解和掌握企业组织激励机制与经理人激励薪酬的基本原理及其运用。

◇具体目标

(1) 了解企业组织制度及其内在缺陷；(2) 理解和掌握企业组织的激励机制；(3) 理解和掌握经理人激励薪酬的基本类型及其运用。

本章提要

尽管企业组织形式包括独资企业、合伙企业和公司制度，但是，企业组织制度以公司制度为主体。企业组织制度的基本特征就是经营权与所有权相分离即“两权分离”①。由于“两权分离”产生委托代理问题，从而产生对经理人的激励问题。企业组织的绩效评价与激励机制是一个问题的两个方面。没有绩效评价，激励机制缺乏应有的基础，而没有激励机制，绩效评价形同虚设。绩效评价与激励机制相结合才能实现企业组织的可持续发展目标。有鉴于此，本章试图以企业组织制度及其内在缺陷为起点，基于管理会计的视角讨论经理人激励薪酬问题。

---

① 公司制度是现代企业组织制度的重要组成部分。通常认为“两权分离”是公司制度的重要特征。由此产生代理问题。其实，广义地看，任何企业组织形式只要雇用员工就存在雇主与雇员的代理问题，只不过公司制度的代理问题最为明显和突出而已。基于这样的认识，本章将“企业组织”与“公司”视为同义词加以使用。也许，这样本章的讨论更具有普遍意义。

第一节 企业组织制度及其内在缺陷

从历史发展的视野看，企业组织制度所具有的经营权与所有权相分离即“两权分离”的特征促进了社会经济的发展，适应了社会化大生产的客观要求，其社会经济效果不言而喻。企业组织制度的“两权分离”使得经理人（职业经理人或企业家）与投资者（股东或所有者[①]）各得其所，形成一种比较明确的社会分工，为社会化大生产提供了源源不断的人力资源与财务资源，从而将企业组织所面临的不确定性合理地在企业组织各个成员之间分配。企业组织制度的“两权分离”特征使得企业组织的经营管理活动不再局限于投资者，而延伸到整个社会，企业组织可以到社会经理人市场广泛地寻找合适的经理人，从而使得资本家与企业家分离，造就了一批企业家，出现了所谓“经理人革命”。投资者可以从更为广阔的空间范围内借用他人的才能为自己创造财富，克服自己经营管理才能不足的缺陷。因此，通俗地说，企业组织的经营模式就是“经理人用投资者的钱为投资者赚更多的钱”[②]。然而，正是由于企业组织制度的“两权分离”，导致企业组织制度的内在缺陷——代理问题以及由此而产生的内部人控制（Insider's Control）现象。

一、企业组织制度的代理问题

现代产权经济学的重要内容之一就是委托代理理论（Principal - Agent Theory）。企业组织的委托代理关系就是一个人或一些人（委托人）委托其他人（代理人）根据委托人利益从事某些活动，并相应地授予代理人某些决策权的契约关系。从另一个方面看，企业组织的委托代理关系就是委托人（比如说雇主）如何设计一个激励薪酬系统（一个契约）来驱动另一个人（其代理人，比如说雇员）为委托人的利益行动。可见，在企业组织的委托代理关系中，委托人与代理人之间具有一种内部授权关系，它是基于代理权而产生的委托人（Principal）与代理人（Agent）之间的契约关系。

实际上，企业组织内部就是一种委托代理关系。企业组织制度的“两权分离”特征，使得投资者（委托人）将其财产交给经理人（代理人）去经营。也就是投资者委

---

① 严格地说，投资者（Investor）或股东（Stockholder）与所有者（Owner）不能完全等同。作为投资者或股东，一定存在某种期望的投资报酬率诉求，一旦达到其期望的投资报酬率目标，投资者或股东可能出售其股权而“套现”，从而退出企业组织。当然，要达到投资者或股东期望的投资报酬率目标可能需要较长的时间，但无论需要多长的时间，从企业组织可持续发展的观念看，这毕竟只是一段时间而已，因此，投资者或股东都可能存在短期行为。资本市场的投资者或股东的行为就是一个典型的例证。而企业组织的所有者则不同，他或她将企业组织视为其事业甚至生命的一部分，将与企业组织“同舟共济”，他或她追求的是企业组织的可持续发展。简单地说，投资者或股东“做机会”，所有者“做事业”。从这个意义上说，委托人是投资者或股东还是所有者可能影响企业组织的可持续发展。

② 在这方面，国有企业和上市公司体现得最为显著。

托经理人经营其财产。这样，在“两权分离”的企业组织里，经理人掌握着企业组织相当大的决策权（控制权）。从理论上说，经理人受托经营管理企业组织的资产，理应为投资者服务。由于信息不对称和经理人的经营管理行为难以观察，进一步增强了经理人对企业组织的控制力和影响力。实际上，企业组织存在投资者与董事会之间、董事会与经理人之间以及经理人与其下属部门经理人之间的多层次委托代理关系。

委托代理理论认为，如果代理人（经理人）能够完全为委托人（投资者）利益行事，那么，这种代理关系不会产生额外的成本，自然也不存在代理问题。但是，代理人（经理人）与委托人（投资者）毕竟是两个不同的经济人。他们的立场和地位不完全相同。他们之间明显地存在着两个方面的不对称：（1）利益不对称。委托人与代理人的利益不完全相同。例如，企业组织的董事会作为企业组织的委托人追求企业组织的价值最大化，而企业组织的经理人作为代理人则追求个人收入最大化以及社会地位的提高、权力的扩大、舒适的工作条件等等。由于经理人也是具有独立人格的经济人，指望他们能全心全意地为投资者的利益服务显然不现实。相反，在只有控制权或支配权而没有所有权的情况下，经理人对配置企业组织的资源时，可能优先考虑自己的利益。如果代理人（经理人）利用委托人（投资者）的授权为增加自身利益而侵占或损害委托人（投资者）的权益，便产生了代理问题。（2）信息不对称。“契约的实质就是信息”。在企业组织的委托代理关系中，委托人（投资者）能了解的有关代理人（经理人）的信息非常有限（如经理人的努力程度、经理人的才干等等），而代理人（经理人）则占据着信息优势。因此，代理人（经理人）为了自己的利益，可能想方设法在达成协议之前利用信息优势诱致委托人（投资者）签订有利于自己的协议，或在达成协议之后利用信息优势不履行协议或“出工不出力”即所谓的“磨洋工”，从而损害委托人（投资者）的利益。由于信息不对称便产生了“逆向选择”（Adverse Selection）和“道德风险”（Moral Hazard）这两个基本的代理问题。这主要表现在如下几个方面：

（1）经理人追求薪酬之外津贴和占有资产的偏好。通常，经理人的薪酬占企业组织利润的比例较小，因此，企业组织内部资源的闲置或浪费对经理人的收入影响甚微。如果经理人属于支薪阶层更是如此。基于这种情况，经理人存在通过利用其职位之便获得薪酬之外津贴和扩大非生产性资产的内在动机。

（2）经理人存在惰性，缺乏创业精神。如果经理人的薪酬大小与企业组织绩效之间的相关性较弱，就可能发生对经理人激励不足的现象，从而使企业组织的经理人偷懒，缺乏创业精神。

（3）经理人行为的短期化。经理人关心的往往是任期内的绩效，其决策不可避免地带有短期行为，而对企业组织的长远发展目标关注不足。

总之，由于利益不对称和信息不对称，作为经理人（代理人）可能存在背离作为投资者（委托人）的种种营私舞弊行为。当然，在完善的市场经济环境下，经理人的种种营私舞弊行为可能受到一定的约束。客观地说，这种约束并非完全来自投资者（委托人），有时来自有效的经理人市场。因为经理人通常都存有保住和提升工作职位或在将来找到一个更好工作的期望。这就是经理人市场的“声誉机制”（Reputation）。

二、企业组织制度的内部人控制现象

内部人控制是伴随企业组织“两权分离”特征而产生的一种现象。内部人控制可以分为“法律上的内部人控制”和“事实上的内部人控制”。“法律上的内部人控制”是指企业组织内部人通过持有企业组织的股权而掌握对企业组织的控制；“事实上的内部人控制”是指内部人并不持有企业组织的股份，并不是该企业组织法律上的投资者，而仅仅依靠其特殊位置而拥有对企业组织的实际控制权。例如，中国转轨时期国有企业存在的内部人控制现象就属于“事实上的内部人控制”。内部人控制现象的出现导致作为内部人的经理人可能侵蚀作为“外部人”的投资者的合法利益①。

股权高度分散的企业组织如社会公众公司或上市公司，其内部人控制问题更为严重。因为社会公众公司或上市公司股权高度分散，单独的投资者谁也控制不了经理人，也不愿意花精力去监督经理人，大家都以为别人会去监督经理人，自己可以坐享其成，从而造成对经理人控制的弱化。这就是所谓的“搭便车”（Free - Ride）问题。其实，如果能“搭便车”那还算不错，毕竟有“开车”的人即有人去监督经理人，保护投资者的权益，值得担心的是大家都想“搭便车”（坐车）而没有人愿意去“开车”。当然，由机构投资者代表高度分散的个别投资者有助于解决这个问题。但是，解决问题的同时又产生新的问题：个别投资者与机构投资者之间又产生一个新的委托代理问题。

应该承认，在一定程度上，内部人控制的存在可以真正保证企业组织的自主权，有利于经理人的聪明才智的充分发挥，同时也表明经理人的重要性在企业组织发展过程日益突出。关键在于建立合理的激励机制。因此，内部人控制本身未必就是一件坏事，关键在于是否存在相应的制衡机制，如何监督、保护和激励企业组织的经理人。

第二节　企业组织激励机制

鉴于前述的企业组织制度“两权分离”的内在缺陷，如果想让企业组织的经理人为实现企业组织或投资者的目标而努力工作，就必须建立有效的激励机制，按经理人达到的绩效水平给予恰当的奖励。行为者期望理论（The Expectancy View of Behavior）认为，人们采取某种行为方式乃是因为人们相信这种行为方式将产生他们期望得到的回报。根据行为者期望理论，企业组织的激励机制的作用就在于当行为者的行为有助于实现企业组织目标时，对他们提供其期望得到的回报。企业组织的激励机制有助于协调企业组织的委托人（投资者）与代理人（经理人）之间的矛盾，从而减少或缓和代理问

① 从这个意义上说，中国曾经实行过的由企业组织的职工代表大会选举国有企业的厂长或经理未必是一种良策。某个企业组织的职工代表大会不能代表作为国有企业投资者的“全民”。厂长或经理为了当选可能“笼络”本企业组织的职工，提高职工待遇，然而，这却侵犯了除了这些职工以外的其他“全民”投资者的利益。这就是人们常说的厂长或经理“合谋”侵犯投资者的利益行为。

题。因此，企业组织必须建立有效的激励机制。

一、企业组织的激励机制是企业组织制度的重要组成部分

如前所述，基于企业组织的“两权分离”特征，鉴于委托人（投资者）与代理人（经理人）的利益不对称和信息不对称，导致企业组织制度的内在缺陷——代理问题以及由此而产生的内部人控制现象。企业组织的委托人（投资者）为了防止代理人（经理人）损害自己的权益，就需要通过严密的契约关系和严密监督代理人（经理人）来限制代理人（经理人）的行为。由此便产生了所谓的代理成本问题。然而，如果这种因委托人（投资者）限制或严密监督代理人（经理人）行为所引起的代理成本过高，也会使委托人（投资者）自身的权益受到损害。这样，企业组织制度就需要建立一套既能够有效地约束代理人（经理人）的行为，又能激励代理人（经理人）按委托人（投资者）的目标并为委托人（投资者）的权益而努力工作，从而大大降低代理成本的机制或制度安排。企业组织的激励机制是这种制度安排的重要组成部分。因此，企业组织制度应该研究如何设计一个有效的激励机制，鼓励代理人（经理人）尽量选择对委托人（投资者）最有利的行为，协调或缓解委托人（投资者）与代理人（经理人）之间的利益冲突。

由于人力资本与财务资本不同，人力资本的所有权（以及由此引发的经理人经营才能及其充分有效发挥作用）天然属于经理人个人。因此，企业组织的激励机制实质上就是如何对经理人的激励机制。对经理人激励问题存在的基本前提是经理人作为经济人，他们有自己的利益偏好和目标函数，他们不会自然而然地以投资者的利益作为自己的行为目标。否则，对经理人的监督和激励就是多余了。企业组织的激励机制应该是一种积极的约束与监督机制，旨在促使经理人把投资者的利益作为自己的内在追求，从而达到促使经理人努力地为投资者工作的目标。

在选择针对经理人的激励措施时，必须重点考虑各种措施对构成投资者利益目标的重要变量可能产生的现实和潜在影响。因为如果激励措施不合理，可能导致企业组织各层次的经理人以损害企业组织整体利益和长期利益为代价，追求自身和部门的短期利益与局部利益，以及经理人忽视部门、子公司或分公司之间经营行为的协调，从而使企业组织制度运作失灵。

正如文艺复兴时期一样，在知识经济时代，人们关注的焦点再次集中到人类本身。人是企业组织最有价值的、最富有活力的要素，他们可能有无限的成就，也可能碌碌无为。当今的世界，如何激励经理人，让他们发挥最大潜能至关重要。如果企业组织的激励机制不能激发和调动经理人的积极性和创造性，反而压制经理人的积极性和创造性，那么，这些经理人很快就会离开这个企业组织。如果这些经理人不能离开这个企业组织，那么，这种激励机制就会制造出一批又一批的懒人、庸人。因此，世界上本来没有懒人和庸人，只有产生懒人和庸人的激励机制。相反，通过有效的激励机制，可以激发经理人的工作热情、创造性和主动性，保持经理人的高昂士气。这样，就可以创造一种使经理人“乐业”的工作环境，经理人自然就会“爱岗”、“敬业”。在这个过程中，经

理人的价值自然得到实现和提升。这时，企业组织不仅可以留住人才，而且还可以吸引更多的人才。由此可见，在企业组织中，人才和资金固然很重要，但是，在企业组织中，最为重要的当属激励机制。如果企业组织没有良好的激励机制，资金不能有效发挥作用，人才会流失；相反，如果企业组织建立了良好的激励机制，资金和人才自然会流向企业组织，企业组织又何愁没有资金和人才？

通常认为未来的国际竞争就是人才的竞争。其实，这种认识有失偏颇。未来的国际竞争将是制度环境的竞争。其实，许多企业组织未必缺乏人才，而是缺乏的是发现人才、使用人才、造就人才和吸引人才的制度环境（即选人、用人、育人和留人的制度环境）。激励机制可以促使一个企业组织，乃至一个国家由弱变强，也可以促使一个企业组织，乃至一个国家由强变弱，甚至衰亡。因此，激励机制是企业组织制度的重要组成部分。

二、激励的两种形式：内在与外在激励

根据行为者期望理论，行为者所重视的激励主要包括内在激励（Intrinsic Incentive）与外在激励（Extrinsic Incentive）两种形式。内在激励产生于个人的内心，体验内在激励不需要他人介入。例如，某个人出色地完成了一项工作，他或她就有一种成就感，实现了个人的人生价值。他或她对这种成就感的体验或者内心的喜悦没有必要他人的介入。他或她完全可以自娱自乐，独享这份工作的成就感。企业组织应该通过工作设计、企业组织文化和管理风格为个人创造体验内在激励的条件。外在激励则是企业组织给予个人的激励，不仅包括表彰、奖品、奖章、奖励，而且包括绩效薪酬即物质奖励和精神奖励。

客观地说，内在激励与外在激励同等重要。然而，在企业组织的经营管理实践中，有时候内在激励远比外在激励更为有力，而有时候则外在激励更为重要。即便是外在激励，物质激励与精神激励的重要性也随着环境变化而有所不同。有时候物质激励更为有效，而有时候则精神激励更为有效。问题的关键在于行为人所处的需求层次。企业组织应该根据马斯洛（Maslow）需求层次理论深入分析行为人的需求层次，然后，再确定应该采取的激励形式。不过，基于本书的主题，本章更注重外在激励的物质奖励形式。这并不意味着内在激励和除了物质奖励以外的激励形式就不重要。

第三节　企业组织经理人激励薪酬

企业组织建立激励机制的核心问题就是在企业组织内部设计出合理的经理人激励薪酬（Executive Incentive Compensation）计划，促使经理人的自利行为减少到最小的限度，减少代理成本。在企业组织的经营管理实践中，经理人的薪酬应该由多个部分组成。一般而言，经理人的薪酬包括基本工资（它根据经理人和企业组织过去的绩效确

定)、年度奖金（主要与企业组织当年的绩效如利润或股票市场价格有关）、任期收入或远期收入（与企业组织未来几年乃至十几年的绩效如利润或股票市场价格有关）。总的来说，经理人的薪酬包括基本收入与风险收入两个组成部分。企业组织的激励机制关键在于这两个组成部分收入的比重如何以及风险收入如何确定。根据美国的一项调查，大型公司首席执行官的薪酬总额中，79%与企业组织的绩效相关即风险收入，而薪酬总额中的52%则属于长期激励形式。风险收入在薪酬总额所占的比重因行业、企业组织的性质而异，甚至随经理人的职位高低而异。在这里，难以一概而论。

一、经理人激励薪酬的绩效基础

企业组织经理人激励薪酬设计首先必须解决的一个问题就是凭什么给经理人激励薪酬。通常的回答是“据绩付酬”（Pay for Performance）。那么，何谓“绩”呢？显然，这里的“绩”就是绩效。这就涉及到经理人激励薪酬的绩效基础问题。

（一）经理人激励薪酬的绩效基础：财务绩效还是非财务绩效，或者两者的结合

在相当长的时间内，企业组织普遍以财务绩效为基础构建经理人激励薪酬计划。财务绩效指标主要包括市场导向指标（如股票市场价格、股票价格年增长率等）和财务导向指标（如税前利润、税后利润、息前税前利润、每股收益、现金流量和经济附加值等）两大类。

市场导向指标以投资者收益最大化作为企业组织经营管理的重要目标，以此为基础构建经理人激励薪酬计划，实际上，就是重视投资者利益。从委托代理关系的角度看，其激励效果相当明显。但是，其合理性建立在“企业组织的经营绩效能够决定企业组织的股票市场价格”这个前提之上。不过，在企业组织的经营管理实践中，这个合理性前提却未必成立。在资本市场，企业组织的股票市场价格取决于众多因素，企业组织的经营绩效只是其中的一个影响因素，有时甚至还是一个次要因素。如果企业组织的股票市场价格与企业组织的经营绩效相关性比较弱，那么，以市场导向指标构建经理人激励薪酬计划的激励效果就值得怀疑。

与市场导向指标相比，财务导向指标总体上可以比较真实地反映企业组织的经营绩效，但是，它容易为经理人所操纵。这种操纵有时对企业组织的核心能力的损害是致命性的。例如，企业组织的经理人为了提高利润指标，大幅度削减研究与开发费用。这种人为操纵利润的做法对企业组织的损害在短期内不一定会显现出来。企业组织依然可以依靠原有的技术储备，但是，在更远的未来，它对企业组织的核心能力的损害将是致命性的。因此，以财务导向指标为基础构建经理人激励薪酬计划的合理前提是企业组织取得经营绩效不能以损害企业组织的核心能力为代价。然而，这是一个悖论。以财务导向指标为基础构建经理人激励薪酬计划又如何确保经理人遵守这个前提呢？为了克服市场导向指标与财务导向指标各自的缺陷，企业组织应该将市场导向指标与财务导向指标结合起来，从而将眼前利益与长远利益相结合。

然而，不管是市场导向指标还是财务导向指标都是财务绩效指标。正如本书第十五章所述，基于知识经济时代，单纯财务绩效指标难以全面评价企业组织的经营绩效。非

财务绩效指标如顾客满意程度、对顾客需求的反应时间、企业组织的创新能力、学习与成长等对评价企业组织的经营绩效也许更为重要。然而，一项调查表明，只有不到2%的被调查企业组织采用非财务绩效指标评价企业组织长期财务绩效的短期动因，同时，以创新为竞争战略的企业组织使用非财务指标来评价企业组织绩效的可能性高于以成本为竞争战略的企业组织[①]。以本书第十五章所述的“基于平衡计分卡的战略绩效评价”所构建的财务指标与非财务指标相结合的综合绩效评价体系为基础构建经理人激励薪酬计划也许是一个比较理想的选择。

（二）经理人激励薪酬的绩效基础：集体绩效还是个人绩效

在建立企业组织经理人的激励薪酬计划时，还有一个重要问题：经理人激励薪酬计划以集体绩效为基础还是以个人绩效为基础？一方面，如果以个人行为及其绩效为基础，不利于促进集体行为的进步，也不利于发挥当今流行的企业组织团队协作精神。同时，个人在企业组织的行为及其产生的绩效难以确定。另一方面，如果以集体行为及其绩效为基础，虽然集体行为及其绩效比较容易确定，但是，却难以明确个人行为如何影响集体绩效，更难以明确个人行为如何最终影响个人薪酬。这将削弱经理人激励薪酬计划的激励效果。同时，以集体行为及其绩效为基础还将鼓励个人依赖他人的努力，逃避责任和“搭便车”。在企业组织的经营管理实践中，目前有些企业组织强调团体协作精神，将集体绩效与个人绩效相结合，把经理人激励薪酬计划建立在集体绩效基础上，同时按个人实现其绩效目标的能力确定其在薪酬总额所占的份额。总之，经理人激励薪酬计划可能有助于形成“你做你的工作，我做我的工作”的态度，或者“让我们相互合作”的态度。基于特定管理情况，也许它们都可取。关键在于如何根据企业组织的性质、战略和具体工作性质确定经理人激励薪酬计划。

二、经理人激励薪酬战略

管理上有一句名言：“人们总是喜欢去做受到奖励的事情。”诚然，薪酬作为一种激励措施，无疑从根本上影响着经理人的行为导向。因此，企业组织必须赋薪酬以激励的功能。这就是激励薪酬的基本含义。

有人形象地将激励薪酬的确定比喻为“分蛋糕”的艺术。但从本质上来说，激励薪酬的目的绝不是简单地“分蛋糕”，而是通过“分蛋糕”实现企业组织的战略，从而使得企业组织今后的“蛋糕”做得更大。如此一来，激励薪酬的确定不仅仅是一项技术工作，而是一种战略思考。这就是所谓激励薪酬战略（Incentive Compensation Strategy）问题。企业组织激励薪酬战略导源于企业组织的使命、远景和核心价值观，其根本目的在于：强化企业组织的核心价值观、支持企业组织战略的执行、培育和增强企业组织的核心能力。

那么，企业组织如何通过激励薪酬战略强化企业组织的价值观呢？这可以从两个方

---

① C. D. Ittner, D. F. Larcker, and M. V. Rajan: The Choice of Performance Measures in Annual Bonus Contracts, The Accounting Review, April 1997, PP. 231 - 255.

面来考虑：（1）各种激励薪酬计划的设计。如果企业组织强化绩效导向的文化，则风险收入的比例要大一些；如果企业组织强化能力导向的文化，则基本薪酬的比例要大一些。（2）绩效评价与激励相结合。有效的激励必须建立在有效的绩效评价基础之上。各种绩效评价指标及权重的设计，可以强化不同企业组织的文化特征。例如，企业组织要强化员工之间的团队协作，则绩效评价指标体系的设计就要加大团队协作的权重。

企业组织激励薪酬的基础是什么呢？毫无疑问，其基础就是价值创造。因此，企业组织激励薪酬战略必须以价值创造为依据，根据经理人对企业组织战略执行的实际贡献确定激励薪酬数额。其基本点包括：（1）外部竞争性。如果企业组织采用成本领先战略，那么，激励薪酬战略必须强调内部经营管理效率的提高；如果企业组织采用差异化战略，那么，激励薪酬战略必须鼓励经理人的创新行为。（2）内部公平性。企业组织战略实施过程是一种全员行为，必须加强各部门的协作效率，因此，必须根据各类经理人对企业组织总体战略目标的实际贡献程度进行合理的绩效评价，并在激励薪酬战略制定过程保持内部的相对公平性。因此，在制定激励薪酬战略时，要从企业组织战略、制度和技术三个层面进行思考：

（1）战略层面。每个企业组织的存在都有其自身的意义。有的是为了成就一项事业，有的是就是为了赚钱，有的为了做大，而有的只想在某一领域做强。这种不同的价值取向必然决定了企业组织关注的是长期利益还是短期利益，企业组织对经理人的评价是鼓励创新还是因循守旧。也就是说，企业组织激励薪酬战略必须与企业组织的战略和价值导向匹配。这样才能驱使经理人的行为朝着企业组织倡导的方向转变。总之，在制定激励薪酬战略时必须赋予企业组织之“魂”（使命、远景、价值观和战略），只有从战略上着眼，系统化地制定激励薪酬战略，才能达到激励薪酬的根本目的。

（2）制度层面。制度是企业组织战略与理念落实的载体。制定制度要以战略为导向。在战略指引下，制度设计的方向更加明确，制度的存在才有意义。

（3）技术层面。技术层面解决的是在战略与制度的指引下，如何立足职位分析、职位评估和薪酬调查，具体地设计激励薪酬的形式。图 16－1 描述了制定激励薪酬战略的战略、制度与技术三个层面的关系。

总之，经理人激励薪酬战略就是赋薪酬以激励功能，并通过各种激励薪酬计划，强化并实现企业组织的战略。

三、经理人激励薪酬的基本类型

根据企业组织的经理人激励薪酬战略，如何将企业组织的经理人从单纯的支薪阶层转向分享（风险）阶层是激励薪酬计划的一个重要问题。因此，企业组织经理人的风险收入应该“嵌入”激励因素，使经理人的风险收入成为激励薪酬。

从经理人激励薪酬计划安排的角度看，经理人激励薪酬的基本类型主要包括：

（一）奖金

这是企业组织根据经理人所完成的绩效所给予的奖励。它可能是按企业组织的利润的固定百分比计提，或者当利润超过一定数额之后，对超出部分按一定比例计提。通过

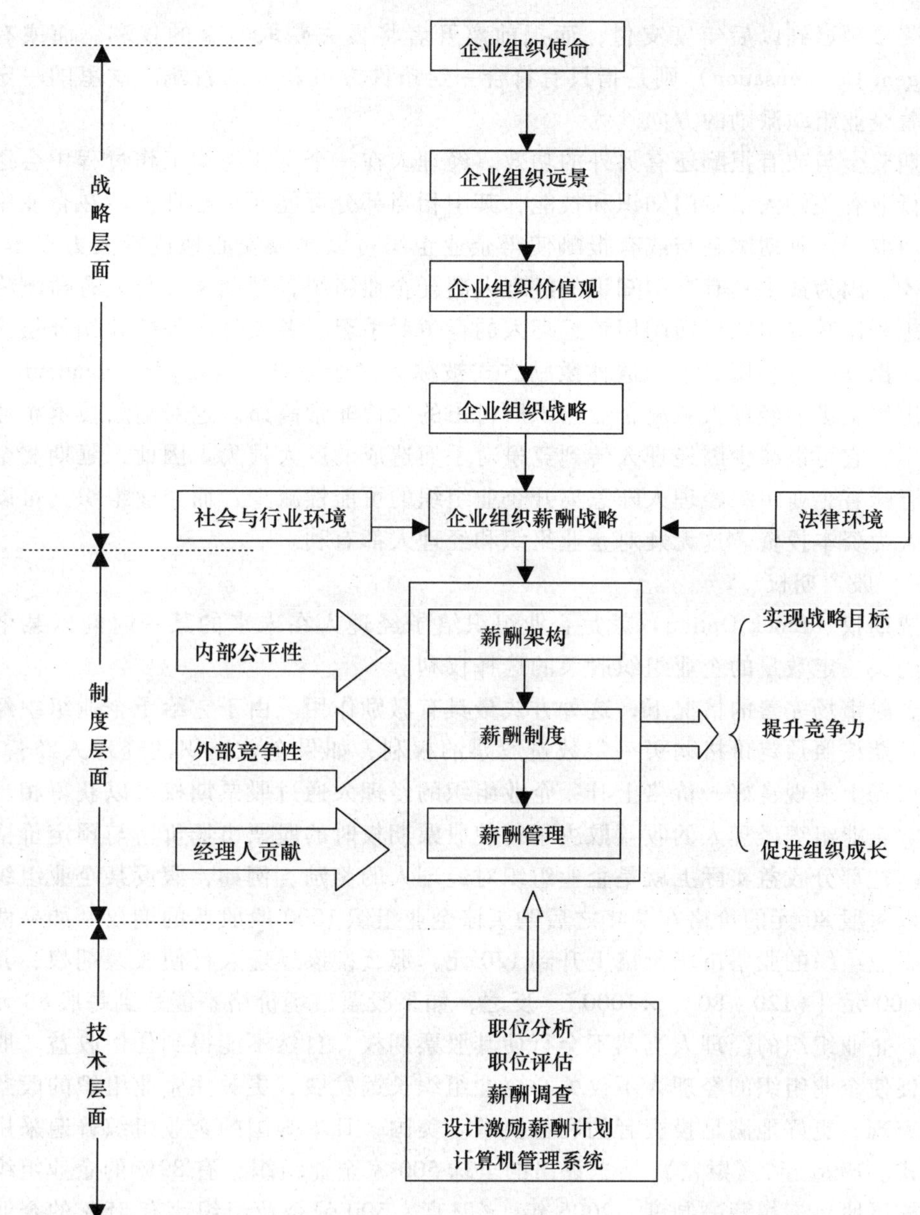

图 16－1 战略、制度与技术三个层面的关系

奖金的计提和发放将企业组织的经理人与投资者联系起来，从而达到激励的作用。不过，作为一种激励报酬，奖金（Bonus）基本上属于短期的激励方式。

（二）延期奖金与或有薪酬

为了克服奖金具有短期激励作用的缺陷，有的企业组织采用延期奖金（Deferred Bonus）的激励方式。奖金延期支付条款通常规定，如果企业组织的经理人自动离开企业组织或被开除，获得的延期支付奖金的权利将自动取消或丧失。也就是企业组织把部分年度奖金延迟到以后年度支付，而提前离开者将丧失获取奖金的权利。而或有薪酬（Contingent Compensation）则是指只有符合一定条件方可获取的薪酬。这里的一定条件就代表着企业组织激励的方向。

延期奖金与或有报酬还有另外的功效。经理人在一个企业组织工作过程中会逐年积累与该行业有关的大量专门知识和技能，其中相当部分可能耗费经理人所在企业组织大量成本而取得。延期奖金与或有报酬使得企业组织可以比较安心地进行人力资本投资，培养人才。因为如果具有专门知识的经理人离开企业组织，延期奖金与或有薪酬将自动失效，想利用其专门知识而聘用该经理人的竞争对手至少要支付同等的薪酬补偿该经理人，从而提高了其聘用成本。这种激励方式被称为“金手铐”（Golden Handcuffs），它使企业组织关键的经理人脱离企业组织所付出的代价非常高昂。这对高新技术企业组织非常有用，它可以减少因经理人转到竞争对手而造成的巨大损失。因此，延期奖金与或有薪酬意味着企业组织经理人随意离开企业组织的可能性减少，而企业组织又可以放心地进行人力资本投资。这无疑对企业组织和经理人都有利。

（三）股票期权

股票期权（Stock Option）就是企业组织给予经理人在未来的某一时间以某个确定的价格购买一定数量的企业组织股票的选择权利。

在金融市场完善的情况下，这种方式最具有激励作用。由于它给予企业组织经理人在规定日期按照预定价格购买一定数量股票的权利，如果企业组织的经理人经营有方，股票在市场上表现良好，价格上升，企业组织的经理人通过股票期权可以获得相当可观的收益。企业组织经理人的收益取决于行使股票期权时的股票市场价格与预定价格之间的差额。这部分收益实际上就是企业组织对经理人的奖励。例如，假设某企业组织经理人拥有以每股 80 元的价格在两年之后购买该企业组织 1000 股股票的期权。如果两年之后，该企业组织的股票市场价格上升到 120 元，那么，该经理人行使股票期权，其收益就是 40000 元〔(120 - 80) × 1000〕。反之，如果股票市场价格不能达到每股 80 元以上的水平，企业组织的经理人当然不会行使其股票期权，自然不能得到任何收益。股票期权可以促使企业组织的经理人不仅关心企业组织长远发展，更关注企业组织的股票在市场上的表现，更好地满足投资者的利益要求。美国、日本等国的企业组织普遍采用这种激励方式。1996 年，《财富》杂志评出的全球 500 家企业组织，有 89% 的企业组织对经理人实施了股票期权薪酬制度。2006 年，《财富》500 强企业组织，有 55% 的企业组织对经理人实施股票期权薪酬制度。尽管股票期权的作用有所下降，但股票期权仍然是最主要的长期激励工具。许多企业组织的股权激励开始多元化，限制性股票和绩效股票得到普遍运用。

不过，实施股票期权是有条件的：（1）经理人努力工作，企业组织的绩效就好，企业组织的绩效好，股票价格就高；（2）股票市场处于“牛市”状态。如果符合这两个条件，股票期权就是一种“企业组织请客，资本市场买单”的有效激励方式。相反，如果这两个条件不符合，那么，股票期权激励机制就有可能激励经理人造假。鉴于这两个条件尤其是第一个条件很难满足，许多企业组织尤其美国企业组织放弃了原先实施的股票期权计划。

（四）虚拟股票

基于股票期权激励薪酬计划，企业组织的经理人在行使股票期权时需要支付一笔现金，如果该经理人并不富裕，恐怕就难以采用股票期权这种激励薪酬计划。这时，可以考虑采用虚拟股票（Phantom Stock）激励方式，授予经理人一个购买名义而非真实股票的期权。例如，假设某企业组织授予某经理人 1000 股的虚拟股票，预定价格每股 80 元，绩效考核期为两年。如果两年之后，该企业组织的股票市场价格上升到 120 元，那么，企业组织应该支付给该经理人 40000 元〔（120－80）×1000〕。反之，如果股票市场价格不能达到每股 80 元以上的水平，企业组织的经理人得不到任何收益。

有些企业组织做法更简单，直接授予经理人若干虚拟股票，规定若干年之后方可获得该虚拟股票。如果经理人获得规定的虚拟股票，将得到一笔现金。这笔现金的数额等于虚拟股票的数量乘以经理人获得虚拟股票时股票的市场价格。这时，虚拟股票实际上是一种延期奖金激励方式。但是，奖金数额是将来股票价格的函数。

（五）经理人持股

如果企业组织的经理人实现了企业组织规定的绩效目标之后，企业组织给予其一定数量的企业组织的股份，使企业组织的经理人成为企业组织的投资者。有的企业组织甚至规定经理人所持有的股份在若干年之后方可出售，以便克服经理人的短期行为。经理人持股的目的在于使企业组织的经理人与投资者一样思考、行事，尽量协调经理人与投资者的矛盾。

意味深长的是，经理人持股激励薪酬计划与企业组织的“两权分离”特征背道而驰。这在一定程度上解决了企业组织的“两权分离”特征所产生的委托代理问题。西方许多企业组织的经理人都持有企业组织的股份。中国有些企业组织也采用这种做法。

由此可见，激励薪酬的形式是多种多样的。“沟通从心开始，激励从偏好入手”。上述各种类型的激励薪酬各有其适用性，企业组织应该根据其激励薪酬战略，选择适当的激励方式。

四、经理人激励薪酬：解决代理问题还是本身就是代理问题

20 世纪 90 年代美国股票市场“牛市”时期，美国上市公司的经理人激励薪酬暴涨到前所未有的水平。1991 年，美国大型公司首席执行官的平均薪酬大约是工人平均薪酬的 140 倍，而到了 2003 年，则上升到 500 倍。由此，经理人激励薪酬引起投资者、财务经济学家、制度制定者、媒体和社会公众的关注。经理人激励薪酬水平越高，这种关注程度越高。经理人激励薪酬论争的焦点在经理人激励薪酬能否达到其预期功效。

如前所述，经理人激励薪酬的初衷是为了解决企业组织制度的所有权与经营权相分离即“两权分离”而导致的代理问题。财务经济学家研究经理人激励薪酬的主流范式假设经理人激励薪酬合约是“独立博弈”的结果。也就是说，为了自己获得更好待遇的经理人与寻求投资者或股东利益最大化的董事会之间就薪酬合约“独立博弈”。过去，人们也一直认为通过强化经理人增加投资者或股东价值的动力，经理人激励薪酬可

以增加投资者或股东价值。20 世纪 90 年代，主流财务经济学家强调投资者或股东应该给予经理人激励强度高（High - Powered Incentives）的薪酬组合。投资者或股东应该更关注薪酬对经理人的激励强度，而不是薪酬数额。

然而，不幸的是，支付给经理人的这些额外成本并没有与经理人的绩效真正挂钩。经理人激励薪酬与绩效的敏感度（Compensation Sensitive to Performance）比人们通常的预期要低。始于 2001 年末的美国公司丑闻风潮动摇了人们对社会公众公司董事会绩效的信心，从而经理人激励薪酬问题再度引起人们的关注。人们普遍认为多数公司董事会制定的经理人激励薪酬合约没有体现投资者或股东的利益。

在“强经理人，弱投资者”时代①，董事会及其成员存在各种经济动机偏袒有利于经理人的薪酬合约。各种社会和心理因素，如同事关系、团队精神、避免董事会成员冲突、朋友和忠诚，使得董事会成员偏袒经理人。当然，董事会成员偏袒经理人，也可以为自己谋取利益。尽管许多董事持有社会公众公司股份，但是，他们避免在薪酬合约方面偏袒经理人的财务动机依然太弱，以致不愿独自承担成本，就薪酬合约与经理人“讨价还价”。经理人的管理权力（Managerial Power）对董事会成员的影响，使经理人获得了高于“独立博弈”合约所能获得的薪酬即获得“租金”（Rents）。有证据表明，如果经理人的管理权力很大，其薪酬就比较高，或者经理人激励薪酬与绩效之间的敏感度较低。当然，如果经理人激励薪酬合约太过分，控制权市场也可能会惩罚董事会。董事会成员和经理人也可能承担社会成本。不过，市场惩罚并不严厉，偏离“独立博弈”合约的情形依然存在。

如果董事会批准一个有利于经理人的薪酬合约，董事会成员和经理人承担社会和经济成本的程度取决于外部人（Outsider）对该薪酬合约的态度。如果外部人认为该薪酬合约太过分，就有可能降低投资者或股东对董事会成员和经理人的支持。这就可能对经理人和董事会成员施加压力，也可能使董事会成员和经理人难堪，甚至损毁他们的声誉。基于经理人管理权力的影响，为了减缓外部人的不满（Outrage），经理人激励薪酬合约的设计力图含糊其词，甚至掩饰（Camouflage）经理人激励薪酬的数额和薪酬绩效敏感度。这种掩饰使得经理人能够以牺牲投资者或股东利益为代价获得利益。更重要的是，这种掩饰使得那些有损企业组织的激励机制，从而牺牲投资者或股东利益的无效或低效经理人激励薪酬合约为人所接受。相关证据表明，基于管理权力的影响，经理人激励薪酬合约的设计着眼于掩饰租金和减缓不满情绪，采取各种措施掩饰薪酬总额以及薪酬与经理人绩效偏离程度。经理人隐藏于不透明薪酬合约的利益可以通过各种薪酬合约的设计得以实现。这些经理人激励薪酬合约包括退休后待遇、咨询合约、递延薪酬、退休计划和经理人贷款。

尽管以权益为基础的薪酬（如前述的股票期权）近年来相当引人注目，然而，许多企业组织的经理人激励薪酬却以其他非权益基础的形式（如前述的奖金）出现。财务经济学家很少关注经理人经常获得的非权益基础的薪酬。这些不引人注目却非常重要

① 前述的“内部仍控制”现象就是“强经理人，弱投资者”的一个典型例证。

的激励薪酬形式通常与经理人的绩效敏感度较差。由于偏离了"独立博弈"合约，即使经理人的绩效只是达到甚至低于目标值，以权益为基础的各种薪酬合约依然可以使经理人获得丰厚的薪酬。例如，企业组织无法过滤主要与行业和市场整体趋势相联系，而与经理人对投资者或股东价值增值贡献不相关的股票价格上涨。这样，有些经理人的激励薪酬并非来自绩效，而是来自运气。即便经理人激励薪酬必须与绩效挂钩，企业组织的绩效评价指标及其目标值的确定依然强烈地受到经理人管理权力的影响。

由此可见，经理人激励薪酬与绩效挂钩的前提应该是"独立博弈"合约。然而，这个前提难以满足。经理人激励薪酬便可能偏离企业组织的绩效（Compensation Decoupled from Performance）。如此一来，原本试图解决企业组织制度的"两权分离"特征而引发的代理问题的经理人激励薪酬，由于经理人的管理权力及其影响，不仅没能解决代理问题，相反，经理人激励薪酬本身就是代理问题的一个组成部分。基于管理权力，经理人可以在相当大程度上影响董事会，甚至"自定薪酬"[①]。这是公司治理结构的基本缺陷。普遍存在瑕疵的经理人激励薪酬合约导源于公司治理结构的内在缺陷。由此，产生另一个问题：经理人激励薪酬究竟是坏苹果的问题，还是装苹果的篮子问题（Is it a problem of bad apples，or is it the barrel?）。

值得指出的是，人们关注的不是经理人激励薪酬的绝对数额，而是经理人激励薪酬合约的制定过程是否偏离"独立博弈"合约即经理人的管理权力与其激励薪酬之间的关系。经理人激励薪酬绝对数额高，并不意味着就一定偏离"独立博弈"合约。

本章小结

企业组织制度的基本特征就是经营权与所有权相分离即"两权分离"。由于"两权分离"产生委托代理问题，从而产生对经理人的激励问题。企业组织的绩效评价与激励机制是一个问题的两个方面。没有绩效评价，激励机制缺乏应有的基础，而没有激励机制，绩效评价形同虚设。绩效评价与激励机制相结合才能实现企业组织的可持续发展目标。

正是由于企业组织制度的"两权分离"，导致企业组织制度的内在缺陷：代理问题以及由此而产生的内部人控制现象。代理人（经理人）与委托人（投资者）毕竟是两个不同的经济人。他们的立场和地位不完全相同。他们之间明显地存在着利益不对称和信息不对称。由此便产生了"逆向选择"和"道德风险"这两个基本的代理问题。内部人控制是伴随企业组织"两权分离"特征而产生的另一种现象。内部人控制可以分为"法律上的内部人控制"和"事实上的内部人控制"。股权高度分散的企业组织如社会公众公司或上市公司，其内部人控制问题更为严重。

如果想让企业组织的经理人为实现企业组织或投资者的目标而努力工作，就必须建立有效的激励机制，按经理人达到的绩效水平给予恰当的奖励。企业组织的激励机制有助于协调企业组织的委托人（投资者）与代理人（经理人）之间的矛盾，从而减少或

① 基于管理权力，中国有些垄断性国有企业的经理人已经出现"自定薪酬"的端倪。

缓和代理问题。企业组织的激励机制是企业组织制度的重要组成部分。激励主要包括内在激励与外在激励两种形式。

企业组织建立激励机制的核心问题就是在企业组织内部设计出合理的经理人激励薪酬计划，促使经理人的自利行为减少到最小的限度，减少代理成本。企业组织经理人激励薪酬设计首先必须解决的一个问题就是凭什么给经理人激励薪酬。这就涉及到经理人激励薪酬的绩效基础问题：财务绩效还是非财务绩效，或者两者的结合以及集体绩效还是个人绩效。

经理人激励薪酬战略就是赋薪酬以激励功能，并通过各种激励薪酬计划，强化并实现企业组织的战略。根据企业组织的经理人激励薪酬战略，如何将企业组织的经理人从单纯的支薪阶层转向分享（风险）阶层是激励薪酬计划的一个重要问题。企业组织经理人的风险收入应该“嵌入”激励因素，使经理人的风险收入成为激励薪酬。从经理人激励薪酬计划安排的角度看，经理人激励薪酬的基本类型主要包括奖金、延期奖金与或有薪酬、股票期权、虚拟股票、经理人持股。

经理人激励薪酬的初衷是为了解决企业组织制度的“两权分离”而导致的代理问题。然而，由于经理人的管理权力及其影响，经理人的激励薪酬不仅没能解决代理问题，相反，经理人激励薪酬本身就是代理问题的一个组成部分。基于管理权力，经理人可以在相当大程度上影响董事会，甚至“自定薪酬”。这是公司治理结构的基本缺陷。普遍存在瑕疵的经理人激励薪酬合约导源于公司治理结构的内在缺陷。

本章主要参考文献

1. Jesse T. Barrfield, Cecily A. Raiborn, Michael R. Kinney. Costing Accounting: Traditions and Innovation. South - Western, 2003.

2. Anthony A. Atkinson, Rajiv D. Banker, Robert S. Kaplan, S. Mark Young. Management Accounting. Prentice Hall, Inc., 2003.

3. Lucian Bebchuk, Jesse Fried. Pay Without Performance: The Unfulfilled Promise of Executive Compensation. Harvard University Press, 2004.

4. 查尔斯·T. 亨格瑞，斯坎特·M. 达塔，乔治·福特斯：《成本与管理会计》，中国人民大学出版社 2004 年版。

5. 托马斯·B. 威尔逊：《薪酬框架》，华夏出版社 2001 年版。

6. 谢德仁：《经理人激励与股票期权》，中国人民大学出版社 2004 年版。

7. 田志龙：《经营者监督与激励》，中国发展出版社 1999 年版。

8. 宋献中，胡玉明：《管理会计：战略与价值链分析》，北京大学出版社 2006 年版。

9. 胡玉明：《高级管理会计》，厦门大学出版社 2005 年版。

10. 胡玉明：《平衡计分卡是什么：一个管理工具的神话》，中国财政经济出版社 2004 年版。